세렌디피티 코드

부와 성공 뒤에 숨겨진 행운의 과학

세렌디피티 코드

크리스티안 부슈 지음 | 서명진 옮김

SERENDIPITY CODE

비즈니스북스

옮긴이 | **서명진**

글의 힘을 믿으며 좋은 글을 많은 사람과 나누는 일에 관심이 많다. 경북대학교에서 사회복지학과 영어영문학을 전공하고 호주 RMIT 통번역 대학원에서 석사학위를 받았다. 현재 바른번역 소속 번역가이자 MJ English 대표로 영어교육가로 활동 중이다. 옮긴 책으로는 《조울증과 함께 보낸 일 년》,《시리얼 시티가이드 로스앤젤레스》 등이 있다.

세렌디피티 코드

1판 1쇄 발행   2021년 4월 27일
1판 3쇄 발행   2021년 5월 14일

지은이 | 크리스티안 부슈
옮긴이 | 서명진
발행인 | 홍영태
편집인 | 김미란
발행처 | (주)비즈니스북스
등 록 | 제2000-000225호(2000년 2월 28일)
주 소 | 03991 서울시 마포구 월드컵북로6길 3 이노베이스빌딩 7층
전 화 | (02)338-9449
팩 스 | (02)338-6543
대표메일 | bb@businessbooks.co.kr
홈페이지 | http://www.businessbooks.co.kr
블로그 | http://blog.naver.com/biz_books
페이스북 | thebizbooks
ISBN 979-11-6254-210-1   03190

사랑과 친절, 낙관적인 회복탄력성으로
삶에 영감을 불어넣는 사랑하는 나의 부모님,
올라와 라이너 부슈에게 이 책을 바칩니다.

들어가며

성공은 우연한 기회와 노력의 상호작용이다

자기가 똑똑해서 성공했다고 말하는 사람들을 보면 놀랍습니다.
저도 열심히 일하고 재능도 좀 있다고 말하지만 사실 이런 사람들은 세상에 넘쳐나죠.
성공하려면 우연히 찾아오는 기회, 세렌디피티를 잡아야 합니다.
다른 사람들과 세렌디피티를 나눌 방법이 있는지 궁금하지 않으십니까?

_버락 오바마, 미국 제44대 대통령

우리는 누구나 자기 운명의 주인이기를 원한다. 그래서 미래를 설계하고
목표를 설정하여 꿈을 이루고자 한다. 이렇듯 우리는 늘 계획을 세운다.
미래를 계획하려는 인간의 타고난 욕망은 현대인의 삶에도 고스란히 녹
아 있다. 많은 조직과 정부 그리고 개인은 목표나 계획, 전략을 토대로 행
동 규범을 정한다. 알람을 설정하는 일부터 총선을 조직하는 일까지 모든
일과나 절차, 규칙을 짜고 그에 따라 목표를 달성하고자 한다.

그런데 과연 우리는 우리 삶을 제대로 통제하고 있는 걸까?

아무리 계획이나 전략을 꼼꼼히 짜고 실행해도 우리는 늘 예상치 못한
일을 맞닥뜨리곤 한다. 그렇지만 믿기 힘든 우연의 일치나 우연한 만남 혹
은 뜻밖의 사건은 단순히 순조로운 삶을 어지럽히는 오점이나 방해 요소

가 아니다. 오히려 이 예상치 못한 일이야말로 우리의 삶과 미래를 가장 크게 변화시킬 결정적인 요소다.

당신이 결혼한 사람이라면 배우자를 만난 순간을 떠올려보기 바란다. 어떤 우연한 기회로 그(혹은 그녀)를 만났는가? 새로운 직장이나 새로 이사 간 동네에서 우연히 만났는가? 당신이 사업을 하고 있다면 동업자나 투자자는 또 어떤 우연으로 만났는지 생각해보자. 별 생각 없이 잡지를 뒤적이다 우연히 문제를 해결한 적 있는가? 그러한 찰나의 순간이 크든 작든 어떻게 인생을 바꿔놓았는가? 인생이 계획대로만 흘러갔다면 지금쯤 당신은 어떤 모습일까?

전쟁의 승패나 회사의 흥망, 그리고 사랑의 결실과 상실은 모두 뜻밖의 일로 뒤집힌다. 당신의 꿈이 무엇이든, 우리는 사업의 성공이나 사랑하는 사람과의 관계, 즐거움이나 영적인 의미를 좇는 과정 어디에서든 우연한 일을 겪는다. 헬스장으로 운동하러 가는 일상적이고 평범한 순간이 당신의 인생을 송두리째 바꿔놓을 수도 있다.

뜻밖의 행운은 준비된 자의 것

철저히 데이터를 바탕으로 하는 과학 연구에서도 우연의 힘은 대단하다. 과학계의 중대한 발견 중 30~50퍼센트가 '우연한 사고'에서 비롯됐다. 화학 물질이 다른 물질로 흘러 들어가서 새로운 물질을 만들기도 하고 더러운 배양 접시에서 세포가 결합하기도 하며 연구진들이 연구와 관계없는 대화를 나누다 갑자기 영감을 얻기도 한다. 개인이나 조직 할 것 없이 최

고의 기회는 바로 '세렌디피티'serendipity, 즉 뜻밖의 행운을 잡느냐에 달렸다.[1]

그렇다면 어떤 일의 성공이나 실패를 행동의 결과가 아닌 순전한 운으로 단정 지을 수 있을까? 누구나 그렇지 않다는 것쯤은 안다. 그런데 인생의 전환점이나 절호의 기회는 우연히 찾아온다고 해도 남들보다 성공하고 즐거운 삶을 사는 사람들을 보면 유독 운이 더 좋은 것 같다는 느낌을 받지 않는가? 이는 현대사회에 들어 생긴 특별한 현상이 아니다. 미국의 전 대통령 토머스 제퍼슨은 열심히 일하니 운이 더 들어온다고 생각했고, 나폴레옹은 능력 있는 장군보다 운이 좋은 장군을 선호했으며, 로마 시대의 극작가이자 정치가인 세네카Seneca는 운이란 '기회를 잡을 준비가 된 자의 것'이라고 믿었다.

그들의 생각은 하나로 귀결된다. 우연의 힘이 강력하지만 인생에는 운 이상의 무언가가 존재한다는 것이다. '행운'이라는 단어는 성공과 운을 의미한다. '운은 자신이 만드는 것'이나 '절호의 기회를 보는 안목'과 같은 흔한 말 역시 인생의 성공은 우연한 기회와 노력 간의 상호작용에 달렸음을 보여준다.

도대체 이게 무슨 말일까? 어떤 이들은 이상적인 환경을 만들어 유효한 우연이 더 자주 일어나게 한다는 건가? 그들은 우연을 붙잡아 높은 성과를 내는 능력이 탁월하다는 건가? 그렇다면 기존의 교육과 방법론으로 예기치 못한 우연을 '영리한 운'smart luck(주도적으로 만들어내는 능동적인 운)으로 바꾸는 역량을 갖출 수 있다는 얘긴가?

이 책은 인간의 포부와 상상력 그리고 우연 간의 상호작용인 '세렌디피티'에 관해 이야기한다. 세렌디피티란 뜻밖의 순간에 행한 인간의 주도적인 행동이 긍정적인 성과로 이어지는 예기치 못한 행운을 뜻한다. 세렌디피티는 세상에 내재한 힘이며 우리의 일상과 삶 혹은 세상을 바꾸는 돌파구가 될 크나큰 선물이다.

하지만 세렌디피디의 숨은 의미를 파악해 우연을 삶의 원동력으로 바꾸어 성공하는 사람이 과연 얼마나 될까? 이 책에서 소개하는 사람들을 포함해 극소수에 불과하다. 세렌디피티란 단순히 우리에게 일어나는 우연이 아니라 '흩어진 점을 찾아내 잇는 과정'이기 때문이다. 당신이 이 사실을 깨닫기만 하면 비로소 남들이 보지 못하는 연결 고리를 보고 세렌디피티가 넘치는 삶을 살게 될 것이다.[2]

세렌디피티를 받아들이면 위협적이기만 했던 갑작스러운 변화가 지속적인 기쁨과 호기심, 연이은 성공의 원천이 된다. 미래에 대한 불확실성이 커진 요즘에는 기존의 익숙한 태도나 사고방식이 더 이상 통하지 않는다. 세렌디피티 사고방식을 개발하고 필요조건을 갖추는 일이야말로 당신뿐만 아니라 당신이 속한 조직과 우리 아이들에게 보탬이 되는 필수적인 삶의 기술이자 능력이다.

두려움이나 결핍, 질투로 얼룩진 세상이 아닌 호기심과 기회, 공감으로 가득 찬 세상을 상상해보라. 기후변화나 사회 불평등처럼 절대 해결될 것 같지 않던 굵직한 문제들이 과감하고 도전적인 방법으로 해결의 실마리를 찾아가고 있다. 급변하는 현대사회에 일어나는 문제 대부분은 굉장히 복잡해서 미래는 예기치 않은 변수에 좌우될 가능성이 크다. 따라서 나와 타인의 삶에 더 긍정적인 우연을 끌어들일 삶의 철학이자 기술로 이 책에서 밝혀낸 세렌디피티 코드는 진화적 차원에서도 필요하지만 생동감 넘치고 꿈틀대는 삶의 열정을 끄집어낸다는 관점에서도 꼭 필요하다.

불확실성의 시대에 필요한 사고방식

세렌디피티는 여전히 사람들에게 인기 있는 주제다. 수백만 개의 웹사이트에서 세렌디피티를 다루고 세계에서 가장 성공한 사람들이 세렌디피티를 성공의 숨겨진 비밀이라고 말하기도 한다.[3] 하지만 세렌디피티를 삶에 적용할 과학적이고 구체적인 방법이나 세렌디피티가 어떤 상황에서 어떻게 발현되는지 이야기하는 사람은 거의 찾아볼 수 없다.

이 책은 그러한 궁금증을 시원하게 해소해주기 위해 쓰였다. 이어지는 내용들에서 세렌디피티가 촉발되는 상황을 과학적인 연구와 세계 각지에서 일어난 다양한 사례를 통해 보여주려 한다. 또한 영감을 주는 이야기로 나와 타인의 삶 속에서 세렌디피티를 만들어갈 방법을 알려줄 것이다. 뿐만 아니라 세렌디피티를 얻을 수 있는 실천 방안을 제시하여 뜻밖의 행운이 실제로 일어나 더 나은 결과를 가져다주도록 당신을 도울 것이다.

'영리한 운'인 세렌디피티는 금수저 집안에서 태어나는 것처럼 아무 노력 없이 얻은 순전한 운과 차원이 다르다. 자신과 주변 사람들의 미래를 구체화하고 싶다면 단언컨대, 이 책이 정답이다. 이 책은 누구도 시도한 적 없는 행운과 불운의 우연을 삶에서 간파하여 이를 유리하게 이용하고 지속적으로 활용하도록 하는 통찰을 제공한다. 또한 과학과 통계에 근거해 세렌디피티 코드를 발견하고 어떻게 삶에 적용할지 구체적인 방법론을 포괄적으로 제시하는 첫 번째 책이다.

세렌디피티 코드는 세계에서 가장 성공한 사람들이 의미 있고 행복한 삶을 창조하고자 주목한 삶의 기술이자 누구나 기를 수 있는 삶의 역량이다. 나는 내 경험과 '세렌디피터'serendipitor(세렌디피티 능력을 길러내는 사람)

라고 부르는 사람들과의 대화를 집대성하여 한 권의 책으로 엮었다. 나는 기업 컨설턴트, 대학 교수, 런던 정치경제 대학교London School of Economics, LSE(이하 LSE)의 혁신 연구소와 뉴욕 대학교 글로벌 경제 프로그램Global Economy Program의 이사로 10년간 활동하며 지난 15년간 삶에서 세렌디피티의 결실을 거두었다. 20개국이 넘는 나라에서 활발히 활동하며 젊은이들에게 영감을 주는 샌드박스 네트워크Sandbox Network(이하 샌드박스)와 영향력 있는 경영자와 정책 입안자가 모이는 세계적 조직인 리더스온퍼포스Leaders on Purpose에 꾸준히 관심을 두며 세렌디피티에 대한 연구를 계속하고 있는 중이다. 중국의 거대 기업부터 세계 곳곳의 소규모 지역 모임에 이르기까지 다양한 조직과 개인에게 자문하다 보니 각양각색의 사람을 만나게 됐고 여러 상황에서 나타나는 세렌디피티를 직접 목격하기도 했다. 모스코바나 멕시코시티 등 여러 나라에서 산 덕분에 얻게 된 다양한 상황과 맥락을 보는 안목 역시 이 책에서 다룰 것이다.

이 책을 쓰면서 LSE와 하버드 대학교, 세계경제포럼, 스트라스모어 비즈니스 스쿨Strathmore Business School, 세계은행The World Bank의 동료들과 함께 진행한 연구 그리고 신경과학과 심리학, 경영학, 인문학, 물리학, 화학의 최근 연구 자료를 두루 활용했다. 수백 건의 학술 논문과 세계 각지의 다양한 분야에서 활동하는 200명이 넘는 사람들의 대화와 인터뷰 또한 참고했다. 각양각색의 생생한 경험담을 읽다 보면 많은 영감을 얻을 수 있을 것이다. 과거 약물 중독자였던 사람이 케이프타운 빈민가의 학교 선생님으로 새로운 삶을 살게 된 이야기부터 뉴욕에서 영화 제작자로, 케냐에서 사업가로, 런던에서 웨이터로, 휴스턴에서 학생으로 살아가는 사람을 비롯해 세계에서 가장 성공한 기업 CEO들의 이야기까지 가득하다.[4] 저마다 다른 방식으로 우연을 삶에 적용하고 활용했지만 다들 비슷한 패턴을 가졌음을 살펴볼 수 있다.

나는 어떻게 세렌디피티에 주목하게 되었나

이제는 세렌디피티를 다른 관점에서 설명할 수 있지만 내 세렌디피티의 여정은 치기 어린 청소년 시절에 겪은 불운에서 시작했다. 열여덟 살, 나는 시속 80킬로미터로 운전하던 중 주차된 차량 몇 대를 그대로 들이받았다. 다행히 목숨은 건졌지만 내 차는 물론이고 주차된 차 모두가 심하게 망가졌다. 죽을 뻔하다 살아났다는 사람들의 얘기를 믿어본 적이 없었는데 충돌 직전에 정말로 눈앞에서 내 인생이 주마등처럼 스쳤다. 차가 걷잡을 수 없이 빙글빙글 돌자 아무것도 할 수 없었다. 이렇게 죽는구나 싶었다.

그 일 이후, 나는 질문이 많아졌다. '내가 죽었다면 장례식에 누가 왔을까?', '진짜로 슬퍼했을 사람은 누굴까?', '인생은 정말 살 만한 가치가 있는가?' 그러고는 깨달았다. 깊고 끈끈한 관계를 소중히 여긴다거나 의미 있는 일을 행하는 것처럼 인생에서 가장 중요한 부분을 여태 놓치고 살았다는 것을. 그 사고로 죽었다면 만나지 못했을 사람들, 펼치지 못했을 꿈과 아이디어, 모조리 놓쳐버렸을 뜻밖의 우연 등 일탈을 통해 내가 놓칠 뻔한 기회에 대해 다시 생각하게 됐다. 그렇게 인생의 진정한 의미를 찾는 여정이 시작됐다.

나는 독일 서남부의 도시 하이델베르크에서 자랐다. 아름답긴 하지만 인생이 한창 궁금할 10대들에게는 따분한 곳이다. 안 그래도 또라이 기질이 다분했던 나는 넘치는 에너지를 어떻게 써야 할지 몰랐다. 에너지를 분출할 수 있는 일이라면 가리지 않고 덤벼들었고 모든 한계를 시험했다. 때론 극단적인 일도 서슴지 않았는데 레게 밴드에 심취하던 시절에는 히피 성향의 사람들과 어울렸고 나이트클럽도 다녔으며 월급으로 받은 돈을 주식에 몽땅 투자하기도 했다. 이런 나의 학교 성적이 좋을 리 만무했다. 학교에 잘 적응하지 못했던 나는 다니던 학교에서 퇴학까지 당하고도 정신을 차리지 못했다. 다행히 다른 학교로 전학을 가긴 했지만 공부를 하기보다 지하실에서 전화로 주식을 사고파는 데 시간을 더 보냈다(나는 아직도 늘 반항적이었던 나를 변함없이 사랑하고 이해해주신 부모님을 진심으로 존경한다).

열여덟 살이 되던 해, 드디어 나만의 차가 생겼다. 너무 신났다. 지나치게 낙관적이고 쾌락을 추구하는 나의 성향은 운전할 때 여지없이 드러났다. 일주일에 주차 위반 딱지를 제일 많이 받은 사람이자 학교 가는 길에 차로 휴지통을 제일 많이 들이받은 사람으로 하이델베르크 시의 기록을 깼을 듯하다. 운전을 할 때면 내 삶과 운명을 완전히 장악하고 있다고 느꼈다.

그러던 어느 날, 선을 넘고 말았다. 차 사고로 내 자신감과 통제력은 산산조각이 났다. 그날 오후 친한 친구 두 명과 하이델베르크 네카 강변에서 따스한 햇살을 받으며 자유를 만끽하고 있었다. 친구들과 음식을 사러 가는 길이었고 차 두 대를 추월하고 친구 차를 추월하려던 참이었다. 친구 차를 지나치며 친구의 얼굴을 본 기억이 생생하다. 길 한복판에 교통섬이 있으리라고는 상상도 하지 못했다. 친구가 정신없이 손을 흔들며 교통섬을 가리켰다. 모든 것이 뚜렷이 기억난다. 교통섬을 피하려고 핸들을 힘껏 꺾었다. 순식간에 차가 몇 바퀴 빙빙 돌더니 주차된 차들을 들이받았다.

나는 볼보의 이중 문 덕분에 목숨을 건질 수 있었다. 조수석은 완전히 찌그러져 형체조차 분간할 수 없었다. 후에 안 사실이지만 충돌 각도가 조금만 틀어졌어도 살아남지 못했을 거라고 했다. 다른 친구 차의 조수석 에 탔던 친구는 원래 내 차에 타려고 했지만, 재킷을 다른 차에 두고 내 려 말 그대로 마지막 순간에 마음을 바꿔 목숨을 구했다.

차에서 나오며 내가 걸을 수 있다는 사실에 놀랐다. 새파랗게 질려 있 던 친구들은 내가 살았다는 사실에 안도했다. 믿기 힘든 광경에 도대체 무슨 일이 일어났는지 친구들과 몇 마디 주고받았던 기억이 난다. 경찰에 게 뭐라고 말하지? 그리고 부모님에게는 어떻게 설명하지? 차 뒤쪽에 앉 아 경찰을 기다렸다. 넋이 나갔고 어지러웠다. 도착한 경찰이 차를 확인하 고 경미한 목뼈 손상 외에 별다른 이상이 없는 나를 보더니 살아 있는 게 신기하다고 했다.

알 수 없는 씁쓸함에 그날 밤 나는 시내를 어슬렁거렸다. 어떤 이유에 서인지 집에 가고 싶지 않았다. 다행히 살아남았지만 생각이 끊이질 않았 다. 사고로 죽었다면, 가족의 삶을 지옥으로 몰아넣었을 거다. 친구가 내 차를 탔다면 친구를 죽인 살인자가 됐을 거다. 어쩌다 이런 일이 일어났을 까. 어쩌다 여기까지 왔을까.

'죽음은 삶의 가장 위대한 동기'라는 말이 이해되기 시작했다. 죽음의 문턱에 닿아보면 은행 잔고가 얼마든, 차가 몇 대든, 어젯밤 나이트클럽이 얼마나 끝내줬는지는 아무런 의미가 없다. 비로소 삶의 본질을 보게 된다. 아마 나와 비슷한 경험을 했거나 급격한 삶의 변화로 갑자기 생각을 바꿔

먹게 된 사람도 있을 테다. 독이 되는 관계나 질병 혹은 직장 등 다양한 일이 될 수 있다.

그날 차 사고로 내 인생에 반전이 일어났고 인생의 방향성이 생겼다. 나는 대학에 가기로 마음먹고 40군데가 넘는 학교에 지원했다. 형편없는 성적이었지만 기적적으로 대학교 네 군데에서 입학 허가를 받았다. 나는 어디에 써야 할지 몰랐던 넘치는 에너지를 학업과 인간관계, 일에 쏟았다. 그리고 의미 있는 삶을 살도록 돕는 조직이나 모임 몇 개를 공동 설립하고 열정적으로 활동했다. 모든 일의 시작은 대개 우연한 일에서 비롯됐다. 더 활발히 활동할수록 나와 주변 사람의 삶, 후에는 내 연구에 특정한 패턴이 보이기 시작했다.

2009년, LSE에서 박사 학위 논문을 쓰기 시작할 때 뜻하지 않은 발견을 하리라고는 미처 생각지 못했다. 논문은 개인과 조직이 성장해 점차 사회에 영향을 끼치게 되는 과정에 초점을 두었기에 처음에는 세렌디피티와 무관해 보였다. 하지만 놀랍게도 세렌디피티의 개념이 여기저기서 계속 드러났다. 논문을 위해 인터뷰했던 성공하고 행복한 사람들은 '세렌디피티 영역'serendipity field을 직감적으로 간파해 남들과 비슷한 환경에서도 더 높은 성과를 내는 힘이 있었다.

그렇게 흩어진 점을 이으며 나는 뒤늦게 깨달았다. 내가 얻은 이 지식과 열정을 하나로 엮는 방법은 나의 인생철학과 성공적인 인생 모델을 통해 세렌디피티의 여정을 책으로 펴내는 것이라는 사실을 말이다.

이제는 서로 다른 아이디어나 사람들이 뜻하지 않게 불꽃을 튀기며 '딱 들어맞는' 순간, 바로 세렌디피티의 즐거움을 맛보는 그때가 제일 행복하다. 나는 이 세상에서 삶의 곳곳을 탐험하고 자신의 잠재력을 끌어내도록 사람들을 도우며 아름다운 세렌디피티를 매일 경험하고 있다. 최상의 모습으로 자신의 삶을 살도록 타인을 돕는 것, 이것이 바로 세렌디피티를 끌어내는 핵심이다.

세렌디피티를 발견하고 쟁취하라

이 책을 통해 여러분은 우연에 마음을 여는 법을 배우고 행운이든 불운이든 운에 좌우되는 삶에서 벗어나 운을 준비하는 삶을 살게 될 것이다. 우리는 세렌디피티를 만들어내고 잘 다듬어 인생의 도구로 활용할 수 있다. 세렌디피티의 과학에서 운이란 잡을 수 있고 배울 수 있으며 만들 수 있다. 즉 배움과 기술, 교육과 훈련을 통해 세렌디피티를 유발하고 연마할 수 있다.[5]

이 과정에서 일과 삶, 그리고 사고방식에서 세렌디피티를 막는 벽을 허무는 방법 또한 배울 수 있다. 무의미한 회의나 넘쳐나는 이메일, 쓸데없는 기록 등 현실적인 벽에 부딪히면 열정이 사그라들기 마련이다. 이 책에서는 유용한 자원과 기술을 이용하여 우연한 발견을 가치 있는 성과로 전환하는 사고방식을 개발하는 데 집중할 것이다.

이 책은 특정한 기술의 개발서가 아니다. 10년 넘는 기간 동안 조사와 연구 끝에 밝혀낸 세렌디피티 코드serendipity code를 설명하고 이를 통해 꾸준히 역량을 키워나가는 법을 제시한다. 궁극적으로 수동적 자세에서 벗어나 주도적으로 '영리한 운'을 붙잡아 예기치 않은 변화를 성공의 기회로 삼고 삶의 즐거움을 맛보는 데 중점을 둔다. 그다음 단계에서는 가족과 공동체, 조직 등 우리를 둘러싼 환경을 재설정하는 법을 소개한다. 세렌디피티가 무르익어 기회와 가치를 불러들이고, 세렌디피티 영역을 최대한 활용하여 진정한 성장을 이루는 단계다. 잠재적으로 연결된 흩어진 점들을 실제로 잇는 과정이라고 보면 된다.

이제는 잘 계획하는 것만으로는 행복하고 성공적인 삶을 보장받지 못한다. 내일 일도 예측하기 힘든 이 시대에 우리가 할 수 있는 일은 예기치 못한 상황을 받아들이고 인생에 일어나는 우연을 최대한 활용하는 것뿐이다. 이 책에서 우리가 스스로 통제할 수 있는 부분에 대해서도 자세히 설명할 것이다. 인간의 잠재력을 촉발하는 강력한 세렌디피티 코드를 통해 준비된 자에게 오는 영리한 운을 붙잡아라. 그리고 과학적으로 증명된 방법으로 삶에서 긍정적인 우연의 빈도와 속도를 높이고 이를 계발하여 최대한 활용하라.

일과 삶에서 우연과 무작위성은 배제할 수 없는 요소다. 하지만 이를 통제 불가능한 힘에서 목표 달성을 위한 동력으로 사용하는 방법은 분명 존재한다. 이 책에서 알려주는 방법들을 실천하면 모든 곳에서 세렌디피티를 발견하는 기쁨을 누리게 될 것이다.

모두가 바쁜 이 시대에는 철저한 계획을 세우고 노력과 준비를 통해 삶을 완전히 바꿀 시간조차 없다. 하지만 사소한 변화가 일상을 바꾸고 그것이 가져올 나비효과는 그 누구도 알 수 없는 법이다. 이 책에 사소하지만 곧바로 적용 가능한, 찰나의 순간으로 일상을 바꿀 방법들을 담았다. 그 사소한 시작으로 의미 있는 변화를 경험하고 행복하며 성공적인 삶을 살아가기를 바란다.

당신의 세렌디피티 지수는 얼마입니까

평소 당신은 세렌디피티를 발견하고 쟁취하고 적극적으로 활용하는 편인가? 지금까지 심리학, 경영학, 신경과학 등 여러 분야의 연구에서 세렌디피티 지수를 측정하는 방법을 찾고 검증해왔다. 그 결과로 세렌디피티 지수를 측정할 수 있는 38가지 질문을 고안해냈다.

다음 문항에 1~5점('매우 그렇지 않다' 1점, '매우 그렇다' 5점)으로 점수를 매겨 자신의 세렌디피티 지수를 평가해보자. 총점은 190점이며 자신의 총점은 기억해두길 바란다(이 지수에 관한 자세한 내용은 제9장에서 설명할 것이다).

	점수
1. 슈퍼마켓이나 은행 같은 공공장소에서 모르는 사람과 가끔 이야기를 나눈다	
2. 문제의 근본적인 역학을 이해하고자 한다	
3. 예기치 못한 정보나 사건의 가치를 자주 찾는다	
4. 다양한 주제에 대해 생각하는 게 즐겁다	
5. 목적에 대한 방향감이 확실하다	
6. 어려운 문제에 직면해도 잘 낙담하지 않는다	
7. 내가 처한 현재 상황에 집중하는 편이다	
8. 사람들의 강한 동기를 이해하려고 한다	
9. 좋은 일이 늘 생긴다	
10. 직감과 촉을 따를 때가 많다	
11. 내 판단을 신뢰한다	
12. 인생에서 원하는 것은 대부분 얻는 편이다	

13. 만나는 사람 대부분이 친절하고 유쾌하며 도움이 될 거라고 기대한다	
14. 인생의 긍정적인 면을 보려고 한다	
15. 실수는 배움과 같은 긍정적인 것으로 바뀔 수 있다고 믿는다	
16. 이미 일어난 나쁜 일은 오래 생각하지 않는 편이다	
17. 과거에 저지른 실수에서 배우려고 노력한다	
18. 스스로 운이 좋다고 생각한다	
19. 알맞은 타이밍에 필요한 사람을 만날 때가 많다	
20. 낯선 사람과 이야기를 나눌 수 있는 모임에 정기적으로 참석한다	
21. 속한 집단이나 조직에서 다른 사람과 잘 소통한다	
22. 세 개 이상의 다양한 그룹에 속해 있다	
23. 다른 사람을 자주 초대한다	
24. 누가 문제를 겪고 있다면 내가 혹은 누군가가 도울 방법을 생각한다	
25. 상황을 이해하기 위해 상대방의 처지를 고려한다	
26. 삶의 작은 부분에도 감사함을 느낀다	
27. 내 행동이 타인에게 미치는 영향을 자주 되돌아본다	
28. 주변에 함께 있으면 편안하고 아이디어를 탐안할 사람들이 있다	
29. 주변 사람들이 나에게 아이디어를 묻거나 도움을 요청하는 일이 종종 있다	
30. 필요하면 도움을 요청한다	
31. 주제나 아이디어의 흥미로운 연결 고리가 생기면 더 깊게 알아보는 편이다	
32. 시간이 걸리더라도 집념을 가지고 아이디어를 끝까지 파고든다	
33. 불확실한 상황이 불편하지 않다	
34. 정해진 것은 없다고 믿는다	
35. 대화의 분위기를 바꾸기 위해 자주 유머를 구사한다	
36. 모든 상황에 완벽해질 필요는 없다고 생각한다	
37. 질문이 많은 편이다	
38. 내 가치에 부합하는 삶을 살고 있다	
총점	

차례

들어가며 성공은 우연한 기회와 노력의 상호작용이다 6
체크리스트 당신의 세렌디피티 지수는 얼마입니까 18

제1장

세렌디피티, 단순한 운일까?

흩어진 점을 이은 사람들 29 • 성공은 어느 날 우연히 찾아올까? 32 • 세렌디피티는 어디에나 있다 33 • 세렌디피티의 세 가지 유형 34 • 단순한 운이라고 말할 수 없는 이유 39 • 우연의 레버리지를 제대로 쓰는 기술 41 • 운과 우연이 세렌디피티가 된다 44 • 흩어진 점을 이어 영리한 운을 발견하라 46

제2장

기회를 발견하는 사람들의 결정적 차이

우리는 우연을 과소평가한다 52 • 생각을 포기하는 순간 세렌디피티는 사라진다 58 • 성공은 계획된 것이라는 착각 60 • 머릿속에 갇히지 않아야 기회가 보인다 66 • 행운 코드 1. 생각을 정리한다 75

제3장 인생에 행운이 들어올 공간을 만들어라

성공한 사람들은 어떻게 한계를 이기는가 83 • 결핍에 집착하지 말고 자존감을 높여라 88 • 위기보다 기회에 초점을 둔다 89 • 느끼고 말하는 대로 현실이 된다 92 • 원하라! 세렌디피티는 넘쳐난다 93 • 철저한 계획보다 중요한 임기응변 97 • 미래를 통제할 수 있다는 생각은 버려라 98 • 소크라테스처럼 질문하라 101 • 세렌디피티에도 공부가 필요하다 102 • 세렌디피티를 얻는 최적의 타이밍 106 • 뻔한 질문보다 살아 있는 질문을 던져라 109 • '왜?'라는 질문이 건져내는 새로운 발견 111 • 새로운 세렌디피티를 찾기 힘든 이유 113 • 치밀한 목표보다 야심찬 목표에 세렌디피티가 있다 117 • 유레카! 흩어진 점 속에 연결 고리를 찾는 법 119 • 예외도 새로운 규칙이 될 수 있다 123 • 행운 코드 2. 질문을 통해 타이밍을 잡는다 126

제4장 확실한 목표가 준비된 우연을 만든다

다양한 시도를 두려워하지 말라 133 • 당신에게 진짜 의미 있는 일은 무엇인가? 139 • 자신의 원칙을 지킬 때 더 잘 보이는 것들 146 • 성공한 기버가 되라 151 • 유독 운과 기회가 따르는 사람들의 비밀 154 • 좋은 에너지를 유지하면 일어나는 일들 160 • 완벽을 버릴 때 세렌디피티는 찾아온다 165 • 운이 좋은 사람은 불안해하지 않는다 167 • 행운 코드 3. 똑똑한 직감을 기른다 170

제5장 흩어진 점을 잇고 원하는 그림을 그리는 법

기회의 씨앗을 심는 법 177 • 무작위적인 우연에 반응하고 움직여라 178 • 아주 사소한 곳에 변화의 힌트가 있다 180 • 혼자서는 모든 점을 이을 수 없다 183 • 세렌디피티 폭탄을 설치하라 185 • 세상에 자신을 보여줘야 한다 188 • 관심 있는 곳에 집중하고 찾아가라 189 • 세렌디피티가 폭발할 환경을 만들어라 191 • 세렌디피티가 더 빠르고 강력하게 터지는 힘 193 • 직관적으로 점을 잇는 사람들 198 • 충분한 정보를 가진 관찰자가 되어라 201 • 예술가들이 세렌디피티 사냥꾼인 이유 202 • 모은 점을 한 번 더 해석하라 210 • 놀이를 하듯 점을 이어라 212 • 행운 코드 4. 시도하고 행동한다 213

제6장

우연을 세렌디피티로 완성하는 그릿의 힘

절대적인 시간과 집념이 필요하다 222 • 주저하지 말고 도전을 받아들여라 224 • 재능보다 그릿이 중요하다 228 • 행운은 때론 불행 뒤에 찾아온다 231 • 오늘의 불행이 내일의 세렌디피티가 된다 233 • 부정적인 감정도 끌어안아야 한다 235 • 더 단단하고 강인하게 다시 일어서는 법 236 • 성공은 끝까지 해낸 사람만이 얻는다 240 • 천재는 더 나은 생각이 아니라 더 많은 생각을 한다 241 • 현명해져라, 따로 또 같이! 243 • 최고의 세렌디피티는 선택과 집중이 결정한다 247 • 준비된 만남의 힘 250 • 타이밍이 전부다 254 • 당신의 운과 나의 운은 다르다 259 • 행운 코드 5. 끈기 있게 밀어붙인다 260

제7장

인간관계가 세렌디피티의 크기를 결정한다

일상 속 주변 사람들을 다시 생각하다 268 • 흩어진 점에 숨은 결정적 인맥을 주목하라 269 • 느슨하지만 강한 연대가 중요한 시대 271 • 세렌디피티 발견에 도움이 되는 커뮤니티의 힘 274 • 의미 있는 대화로 관계를 쌓아야 한다 278 • 무임승차자가 많은 커뮤니티를 경계하라 280 • 우리에게 필요한 관계란 무엇인가 281 • 관계에 갇히면 세렌디피티는 일어나지 않는다 282 • 서로 연결되어야 세렌디피티가 증폭된다 284 • 행운 코드 6. 다양한 관계로 기회를 넓힌다 286

제8장

세렌디피티가 넘쳐흐르는 환경은 따로 있다

심리적 안정감이 우선이다 293 • 실패 경험을 마음껏 나누고 배워야 한다 299 • 스티브 잡스가 성공 배경에 '팀'을 언급한 이유 302 • 변화를 싫어하는 사람은 없다 305 • 서로 이야기 나눌 수 있는 공간과 시간이 필요하다 309 • 장소와 분위기가 세렌디피티를 부른다 314 • 일하는 조직은 불가사리가 되어야 한다 317 • 세렌디피티가 사업 성공의 핵심이다 320 • 세렌디피티 환경이 강조되는 이유 324 • 사람들의 다양한 요구를 받아들이는 방법 326 • 행운 코드 7. 공간과 분위기를 바꾼다 329

제 9 장

행운에 속지 않고 내 편으로 만드는 법

성공과 실패의 한끗 차이 338 • 아웃라이어들의 행운과 성공의 비밀 340 • 능력인가, 운인가? 342 • 의도치 않은 결과의 힘 344 • 나는 세렌디피터인가? 348 • 행운 코드 8. 나의 행운 지수를 파악한다 351

나오며 당신만의 세렌디피티 코드를 완성하라 353
감사의 글 359
주 363

SERENDIPITY
CODE

제1장

세렌디피티,
단순한 운일까?

인간의 자부심에 대한 모욕일지 모르나

문명의 진보는 우연히 마주치는 최고의 기회에

좌우된다는 것을 반드시 인식해야 한다.

_프리드리히 하이에크, 《자유헌정론》 중에서

고대 국가 세렌딥(페르시아 제국 시절 스리랑카의 지명)의 통치자인 지아페르 왕은 세 아들 때문에 근심 어린 나날을 보내고 있었다. 그는 오랜 고민 끝에 경험도 없고 세상 물정에 어두워 왕국을 통치할 준비가 되지 않은 세 아들에게 긴 여행을 떠나라고 명한다. 여행길에서 귀한 삶의 교훈을 얻고 돌아오기를 바란 것이었다.

여행길에 오른 세 왕자는 우연히 낙타를 잃어버린 상인을 만난다. 그들은 여행 중에 관찰한 내용을 바탕으로 낙타의 특징을 상인에게 이야기하지만 너무 자세히 설명한 탓에 낙타를 훔쳤다는 오해를 받는다. 결국 왕에게 끌려가 본 적도 없는 낙타를 자세히 묘사할 수 있었던 이유를 설명한다. "세 발자국과 질질 끌린 나머지 발자국을 보고 다리를 절뚝인다는 것을 알았고 한쪽에는 개미, 반대편에는 파리가 몰려 있는 것으로 보아

옆구리 양쪽에 꿀과 버터를 각각 지고 있다는 것을 알았습니다…" 다행히 낙타를 찾았다는 다른 여행자 덕분에 이들은 절도 혐의를 벗게 된다.

세 왕자는 주변을 유심히 살피며 여행하는 동안 꿀단지를 지고 절뚝거리며 걷는 낙타가 사라졌다는 사실을 알지 못했다. 하지만 낙타의 실종 이야기를 듣고 이전에 자신들이 본 것을 생각해냈다. 그들은 흩어진 점들을 이은 것이었다.

1754년, 영국 작가이자 정치가인 호레이스 월폴Horace Walpole은 세 왕자 이야기에 빗대어 '우연한 발견'을 주제로 친구에게 편지를 썼다. 그리고 왕자들처럼 의도치 않은 것에서 뜻밖의 발견을 해내는 지혜로운 사람을 '세렌디피티'라고 지칭하며 새로운 단어를 만들어냈다. 이후 많은 이들이 행운쯤으로 의미를 축소해 사용하고 있지만, 월폴은 이미 세렌디피티의 본질을 간파했던 것이다.

세렌디피티의 정의는 다양하다. 하지만 일반적으로는 인간의 행동과 상호작용하여 대개 긍정적인 결과로 이어지는 '기회'로 보는데, 내가 이 책에서 사용하는 정의이기도 하다.[1] 이처럼 행동에 초점을 맞추면 세렌디피티가 일어날 만한 통제 가능한 상황, 즉 '세렌디피티 영역'(잠재적인 이연 연상과 흩어진 점들이 실제로 이어지고 우리의 역량이 발휘되는 기회 공간)을 이해하고 개발하는 데 효과적이다.

세렌디피티의 정의만 보면 예측은커녕 통제하기도 힘들 것처럼 느껴진다. 하지만 세렌디피티가 일어날 환경을 만들고 큰 변화로 이어질 잠재적인 우연을 정확히 인지하여 기회로 바꿀 확실한 방법이 있다. 세렌디피티는 남들이 보지 못하는 것을 발견하는 것이고 그 뜻밖의 발견을 기회로 바꾸는 것이다. 우연에 즉각적으로 반응하여 최대한 활용하려는 의식적인 노력을 할 때 비로소 관련 없는 아이디어나 사건이 한데 모여 재탄생한다. 다시 말해 흩어진 점들을 이어야 한다.

흩어진 점을 이은 사람들

2010년 4월, 따스한 토요일 오후. 발음하기도 힘든 아이슬란드의 화산 에이야프야틀라이외쿠틀Eyjafjallajokull이 폭발했다. 극심한 화산재 구름이 유럽 전역을 뒤덮어 항공기 수천 대가 발이 묶인 바로 그때, 누구도 예상 못 한 일이 벌어지고 있었다.

그날 아침, 나에게 모르는 번호로 전화가 왔다. 자신감에 찬 목소리가 수화기 너머로 들렸다.

"크리스티안 부슈 씨, 안녕하세요. 지인에게 연락처를 받아 전화를 드립니다. 아직 저를 모르시지만 부탁을 좀 드려도 될까요?"

전날 밤 늦게 집으로 돌아와 잠이 덜 깬 상태였지만 굉장히 흥미로웠다. "네, 말씀하시죠." 내가 대답했다.

사업가이자 블로거인 너새니얼 와이트모어Nathaniel Whittemore와의 인연은 이렇게 시작됐다. 와이트모어는 런던에서 남캘리포니아로 가는 비행기가 방금 취소되어 옥스퍼드 대학교에서 열렸던 사회적 기업가와 사상가들의 연례 회의인 스콜세계포럼 참석자들이 이러지도 저러지도 못하는 상황이라고 했다. 대부분이 런던에 아는 사람도 없고 다른 특별한 일정도 없었다.

"이 상황을 최대한 활용해서 모두를 한자리에서 볼 수 있는 이벤트를 만들어보면 어떨까 하는데요."

그는 몇 년 전에 만났던 테드 팀에도 같은 제안을 미리 이메일로 보내 두었다고 했다.[2] 36시간도 안 되어 와이트모어는 유명한 테드 강연의 실시간 버전으로 전무후무한 '테드x 화산'TEDxVolcano 강연회를 열었다. 런던에 아는 사람도, 예산도 없고, 시간도 부족했지만 그는 어려운 상황을 최고의 이벤트로 역전시켰다. 주요 참석자 200명으로 열린 강연회에는 이베이의 창립자인 제프 스콜Jeff Skoll을 비롯해 최고의 연설자들이 참여했고 대기자가 수백 명에 달했으며 1만 명 이상의 사람들이 실시간 강연 영상을 시청했다.

나는 이 자체만으로도 놀라웠지만, 두 가지 질문이 떠올랐다.

첫째, 어떻게 이런 일을 생각해냈을까?

둘째, 우리가 배울 점은 무엇인가?

와이트모어도 우리처럼 삶에서 예상치 못한 상황에 부닥쳤다. 런던에서 계획에 없던 뜻밖의 일을 겪은 것이다. 하지만 통찰과 지혜, 독창력과 에너지를 발휘해 위기를 긍정적인 상황으로 바꾸었다. 비슷한 상황에 놓인 대부분의 사람들이 세렌디피티를 촉발할 잠재성을 알아채지 못한다. 그러나 그는 대단한 사람들이 런던에 발이 묶인 상황과 그들의 경험이 좋은 강연 소재가 될 수 있다는 사실을 간파했다. 보통의 사람이라면 자원이 부족하다는 이유로 단념할 상황이었으나 그는 열정과 설득의 기술을 발휘해 지역 내 사무실을 지원받고 혁신적인 커뮤니티인 샌드박스를 활용해 자원봉사자를 모집하고 구글의 자선 사업을 담당하는 구글닷오알지Google.org의 전 경영진인 래리 브릴리언트Larry Brilliant와 같은 최고 전문가를 초빙해 즉석 연설을 부탁했다. 그는 흩어진 점들을 이은 덕분에 돈한 푼 들이지 않고 최소한의 인맥으로 하루 반나절 만에 낯선 도시에서 세계적인 이벤트를 열게 됐다. 뒤에서 자세히 언급하겠지만, 이 짧은 이야기의 핵심은 이런 일이 생각보다 더 자주 일어난다는 사실이다.

2018년, 독일의 조직 심리학자 니코 로즈Nico Rose 박사는 출장 중 보스턴 호텔 헬스장에서 전년도 헤비급 세계 챔피언인 블라디미르 클리츠코Wladimir Klitschko를 마주쳤다. 시차 적응이 안 돼 몽롱하고 퀭한 상태였지만 그는 자신의 우상인 클리츠코를 단번에 알아보았다. 허겁지겁 방으로 돌아가 클리츠코와 같이 사진을 찍을 생각으로 핸드폰을 챙겼다.

클리츠코의 매니저가 헬스장으로 들어와 그에게 독일어로 말을 거는 순간, 꿈에 그리던 일이 벌어지기 시작했다. 로즈 박사는 그들이 호텔 조식 레스토랑의 위치를 모른다는 사실을 알게 됐다. 기회를 놓칠세라 그들에게 식당 위치를 설명해주며 자연스럽게 함께 사진을 찍고 각자 운동을 시작했다. 운동을 끝낸 뒤 클리츠코가 엘리베이터를 못 찾고 헤매자 또다시 로즈 박사가 길을 안내하며 그와 좀 더 이야기를 나눴다. 헤어질 때가 되자 클리츠코는 로즈 박사가 일하는 대학에서 자신이 연설을 할 수 있는지 물어봤다. 로즈 박사도 출간을 앞둔 자신의 책에 관해 이야기하자, 클리츠코가 책의 서문을 써주기로 했다.

와이트모어는 화산 폭발을 예상했을까? 로즈 박사는 자신의 우상을 만날 줄 알았을까? 어느 누가 런던에서 세계적인 이벤트를 열거나 보스턴 호텔 헬스장에서 세계에서 가장 유명한 운동선수를 만나 자신의 책에 서문을 써줄 거라고 예상할 수 있을까? 당연히 없다. 하지만 와이트모어과 로즈 박사는 이런 일이 일어나기 훨씬 전부터 토대(흩어진 점)를 마련했다.

성공은 어느 날 우연히 찾아올까?

인생은 지나고 나면 다 이해가 된다. 돌이켜보며 흩어진 점을 잇는 것이다. 바로 그때 무작위로 일어난 인생의 결정이나 사건이 설득력 있고 논리적인 이야기로 바뀐다.

누구나 한 번쯤은 일관되고 계획적으로 잘 짜인 삶을 살아온 듯 보이는 이력서를 내본 경험이 있을 것이다. 하지만 실제로 인생에 뚜렷한 목적을 가지고 사는 사람이 얼마나 되겠는가. 게다가 현실은 예기치 못한 사건과 우연, 아이디어와 만남, 대화가 뒤섞여 대개는 예상과 다르게 흘러간다. 그렇다면 일어난 일들을 돌이켜보며 점을 잇지만 말고, 미리 점을 잇는 방법을 배우면 어떨까? 우연한 기회를 잘 길러 최대한 활용할 수 있는 토대를 미리 만들 수 있다면? 기회를 쟁취하는 방법이 있다면? 무엇보다 우연을 쟁취해 더 나은 성과를 낼 수 있다면 어떨까?

화산 이벤트나 슈퍼스타와의 만남을 경험할 사람은 많지 않지만, 누구나 기회를 포착해 우연한 상황을 발전시키고 최대한 활용하여 더 나은 결과를 만들 수 있다. 사람들이 흔히 간과하는 사실이 있다. 성공한 사람들이 우연한 기회로 성과를 낸 듯하지만 늘 운이 좋기만 한 것은 아니다. 실제로 성공한 사람들 대부분은 의식적이든 무의식적이든 그러한 운을 '불러들이는 토대'를 충실히 다졌다.

리처드 브랜슨, 빌 게이츠, 오프라 윈프리, 아리아나 허핑턴만 운이 좋고 타인을 위해 운이 좋은 환경을 만들 수 있는 게 아니다. 누구나 자신과 타인을 위해 세렌디피티를 기를 수 있다.

세렌디피티는 어디에나 있다

나일론, 벨크로, 비아그라, 포스트잇, 엑스레이, 페니실린, 고무, 전자레인지 등 우리 일상을 바꾼 많은 것들이 세렌디피티에서 비롯했다. 대통령이나 슈퍼스타, 교수, 세계 최대의 기업인을 비롯한 사업가들 역시 세렌디피티 덕분에 성공했다고 말한다.

세렌디피티는 과학계의 대단한 발견이나 사업의 성공, 외교적 돌파구에만 존재하지 않는다. 우리 일상의 소소한 순간이나 삶의 전환점이 되는 사건에서도 일어난다. 어느 날 이웃이 삐져나온 나뭇가지를 자르려고 당신에게 사다리를 빌린다고 생각해보라. 이웃이 작업하는 모습을 보니 불현듯 손봐야 할 지붕 타일이 떠오른다. 심각하지도 않고 귀찮으니 나중에 고치기로 한다. 그러다 밖으로 나가 이웃과 이야기를 나누며 잘린 나뭇가지를 같이 치워준다. 맥주 한 잔 함께하자고 이웃을 집으로 초대한다. 이웃이 당신 집의 지붕 타일 고치는 일을 도와주기로 한다. 지붕에 올라가서 보니 빗물 홈통이 느슨해져 곧 떨어질 것 같다. 혼자 하기에는 무리라 전문가를 불러 고친다. 이 의도하지 않은 일련의 사건들로 어쩌면 홈통이 떨어져 가족 중 누군가 크게 다칠 뻔한 일을 미리 막은 것이다.

최근에 이런 비슷한 경험을 한 적이 있는가? 이런 일은 흔히 일어나지만 세렌디피티라고 여기지 못할 뿐이다. 세렌디피티의 주요 특징을 모두 갖추었는데도 말이다. 즉 삶에 우연한 일이 일어나면 우연을 알아차리고 주의를 기울여 기존에 알던 무관한 사실과 연결 지어볼 필요가 있다. 약간의 결단력을 발휘하면 대개 생각지도 못했던 문제까지 해결하게 된다.

사랑의 인연 역시 세렌디피티에서 시작한다. 나는 커피숍이나 공항에서 사랑하는 사람 대부분을 만났다. 보통은 커피를 엎지르거나 노트북으로 영상을 보다가 대화를 시작했고 우연히 공통 관심사를 발견하면서 인연이 이어졌다. 유명한 러브스토리 대부분이 뜻하지 않은 곳에서 시작한다. 버락 오바마와 미셸 오바마의 만남도 어리고 무딘 버락 오바마가 미셸이 일하던 로펌에 합류해 그녀의 멘티로 배정되면서 시작됐다. 뒤에서 살펴볼 테지만, 집념은 잠재적인 세렌디피티를 긍정적인 결과로 이끄는 데 큰 역할을 한다. 오바마는 멘토로서 자신과 데이트할 수 없다는 미셸의 거절에도 일을 그만둘 각오까지 하며 그녀를 끊임없이 설득했다. 이후 둘은 여러 일을 겪었고 나머지 이야기는 우리가 다 아는 대로다.

누군가를 만나고 있다면 상대와의 첫 만남을 떠올려보라. '어쩌다' 만났더라도, 순전히 운이라고만 할 수 있을까. 당신은 그 만남에 아무 역할도 하지 않은 걸까. 시작은 우연이었더라도 당신은 강한 유대를 느끼고 공통 관심사를 가진 상대와의 만남을 이어가기 위해 굉장히 애썼을 것이다. 더 깊이 공감하고 배려하며 격려할 방법을 찾아냈을 것이다. 지금의 상대를 만난 건 당연히 우연한 만남을 포착하고 노력한 결과다.

순전한 운이 아니다. 이것이 바로 세렌디피티다.

세렌디피티의 세 가지 유형

모든 세렌디피티가 특색이 있지만 연구에 따르면 크게 세 가지로 나뉜다.[3] 세 가지 유형 모두 뜻밖의 사건 같은 세렌디피티의 계기가 있고, 초기 의도나 결과에 따라 그 유형이 결정된다.

우선, 두 가지 기본적인 질문에서 시작해보자. 첫째, 이미 있는 것을 찾는 중이었는가? 둘째, 찾고자 하던 것을 찾았는가 아니면 완전히 새로운 것을 찾았는가?

다음 내용에서 세렌디피티의 세 가지 유형을 살펴보자.

아르키메데스 세렌디피티: 풀고자 한 문제의 해결책을 뜻밖에 얻다

아르키메데스 세렌디피티는 부서진 욕조를 수리하거나 꿈의 직장을 얻으려는 것처럼 기존의 문제가 뜻밖의 장소에서 해결되는 것이다. 시라쿠스의 왕 히에론 2세가 그리스의 수학자인 아르키메데스에게 금세공인이 왕관을 만들 때 금 대신 은을 섞는지 알아내라고 명했다. 왕관의 무게는 정확한데 순금으로만 만들어졌는지 은이 섞였는지 어떻게 알아낸단 말인가? 해결책을 못 찾아 혼란스러웠던 아르키메데스는 공중목욕탕으로 향했다. 탕에 몸을 담그고 멍하니 앉아서 수위를 물끄러미 바라보았다. 그런데 몸을 더 깊게 담그자 물이 넘쳐흐르는 게 아닌가. "유레카!" 그는 소리쳤다. "금보다 가벼운 은이 섞인 왕관이 순금 왕관 무게와 똑같으려면 부피는 더 커져야 한다. 그러니 왕관을 물에 넣어보면, 은이 섞인 왕관이 같은 무게의 순금 왕관보다 더 많은 물이 흘러넘칠 테지."

아르키메데스 세렌디피티 유형은 개인이나 다양한 조직에서 흔히 일어난다. 특히 고객의 피드백이나 우연한 사건으로 실행 과정을 변경하는 일은 사업가든 거대 기업이든 늘 겪는 일이다. 다양한 소비재를 판매하는 다국적 기업 프록터 앤드 갬블Procter&Gamble, P&G의 CEO인 데이비드 테일러David Taylor는 나와의 인터뷰에서 접근 방법을 바꿔 팀이 미쳐보지 못한 가능성을 열어두는 일이 무척 즐겁다고 말했다. "결국엔 문제를 해결하거든요. 생각지도 못한 완전히 다른 방식으로 말이죠. 모든 것을 계획할 순 없지만, 해결하고자 하는 문제만큼은 명확히 해야 합니다. 여기에 마법이 숨어 있죠. 그리고 이 마법은 예상치 못한 일에 주의를 기울일 수 있는 다양한 사람을 만나고 새로운 경험을 할 때 일어납니다."

이 책에서 만나볼 첫 번째 세렌디피터는 메르세데스 벤츠 캐나다Mercedes-Benz Canada에서 세일즈 컨설턴트로 일하는 와카스 바기아Waqas Baggia 다. 그는 캐나다에서 태어나고 자랐지만 법학을 공부해야 하는 부인 때문에 한동안 영국에서 살았다. 이후 토론토로 돌아와서는 영국 재규어 랜드로버Jaguar Land Rover에서 기술직 채용 담당자로 일한 경력을 살릴 분야를 물색했다. 여섯 군데의 회사에 지원하여 면접을 봤지만 늘 최종 면접에서 고배를 마셨다. 당시 그는 생계를 위해 마트에서 판매직으로 일하던 중이었는데 임시로 하는 일이었음에도 늘 최선을 다했다. 그런 그를 보며 친구들은 핀잔을 주듯 말했다. "뭘 그렇게 열심히 일해? 그래봤자 물건 파는 일인데!" 하지만 바기아는 무엇을 하든 제대로 하자는 자신만의 철칙이 있었다. 그날도 어김없이 열정과 전문성으로 무장한 채 고객을 상대하고 있었다. 그런 모습에 감동한 어떤 고객이 바기아에 대해 이것저것 묻기 시작했다. 그가 대답했다. "고급 자동차 영업직을 구하는 중입니다. 그 때까지 여기서 일하는 거고요." 알고 보니 그 고객은 메르세데스 벤츠 대리점의 총괄 관리자였고, 그에게 면접을 제안했다. 이후 바기아는 자동차 판매 경험 없이 판매직에 채용된 첫 번째 직원이 됐고 회사에서 제공하는 자신만을 위한 맞춤형 교육까지 듣게 됐다. 바기아의 투철한 직업 정신과 열정, 기존의 틀을 벗어나는 관리자의 수평적 사고가 더해져 바기아의 직장 경력에 뜻밖의 일이 벌어진 것이다.

포스트잇 세렌디피티: 생각하지 않았던 다른 문제의 해결책을 뜻밖에 얻다

포스트잇 세렌디피티는 특정한 문제의 해결책을 고심하다 우연히 다른 문제의 해결책을 얻는 것이다. 이미 알던 방법일 수도 있고 완전히 새로운 방법일 수도 있지만, 한 문제가 다른 문제 해결에 실마리를 준 셈이다. 해결 과정이 완전히 다른 방향으로 변경되지만, 만족스러운 결과를 얻는다. 포스트잇의 아이디어를 누가 냈는지 생각해본 적 있는가? 1970년대 말, 3M에서 연구원으로 일하던 스펜서 실버Spencer Silver 박사는 좀 더 강력한 접착력을 가진 풀을 만들려고 했지만, 오히려 접착력이 더 약한 풀만 나왔다. 하지만 접착력이 약한 풀은 '포스트잇'이라고 불릴 3M의 신제품에 안성맞춤이었다.[4]

포스트잇 세렌디피티의 또 다른 예는 영양 및 자재 분야에서 활동하는 네덜란드의 다국적 기업 DSM에서 찾을 수 있다. DSM은 액자 유리의 반사를 막는 코팅제를 판매하기 위해 고군분투 중이었다. 제품의 성능은 뛰어났지만, 제품을 판매할 시장을 찾지 못했다. 프로젝트 매니저가 제품을 포기하려던 그때, 다른 부서의 동료와 대화를 나누다가 빛을 최대한 흡수해야 하는 태양 전지판에 굉장히 효과적일 거라는 생각이 번뜩 들었다. 이 뜻밖의 해결책 덕분에 DSM의 태양전지 부서는 사업에 박차를 가했다. "사람들은 순전히 운이라고 말하겠죠. 하지만 그건 세렌디피티였어요."[5] DSM의 CEO인 페이크 시베즈마Feike Sijbesma의 말이 왜 맞는지는 뒤에서 다시 살펴볼 것이다.

새로운 문제를 풀 뜻밖의 해결책에 가능성을 열어두면 미처 예상하지 못한 일을 겪게 된다. 이케아IKEA의 전 CEO였던 페테르 아그네프엘Peter Agnefjäll은 우리와의 인터뷰에서 이렇게 말했다. "5년 전만 해도 이케아가

풍력 발전소와 태양광 발전 설비를 갖춘다는 말에 크게 비웃었겠죠. 근데 생각해보니 지금 이케아가 그 일을 다 하고 있네요."

선더볼트 세렌디피티: 생각지도 못한 문제의 해결책을 뜻밖에 얻다

선더볼트 세렌디피티는 문제를 해결하기 위해 별다른 노력을 기울이지 않은 상황에서 일어난다. 마른하늘에 날벼락처럼 완전히 예상 밖의 일이지만 새로운 기회를 얻거나 방치한 문제를 해결하게 된다. 사랑에 빠질 때 흔히 일어나는 세렌디피티며 새로운 아이디어와 접근법이 떠오른다.

올리비아 트위스트(가명)는 젊은 시절 첫 아파트로 이사한 뒤 주방 서랍에서 우연히 낯선 물건을 발견해 친구에게 물건의 용도를 물었다. "그건 방열기 열쇠야. 방열기에서 불필요한 공기를 빼내서 원활히 작동하도록 돕는 거지." 그런 문제가 있는 줄도 몰랐던 트위스트는 친구의 말을 들으면서도 별 대수롭지 않게 지나쳤다. 하지만 날씨가 쌀쌀해져 실내에서도 추위를 느낄 때쯤 방열기 열쇠가 퍼뜩 떠올랐다. 열쇠를 이용해 방열기의 공기를 빼냈더니 내부가 따뜻해지기 시작했다. 예상치 못한 물건의 우연한 발견, 그리고 호기심에 물건의 용도를 알아본 덕분에 그녀는 생각지도 못한 문제를 해결하게 됐다.

라이브 음악을 재해석한 세계적인 운동인 '소파사운즈'Sofar Sounds도 비슷한 환경에서 시작됐다. 레이프 오퍼Rafe Offer와 로키 스타트Rocky Start, 가수 겸 작곡가인 데이브 알렉산더Dave Alexander는 인디 록 밴드 프랜들리 파이어스Friendly Fires의 라이브 공연을 보러 갔다. 하지만 그들은 공연 중에 스마트폰을 보거나 대화하는 다른 관객 때문에 공연에 집중하지 못했다. 관객이 음악에만 오롯이 집중하던 시대가 끝났다는 사실에 그들은 충격을 받았다. 하지만 그 일을 계기로 2009년, 북부 런던에 있는 로키 스타트의 집 거실에서 엄선한 소수의 관객만이 알렉산더의 연주를 즐길 수 있는 소규모 공연을 기획하기에 이른다.

이후 이 '거실 공연'은 런던의 다른 지역과 파리, 뉴욕, 다른 도시에서도 열렸고 세계 곳곳에서 비슷한 공연을 원하는 이들의 요청이 이어졌다. '방에서 듣는 음악'songs from a room의 약자를 딴 소파사운즈는 이렇게 탄생했다. 2018년까지 소파사운즈는 에어비엔비Airbnb, 버진그룹Virgin Group과 손잡고 400개 이상의 도시 가정집에서 4,000여 번에 달하는 소규모 공연을 열었다. 성가신 우연이 가정집이 주는 편안함과 라이브 공연의 강렬함을 함께 맛볼 수 있는 마법 같은 일로 탈바꿈한 것이다.

단순한 운이라고 말할 수 없는 이유

세렌디피티 유형 분류는 주관적일 수 있고, 앞서 설명한 세 유형이 복합적으로 나타날 수도 있다. 그러니 세렌디피티 순간이 왔을 때 어떤 유형인지 분류하는 데 시간을 낭비하지 마라. 유형을 분류하려다 세렌디피티가 완전히 사라져버릴 수도 있다.

예기치 못한 일, 무관한 사건이나 사실 등 흩어진 점들을 잇는다는 점에서 유효한 세렌디피티의 본질은 변함없다. 하지만 흔히 알려진 세렌디피티나 우연한 사건 대부분이 유형을 분류하려는 노력을 무의미하게 한다.

그중 하나가 세상을 이롭게 바꾼 알렉산더 플레밍Alexander Fleming의 페니실린 발견이다. 이 이야기는 과학과 의학계의 돌파구가 된 주요 사례로 잘 알려져 있다. 짧게 설명하면 다음과 같다. 플레밍은 많은 감염을 일으키고 치명적일 수도 있는 포도상구균을 연구 중이었다. 그는 1928년 어느 날 아침, 런던 세인트메리 병원 지하 연구실 창가에 뚜껑이 열린 채 방치된 포도상구균 배양접시를 발견했다. 그런데 예상치 못한 일이 벌어지고 있었다. 푸르스름한 곰팡이가 배양접시에서 자라고 있는 게 아닌가. 게다가 놀랍게도 곰팡이 주변에 포도상구균이 감쪽같이 사라지고 없었다. 그 곰팡이는 페니실리움 크리소게눔이었다. 포도상구균을 죽이는 페니실린은 이렇게 발견됐다. 페니실린의 발견으로 항생제 연구가 시작됐고 수백만 명의 목숨을 살렸다.

이후 페니실린의 대량생산 또한 뜻밖의 일로 실현됐다. 미국 북부 지역 연구실의 보조 연구원 메리 허브Mary Hub는 플레밍보다 페니실린을 수십 배 더 많이 생산해낼 방법을 '곰팡이 핀 멜론'에서 우연히 발견한 것이다.

이 이야기에는 세렌디피티의 모든 특징이 담겨 있다.[6] 뜻밖의 오염으로 생긴 곰팡이가 사람의 목숨을 살릴 약이 되었다. 이 세렌디피티는 어떤 유형일까? 플레밍이 이루고자 한 목적을 어떻게 생각하느냐에 따라 다르다. 의학자가 치료제를 찾고 있었다면 우연이긴 해도 플레밍은 목적을 달성한 것이다. 하지만 그는 누구도 생각지 못했던 항생제를 찾고 있지는 않았다.

유형과 상관없이 이 세렌디피티도 배양접시가 오염되는 우연한 계기에서 시작했지만, 플레밍의 반응이 더 중요한 역할을 했다. 그는 꼼꼼히 일하지 못한 자신을 탓하며 배양접시를 쓰레기통에 버리지 않았다. 대신 호기심을 가졌다. 동료에게 보여주며 더 깊이 연구했고, 오랜 연구 끝에 우연한 사고는 삶을 변화시킨 약으로 탈바꿈했다.

플레밍을 우연히 페니실린을 발견한 '운 좋은 사람'쯤으로 여겨 이 혁신적인 사건에서 인간의 역할을 간과하면 안 된다. 오히려 플레밍은 '이연 연상'bisociation, 즉 흩어진 점들을 잇고자 하는 가장 중요한 결단을 내렸다. 오랜 시간이 걸리는 연구였지만, 플레밍이 서로 무관해 보이는 점들의 연결 고리를 보려 하지 않았다면 배양접시를 오염시킨 푸른곰팡이는 그저 흔히 일어나는 실험실 사고로 남았을 것이다. 사실 세균과 곰팡이는 이 일이 일어나기 수십 년 전에도 관찰됐지만 누구도 관심을 두지 않았다. 세렌디피티를 좀 더 일찍 발견했다면 더 많은 수백만 명의 사람이 목숨을 구하지 않았을까?[7]

우연의 레버리지를 제대로 쓰는 기술

세렌디피티는 결코 우리에게 우연히 일어나는 일이 아니다. 하나의 현상으로 독특한 특징을 가지며 삶에서 훈련을 통해 기를 수 있다. 세렌디피티를 제대로 이해하고 나아가 마법 같은 도구로 활용하려면 좀 더 자세히 살펴봐야 한다.

기존의 연구를 바탕으로 살펴본 세렌디피티의 핵심 특징 세 가지는 다음과 같다.[8]

1. 예기치 못한 일이나 특이한 일을 겪는다: 물리적인 현상으로, 대화나 우발적인 사건 중 하나에서 비롯하며 세렌디피티의 계기가 된다.
2. 세렌디피티의 계기를 기존의 무관한 일과 연결한다: 흩어진 점을 연결하

다 보면 우연이라고만 생각한 일의 잠재적인 가치를 깨닫는다. 무관한 사건이나 사실을 연결하는 행위가 '이연 연상'이다.

3. 결정적으로 가치가 실현된다: 통찰력이나 혁신, 새로운 행동 방식, 문제를 풀 새로운 해결책은 누군가가 찾던 방법도, 예상한 방식도 아니며 기대한 형태로도 나타나지 않는다. 이것은 완전히 예상 밖의 일이다.

세렌디피티에는 뜻밖의 일과 우연이 중요하지만 이는 시작에 불과하다. 그보다는 우연의 기회를 이해하고 활용할 능력을 지닌 '사람'이 필요하다. 의미 있는 연결 고리를 우연히 깨닫고 단편적인 정보나 관찰 결과, 사건을 창의적으로 재구성할 사람 말이다. '낯선 조합'으로 여긴 이전의 무관한 두 아이디어를 연결하다가 기회를 포착하는 경우가 많다.[9]

또한 세렌디피티는 예상치 못한 만남이나 정보에서 가치를 발견하여 지렛대로 활용하는 능력이자 기술이다.[10] 따라서 누구나 이 기술의 모든 단계를 배울 수 있고 삶에 적용할 수 있다. 그러려면 이 강력한 힘을 간파하고 낚아채 제대로 휘두를 도구로 활용할 세렌디피티 사고방식을 기르는 게 핵심이다.

특정한 우연이 단발성 사건이라면, 세렌디피티는 지속적인 과정이다. 뜻밖의 일이나 우연도 중요하지만 그건 시작점일 뿐이다. 예상치 못한 발견을 이해하고 지렛대로 활용할 핵심적인 다음 단계를 거쳐야 한다. 남들이 틈을 발견할 때 우리는 연결 고리, 즉 '관계'를 봐야 한다. 이때 진정한 가치를 걸러내는 지혜와 본질을 파악하려는 집념이 필요하다.[11]

세렌디피티의 계기나 잠재적인 관련성을 보지 못하면 당연히 세렌디피티를 놓치게 된다. 일어날 수 있었던 많은 우연이 빛도 보지 못하고 사라져버렸다. 블라디미르 클리츠코나 운명의 상대를 우연히 마주치는 것처럼 누구나 세렌디피티의 잠재적인 촉발점을 마주할 수는 있지만 흩어진 점을 잇는 노력이 없다면 세렌디피티를 기대할 수 없다.

세렌디피티가 일어날 가능성이 있는 많은 경우를 생각해보라. 세렌디피티를 아예 보지 못했거나 봤지만 아무런 행동도 하지 않고 흘려보내지 않았는가? 혹시 최근에 사소한 부추김만 있어도 했을 일을 하지 못하고 이제 와서 "아, 뭐가 돼도 됐을 텐데."라고 후회한 적이 있는가? 세렌디피티 사고방식을 길러야 하는 이유가 바로 여기에 있다.

조직이나 네트워크의 개편, 물리적 공간의 변경 등을 통해 세렌디피티가 촉발될 만한 환경을 설정할 수도 있다. 세렌디피티 사고방식과 환경 설정은 좋은 밑거름이 되어 우리가 기르고 활용할 세렌디피티 영역을 풍성하게 만든다.

| 세렌디피티 영역 |

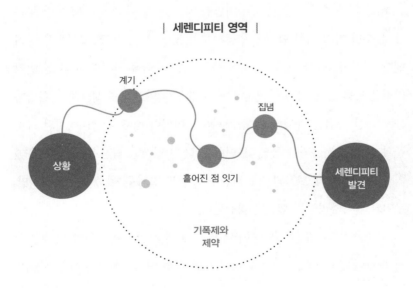

앞 그림은 세렌디피티의 과정과 발현을 나타낸다. 세렌디피티 영역을 단순하게 표현한 것으로 계기와 흩어진 점 잇기는 대개 동시에 일어나고, '피드백 고리'가 존재한다. '피드백 고리'는 뒤에서 살펴볼 내용으로 초기 결과가 차후 세렌디피티의 빈도수를 증폭 또는 감소시키는 것을 말한다.

운과 우연이 세렌디피티가 된다

나는 연구원이자 공동체 설립자, 그리고 사업가로 일하며 사람들에게 우연히 어떤 일이 일어났다는 이야기를 자주 듣는다. 하지만 돌이켜 다시 점을 잇다 보면 이는 엄밀히 말해 사실이 아니라는 점이 확실해진다. 행운은 보통 잘 마련된 토대에서 비롯한다. 과학과 운이 말도 안 되는 조합처럼 보여도 앞에서 살펴봤듯이 세렌디피티는 과학 연구의 핵심이다.

제조 중 우연이 아주 중요한 역할을 하는 조합 화학에 대해 한번 살펴보자. 수만 가지 화학 합성물이 동시에 만들어지고 유효한 합성물을 걸러낸다. 여기서 핵심은 조합 화학이 수천 가지 우연을 만들어내 단 한 번의 기회를 잡을 준비 과정을 거친다는 것이다. 새 의약품을 개발하는 화학자는 이러한 실험을 탁월하게 설계하는데, 이처럼 적재적소에 배치된 사람들과 올바른 접근법을 통해 '우연한 발견'이 일어날 확률을 높인다. 우연의 기회는 이렇게 포착되고 발견된다. 누구도 결과를 예측하지 못하지만, 무언가 일어나리라는 점만은 확신한다.

'토대 이론'과 같은 질적 연구법 역시 통계 패턴이 아닌 우연이나 뜻밖의 통찰을 중시한다.[12] 이런 점에서 보면 질적 연구법을 연구하는 사람은 셜록 홈스와 많이 닮았다.

오늘날의 세계는 정치, 사회, 환경의 변화와 더불어 예상치 못한 일이 미래의 상당 부분을 결정한다. 무엇보다 이러한 변화가 조직의 생사를 위협하기도 한다. 그런 이유로 세계적인 중국 가전제품 기업 하이얼Haier의 CEO 장루이민Zhang Ruimin은 예상치 못한 변화에 대처하며 이렇게 말했다. "파괴당하기 전에 스스로 파괴하라." 하이얼은 예기치 못한 변수 평가를 조직의 핵심으로 삼았다.

이와 비슷한 경험을 한 세계적인 금융 서비스 기업의 CEO는 미래를 관통하며 판로를 개척하는 자신들만의 접근법을 들려주었다. "한순간도 변수를 그냥 지나치지 마라. 예상치 못한 일은 계속 일어나고 있었고, 우리가 그 기회를 잡은 것이다." 그와 팀원은 비전과 문화, 실천 사항을 통해 방향을 제시하며 나머지가 예상치 못한 방법으로 예상치 못한 장소에서 빛을 발하도록 했다. 또한 전 직원이 세렌디피티 영역을 계발하도록 도왔다. 미국 《포춘》Fortune이 선정한 500대 기업 중 하나인 커민스Cummins의 CEO 톰 라인버거Tom Linebarger 역시 세렌디피티를 기르는 일에 집중한다. 그는 이 일을 불확실한 시기에 회사를 이끌 주도적인 접근 방식으로 여긴다.

어떤 이들은 이렇게 질문할지도 모른다. 나도 그랬으니까. "우리가 주도적인 역할을 하는데도 세렌디피티를 과연 세렌디피티라고 할 수 있을까?" 나는 자신 있게 답할 수 있다. "그렇다!" 이것이 바로 세렌디피티와 '순전한 운'blind luck(주도적인 행동이 아닌 단순한 우연에서 비롯한 성공과 실패)의 차이다.

세렌디피티를 기를 때 가장 중요한 것은 열린 마음으로 세상을 보고 흘어진 점을 잇는 태도다. 그저 기막힌 타이밍과 장소에서 기막힌 일이 일어나는 것이 아니다. 적극적인 태도와 과정에서 세렌디피티가 일어난다.

흩어진 점을 이어 영리한 운을 발견하라

세렌디피티는 주도적이고 '영리한 운'으로 흩어진 점을 찾아내 잇는 당신의 능력에 달렸다. 앞서 살펴본 세렌디피티의 세 가지 유형은 세렌디피티의 계기로 나눈 것이다. 세렌디피티 사고방식을 기르면 세렌디피티의 계기를 보는 눈이 넓어지고 흩어진 점을 잇게 되며 가치 있는 성과에 집중하는 끈기를 키울 수 있다. 또한 공동체나 회사를 비롯해 세렌디피티의 기폭제가 되거나 세렌디피티를 제약하는 환경에 영향을 끼칠 수도 있다. 이 모든 일이 더해지면 비로소 세렌디피티 영역을 만들어낼 수 있다. 잠재적으로 연결된 점들이 타인이나 자신에 의해 연결되는 것이다. 그렇다면 유의미한 우연을 창조하고 더 많은 우연이 유의미해지려면, 과연 우리는 무엇을 해야 할까?

제 2 장

기회를 발견하는
사람들의 결정적 차이

우리가 다른 계획을 세우느라 바쁠 때

인생에는 뜻밖의 일이 일어난다.

_앨런 손더스, 미국의 저널리스트 겸 만화가

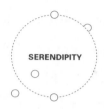

SERENDIPITY

오늘은 당신의 생일이다. 하지만 실망스럽게도 회사의 업무 행사에 참석해야 한다. 같은 업계에 종사하는 60여 명이 모여 다양한 대화를 나누는 자리다. 하지만 흥미로울 거라는 예상과 달리 지루하기만 하다. '생일날에 일이나 하고 있다니, 이게 말이 돼? 생일에 이러고 있는 사람은 나밖에 없을 거야.'

하지만 당신만 그런 게 아니라면?

나는 새 학기가 되면 수업 중에 학생들과 간단한 게임을 한다. "여기 모인 60명 중 자신과 생일이 같은 사람이 한 명 이상일 확률이 얼마나 될까요?" 학생들은 주로 5~20퍼센트 사이라고 답한다. 논리적으로 60명을 365일로 나누면 그 정도 확률이 나오니 일리 있는 말이다. 이 논리라면 생일이 같은 사람이 두 명 이상일 확률은 굉장히 낮다.

그리고 학생들에게 차례로 자신의 생일 날짜를 말하게 하고, 자신과 생일이 같으면 '저도요!'를 외치게 한다. 열 명 정도 생일을 말했을 때쯤 교실 어디선가 '저도요!'가 들리면 학생들은 깜짝 놀란다. 여기저기서 생일이 같은 학생들이 속출한다. 60명쯤 되는 수업에서 생일이 같은 학생들이 세 쌍에서 여섯 쌍 정도 나온다는 사실이 놀랍기만 하다.

어떻게 이런 일이 가능할까? 마술이라도 부린 걸까? 아니다. 완전한 확률에서 나온 것이다. 이는 선형적 증가가 아닌 기하급수적으로 늘어나는 지수적 증가의 예다. 즉 학생이 자신의 생일을 말할 때마다 생일이 같은 여러 '쌍'이 존재할 수 있다. 예를 들어 학생 1은 59명의 다른 학생들과 생일이 같을 수 있고, 학생 2는 학생 1과 생일이 다르다고 가정할 때 58명과 생일이 같을 수 있다. 계속 이렇게 이어진다. 따라서 생일이 같을 쌍의 확률을 더하면 '생일 역설'birthday paradox로 알려진 다음 그래프가 나온다.

생일 역설은 스물세 명만 모여도 생일이 같은 사람이 존재할 확률이 50퍼센트(!)나 된다는 사실을 보여준다.[1] 더 놀라운 건 70명이 모이면 (거의 99.9퍼센트의 확률로) 두 명씩 모두 생일이 같을 수 있다는 사실이다. 수학에 별 소질이 없어 고등학교를 1년 더 다녀야 했던 나로선 이 개념을 이해하는 게 쉽지 않았다. 하지만 명백한 사실이다.

그렇다면 업무 행사에서 생일이 같은 사람이 있을 거라는 사실 외에 여기서 어떤 통찰을 얻을 수 있을까?

생일 역설은 지수적 사고방식이 아닌 '계획에 기초한' 선형적 사고방식 때문에 예기치 못한 우연을 과소평가하는 우리의 모습을 잘 보여준다. 우연을 알아채고 놀라든, 알아채지도 못하든 살다 보면 늘 예기치 못한 일을 맞닥뜨린다. 인생의 전환점이 된 경험부터 사소한 성장에 이르기까지

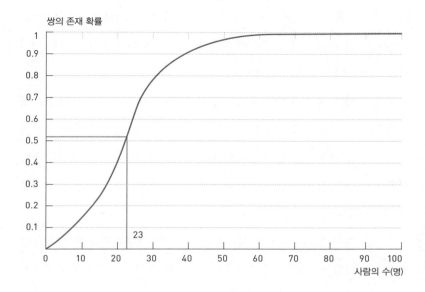

| 생일 역설 그래프 |

매일, 매 순간 세렌디피티가 존재하리라는 사실을 깨달으면 모든 것이 가능해진다.

앞으로 이야기하겠지만 익숙하거나 학습된 사고방식으로는 세렌디피티를 발견할 수도, 활용할 수도 없다. 세렌디피티를 막는 가장 큰 방해 요소는 세상을 바라보는 우리의 선입견과 편견이다. 이는 무의식적으로 우리의 생각을 뒤흔들고 세렌디피티의 가능성을 차단해버린다. 선입견이나 편견이 없다고 생각하는가? 그것이야말로 당신이 가진 최대의 선입견이다.

선입견은 세렌디피티가 일어나는 순간 우리의 시야를 가리고 이미 일어난 세렌디피티를 제대로 이해하지 못하게 한다. 성공한 사람들은 장기 비전과 전략을 바탕으로 한 신중한 계획과 근면함으로 큰 성공에 이르렀다고 설명할 것이다. 맞는 말이지만, 꼭 그렇지 않기도 하다. 하지만 대개 인생의 중요한 전환점은 일이 일어난 뒤에 '재해석된 세렌디피티'(때로는 순전한 운)의 순간들이다. 당신이 제출한 이력서에 뚜렷한 방향성을 지닌 삶이 기록되어 있는 것처럼 말이다.

편견은 때로 유용하기도 하고 타당한 이유로 진화해왔다. 하지만 편견은 혼란이 무작위하게 일어나는 세상에서 제 역할을 해내기 어렵고, 복잡한 사회적 상호작용을 전부 담지도 못한다. 그러므로 이러한 편견과 선입견을 벗어나는 능력이야말로 인간의 진보와 개인과 조직의 성장에 커다란 계기가 된다.

편견은 여러 형태로 나타난다. 개인과 조직이 세렌디피티를 최대한 활용하기 위해서는 이를 막는 기본적인 네 가지 편견을 극복해야 한다. '우연의 과소평가, 다수 의견 따르기, 사후 합리화, 기능적 고착'이 바로 그것이다. 다소 전문적인 용어지만 자세히 들여다보면 꽤 흥미롭다.

우리는 우연을 과소평가한다

내 친구가 자주 하던 말이 있다. "일어나지 않을 것 같은 일이 일어날 확률이 정말 높아." 처음에는 그게 무슨 말인가 싶었지만, 몇 년 뒤 그 말을 이해할 수 있었다. 우연이나 예기치 않은 일, 말도 안 되는 일은 늘 일어난다. 중요한 것은 이 기회를 알아채고 붙잡아 유용하게 쓸 수 있느냐이다.

영국에서 협상 관련 수업을 할 때의 일이다. 주유소 사장이 대형 석유회사에 자신의 주유소를 매각하는 협상이 그날의 주제였다. 양쪽 모두 처음에 제시한 가격을 고수하여 협상이 난관에 부딪힌 상황으로 설정됐다. 석유회사는 50만 달러에 사들이기를 원했고, 주유소 사장은 최소 58만 달러를 원했다. 이론적으로 협상 여지도, 한쪽 혹은 양쪽이 거래 가격을 조정하지 않는다면 양쪽이 만족하는 결과를 내기도 어려운 상황이었다.

나는 양측을 대변하는 학생 모두에게 자신이 맡은 입장을 잠시 내려놓고 이 거래를 통해 얻고자 하는 본질적인 이익과 필요가 무엇인지 생각해보도록 했다. 회사 측 대표가 주유소 사장 측에게 58만 달러가 필요한 이유를 묻자 뜻밖의 일이 벌어졌다. "저는 은퇴 후 아내와 함께 요트를 타며 인생을 즐기고 싶어요. 그러려면 58만 달러 정도가 필요하고요."

이때 회사 측 학생들은 대체로 '뜻밖이군요'라는 말과 함께 이야기를 이어나간다. "저희가 항해에 필요한 연료를 제공하고 요트에 당신의 이름도 새겨드리죠. 사실 이런 식으로 협찬을 하고 싶었답니다." 이 밖에도 학생들은 더 적은 돈으로 주유소 사장을 만족하게 할 특이한 아이디어를 내놓는다.

근본적인 관심사에 주목하면 상황을 해결할 뜻밖의 방법이 보인다.(윈-윈 전략을 생각하는 학생들은 직관적으로 모두에게 득이 되는 해결책을 찾지만, 경쟁적인 사고방식을 지닌 학생들은 파이를 늘려 모두가 만족할 만한 해결책을 찾는 데 시간을 더 쓴다. 타인의 이익이 곧 나의 손실이라는 사고방식이 아닌 윈-윈 사고방식을 가진 학생들은 양쪽의 근본적인 관심사와 우선순위에 대한 정보를 더 효과적으로 나누고 신뢰 관계를 형성해나간다.)

이 수업을 통해 자신의 협상 전략을 개선하는 데 의의를 둘 수도 있다. 하지만 내가 말하고자 하는 핵심은 이 협상 과정에서 예기치 못한 일이 존재할 것으로 생각하지 않기 때문에 대부분 우연을 흘려 본다는 것이다.

주유소 사장이 제시한 거래 금액은 이상하리만큼 높지만 다들 주의를 기울이지 않았기에 양쪽이 진짜 원하는 것을 파악하지 못하고 서로의 관심사를 공유했을 때 나올 수 있는 흥미로운 가능성마저 차단해버렸다.

이 같은 통찰은 사업 협상과 같은 분야에서 특히 중요하다. 구직자나 첫 집을 마련하려는 구매자를 떠올려보라. 양쪽 모두 만족할 만한 결론에 도달하려면 예상치 못한 점들을 이어야 한다. 이뿐만이 아니다. 뒤늦게라도 점을 잇기 시작해보면, 경력을 쌓은 과정이나 배우자와의 첫 만남처럼 삶은 예기치 않은 일로 가득 차 있다는 사실을 깨닫게 된다.

우리는 발생할 거라고 예상한 일을 '일반적'으로 여기는 편향된 세계관을 키워왔다. 따라서 예상한 일이 먼저 눈에 띈다. 그렇다면 예상한 일의 범위를 넓힐 수 있다면 어떨까? 미처 보지 못한 연결 고리가 보이기 시작하고 우리의 선택을 받아 활용되길 기다리는 뜻밖의 우연들이 사방에 널렸다는 사실을 깨닫게 될 것이다.[2] 이것이 바로 세렌디피티 코드의 핵심이다. 한번 생각해보자. 다들 일상에서 뜻밖의 일이 일어났으면 하고 바라지만 대개 방어기제에서 비롯한 생각일 뿐이다. 대부분의 보행자가 횡단보도를 건널 때, 차들이 빨간 불에서 멈출 거로 예상한다. 하지만 이 사실을 전적으로 당연하게 여기지는 않는다. 신호등이 바뀌고 횡단보도에 발을 내딛는 순간에도 차들이 신호를 무시하고 달리지 않을까 싶어서 두리번거린다. 이 경우 우리의 시야는 평소보다 넓어지고 예기치 않은 일에 촉각을 곤두세운다. 그러지 않으면 치명적인 사고로 이어질 테니까.

이 접근법을 긍정적인 일에도 적용하면 어떨까? 더 넓은 시야로 예상치 못한 좋은 일이나 유용한 일이 생길 여지를 열어두면서 말이다. 영국의 심리학 교수인 리처드 와이즈먼Richard Wiseman은 자아 인식과 관련해 흥미로운 실험을 했다. 자신이 '억세게 운이 좋다'고 생각하는 사람과 '억세게 운이 나쁘다'고 생각하는 사람으로 나누어 이들의 세계관을 조사했다. 한 실험에서 운이 좋다고 생각하는 마틴과 그렇지 않다고 생각하는 브렌다를 각 부류의 대표로 선별했다.[3]

연구 팀은 참가자에게 따로 커피숍으로 가서 커피 한 잔을 사서 자리에 앉도록 했다. 그리고 관찰카메라로 이들의 행동을 모두 담았다. 참가자들이 밟고 지나갈 수밖에 없도록 커피숍 바로 앞 바닥에 5파운드 지폐 한 장을 놓아두었고, 내부에는 큰 테이블 네 개를 넣어 세 명의 배우와 성공한 사업가를 따로 앉혔다. 성공한 사업가는 주문대와 가장 가까운 자리에 앉게 했다. 이들 배우와 사업가는 두 명의 참가자에게 똑같이 반응할 것을 지시받았다.

어떤 결과가 나왔을 것 같은가?

자신이 운이 좋다고 생각하는 마틴은 입구에서 5파운드 지폐를 발견하고는 지폐를 들고 커피숍으로 들어갔다. 커피를 주문하고 사업가 옆에 앉아 자연스럽게 대화를 나누면서 친구가 됐다. 반면, 자신이 운이 나쁘다고 생각하는 브렌다는 5파운드 지폐를 발견하지 못했다. 마틴처럼 사업가 옆에 앉았지만, 실험 종료 때까지 한 마디도 나누지 않았다.

실험이 끝난 후 연구 팀이 두 사람에게 하루가 어땠냐고 묻자 상반된 반응을 보였다. 마틴이 말했다. "오늘 하루 정말 끝내줬어요. 5파운드를 땅에서 주웠죠. 게다가 우연히 성공한 사업가를 만나 멋진 대화를 나누었어요."(사업가와의 만남으로 또 다른 성과를 냈는지 확실치 않지만, 만약 그렇다면 예기치 못한 우연일 리 없다!) 반면 브렌다의 반응은 그리 놀랍지 않다. "그저 평범한 아침이었죠." 두 참가자에게 완전히 똑같은 잠재적 기회가 주어졌지만, 기회를 '제대로 본' 사람은 한 명뿐이었다.

예기치 않은 일에 열린 마음을 가지는 것은 행운과 세렌디피티의 핵심 요소다. 마틴과 같은 사람은 여러 이유 덕분에 늘 운이 좋다. 그중 가장 중요한 이유는 바로 우연을 알아보는 능력이다. 이 능력 덕분에 예기치 못한 우연을 거머쥘 확률이 더 높다. 이들에게 우연이 더 자주 일어나서가 아니다. 세렌디피티를 기대하기 시작하면 세렌디피티의 순간이 보이기 시작한다. 남들과 같은 상황을 겪더라도 더 운이 좋아지는 비결이다.

누구나 살면서 한 번쯤은 겪은 세렌디피티 순간을 기억하지 않는가? 하지만 우리가 간과하거나 아깝게 놓쳤을 세렌디피티 순간은 어떠한가? 커피숍에서 당신에게 어쩌다 커피를 엎질렀던 사람을 떠올려보자. 가만히 생각해보니, 꽤 귀엽지 않았는가? 당신에게 관심이 있었을지도 모른다. 하지만 누구도 이 일에 별 반응을 보이지 않았다. 세탁비를 보낼 명목으로 연락처를 교환하지도 않았다. 많은 일이 여기서부터 일어날 수 있었지만, 결국 아무 일도 일어나지 않은 것이다.

다음에 나오는 그림은 세렌디피티의 계기를 이해하지 못하고 흩어진 점을 잇지 않으며 집요하게 물고 늘어지지 않아 결국 세렌디피티를 놓치게 되는 과정을 보여준다.[4]

어떻게 하면 세렌디피티를 붙잡을 수 있을까? 세렌디피티를 붙잡을 여러 전략을 뒤에서 자세히 다룰 것이다. 우선 솔트레이크시티에 본사를 둔 사무용 가구 제작업체 미티-라이트Mity-Lite가 세렌디피티를 유리하게 활용한 과정을 살펴보자. 낸시 네이피어Nancy Napier와 꽝호왕Quan-Hoang 연구진이 그 결과를 평가했다.

미티-라이트의 간부 한 명이 세렌디피티를 개발해야 한다고 제안하자

코스피 3000 시대, 주식 공부로 부자 되는 연습을 하라!

투자 용어부터 주식시장 제도 변화까지 한 권으로 끝내는 주식투자 백과사전!

연수익률 100% 샌드타이거샤크가 알려주는 10단계 종목분석법!

《주식 공부 5일 완성》이 한층 더 가성비 높게 업그레이드한 2021년 최신개정판으로 돌아왔다. 스토리텔링으로 배우는 투자 용어, 종목 고르는 비법과 매매원칙, 경제신문에서 호재 & 악재 선별법, 투자 시 주의해야 할 이슈까지 5일 주식 공부로 주식 고수의 반열에 올라 있는 자신을 발견할 것이다.

《주식 공주 5일 완성》(2021년 최신개정판)
박민수(샌드타이거샤크) 지음 | 값 18,000원

8천만 원 종잣돈으로 124배의 수익을 올린 주식투자의 비밀!

"투자 원칙을 지켰을 뿐인데 자산이 100억으로 늘었다!"

수만 명의 개미투자자들이 찾는 가치투자의 고수 '선물주는산타'의 주식투자 절대 원칙!

500% 이상의 주가 상승을 예측해 네이버 종목토론방의 성지가 된 '선물주는산타'가 알려주는 투자 원칙. 가치투자의 기본 논리에 충실히 따르면서도 저자만의 철학을 녹여낸 투자 원칙들은 직장인을 비롯한 개인투자자들이 따라 하기 쉽고 불안한 증시에서도 절대 수익을 얻는 주식투자의 나침반이 되어준다.

선물주는산타의 주식투자 시크릿
선물주는산타 지음 | 값 16,000원

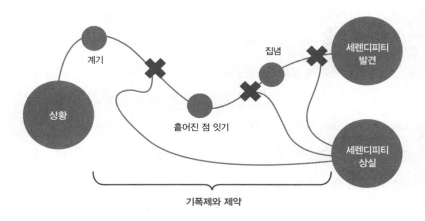

| 세렌디피티를 놓치는 과정 |

계기

상황

흩어진 점 잇기

집념

세렌디피티
발견

세렌디피티
상실

기폭제와 제약

모두 회의적이었다. 하지만 회사 임원진은 의심을 거두고 2주마다 30분씩 뜻밖의 정보를 가려내 정보를 수집한 경위와 정보의 질을 논의한 뒤 이를 최대한 활용할 방법을 찾기로 했다. 그 결과 연구진은 첫 두 달 만에 미티-라이트에서 '세렌디피티 발견'과 관련한 예를 적어도 여섯 개를 찾아내며 이렇게 결론 내렸다. "임원진이 세렌디피티의 발견에서 비롯된 경제적 효과를 산출하자 세렌디피티가 모호한 개념이라는 회의론이 사라졌다."[5] 이 연구를 통해 임원진들은 뜻밖의 정보에 더 주목하여 이전에는 놓치거나 아예 보지 못했을 정보를 찾아내 취합하기 시작했다. 예를 들어, 신제품 발매를 앞두고 평소처럼 시장조사를 할 때의 일이다. 임원진은 가격 책정 방식에 오류가 있을 수 있다는 뜻밖의 정보를 얻게 됐다. 이 정보를 무시하거나 놓쳤다면 회사는 막대한 손실을 입었을 것이다.

미티-라이트의 임원진처럼 예기치 못한 일에 촉각을 곤두세우는 사람은 세렌디피티를 발견할 가능성이 크다. 예상 밖의 정보나 사건에 숨겨진 가치를 이미 찾고 있었을 테니까. 인도 최대 기업 마힌드라그룹Mahindra Group의 CEO인 아난드 마힌드라Anand Mahindra를 비롯해 고위 경영자들 역시 회사에 '세렌디피티 발굴 팀' 배치를 숙고 중이다.

산업계 인사들이 모두 모이는 만찬회가 얼마 후에 열린다고 치자. 당신은 무엇을 예상하는가? 평소와 다름없는 만찬회를 예상하는가? 지루한 사람 옆에 앉아서 따분한 이야기를 듣는 둥 마는 둥 하며 눈에 안 띄게 빨리 나갈 방법을 궁리 중일 것 같은가? 이렇게 예상했다면, 당신은 딱 그 정도의 경험만 하게 될 것이다.

생각을 포기하는 순간 세렌디피티는 사라진다

다수의 의견을 따르는 데는 여러 가지 이유가 있다. 합의된 의견은 안전하다. 게다가 많은 이들이 모이면 놀라울 정도로 정확한 결정을 내릴 수 있고, 현명한 사람 몇 명보다 더 나은 결정을 내리기도 한다. 예를 들어 시카고 대학교 교수 다니엘 마틴 카츠Daniel Martin Katz와 동료들은 판타지스코투스FantasySCOTUS의 데이터를 활용한다. 판타지스코투스는 2011년부터 미국 대법원 판결 400건 이상에 대해 일반인 5,000여 명이 내놓은 60만여 개의 예측을 담은 데이터로 '대중의 지혜'가 국가의 최고 판결 기관의 결정을 정확하고 철저하게 예측할 수 있다는 사실을 보여준다.[6]

날씨나 경제에 이르기까지 복잡한 시스템의 각종 예측은 틀릴 때가 많고 특히 세부 사항에 관한 예측은 대부분 정확하지도 않다. 하지만 예측 전문가 다수가 모이면 한 명의 전문가보다 예측률이 훨씬 높아진다.[7]

그렇다면 모두가 놓친 특별한 사건을 정확하게 예측하는 괴짜 혹은 천재적인 예측가는 어떨까? 사실 특이한 사건을 성공적으로 예측하는 사람은 전체 성공률을 놓고 따져봤을 땐 그리 높지 않다. 다시 말해 비범한 예측은 한 사람의 예측에서 나오지 않는다. 행동과학자 저커 덴렐Jerker Denrell과 크리스티나 팽Christina Fang은 연구 논문에서 이렇게 밝혔다. "사회적 통념에 근거한 이들의 예측률이 전반적으로 정확하다. 따라서 합의된 의견이 대개는 옳다. 대중의 지혜를 무시하고 경솔하게 괴짜들의 의견만 좇는 것은 성급하다."

그러나 모든 상황에서는 맥락이 중요한 법이다. 합의된 의견이 사실은 합의된 게 아니고 압박감에 다수의 견해에 순응해버린 거라면 얘기는 180도 달라진다. 세렌디피티가 일어나기는커녕 사라질 뿐이다. 여기에 예기치 못한 일을 무시하거나 얕보는 건강하지 않은 집단 역학까지 더해지면 결과는 뻔하다.[8]

수직적인 문화를 가진 회사의 경영진 회의를 떠올려보자. 개인이 주도적으로 참여하지 않고 서로 다른 사람의 의견만 따라가기 바쁘다면 다수의 결정이 더 낫다는 생각은 완전히 바뀐다. 이 경우 집단의 의견은 주체적인 개인의 의견보다 좋을 리 없다. 이런 분위기에서 세렌디피티가 일어날까? 다수 의견을 무시하는 일에는 위험이 따른다. 하지만 우선 다수의 의견이 옳은지에 의문을 한번 가져봐야 한다. 대다수의 사람들은 자신의 계획이나 발견이 기존의 신념이나 상황에 맞지 않을까 봐 아이디어나 생각을 깡그리 무시하거나 덮어버리며 자기 검열을 거친다.

나는 스타트업이나 커뮤니티 컨설팅을 위해 방문하면 '워터쿨러 테스트'를 진행한다. 구내매점이나 식당, 커피숍, 휴게소 등 사람들이 편하게 대화를 나누는 곳에 앉아 일하는 척하며 그들의 말에 귀를 기울인다.

"릴리가 또 이상한 소리를 하지 뭐야. 상황 파악이 안 되나 봐. 늘 이렇게 해왔는데 뭘 바꾸자는 거야?" 사람들의 대화를 듣다 보면 일정한 패턴이 보인다. 대부분 자신이 처한 상황에서 계획대로 진전되지 않은 부분에 초점을 둔다. 이러한 분위기에서는 의견이나 통찰을 나누는 일이 더 어렵다. 다른 의견을 말했다간 사람들의 입에 오르내리기 십상이니까.

어쩌다 의견을 나누더라도 완전히 색다른 방식으로 아이디어나 통찰을 얻었다고 말하길 꺼린다. 대부분 가치 있는 발견은 후에 뚜렷한 목적의식과 합리성에서 비롯된 것으로 '포장'된다. 그래야 철저한 실증 없이 막무가내로 내놓은 의견이라는 비판을 피하고 괜한 분란을 막을 수 있으니 말이다.[9]

이것이 세렌디피티를 막는 또 다른 방해 요소, 사후 합리화다.

성공은 계획된 것이라는 착각

이미 일어난 일을 이해하는 방식이 있는가? 우리는 주로 전문가들이 '사후 합리화'라고 부르는 방식을 택한다. 사후 합리화는 과거를 이해하는 방식이다. 이 개념을 이해하려면 우선 미래를 보는 방식부터 살펴봐야 한다.

복잡한 체계로 얽힌 미래 예측은 틀릴 때가 많고, 세부 사항의 예측률은 그보다 더 떨어진다. 하지만 현명한 예측가들은 예측의 한계와 예측과 실제의 차이 정도를 정확히 인지한다. 예를 들어 음료나 세면도구처럼 소비가 빨리 이루어지는 소비재나 영화 수익 등 회사 성장도는 예측과 실제 사이에 50~70퍼센트의 오류가 생기고, 이를 계산하면 수백만 달러에 이른다.[10] 이유는 당연하다. 상황이나 시스템 대부분은 굉장히 복잡해서 세부 사항까지 정확히 짚어내 일반화하기 쉽지 않기 때문이다. 게다가 작은 변화가 추후 엄청난 결과로 이어지는 나비효과를 온전히 이해할 수도 없다. 사실 모든 계획은 예측에 기반한다. 계획이란 목표와 성취도, 실행 과제와 결과의 대략적인 개요에 불과하다. 여기에 직장 내 불합리한 소통, 사람들의 실수나 세렌디피티의 순간이 더해지면 실제 결과는 예상과 판이해지는 경우가 많다.[11]

연구에 따르면 예측과 마찬가지로 사업 계획과 같은 장기 전망 역시 성공의 요인을 정확히 설명하지 못한다. 경제경영에 관한 주요 연구에서는 전문가들이 성공의 절반을 '설명할 수 없는 변수'로 규정짓는다고 밝힌다. 즉 성공이란 경제경영서에서 말하는 전통적인 관점으로만 설명하기 어렵다는 것이다.[12]

그렇다면 앞서 살펴본 내용이 과거 혹은 사후 합리화와 무슨 연관이 있다는 걸까?

우리는 과거 사건을 엮을 때 예측가와 같은 과정을 거친다. 틀을 만들고 틀에 맞지 않는 세부 사항이나 뜻밖의 일은 무시한다. 예측가가 미래를 이렇게 예측하는 데에는 그럴 만한 이유가 있다. 모든 세부 사항의 틀을 애초에 마련할 수 없고, 예상하지 못한 일을 예측할 수는 없기 때문이다. 하지만 우리는 지나온 과거를 엮는데도 이와 똑같은 과정을 거친다.

사후 합리화는 일어난 사건에 대해 발생 전보다 더 예측 가능하다고 믿는 '사후 확신 편향'과 밀접한 연관이 있다. 우리는 무작위로 일어난 사건을 '일어날 일'이었다고 생각하기 때문에 자신이 겪은 과거의 기억에서 예상치 못한 사건을 간과하거나 배제한다. 어떤 일이든 지나고 나면 필연적으로 일어난 듯 보인다. 당시에는 쓸모없던 정보를 모아 모든 조각이 논리적으로 연결되도록 이야기를 재구성하는 것이다.[13]

인간의 본성인 통제 욕구 때문에 우리는 세상을 좀 더 설명하기 쉬운 방향으로 보려고 한다. 모든 것에서 일정한 패턴을 찾으려고 하는 이유다. 달에서 사람 얼굴을 본 적이 있는가? 그릴 치즈 샌드위치에서 성모 마리아를 봤다는 사람들도 있다. 인간의 마음은 소리나 이미지 등의 자극에서 익숙한 패턴이나 모습을 찾아 반응한다. 때론 아무것도 없어도 무언가 발견하는데, 이를 '변상증'이라고 한다. 윙윙거리는 선풍기나 에어컨 소리에서 희미한 목소리를 듣기도 하고 거꾸로 혹은 아주 느리게 재생한 음악 속에서 숨겨진 메시지를 찾기도 하며 구름 형상에서 동물의 모습을 보기도 한다.[14]

이는 진화론적 관점에서 설명할 수 있다. "인간은 무의식적인 사고를 통해 빠르게 의사결정을 내리고 그 결과 선제공격이나 즉각적인 탈출과 같은 유리한 고지를 선점한다." 이러한 경향은 우리가 시각적인 이미지를 대할 때 뚜렷해진다. 하지만 이게 다가 아니다. 이 현상 이면에는 '아포페니아'apophenia라고 부르는 더 큰 개념이 존재한다. 이는 무관한 현상에서 일정한 패턴이나 연관성을 찾아내려는 경향을 일컫는다.[15]

이와 관련된 행동주의 심리학자인 버러스 프레데릭 스키너Burrhus Frederic Skinner의 실험이 아주 흥미롭다. 스키너는 한 실험에서 배고픈 비둘기를 상자 안에 넣고 무작위 간격으로 먹이를 주었다. 먹이를 언제, 어떻게 먹을 수 있을지 비둘기가 당연히 예측할 수 없는 상황이었다. 하지만 비둘기는 예측이 가능한 것처럼 행동하기 시작했다. 원을 그리며 걷거나 한쪽으로 목을 돌리는 등 특정한 행동을 하다가 먹이를 먹게 되면 이후 먹이를 얻을 때까지 그 행동을 반복하는 것이다. 먹이는 완전히 무작위로 주어졌지만, 비둘기는 통제할 수 있는 예측 가능한 일로 여기듯 행동했다. 이는 세렌디피티에서 아주 중요한 부분이다. 우리는 쉽게 알아볼 수 있는 패턴이나 유사성을 찾으려는 사고방식에 빠져 무작위로 일어나는 사건의 중요성을 간과한다. 심지어 성공의 요인을 뒷받침할 근본적인 원리가 사실상 없는데도 고루한 성공 공식을 만들고자 한다.

다시 말해 역사에서 세렌디피티의 흔적을 지워버리면 다시 세렌디피티가 일어나도 알아채지 못한다. 세렌디피티란 단독으로 벌어지는 특이한 사건이 아닌 일련의 과정이자 오랜 잠복기를 거친다는 점을 염두에 두어야 한다. 어떠한 일이 '시작'된 순간을 되짚어보거나 떠올리는 사람이 얼마나 될까. 대개는 일어난 일을 파악하느라 바쁘고 사건의 일부 혹은 완전히 다른 이야기를 들려줄 때가 많다.

이야기 만들기는 장래의 발전에 집중할 힘을 주기에는 건설적이다. 그러나 그 이야기를 통해 배우려면 이야기가 반드시 정직하고 끊임없는 질문에 답할 수 있으며 재평가에 열려 있어야 한다. 이야기는 조직의 운영 방식에도 영향을 미친다. 회사의 중대한 결정이나 사건에 대해 말하는 고위 임원들을 보자. 그들은 사람들의 기대에 부합하고자 처음부터 모든 일을 '계획한 것처럼' 이야기한다. 세계에서 가장 성공한 기업의 한 CEO는 내게 이렇게 말했다. "그저 운이라고 말하거나 사실 계획되지 않은 우연이었다고 말하면 투자자나 직원들이 좋아하지 않습니다. 능력이 부족해 보이고 의존적으로 보이기 때문이죠."

그와 동료들은 "이것이 바로 회사의 목표였습니다. 저희는 늘 이런 일을 계획하고 있었죠."와 같은 말을 해야 할 것만 같았다. 왜 그랬을까? "이런 이야기가 잘 팔리니까요. 투자자들이 듣고 싶어 하는 이야기죠. 그래서 '공식적인 이야기'를 짜냈습니다. 그래야 상황을 통제할 힘이 생기는 것 같았거든요. 전 거의 10년째 CEO 자리에 있지만, 이거 하나는 확실히 말씀드릴 수 있습니다. 모든 일을 늘 통제할 순 없어요. 이 말을 할 때마다 썩 내키지 않지만 사실입니다. 항상 통제되는 일이란 없습니다."

우리는 어릴 때부터 선형적인 인과 순서로 이야기하도록 교육받았기에 늘 상황을 어떻게 통제했는지 설명하려고 한다. 그래서 지난 일을 되돌아보며 그럴싸한 이야기로 재구성하기도 한다.

하지만 이런 이야기는 실제가 아니기 때문에 원하는 결과를 가져온 진짜 원인을 파악하기 어렵게 만들고 미래에 유사한 통찰이 일어나게 할 진정한 배움의 기회도 놓치게 한다. 이것이 바로 무작위의 일화가 득보다 실이 많은 이유이기도 하다. 부엌 식탁에서 불현듯 아이디어를 떠올리게 된 이야기를 들려주는 성공한 사업가나 사업을 성공으로 이끈 방법을 강연하는 CEO를 떠올려보라. 그들은 자신이 들려주는 일화가 사실이고 이야기의 전부라고 믿기도 하지만, 모든 일은 특정한 상황과 일련의 조건 속에서 일어났으며 청중 개개인의 상황과 같을 리 없다.

조앤 롤링이 세계에서 가장 성공한 작가가 된 이야기 같은 영웅담을 그대로 따르는 것은 성공에 그다지 도움이 되지 않는다. 거기엔 대부분의 초기 상황이나 여정이 빠져 있기 때문이다. 그대로 따라 했다가는 자칫 잘못된 길로 빠질 수 있다. 좋은 이야기는 대개 예상 밖의 이야기들로 이루어진다. 따라서 보이지 않는 본질적인 패턴을 이해하려는 데서 시작해야

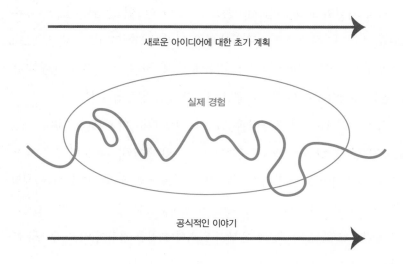

| 공식적인 이야기와 실제 경험의 괴리 |

새로운 아이디어에 대한 초기 계획

실제 경험

공식적인 이야기

한다. 이 책에는 다른 상황에서도 똑같이 발현한 패턴만을 엄선하고 이를 입증하고자 여러 이야기를 담았다. 이 이야기들은 '공식적인 이야기'가 아닌 진실한 실제 경험담이다.

일이 실제로 일어나는 패턴은 현실에서 과연 어떤 모습일까? 내가 속한 조직인 리더스온퍼포스의 동료이자 지속 가능한 리더십을 위한 하버드 대학교의 경영진 교육Harvard's Executive Education for Sustainability Leadership의 설립자인 리스 샤프Leith Sharp는 현장에서 20년간 교육과 연구에 몰두하며 1,000여 개가 넘는 목표지향적인 아이디어와 성장 과정을 검토한 뒤 이렇게 밝혔다. "모두가 솔직하게 말한다면 사실 일이란 계획대로 일관성 있게 진행되지 않고 대부분은 '뒤죽박죽 얽혀' 있다. 하지만 사람들은 마치 예상치 못한 일이 일어나지 않은 것처럼 이야기한다. 많은 전환점이 있었던 '새로운' 이야기가 아닌 '계획된' 이야기를 더 편하게 여긴다."[16]

영국 최대의 교육 기업 피어슨Pearson의 CEO인 존 팰론John Fallon은 2018년 리더스온퍼포스 연구에서 다음과 같이 간결하게 요약했다. "초기 계획과 공식적인 이야기를 실제 경험에 잘 맞추려는 노력은 굉장한 자유로움과 통제력을 선사한다. 어렵긴 하지만 옳은 접근법이다."

책 쓰기와 같은 다른 영역에서도 이는 마찬가지다. 데보라 레비Deborah Levy 같은 노련한 소설가들은 "책을 계획하되 흘러가도록 둔다."[17] 그들은 줄거리와 등장인물들이 시간이 흐르면서 자연스럽게 나오도록 한다. 계획을 짜고 수정하기를 반복하는 동안 작가 자신들도 달라진 이야기의 흐름에 놀란다고 한다. 하지만 처음부터 완벽히 계획한 척하지 않고 데보라 레비처럼 있는 그대로의 과정을 이야기하는 작가도 드물다.

머릿속에 갇히지 않아야 기회가 보인다

지식과 전문성은 세렌디피티에서 양날의 검과 같다. 전문적인 지식은 굉장히 조직적이고 이해하기 쉽다. 따라서 특정 분야에 대해 깊은 지식을 가지면 남들이 놓치기 쉬운 연결 고리를 좀 더 쉽게 파악할 수 있다. 하지만 한 분야에 너무 치우친 전문 지식은 오히려 '기능적 고착' 상태에 빠지게 한다.

기능적 고착이란 일상생활에서 도구를 쓸 때 오로지 해당 사물이 가진 친숙한 용도만을 떠올리는 경향을 말한다.[18] '망치를 들면 모든 게 못으로 보인다'는 옛말은 틀리지 않다. 정신적 민첩성, 즉 가지고 있는 도구를 완전히 새로운 시각에서 보는 열린 마음이야말로 세렌디피티 사고방식을 기르는 데 필수다. 이러한 능력은 재밌게도 액션 영화에 잘 묘사돼 있다. 제임스 본드나 원더우먼, 라라 크로프트, 제이슨 본과 같은 영웅들은 수적으로 열세하지만 빠른 사고의 전환 덕분에 도서관 카드나 고데기 등 흔한 일상용품을 치명적인 무기로 바꿔버린다. 할리우드 영화의 뻔한 이야기일 수 있지만 얼마나 놀라운 능력인가. 이런 능력은 사물뿐만 아니라 우리의 사고와 문제 해결에도 얼마든지 적용할 수 있다.

연구 결과에 따르면 문제 해결에 특정한 전략을 고수하는 사람은 더 단순한 방법이 필요할 때에도 다른 전략을 생각해내지 못한다.[19] 보다 쉬운 해결책이 있는데도 '굳이 어려운 방식'으로 일을 해결하려는 사람들이 이런 경우다. 알고 있는 방법이 그것뿐이기 때문이다. 창의력은 익숙한 신체적, 정신적 도구를 버리고 새롭게 생각하고 사용할 방법을 찾고자 할 때 생긴다. 사람은 기존의 방식이 아닌 새로운 문제 해결법을 적용할 때 최고의 창의력을 발휘한다.[20]

회사와 개인은 가치를 창조하는 전문성인 '핵심 역량'에 당연히 자부심을 느낀다. 그에 반해 '핵심 경직성'은 간과하는 측면이 있다. 할리우드 영화의 영웅들처럼 기능적 고착성을 극복하는 능력까지는 필요 없다. 그저 연습하고 훈련하면 된다. 특이한 상황이나 새로운 경험이 완벽한 훈련의 토대다. 이는 생각을 유연하게 하고 고착된 습성을 극복하도록 돕는다.[21]

비영리 단체인 오호스께시엔텐Ojos que Sienten(스페인어로 '느끼는 눈'이라는 뜻)이 좋은 예다. 멕시코의 사회기업가 지나 바덴노크Gina Badenoch가 설립한 이 단체는 시각장애인들의 사회적 역할과 삶을 변화시키고자 한다.

장애가 아닌 그들이 가진 능력에 집중하면서 말이다. 또한 비시각장애인들의 참여를 유도하여 자신의 진짜 능력을 되돌아보게 하는데 시각 능력에 의문을 가질 때 이것을 비로소 다들 깨닫게 된다.

오호스께시엔텐의 활동 중 가장 잘 알려진 것은 '어둠 속 식사 체험'이다. 사람들은 시각장애인 웨이터의 도움을 받아 빛 한 줌 들어오지 않는 식당에 들어가 처음 본 사람들과 함께 식사를 한다. 모두 상대를 볼 수 없으므로 비시각장애인들에게 익숙한 방식과는 다른 주제의 대화를 나눈다. 어둠 속에 함께 있으면 평소 판단의 잣대가 된 외모와 같은 요소 없이도 새로운 유대감이 형성된다. 참가자들은 이전에 눈으로 처리했던 일을 청각과 같은 다른 능력을 발휘해 해야 한다. 표정을 읽을 수 없기에 상대의 어조나 억양에 더 주의를 기울이고 동시에 명확한 의사 전달을 위해 감정을 풍부하게 표현하려고 노력한다.

나도 이런 상황에서 아주 깊고 의미 있는 대화를 나눈 적이 있다. 신경쓸 것이라고는 대화와 음식뿐이었으니까. 나는 리더십 연례 회의인 퍼포먼스시어터Performance Theatre에서 이브라는 남자 옆에 앉았다. 우리는 대화에 깊이 빠져들었고 삶과 사고방식이 굉장히 비슷하다는 사실을 알게 됐다. 어느 정도 예상한 부분도, 그렇지 못한 부분도 있었다. 아마 밝은 조명 아래에서 대화를 나누었다면 깨닫지 못했을 것이다. 알고 보니 이브는 세 번의 노벨상을 받고 세계적으로 1만 5,000명의 직원이 근무하는 국제적십자위원회ICRC의 사무총장이었다. 우리가 누군가에게 서로를 소개받고 보기만 했다면 이렇게 바로 깊이 연결될 수 있었을지 아직도 의문이다.

즉 기능성 고착성은 주어진 도구에 대해 아무런 정보도 없을 때 사라진다. 특정한 해결책이나 방법, 시스템을 모른다면 선입견을 '망각'할 필요

없이 고착된 생각의 굴레에서 벗어나 자유롭게 혁신적인 생각을 끌어낼 수 있다.[22]

또한 사용할 도구가 아예 없을 때도 기능성 고착은 일어나지 않는다. 누군가 당신에게 못을 선물하며 뾰족한 부분을 나무토막에 박으라고 한다고 가정해보자. 늘 필요할 때는 보이지 않는 망치를 툴툴거리며 찾기 시작할 것이다. 하지만 망치를 본 적도, 들어본 적도 없고 누군가 망치로 못을 박는 모습도 본 적 없다면 어떻겠는가? 당연히 망치를 찾지도 않을 테고 중요한 도구가 없다는 생각조차 못 할 것이다. 그저 눈앞에 보이는 묵직한 물체를 집어들 것이다.

복잡한 도구의 부재는 변화와 혁신을 가속한다. 현금지급기처럼 선진국에서 당연히 여기는 기기가 없는 일부 개발도상국들의 경우를 보자. 그들은 우리가 익히 떠올리는 방법에 국한되지 않고 새로운 기술과 해결책에 더 빨리 적응해나간다.

친구가 당신에게 20파운드를 빌려달라고 한다. 당신은 친구에게 가는 길 근처에 있는 현금지급기에서 돈을 뽑으려고 한다. 하지만 현금지급기에 현금이 없거나 고장이 났다면 어떻게 하겠는가? 당신이 믿고 있던 시스템을 쓸 수 없으니 속상한 상황에 집중할 것이다. 은행에 전화해 항의하고, 은행은 잘 작동하는 기계를 만들려고 골몰할 것이다. 하지만 근처에 현금지급기가 없거나 현금지급기가 아예 없는 곳에 살았다면 기계 자체에 별 관심을 두지 않을 것이다. 대신 어떻게 하면 친구에게 20파운드를 건네줄지와 같은 근본적인 질문을 던지지 않을까?

케냐의 엠페사MPesa는 전화를 통한 결제 시스템의 성공적인 사례다. 빠르게 성장 중인 케냐에는 믿고 사용할 만한 현금지급기가 없었다. 케냐의 경제가 빠르게 발전하면서 많은 사람이 금융 거래를 하기 시작했다. 하지만 은행은 턱없이 부족했고 당연히 현금지급기 인프라도 제대로 갖춰지지 못했다. 케냐는 현금지급기를 유치하는 데 골몰하는 대신 즉시 모바일 뱅킹으로 옮겨갔다. 그렇게 엠페사는 수백만 명의 케냐인들을 사용자로 끌어들이며 성공을 거두고 있다. 오늘날 케냐의 모바일 뱅킹 시스템은 경제가 날로 성장하면서 소위 선진국보다 훨씬 앞서 있다. 선진국에 넘쳐나는 현금지급기와 은행, 관련 법규가 혁신적이고 효과적인 은행 업무 시스템을 개발하는 데 오히려 발목을 잡는 셈이다.

모바일 뱅킹을 가속하기 위해 현금지급기와 은행을 모조리 없애자는 얘기가 아니다(실제로 은행들이 그렇게 하고 있다고 의심하는 이들도 있다). 핵심은 기존의 도구를 특정한 업무에만 연결 짓지 않는다면 고착된 생각에서 벗어날 수 있고 생각지도 못한 새로운 도구를 받아들일 여지가 생긴다는 뜻이다.

일류 요리사들이 경쟁하는 넷플릭스Netflix의 〈파이널 테이블〉The Final Table이 고든 램지가 진행하는 〈최고의 레스토랑〉Gordon Ramsay's Best Restaurants 같은 TV 쇼와 차별화되는 이유도 여기에서 찾을 수 있다. 고든 램지의 〈최고의 레스토랑〉과 같은 요리 프로그램은 기존의 리얼리티 TV 쇼를 그대로 차용해 음식에 적용했을 뿐이다. 내용이나 구성, 게다가 음식까지 밋밋했다. 반대로 〈파이널 테이블〉에서 영감을 얻은 〈셰프의 테이블〉Chef's Table은 영화를 제작한 이들의 철학과 접근법으로 완성된 프로그램이다. 제작자들은 자신들만의 생각과 방법으로 느리지만, 정교하게 이야기를 풀어나가며 보잘것없는 버섯을 군침이 도는 예술로 승화시켰다. 〈셰프의 테이블〉 제작자들은 이러한 사고의 전환이 '무지' 혹은 미숙함에서 시작한다고 말할 것이다.[23] 그들은 하나의 가능성만 보지 않았다. 망치가 없으면 모든 게 못으로 보일 리 없다.

가능하거나 가능성이 높은 부분에만 사고를 국한하는 '심성 모형'에 갇히지 않으려면 다양한 모형을 마음에 담아야 한다. 버크셔 해서웨이Berkshire Hathaway의 부회장이자 워런 버핏의 영원한 아이디어 동반자인 찰리 멍거Charlie Munger는 냉철한 통찰력을 지닌 인물로 유명하다. 그는 분리된 단편적인 사실을 기억하는 것은 문제 해결에 별 도움이 안 된다고 믿는다. 대신 '격자틀 이론'을 이용해 사실을 연결하고 통합하여 전체를 파악해야 한다고 주장한다. 그래야 이미 알고 있는 단편적인 사실, 머릿속에 쉽게 떠오르는 정보만으로 문제를 해결하려는 습성을 피할 수 있다고 말이다.

멍거에 따르면 우리의 사고방식은 마치 정자와 난자 같다. 하나의 아이디어를 받아들이면 나머지를 차단해버린다. 처음에 내린 결론을 고수하려는 경향으로 오류투성이인 많은 결과를 받아들이고 질문하기를 멈춰버린다. 따라서 멍거는 서로 충돌하기도 하는 여러 다양한 심성 모형을 마음에 품고 세상을 바라보라고 조언한다. 그는 50여 개에 달하는 심성 모형을 자유자재로 발휘한다면 누구나 '세상사에 통달한 사람'이 될 수 있다고 본다.[24]

충돌하는 여러 심성 모형을 적용하는 접근법은 내 고향인 하이델베르크에서 철학의 길을 걸으며 사유의 모형을 고안했던 사람의 철학과 많은 부분이 유사하다. 바로 헤겔의 변증법이다. 게오르크 빌헬름 프리드리히 헤겔Georg Wilhelm Friedrich Hegel은 독일 철학자로, 우리의 인식이 변증법에 따라 전개된다고 생각했다. 즉, 인식이란 하나의 전제(정正)에서 출발해 모순을 깨닫고 이에 대립하는 전제(반反)를 생각해내지만, 이 역시 모순에 부딪힌다. 이후 정과 반의 최고 요소를 통합하여 완전히 새로운 단계인 합슴에 이른다. 하지만 합의 단계가 다시 새로운 정이 되고 이에 맞서는 반이 나오는 식의 과정이 반복된다.

사고가 경직되어 정과 반을 생각하지 않으면 이러한 과정은 무너진다. 하지만 합에 이르기 전까지 얼마간은 모순되는 두 전제를 상호배타적으로 보지 말고 모두 염두에 두어야 한다. 보통 사람들은 이렇게 세상을 보지 않지만, 연구에 따르면 성공한 사람 대부분은 모순되는 점들을 늘 함께 생각한다고 한다.

우리가 가진 사고의 틀은 두 가지 역할을 한다. 변수를 모조리 차단해버리거나 불신하게 만들어 세렌디피티를 막는 걸림돌이 되기도 하고, 들어맞지 않는 예상치 못한 모든 것을 무시해버리게 한다. 이는 주로 우리의 발목을 잡는 제한된 신념에서 드러난다. 물론 사고의 틀로 지식이나 정보를 조직하고 파악하기도 하지만, 진정한 성장을 위해서는 버려야 할 패턴이 있음을 기억해야 한다. 여기서 중요한 점은 사고의 틀이 우리를 조종하도록 내버려두지 말고 우리가 이를 이용할 수 있어야 한다는 것이다. 기능적 고착과 제한된 신념에서 벗어날 여러 가지 방법이 있다. 뒤에서 다시 살펴보도록 하겠지만, 관점 바꾸기와 같이 간단하다. 가령, 러시아 형식주의의 핵심은 당연시되는 일상을 재조명하는 것이다. 톨스토이는 이 방법을 많은 작품에서 사용했는데, 말이 화자인《홀스토메르》에서는 말의 관점에서 세상을 바라본다. 또 다른 예는 우즈베키스탄의 발명가인 겐리히 알츠슐러Genrich Altshuller가 개발한 트리즈TRIZ다. 트리즈의 핵심 개념은 기존의 많은 발명품이나 아이디어, 혁신 연구를 토대로 분석했을 때 과학이나 산업 전반에 걸친 기본적인 문제와 해결책은 반복된다는 것이다. 문제 해결이 힘든 이유는 시스템의 한 부분을 바꾸면 다른 부분도 같이 바꾸어야 하기 때문이다. 어떤 식으로든 문제가 사라지기는커녕 또 다른 문제로 대체될 뿐이다. 트리즈는 문제 해결자가 미처 고려하지 않았을 가능성을 체계적으로 시도해볼 수 있도록 일종의 시스템을 제공한다. 단순히 기존의 방법을 적용하는 게 아닌 사용자가 기존의 지식 범위 내에서 간과하거나 상상조차 하지 못한 가능성과 접근법을 생각하도록 하는 것이다.

나 역시 이 책을 집필하면서 평생 당연시 여겼던 나의 고착된 생각을 돌아보게 됐다. 글을 쓰기 시작할 무렵, 나는 전 여자친구인 소피를 만나 커피 한 잔을 했다(우리는 지금 둘도 없는 친구다). 출판 담당자에게 책에 좀 더 사적인 이야기를 넣으면 좋겠다는 의견을 들은 직후였다. 나는 소피에게 세렌디피티가 있는 아름다운 사랑 이야기를 들은 게 있냐고 물었다. 그러자 그녀가 소리쳤다. "우리 이야기!" 나는 황당함에 웃으며 말했다. "우린 헤어졌잖아!"

하지만 나는 소피의 이야기를 들으며 사랑 이야기의 '긍정적인 결과'를 판단하는 방식, 좀 더 넓게는 무언가를 성공으로 이끄는 것에 대한 생각을 바꿀 수밖에 없었다. 나와 처음 만났을 당시, 소피는 학사를 마치고 학업과 직업의 두 갈래 길에서 방황을 하던 중이었다. 석사 과정을 시작하기 전, 적응을 핑계로 조금 일찍 런던으로 이사했지만 사실 그녀는 석사 과정에 지원조차 하지 않은 상황이었다. 소피가 말했다. "뭘 해야 할지 정말 모르겠더라고. 일단 월세는 내야 하니까 일자리를 구하려고 동네 스타벅스에 갔어. 어쩌다 남자를 만나게 됐고 1년 남짓 연애를 하게 됐지 뭐야. 근데 완전히 새로운 세계에 눈을 뜬 거야. 그 남자가 사회적 기업가라는 새로운 세계를 알려줬거든." 그 남자가 바로 나였다.

이제 와서 보니 우리는 처음부터 연인이 아니라 친구가 될 운명이었다. 그날 스타벅스를 가지 않았더라면 인생이 완전히 다르게 흘러갔을 거라고 소피는 종종 말한다. 소피 덕분에 내 생각의 틀이 바뀌었다.

"네가 런던에 있는 협업 공간인 더헙The Hub을 소개해줬잖아. 진취적이고 열정적으로 사회문제에 관심을 가진 모임 말이야. 그때 깨달았어. 내가 사회적 기업가는 아니지만, 사회적 기업가의 정신이 있다는 걸. 개인적인 위험을 감수하고 편안함 대신 타인의 꿈과 열정을 위해 내달릴 줄 아는 이들과 이야기를 나누게 됐지. 너를 우연히 만나지 못했다면 이런 모임은 감히 상상도 못 했을 거야."

결국 소피는 이곳에서 직장을 구했고, 그녀에게 많은 자신감을 심어준 파트너도 만났다. 소피는 나와의 만남으로 뜻하지 않은 많은 일이 시작됐다고 믿었다. 더 중요한 점은 그녀가 새로운 환경에서 서른 살 이전에 정착해야 한다는 식의 일반적인 통념을 버리게 됐다는 것이다. 그녀는 매일 성장을 향한 새로운 기회와 사람들 속에서 진짜 삶을 살아간다고 느낀다.

"그날 스타벅스에 안 갔으면 난 지금 어떻게 됐을까? 상상이 안 돼. 연인 사이가 끝나더라도 러브스토리는 행복한 결말을 낼 수 있어!"

그녀의 이야기에 나는 정말 기분이 좋았다. 스스로 열린 사고를 한다고 자부했는데, 오히려 내 편견을 깊게 돌아보는 계기가 됐다. 나 역시 그 날 우연히 소피와 마주치지 않았더라면 완전히 다른 삶을 살고 있으리라. 그 날은 내게도 소중한 순간이었다.

행운 코드 1. 생각을 정리한다

편견이나 고정관념을 한꺼번에 없애긴 힘들다. 여러 이유로 당신 인생에 차곡차곡 쌓였을 테니 말이다. 단번에 없애긴 힘들어도 의식적인 노력으로 다른 것을 채워나가며 서서히 바꿀 수 있다.

일반적인 틀이나 도구를 뛰어넘어 사고하는 것은 그저 혼란이나 운에 맡기라는 말이 아니다. 그러나 잘 포장된 이야기나 가짜 패턴을 버리고 사람이나 아이디어의 진솔한 과정, 즉 본질적인 패턴을 들여다보면 세렌디피티의 굉장한 역할이 눈에 띈다. 무작위적인 운이나 혼란과 달리 일정한 구조와 형태로 이루어진 세렌디피티는 우리의 통제력을 발휘할 수 있는 과정이다.

우리는 이 장에서 예상치 못한 일을 간과하고 사후 합리화하는 사고방식 등 세렌디피티를 막는 잠재적 요소인 '편견'에 대해 살펴봤다. 예상치 못한 일을 열린 마음으로 바라보고 자신이 내린 결정이 실제로 어떤 결과를 초래하는지 놓치지 않고 간파하며 다양한 사고방식 도구를 더한다면 많은 편견을 극복할 수 있을 것이다.

선입견을 품고 살아가는 우리의 성향과 타고난 편견을 제대로 알고 길들이며 세렌디피티를 위한 토대를 마련하자. 다음 장에서는 열린 사고를 하는 방식에 대해 살펴볼 것이다. 그전에 마음을 정리하고 편견을 극복하여 세렌디피티 근육을 기르기 위한 간단한 준비운동을 해보자.[25]

이어지는 장에서는 세렌디피티 사고방식이 삶과 일에서 어떻게 실질적인 철학으로 자리매김할 수 있는지 살펴볼 것이다. 이 과정을 통해 우리는 운이 '그저 일어나는 일'이라는 생각을 버리고 자신과 타인의 영리한 운의 주체가 될 수 있다.

세렌디피티 연습: 생각 정리하기

1   지난 6개월을 찬찬히 되돌아보라. 세렌디피티를 경험한 상황 세 개를 써라. 세 경험의 공통점은 무엇이었는가? 공통점에서 배울 점은 무엇인가?

2   실행에 옮기지 않았지만 흥미를 끌었던 세렌디피티의 순간과 그와 관련된 아이디어를 써보라. 시간이 걸릴 수도 있지만 서두르지 마라. 목록을 완성하면 믿을 만한 사람과 이야기를 하며 실행으로 옮길 만한 것이 있는지 정리해보자. 가장 마음에 드는 것을 고른 뒤 잠을 청하라. 아침이 되어도 여전히 흥미롭다고 느껴지는 일이라면, 그 분야에 관련된 사람에게 조언을 구하라. 노력하는 데 주저하지 마라. 반드시 보상이 뒤따를 것이다.

3   하루 일과, 특히 회의나 모임을 되돌아보라. 그 일은 정말로 필요했는가? 그만한 시간을 들일 만했나? 통제력을 발휘할 수 있다면 재편성할 수 있는가?

4   중요한 결정을 잘게 쪼개어 들여다보라. 판단의 근거가 됐던 요인이나 결정할 당시 참고했던 자료를 살펴보자. 그리고 스스로 질문해보라. '어떤 근거로 이런 결정을 내렸는가?', '결정을 번복할 만한 요소가 있는가?' 이미 내린 결정을 후회하거나 이전부터 알던 사실이 있었다면 각 항목을 찬찬히 살펴보자.

세렌디피티를 쟁취하는 방법

- 누군가에게 조언할 때 당신에게만 해당하는 이야기를 하지 마라. 같은 사람이나 같은 상황이란 없다. 조언을 구한 사람에게 먼저 물어라. '그것에 대해 어떻게 생각해?', '어떻게 하면 문제를 풀 수 있을 것 같아?' 최고의 조언은 이미 그 사람과 그 상황 속에 들어 있다.

- 두 가지 결정의 잠재적인 결과에 관한 이야기를 할 때는 우선 스스로에게 질문해보라. '다른 선택을 한다면 어떤 일이 벌어질까?', '결과가 다르게 나타나면 어쩌겠는가?' 다른 시나리오를 써보면 실제 상황이나 일의 가능성을 더 잘 이해하게 된다.

- 중요한 결과물에 대해 스스로 질문을 던져라. '어떻게 이 일을 하게 된 거지?' 관련한 사람이나 이메일, 메모 등 모든 것을 되돌아보며 진짜 이야기를 복원하라. 그 일을 통해 얻은 교훈을 곱씹어보자. '특정한 계기가 있었는가?', '누군가 흩어진 점들을 이었는가?'[26]

SERENDIPITY
CODE

제3장

인생에 행운이
들어올 공간을 만들어라

기회는 준비된 자에게 온다.

_루이스 파스퇴르, 프랑스의 화학자이자 미생물학자

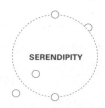

SERENDIPITY

세렌디피티 코드를 간파한 사람들이 태어날 때부터 다른 사람보다 운이 좋은 게 아니다. 그들은 세상을 보는 방식부터 많은 방법을 통해 세렌디피티를 연마한다.

영국 연구원인 피터 던Peter Dunn, 알버트 우드 Alber Wood, 앤드루 벨Andrew Bell, 데이비드 브라운David Brown, 니컬러스 터렛Nicholas Terrett이 협심증과 같은 심장 질환 치료법을 연구하기 시작할 무렵이었다. 이들은 환자의 상태를 검사하던 중 예상치 못한 현상을 발견했다. 협심증 치료를 위한 약물인 실데나필을 투여하자, 남성 환자가 발기하는 뜻밖의 일이 벌어진 것이다. 연구진들은 몹시 당황스러웠다.

대부분의 사람이라면 이런 상황에서 어떻게 할까? 약물의 황당한 부작용쯤으로 여기거나 무시하지 않았을까? 아니면 의도치 않은 이 부작용이 생기지 않도록 협심증을 치료할 다른 방법을 연구하지 않았을까? 하지만 이 연구진은 그러지 않았다. 대신 이를 기회 삼아 발기부전을 치료할 새로운 약물을 개발했다. 비아그라는 이렇게 탄생했다. 흩어진 점을 이은 결과, 역사상 가장 성공적인 발견이 이루어진 것이다.

루이스 파스퇴르는 "기회는 준비된 자에게 온다."라는 유명한 말을 남겼다. 그는 틀리지 않았다. 인지과학과 경영에 관한 연구에 따르면 주변에 촉각을 세우고 의식적인 태도를 갖는 '각성'alertness이야말로 예기치 못한 사건을 간파하는 핵심 요소다. 찾으려고 애쓰지 않아도 알아채는 힘이며 이전에 간과한 기회를 발견하는 과정에 존재한다.[1] 초콜릿 칩 쿠키가 어떻게 만들어졌는지 떠올려보라. 가정주부인 루스 그레이브스 웨이크필드Ruth Graves Wakefield는 일반 쿠키 대신 우연히 만들게 된 초콜릿 칩 쿠키로 백만 달러짜리 사업을 시작하게 됐다. 초콜릿 칩 쿠키의 탄생처럼 우리의 일상에서도 주의 깊은 태도를 통해 완전히 새로운 세상을 보고 경험하는 일이 벌어질 수 있다.

이자벨 프랭클린(가명)은 약사로 일하는 자신의 남편에 대한 이야기를 들려주었다. 그녀의 남편은 연구실에서 변칙적인 사항을 골라내는 데 탁월했다. "그는 아이의 눈으로 세상을 바라봐요. 탐정 같기도 하죠. 남편에겐 늘 세렌디피티가 일어나요!" 내가 프랭클린에게 세렌디피티가 얼마나 자주 일어나느냐고 묻자 그녀는 이렇게 말했다. "제 마지막 세렌디피티 순간은 남편을 만났을 때예요." 같은 삶을 사는 두 사람이 어떻게 이렇게 다른 세렌디피티 경험을 하는 걸까?

세상을 보고 이해하는 방식, 즉 세상을 규정 짓는 방식은 흩어진 점들을 잇고 간과하는 능력을 가르는 중요한 요소다. 잠재적으로 의미 있는 세렌디피티의 계기에 촉각을 곤두세우고 이를 이해하기 위해 준비해야 한다.[2] 준비하지 않으면 뜻밖의 상황을 흘려보내고 세렌디피티를 지나치게 된다. 예민한 감각을 발동하지 않고 가치 있는 변수나 통찰에 준비하지 않는다면 그저 세렌디피티만 놓치고 끝이 아니다. 주변 세상을 보는 관점을 더 악화시키는 것이다.

이 세상은 당신에게 기회의 땅인가, 금단의 땅인가? 여러 제약 조건을 핑계 삼아 당신만 유독 일이 풀리지 않는다고 생각하고 있지 않은가? 아니면 어려운 상황에서도 기쁨과 즐거움 그리고 성공을 가져다줄 잠재적인 세렌디피티에 예민하게 반응하고 있는가?

성공한 사람들은 어떻게 한계를 이기는가

지난 10년 동안 나와 동료들은 재정과 기초 기술의 부족처럼 자원이 제한된 환경에 대해 연구해왔다. 그리고 그 연구에서 빈약한 자원에도 불구하고 주도적으로 운을 만들어낸 많은 이들을 우연히 발견했다. 놀랍게도 이들은 세계적으로 크게 성공한 이들과 공통점이 매우 많았다.

그중 한 명이 유수프 세산가Yusuf Ssessanga다. 우간다에서 나고 자란 그는 10대 후반에 인구 대부분이 빈곤층에 속하는 탄자니아로 이사했다. 선택할 수 없는 출생. 그의 삶은 태어날 때부터 호락호락하지 않았다. 부유한 서구 사회의 기준에서 보면 그는 물적 자원도 부족하고 삶에 어떤 가능성도 보이지 않는 어려운 상황이었다.

선의를 베풀려는(주로 백인) 부유한 이들은 세산가의 동네를 방문해 필요한 것과 어떤 도움이 필요한지 물었다. 이러한 태도는 무의식적으로 그곳 사람들을 잠재적인 수혜자나 수동적이고 힘없는 희생자로 한정 짓는다. 기업가 정신을 꽃피지 못하게 하고 자생의 힘을 잃게 하는 행위로, 안타깝게도 여전히 서구의 비정부 단체들이 조장하고 있다.

하지만 접근법을 완전히 바꾼 곳이 있다. 남아프리카공화국의 사회적 기업인 리컨스트럭티드 리빙 연구소Reconstructed Living Labs, RLabs(이하 알랩스)가 바로 그곳이다. 이곳 사람들은 자원의 한계라 여긴 부분에 의문을 던졌다. 그리고 과거 마약상의 정보력 등 이전에 간과하거나 과소평가한 다른 자원에 집중했다. 지역 주민이 기회가 오기만을 기다리는 게 아니라 기회를 스스로 만들어내도록 모든 자원을 한데 모았다.[3] 많은 회의와 교육, 온라인과 오프라인 모임 등 많은 활동이 퍼져나갔다.

그 결과 알랩스 팀은 여태 제대로 활용하지 못했던 지역 자산과 파트너 등에 눈을 돌려 더 큰 성과를 낼 방법을 고심하게 됐다. 버려진 차고를 교육 기관으로 이용한 것도 그중 하나다. 이 얼마나 실용적인 접근법이자 완전히 새로운 삶의 방식인가.

세산가는 서구의 자선 단체들이 주민들의 필요에만 초점을 맞추는 것이 문제라고 생각했다. 지역사회가 가진 자산을 이야기하면 자금을 지원해주지 않았기 때문이다. 결국 사람들에게 도움의 손길이 필요한 곳이라는 인식을 심어주었고, 주민들 역시 그렇게 '믿기' 시작했다. 세산가와 동료들은 알랩스에서 교육을 받으며 이런 믿음을 버렸다. 관점을 바꾸니 세상이 완전히 다르게 보였다.

세산가는 자원의 한계란 부분적으로 사회가 설정해놓은 것이라는 깨달음을 얻고 자기 삶의 주체가 되어 스스로 운을 쟁취하기 시작했다. "늘 세렌디피티를 경험해요." 그는 말했다. "최근엔 제가 진행하는 프로젝트에 협조하는 새로운 사람들을 우연히 만나게 됐죠."

알랩스에서는 어떻게 그를 바꾸어놓았을까? 알랩스는 케이프타운의 빈민가인 브리지타운에서 시작됐다. 낡아빠진 집들이 즐비하고 범죄율이 높은 지역이었다. 알랩스의 설립자인 말런 파커Marlon Parker의 주도하에 브리지타운 거주자들로 구성된 팀은 지역사회에 정서적 지원이 필요한지 파악하고자 했다. 그들은 휴대전화를 이용한 통신망을 개발해 상담이 필요한 이들을 다른 지역 주민과 연결해줬다. 또한 한정된 자원으로 지역사회를 살리기 시작했고 소셜 미디어를 활용해 서로 가르치고 배울 수 있는 간단한 학습법을 개발해 배포했다. 예를 들어 자신의 이야기를 온라인 독자들과 공유하며 전 세계에 있는 비슷한 마음을 가진 이들과 소통하도록 했다.

알랩스의 본사는 소셜 미디어 활용법을 저렴한 가격에 가르쳐주는 교육 센터, 신생 기업 육성 및 지원 사업, 회사와 정부의 지역사회 참여 방법에 대한 컨설팅 부서로 이루어져 있다. 많은 조직이 알랩스의 접근법을 이용해 회사의 서비스를 보완하고 통합해 자신의 회사에 적용한다. 이렇게 또 다른 거점이 만들어졌다. 알랩스의 간단한 교육 및 훈련 모델은 현재 전 세계적으로 20여 곳에서 운영되며 1만 명 이상의 교육생을 배출했다. 알랩스는 앞서 말한 용도를 변경한 차고나 특출난 재능과 기술이 없다고 여긴 사람 등 기존의 물적 자원을 재결합하고 최대한 활용해 지역사회 주민들을 성장시켰다.

설립자인 말런 파커는 남아프리카공화국의 극단적인 인종차별 정책과 제도가 군림하던 아파르트헤이트apartheid 시대에 케이프타운에서 자랐다.

높은 실업률과 사회적 불평등으로 늘 범죄가 들끓는 곳이었다. 그는 지역 조직폭력배였던 동생과 한부모 가정에서 자랐다. 정보 기술을 공부해 자신의 삶을 바꾸고 싶다는 생각이 간절했다. 컴퓨터 사용법을 스스로 익힌 뒤 친구들에게 가르쳤고, 그렇게 번 돈으로 가족을 먹여 살렸다. 거기서 그는 두 가지 사실을 깨달았다. 브리지타운의 사람들이 삶을 바꿀 수 있다는 희망을 잃었다는 것, 그리고 인식을 바꾸면 수많은 문제를 해결할 방법이 이미 있다는 것이었다.

알랩스는 희망의 메시지를 통해 누군가의 삶을 바꾸고 동기를 부여하면 진짜 변화가 시작된다는 믿음에서 시작했다. 알랩스 역시 수많은 실험과 운에서 싹을 틔웠다. 지역 교회 목사였던 파커의 장인어른은 사람들이 자신의 이야기를 나누는 데 디지털 도구만 한 게 없다고 생각했고, 파커에게 컴퓨터 교육을 해보라고 권유했다. 이 교육으로 사람들은 소셜 미디어를 능숙히 다루게 됐고, 소셜 미디어 플랫폼 이용법을 강의하는 회사에까지 퍼졌다.

알랩스에서는 무엇이든 누구든 자신이 가진 것을 최대한 활용하는 게 핵심이다. 그 결과 이전의 무능력자라고 여겨진 사람들이 가치 있는 공헌자로 탈바꿈하며 인생 역전에 성공했다. 우리가 가진 다양한 자원을 활용하라는 말, 즉 브리콜라주Bricolage(프랑스어로 '여러 가지 일에 손대기'란 뜻으로 필요할 때 유용하게 쓸 수 있도록 수집하고 활용하는 능력—옮긴이)는 사물만이 아니라 기술이나 사람의 활용도 포함한다.

케이프타운의 또 다른 빈민가인 케이프플랫에서도 인식의 대전환이 일어났다. 과거 마약상이나 약물 중독자들이 자신을 이야기를 통해 희망과 회복의 메시지를 전하고 다른 사람을 가르치며 지역사회의 발전에 이바지하는 일원으로 거듭났다. 자본이나 기술이 없다는 점에 집중하지 않고 이용 가능한 자원에 초점을 맞춰 어떤 상황에서든 최대한 활용하게 된 것이다. 한때 약물 중독자였던 여성은 이제 교사의 꿈을 키우고 있다. 그녀는 자신과 비슷한 환경에서도 교사가 된 이들을 보며 꿈을 이룰 방법을 찾았다. 그리고 사회악의 굴레에서 벗어나 사회의 가치 있는 일원이 되었다. 자신의 운을 스스로 개척하는 주체가 된 것이다. 세렌디피티는 결코 멀리 있지 않다.

알랩스의 한 관계자는 그녀의 변화에 대해 이렇게 말했다. "사람들이 스스로 변화하게 된 건 동기와 자존감을 심어준 덕분이에요. 도움을 받아야 할 사람이나 희생자라는 인식이 아니고요."

이러한 기회에 집중하는 사고방식은 여태 보지 못한 가능성을 열어준다. 무엇을 가지고 있든 새로운 눈으로 바라보고 다른 사물과 기술, 사람, 생각과 결합한다면 상상하지 못했던 아이디어와 통찰이 생기고, 알랩스의 사례에서 알 수 있듯이 본질적인 관점의 전환으로 이어진다.

알랩스에서는 세렌디피티가 일상적으로 일어난다. 비슷한 접근법이 전 세계의 정부와 조직에서 사용되고 있다. 예를 들어 인원을 감축하고 은행을 매각하려던 남아프리카공화국의 대형 은행은 현재 이전 출납원들을 잠재적인 금융교육 전문가로 보고 사무실을 교육 시설로 탈바꿈시켰다. 조직의 골칫거리가 조직의 자산이 된 것이다.

이번 연구에서 나는 세산가와 파커를 비롯해 많은 사람과 조직을 보았다. 개중에는 극복하기 힘든 어려움이나 구조적인 문제를 겪었던 이들도 있었다. 하지만 탄자니아의 세산가와 남아프리카공화국의 알랩스와 같은 많은 조직과 개인은 주변의 기회를 주의 깊은 태도로 관찰하면서 자신의 운을 만들어내기 시작했다. 그 결과 수동적이고 무기력한 자세에서 벗어나 능동적이고 적극적으로 기회를 찾게 되었고 모든 상황이 바뀌었다.

결핍에 집착하지 말고 자존감을 높여라

여태 너무 쉽게 이야기한 것 같지만 세렌디피티에 주의 깊은 태도를 지니는 사고로 전환하는 일이 쉽지만은 않다. 마음의 준비가 안 됐다고 생각하거나 새로운 아이디어에 반감을 갖는 환경이라면 더욱 그렇다. 하지만 이러한 어려움을 극복하고 마음을 열어 세렌디피티를 끌어들이는 확실한 단계가 있다.

나는 수년간의 조사를 통해 알랩스에서 개발한 간단한 방법을 다수 찾아냈다. 사고방식을 성공적으로 재정립하여 세렌디피티를 풍성하게 일궈낼 수 있는 방법이었다. 예를 들면 이런 것이다. 당신이 어떤 새로운 프로젝트의 예산을 잡는 일을 맡았다고 치자. 이때 특정 항목이 꼭 예산을 투입해야 하는 부분인지부터 질문한다. 만약 그렇다면 구매하지 않고도 이용할 방법을 아는 팀원이 있는지 조사한다. 그런 사람이 없다면, 이용할 수 있는 사람을 아는지 또 질문한다. 역시 없다면, 좀 더 저렴한 대체 항목이 있는지 조사한다. 이 모든 질문에 대한 답을 구한 뒤 그 항목을 구매한다. 이러한 접근법은 우리가 주변에서 충분히 구할 수 있는 비슷한 대체물이 있는데도 새로운 자원을 찾아 헤맨다는 인식에 근거한다.

알랩스가 드문 예처럼 보일 수도 있겠다. 하지만 연구 결과 비슷한 패턴이 나타났다. 런던의 웨이터, 유럽의 화가, 《포춘》 500대 기업의 CEO에 이르기까지 유사점이 보였다. 이러한 방식은 개인의 삶뿐만 아니라 조직의 인턴사원 운영안, 사업 지원 프로그램, 기업 육성 제도 등 조직 전체에 적용될 수 있다. 자원의 결핍에 너무 집착하지 말고 재능 있는 개인에게 눈을 돌려 자존감을 심어줘라. 그래야 도움이 필요한 수혜자나 예산을 걱정하는 직원이 아닌 자신의 운을 스스로 만들어나가는 사람으로 성장할 수 있다.

관점의 전환은 세렌디피티를 만들어낸다. 잠재적인 사건이나 상황을 지나치지 않고 계기를 발견해 흩어진 점을 연결하는 등 실행력을 발휘하게 된다. 핵심은 생각과 실천의 변화다. 기회가 찾아오기만을 기다리지 마라. 마음을 열고 갇힌 사고와 틀에서 벗어나면 기회는 우리 주변에 차고 넘친다. 우리를 제약하는 구조와 장애를 당연하게 여기지 않는다면 세상이 달리 보일 것이다. 남들이 틈을 볼 때 우리는 연결 고리를 보게 될 것이다.

그렇다면 일상생활에서 이런 사고방식을 훈련하기 위한 방법으로 무엇이 있을까?

위기보다 기회에 초점을 둔다

어떤 위대한 일도 시작은 작은 행동에서부터다. 어떤 상황에 놓이든 그것을 문제가 아닌 배움의 기회로 여겨라. 당시에는 삶의 위기라고 느꼈지만 지금의 자신을 있게 한 힘든 순간을 거쳐온 이들이 많다. 이들은 우리의 발목을 잡는 부정적인 인식의 틀에서 벗어나 무언가를 할 '기회'에 초점을 두라고 말한다.

차 사고를 그저 불운이라고 여기면 그걸로 끝이다. 잘못된 선택이 자신을 규정 짓게 두면 평생 거기서 벗어나지 못한다. 나는 내 평생 최악의 결정을 내린 순간을 생생히 기억한다. 공동 창립자들의 반대를 무릅쓰고 조직에 추가 투자 결정을 받아들인 일이다. 내 머리가 진행하라고 말했다. 서류상으로 볼 때 재정적으로나 전략적으로나 힘든 시기에 유일한 돌파구라는 생각이 들었으니까. 하지만 내 가슴은 멈추라고 말했다. 초기에는 안정적이었지만 투자자들과 경영진 간에 기대하는 바가 너무 달랐다. 결국 회사가 무너지는 쓰라린 경험을 해야 했다. 결정을 내리기 전부터 잘못된 선택이라고 생각한 공동 창업자들에게 특히 더 뼈아픈 일이었다.

한동안 내가 한 실수, 내가 저지른 결정에 사로잡혀 살았다. 내가 느낀 인지 부조화를 이해하지 못했기에 동료들에게 말도 꺼내지 못했던 것 같다. 여전히 그 일을 떠올리면 불편하다. 다시 할 수 있다면 사후 합리화를 내려두고 다른 결정을 내리리라. 하지만 이 뼈아픈 경험으로 인생의 보물 같은 소중한 교훈을 얻게 됐다. 겉만 번지르르한 일보다 옳다고 '느끼는' 일을 해라.

개인이든 조직이든 실제 상황을 경험하고 나면 이를 흥미로운 배움의 기회로 여길 수 있다. 덕분에 나는 비슷한 결정을 내린 이들에게 깊이 공감하고 모든 상황을 흑백논리로만 설명할 수 없다는 것을 깨달았다. 세상을 보는 관점도 달라졌다. 이제 위기가 닥치면 상황을 충분히 곱씹는다. 가능한 모든 자료를 모은 뒤 내가 내린 결정을 '똑똑한 직감'이라고 믿는다. 설사 일이 생각대로 풀릴 것 같지 않다는 생각이 들어도 어떻게든 일이 될 거라는 느낌 때문인지 훨씬 차분해진다. 최종 결정으로 이끈 요인을 명확히 이해하게 됐고, 두려움이나 욕구 등 나 자신을 믿지 않으면 흔들리기 쉽다는 것도 깨달았다.

영국의 심리학 교수인 리처드 와이즈먼Richard Wiseman은 이렇게 말했다. "나쁜 일이 생기면 멀리 내다보세요."[4] 가장 힘든 상황이 인생의 보물 같은 순간이 된 것을 경험했기에 나는 어려운 순간이 닥칠 때마다 이제 이렇게 자문한다. "10년 후에도 중요한 일일까? 아니라면 왜 걱정하는 거지? 중요한 일이라면 가치 있는 배움의 기회가 되도록 지금 내가 더 할 수 있는 일은 뭘까?" 용기가 필요할 때마다 나는 SODA School of the Digital Age의 창립자인 그레이스 굴드Grace Gould가 해준 말을 떠올린다. 그녀는 존 레논이 남긴 유명한 말을 인용했다. "결국엔 다 잘될 거예요. 그렇지 않다면 아직 끝나지 않은 거죠!"

와이즈먼도 비슷한 방법을 제안했다. 일어난 사실과 반대되는 일, 즉 일어날 수 있었던 일에 대해 생각해보라는 것이다(이에 대해서는 제9장에서 자세히 다루겠다). 앞서 말했던 차 사고로 나는 전신 마비가 되거나 죽음에 이르렀을 수도 있다. 추가 투자를 받지 않았다면 진작에 재정 문제로 혼란을 겪었을 수도 있다. 이 밖에도 여러 상황이 있다. 와이즈먼 팀이 시행한 흥미로운 실험이 있다. 그의 팀은 '운이 좋다'고 생각하는 사람들과 '운이 나쁘다'고 생각하는 사람들에게 다음의 상황을 제시했다. "당신이 간 은행에 무장 강도가 침입했습니다. 당신은 어깨에 총을 맞고 상처를 입은 채 겨우 탈출했고요." 운이 나쁘다고 생각하는 사람들은 이 상황을 '일어날 법한 일'로 보고 불운한 상황의 연속이라고 여겼다. 반면 운이 좋다고 여기는 사람들은 '총에 맞아 죽거나', '머리에 총을 맞는 일' 등 더 안 좋은 일이 벌어졌을 수도 있음에 집중했다.

이 둘의 차이를 발견했는가?

운이 좋다고 생각하는 사람들은 더 안 좋은 상황과 같이 반사실적 상황에 초점을 둔다. 반면에 운이 나쁘다고 생각하는 사람들은 더 나은 상황, 심지어 '내 인생이 원래 이렇지'라는 생각에 사로잡혀 있다. 운이 좋다고 생각하는 사람들은 강도에게 살해당한 사람 등 자신보다 운이 덜 좋은 사람과 비교하지만, 운이 나쁘다고 생각하는 사람들은 강도의 침입에도 멀쩡한 사람 등 자신보다 운이 더 좋은 사람과 자신을 비교했다.

이러한 사고방식은 악순환 혹은 선순환이 된다. 운이 나쁘다고 생각하는 사람은 더 나은 처지에 있는 사람과 끊임없이 자신을 비교하며 고통받고, 운이 좋다고 생각하는 사람은 상대적으로 운이 덜 좋은 사람과 자신을 비교하며 자신이 받은 불운을 완화한다. 인생에서 세렌디피티를 만날 확률이 높은 쪽은 누구겠는가?

느끼고 말하는 대로 현실이 된다

와이즈먼은 실험을 통해 운이 나쁘다고 생각하는 사람들이 미신을 따르거나 점쟁이를 찾아가는 등 불운을 바꾸는 데 효과 없는 방법에 집착한다고 밝혔다.[5] 하지만 운이 좋다고 생각하는 사람들은 대개 주도적으로 문제의 본질을 파악하고자 한다. 그러니 어떤 상황에서도 배움을 얻는 것이다. 우리가 하는 말에 우리의 태도가 고스란히 나타난다. '어떤 일이 나한테 일어났어'라고 말하는 것은 상황에 대한 소극적인 태도로 운명에 순종해버리는 것이다. 하지만 통제 가능한 요소에 집중하면 운명의 주체가 될 수 있다.

여기서 반드시 짚고 넘어가야 할 부분이 있다. 선진국의 부유한 가정에서 태어난 아이와 빈곤한 케이프플랫의 가정에서 태어난 아이의 세렌디피티 시작점은 매우 다르다. 하지만 나를 비롯해 여러 전문가의 조사에 따르면 시작점의 차이와 잠재적인 세렌디피티를 완전히 차단해버리는 것과는 큰 상관이 없었다. 갑을 관계와 같은 심각한 사회 구조적 문제가 있더라도 상관없었다. 남아프리카공화국의 마약상이 세계적인 리더가 됐듯이 누구든 자신의 세렌디피티를 만들어낼 수 있다. 그들이 남들보다 똑똑해서가 아니다. 삶을 대하는 자세가 달랐을 뿐이다. 세상을 다른 관점에서 보기 시작하자 더 나은 결정을 내리고 더 자주 세렌디피티를 경험하게 된 것이다.

따라서 불운처럼 보이는 상황이라도 그걸 어떻게 인식하느냐가 중요하다. 기본을 다지는 다양한 인지적·정서적 방법이 있다. 명상을 비롯해 추상적인 두려움이나 어려움을 구체적인 실천 단계로 나누는 방법,[6] 상황의 긍정적인 요소에 집중하며 부정적인 위험 요소를 완화하는 방법 등이 있다. 자기충족적 예언, 즉 '자기 확언'은 세상을 보는 관점에 지대한 영향을 끼치는 아주 효과적인 방법이다. 일이 잘된다고 생각하면 안 될 일도 된다. 심지어 더 자주 좋은 일이 일어난다. 안 된다고 생각하면 될 일도 안 된다. 느끼는 대로, 말하는 대로 현실이 된다.

원하라! 세렌디피티는 넘쳐난다

모든 상황, 특히 모든 대화를 세렌디피티를 경험하게 될 기회로 보기 시작했다면 당신은 이제 적극적인 결정을 내린 것이다. 그렇게 되면 누군가의 이야기가 자신의 관심사와 동떨어져 보여도 연결 고리를 찾아낼 수 있다. 경쟁하기보다 타인의 생각을 기반으로 아이디어를 확장하면 나와 타인을 위해 점들을 잇는 연습을 하게 된다(제5장에서 이에 대해 더 자세히 설명할 예정이다).

대영제국의 훈장을 받은 샤 워즈먼드Shaa Wasmund는 영국의 성공한 기업가이자 베스트셀러 작가다. 평범한 가정에서 자란 그녀는 생활비를 벌기 위해 맥도날드에서 일하며 LSE에서 학업을 이어나갔다. 대학생 시절 한 잡지 회사가 개최한 공모전에서 우승하며 영국 출신의 복싱 세계 챔피언인 크리스 유뱅크Chris Eubank를 인터뷰하게 됐다. 인터뷰를 하는 동안 그들은 죽이 척척 맞았다. 그런데 놀랍게도 인터뷰가 끝난 후 유뱅크가 자신의 홍보를 맡아달라고 하는 게 아닌가. 그녀는 홍보 관련 경력이 전혀 없었지만 제안을 받아들였고 이후 홍보 전문가로 크게 성공했다. 런던에서 자신의 이름을 건 홍보 전문 회사를 차렸고 다양한 홍보를 맡게 됐다. 다이슨 진공청소기의 출시 홍보도 그중 하나다.

나는 성공한 사람들이 겪은 세렌디피티 순간을 많이 보고 들었다. 그들은 한 가지 생각으로 상황에 임하지만(이 경우는 잡지사의 권투 선수 인터뷰) 늘 예상치 못한 일에 열린 태도를 지닌다. 세렌디피티는 보통 이럴 때 일어나고 이후 다른 사람들이 흩어진 점들을 이어준다.

우리가 원하는 것에 대한 감각을 익히면 흩어진 점들을 더 쉽게 이을 수 있다. LSE와 리더스온퍼포스의 연구에 따르면 성공한 개인이나 조직의 중심에는 넓은 포부와 의욕, 신념 체계, 즉 '방향키'가 있었다. 북극성과 같은 존재인 원칙과 철학이 의식적으로 혹은 무의식적으로 각기 다른

상황에서 우리를 바른길로 인도한다. 북극성이 없으면 길을 잃고 멈추지 않겠는가.[7]

물론 북극성이 완전히 정확한 지표는 아니다. 꼭 필요한 것이지만 구체적인 경로를 우리 눈앞에 보여주진 않기 때문이다. 하지만 방향성을 잃지 않게 도와준다. 정확한 길이나 험난한 길, 지름길과 우회로는 삶의 여정에 없으면 안 될 중요한 요소이자 세렌디피티의 생명선이다.

폴 폴먼Paul Polman은 소셜 벤처 이매진Imagine의 공동 창립자이자 유니레버의Unilever 전 CEO다. 그는 세계 거대 기업 중 하나인 유니레버를 사회적 영향력을 끼치는 기업으로 전환하게 된 계기에 대해 이렇게 말했다. "사업뿐만 아니라 기후변화, 빈곤, 지속 가능성 등 관심 분야가 너무 많아서예요." 사람들은 대화 중 불쑥 나온 일들을 도맡아 하는 그를 산만하다고 평가할지 모른다. 하지만 그는 뚜렷한 의도를 가지고 일을 한다. 다양한 프로젝트를 맡고 있지만 언제나 구체적인 목적이 있기에 중심이 흔들리지 않는다. 그는 평생 자생력이 없는 이들을 돕고 싶다는 포부를 가지고 있었다. 어린 시절에는 의사나 목사만이 그런 일을 할 수 있다고 여겼다. 하지만 뜻밖에도 사업을 통해 원하던 일을 해냈다. 그는 자신만의 기회를 만들어냈고 묵묵히 자신의 길을 갔다.

라일라 야자니Layla Yarjani는 전 세계적으로 영어를 가르치는 교육 기관 리틀브리지Little Bridge의 공동 설립자이자 유니세프의 넥스트젠 유럽 UNICEF's NextGen Europe의 공동 의장이다. 그녀는 큰 포부란 특정한 인생의 목표가 아니라 삶을 대하는 자세라고 강조했다. 라일라 야자니처럼 타인에게 동기를 부여하는 이들은 어떻게 이런 깨달음을 얻게 됐는지 종종 질문받는다. 이들은 자신이 좋아하는 일이자 소명인 일을 어떻게 찾아냈을까?

'알맞은' 경력을 선택해 '알맞은' 경험을 했던 걸까?

전혀 그렇지 않다. 야자니를 비롯해 이 연구를 진행하며 내가 만난 많은 이들은 그저 자신의 호기심과 타인을 돕겠다는 선한 열망을 따랐다. 모든 것을 알아서가 아니었다. 야자니는 다른 사람들은 제대로 된 자원이나 인맥 등을 가지고 잘나가는데 자신은 왜 그렇지 못한지 이유를 찾으려고 애쓰는 것 자체가 시간 낭비라고 여겼다. 그녀는 우리와 같은 사람이다. 더 특별할 것도 덜 특별하지도 않다. 다만 그녀는 하고 싶은 일을 선택했고, 매일 아침 일어나 그것을 실행에 옮겼다. 그게 옳은 일이라 느꼈기 때문이다.

그녀는 항상 호기심을 따른다. 옳다고 여기는 일이 벽에 부딪힐 때마다 더 집중한다. 사람들에게 문제에 관해 이야기하고 실행에 옮겨본다. 늘 여러 가능성을 열어둔다. 대부분의 프로젝트가 순전히 그녀의 호기심에서 비롯해 커피숍에서 시작되곤 한다. "그렇게 시작한 프로젝트는 이제 안전하게 구글 폴더에 저장되어 있죠." 그녀가 말했다. 라일라 야자니와 알베르트 아인슈타인의 공통점이 바로 여기에 있다. 자신은 특별한 재능이 없다고 생각했지만 집요할 만큼 호기심이 왕성했다. 성공하는 사람들은 새로운 아이디어의 다양한 가능성을 떠올려보고 가장 마음이 가는 아이디어를 선택한다. 그들은 직장에서도 자주 이 과정을 반복하며 남는 시간에 시험 삼아 편히 실행에 옮기기도 한다. 불확실성에 대한 중요한 대비책을 마련하는 것이다.

나도 이러한 과정을 거쳐왔고 다양한 성공을 맛보았다. 내 삶의 여정 중에 미리 계획된 것은 하나도 없었다. 다만, 큰 결정의 순간마다 제대로 가고 있다는 느낌이 들었다. 여태 많은 선택을 했고 늘 배움을 얻었다. 인생이 완전히 다른 방향으로 흘러갈 수도 있었지만, 내가 결정을 내려야 할 때마다 소중한 나의 멘토가 이렇게 말했다. "당신 같은 사람들은 인생이 외길이라고 생각하지요. 하지만 인생에는 여러 갈래 길이 있어요. 진짜 중요한 건 지금 당장 행동하는 겁니다."[8]

아닌 게 아니라 실패의 두려움으로 행동하지 못할 때면 나는 이 말을 되새기곤 한다. "모든 길은 로마로 통한다."

철저한 계획보다 중요한 임기응변

인간은 늘 즉흥적으로 행동한다. 인간의 본질이지만 여전히 과소평가되는 진리다.
_올리버 버크먼, 영국 기자 겸 작가

공인의 베일이 벗겨지면 신문 1면을 장식한다. 자신이 추진한 정책의 주요 통계치를 기억 못하는 정치인, 기자 회견에서 머뭇거리며 구체적인 답변을 내놓지 못하는 최고경영진, 주먹구구식으로 마지막 순간에 급히 정책을 내놓는 정부 등은 권력과 책임을 지닌 이들의 즉흥적인 행동을 보여주는 예다.

올리버 버크먼Oliver Burkeman은 우리의 일상도 별반 다르지 않다고 말한다. 머리로 팁조차 계산하지 못하는 사람, 아날로그 시계를 볼 줄 모르는 바리스타, 지도 앱 없이는 어디에도 갈 수 없는 10대, 기저귀를 갈 줄 몰라 대충 해버리는 초보 아빠 등.[9] 이러한 사람들은 특정한 업무나 상황을 피하면서 별 탈 없이 잘 지내고 다른 기술을 이용해 그럭저럭 살아간다. 그들은 늘 즉흥적으로 행동한다. '그들'이란 바로 '우리'를 말한다. 솔직하게 자신을 돌아보자. 일을 하는 동안 그럭저럭 수습해나가고 있지 않은가.

살다 보면 감당하기 벅찰 때가 있기 마련이다. 대부분 아무렇지 않은 척 살아가지만 완벽한 척하며 계속 살기는 어렵다. 많은 개인과 조직이 현실 직시하기를 두려워한다. 버크먼은 조직이 많은 돈과 시간을 투자하며 모든 일이 잘되는 척하지만, 사실 그렇지 않을 때가 많다고 지적했다.

정당성이나 권위는 일반적으로 그 일을 맡은 사람이 명확한 답을 쥐고 있다는 생각에서 생긴다. 조직이나 리더를 따르는 자들은 책임자들이 자신의 행동에 확고한 믿음을 가지고 있을 거란 생각에 정서적인 안정감을 느낀다. 하지만 와인 한두 잔을 마시고 나면 가장 힘 있고 성공한 사람들, 겉으로 보기에 자기 관리가 철저한 사람들 역시 늘 자신이 하는 일에 확신이 없다고 말한다.

그런데도 어떻게 이 세계, 당신의 회사, 그리고 당신의 삶이 그런대로 잘 흘러가고 있는 걸까? 대다수가 즉흥적으로 행동한다면 바퀴 빠진 자동차처럼 우왕좌왕하지 않을까? 의외의 답을 해보자면 답이 늘 문제를 해결해주진 않는다. 즉흥적이라도 좋다. 즉흥적으로 행동하는 사람이 올바른 마음가짐, 즉 예상치 못한 변화에 잘 '적응'할 수만 있다면 일이 풀리고 때로는 더 잘 풀리기도 한다.

미래를 통제할 수 있다는 생각은 버려라

사람은 내면의 혼란을 겪으면서도 능숙하게 일을 처리하는 모습을 보이려고 한다. 버크먼의 통찰에서 보듯 우리 모두가 그렇다. 때로는 '사기'처럼 보일까 끊임없이 두려워하며 가면을 쓴 것 같기만 하다. 의사는 자기가 하는 일을 정확히 아는 것 같지 않은가? 비행기 조종사는 늘 상황을 통제한다고 생각하지 않은가? 하지만 과학적 증거나 일화를 보면 항공이나 의학처럼 명확한 영역에서도 예상과 달리 사람들은 자신의 행동을 확신하지 못하고 때로는 임기응변으로 일을 처리하기도 한다. 실제로 전문가를 포함한 대부분이 가장 중요한 순간에 즉흥적으로 대처한다.

수술 중 전례 없는 응급 상황이나 저고도 비행 중인 여객기에 엔진 문제가 발생하면 의사나 조종사는 어떻게든 즉흥적으로 행동을 취해야 한다. 이때가 바로 탁월한 기지와 빠른 사고가 정점에 이르는 순간이다. US 에어웨이스 여객기의 기장인 체슬리 설렌버거Chesley Sullenberger가 그 예다. 2009년, 여객기는 이륙과 동시에 엔진 문제로 불이 붙었지만 뉴욕 허드슨 강에 성공적으로 불시착했다. 엔진에 문제가 생기면 근처 공항으로 이동하는 게 일반적인 절차였지만 그건 여객기보다 훨씬 고도가 높을 때나 가능한 방법이었다. 관제탑에서는 근처 활주로로 이동하도록 제안했지만, 설렌버거는 당시 고도와 속도로는 불가능하다고 정확하고 재빠르게 판단했다. 그리고 허드슨 강에 불시착하여 탑승한 승객과 승무원 총 155명을 안전하게 구했다.

지식과 경험은 중요하다. 설렌버거는 다년간의 비행 경험 덕분에 가능한 일이었다고 설명한다. 경험의 저장고에 경험을 조금씩 축적하고 필요할 때 왕창 꺼내어 쓴 셈이라고 말이다. 그는 경험과 농익은 직감 덕분에 생각지도 못한 일을 해냈고, 21세기의 영웅 중 한 명이 됐다.

우리의 인생에서 이렇게 극적이거나 엄청난 위험이 따르는 상황에서 결단을 내릴 일은 그리 많지 않다. 하지만 작게 보면 우리는 늘 이런 결정을 내린다. 통제력을 발휘하는 사람들조차도 말이다. 급하게 결정을 내리는 순간이 위험한 게 아니다. 그보다는 정해진 틀에 박혀 행동할 때 문제가 생긴다. 자신감이나 자부심으로 성과를 내고 포부를 이룰 수 있지만, 자만심이나 상황과 자신에 대한 성찰이 없다면 위험하다. 기존의 틀이나 본보기를 맹신한다면 위험 요소를 보지 못하고 예기치 못한 일에 대비하지 못한다.

내가 이사로 속해 있는 리더스온퍼보스에서는 하버드 대학교, 세계은행그룹과 함께 세계에서 가장 성공한 31인의 CEO를 인터뷰한 적 있다. 그들은 하나같이 미래란 예측은커녕 통제할 수 없는 것이라고 굳게 믿고 있었다.[10] 다국적 식음료 기업 다논Danone의 CEO인 에마뉘엘 파버Emmanuel Faber는 일을 시작할 때 과도하게 촘촘한 계획보다 비전이나 새로운 실천 사항이 더 믿을 만하다고 밝혔다. 왜 그럴까? 에마뉘엘은 이렇게 말했다. "빠르게 변하는 현대 사회에서 과도한 계획은 별 효과가 없습니다. 하지만 비전이 있어야 해요. 자신이 어디로 가는지 확실히 알아야하니까요."

이런 리더들은 꼼꼼한 계획이 아닌 강력하면서도 유연한 북극성, 즉 넓은 포부와 목적이라는 큰 틀 안에서 팀원들이 스스로 결정을 내리도록 북돋우며 조직을 이끈다. 또한 확실한 비전과 에너지가 있지만 어쩔 수 없는 한계에 부딪히기도 하는 인간적인 취약성에 대해서도 종종 묘사한다. 공감할 수 있는 리더를 따르는 사람들의 특성상 이러한 리더들은 사람들에게서 더 많은 지지를 얻는다.[11]

소크라테스처럼 질문하라

이 책 전반에는 세렌디피티 코드에 기초해 상황을 평가하고 재해석하는 접근법과 활용법이 가득 담겨 있다. 이번에는 소크라테스식의 끈질긴 질문법에 대해 살펴볼 것이다. 소크라테스 문답법은 효과가 가장 입증된 방법으로, 새로운 사고를 자극하고 선입견을 없애며 외부의 짜여진 틀이 아닌 내부에서 무언가를 발견하도록 돕는다.

서양철학의 창시자로 유명한 그리스 철학자 소크라테스는 일련의 믿음이나 사실을 가르치지 않는다. 플라톤을 통해 우리에게 소개된 소크라테스식 문답법은 일방적인 강의가 아니다. 끊임없는 질문이 이어지는 대화법이다. 질문을 통해 그의 동료들은 자신의 편견이 환상이며 새롭게 생각해야 한다는 깨달음을 얻었고 소크라테스와의 대화를 통해 현상에 관한 새로운 이해를 확립했다. 소크라테스식 질문법에는 다음의 여섯 가지 유형이 있다.

1. 명료화 질문(왜 그렇게 말하는가?)
2. 가정 탐색 질문(다른 가정은 없는가? 가정을 어떻게 증명할 것인가?)
3. 증거 탐색 질문(어떤 사례가 있는가?)
4. 관점 파악 질문(장단점은 무엇인가?)
5. 결과 탐색 질문(이 행동의 결과는 무엇인가?)
6. 질문 재파악 질문(애초에 이 질문을 왜 했는가?)

지난 몇 년 동안 나는 의견 대립이 심한 상황 등 중요한 논의가 생길 때마다 이 질문들을 변형해 사용했다. 억지로라도 가정을 해보면 자신의 처지를 깨닫게 된다. 지혜란 모든 답을 아는 게 아니라 제대로 된 질문을 하는 것이다. 델피의 신탁에서 가장 현명한 사람으로 여겨진 소크라테스는 가르칠 게 아무것도 없다고 선언한 것으로도 유명하다. 그는 오로지 질문만 했다. 즉흥적으로 상황에 대처한 것이다.

세렌디피티에도 공부가 필요하다

세 살 버릇이 여든까지 간다. 어렸을 때 우리는 대개 부모나 친구로부터 세상을 보는 법을 배운다. 나의 아버지는 늘 이렇게 말씀하셨다. "무슨 일이 일어나든지 올바른 마음가짐만 있으면 헤쳐나갈 수 있단다." 나는 뭐라도 해보고 뭐라도 할 수 있다면 모든 게 괜찮을 거란 생각이 들었다. 원하는 대로 일이 잘 안 풀릴 때도 인생은 계속 흘러갔다. 어렵게 배운 게 도움이 되기도 했고, 문제는 장애물이 아닌 해결해야 할 또 다른 과제라는 것을 깨달았다.

스탠퍼드 대학교의 심리학 교수인 캐롤 드웩Carol Dweck은 성장하는 마음가짐에 대한 저서에서 대화나 언어의 작은 변화로도 삶에 대한 자세를 바꿀 수 있다고 강조했다. '난 서툴러', '난 할 수 없어'를 '아직 익숙하지 않아'로 바꾸라고 조언한다.[12] 뇌가소성에 관한 연구에 따르면 뇌는 고정 불변하지 않는다. 태도나 방식도 마찬가지다.[13] 우리의 뇌는 몸과 마찬가지로 단련하고 훈련할 수 있는 근육과 같다.

마음만 먹으면 배워서 뭐든 할 수 있다는 믿음은 뜻밖의 기회, 예기치 못한 사건, 여태 보지 못한 연결 고리인 세렌디피티를 준비하는 데 필수다. 즉흥적으로 행동해도 괜찮다는 태도, 끊임없이 상반된 방식으로 세상과 소통할 수 있고 또 해야 한다는 믿음이 없다면 우연한 가능성을 진정한 세렌디피티로 바꿀 기회를 놓치게 된다. 모든 게 잘 될 거라는 자신감을 심어주는 일은 부모나 선생, 리더가 자녀나 학생, 팀원에게 줄 수 있는 가장 큰 선물이다.

안타깝게도 특히 경영대학원과 같은 대부분의 대학이 여전히 미래를 완벽히 계획할 수 있다고 강조하며 사람들에게 모든 것을 계획해놓은 척하라며 은근히 부추긴다. 전략적인 계획, 양식, 사업 계획서 작성 등을 가르치는 게 나쁘다는 말이 아니다. 하지만 삶과 일은 대체로 그보다 우발적이다. 버지니아 경영대학원의 사라스 사라스바티Saras Sarasvathy 같은 학자들은 급변하는 상황 속에서, 특히 기업가들이 뚜렷한 목적지를 설정하지 않은 채 자원, 기술, 인맥, 시장 등 눈앞에 있는 것만 보고 이를 토대로 무언가 만들어내고 이 과정을 계속 반복한다는 사실을 밝혀냈다. 하지만 대부분의 사람들이 이 사실을 간과하거나 무시해버린다. 그 결과 학생들에게 북극성을 가지고 큰 틀 안에서 유연하게 조정하는 일의 중요성을 가르치치 못한다. 미래를 세세하게 예측할 필요도, 모든 것을 아는 척할 필요도 없다는 사실 또한 알려주지 못한다.[14]

샌드박스를 예로 들어보자. 2008년 내가 공동 설립한 단체로 현재 세계 60여 개국의 젊은 혁신가 약 1,500명으로 구성된 세계적인 공동체다.[15] 각기 다른 분야(디자인, 예술, 비즈니스, 법, 기업가 정신, 소셜 비즈니스 등)에서 가장 고무적인 젊은이들을 발굴해 외부 멘토나 자원뿐만 아니라 서로를 연결해주고 있다. 공동체를 운영하면서 새삼 깨달은 사실은 20대에 이미 혁신적인 일을 벌이며 변화를 주도하는 놀라운 젊은이들이 이 세상에 정말 많다는 것이었다. 비슷한 생각을 지닌 동료들, 내일의 리더들이 쉰 살이 아닌 스물다섯 살에 만나면 어떤 일이 벌어질까? 이러한 만남은 평생 그들이 세상에 끼칠 영향력에 어떤 작용을 할까?

어린 시절 모래밭sandbox에서 같이 놀다 일생의 벗이 된 친구들을 떠올리며 만든 샌드박스는 분산된 형태로 조직됐다. 허브라고 불리는 전 세계 30여 개 도시를 거점으로 지역 대표들이 회원을 발굴하고 편안한 식사 자리나 '소개의 밤'과 같은 이벤트를 계획하여 회원들이 개인과 회사 업무에서 겪는 고충을 덜어준다. 회원들은 서로 다양한 정서적 지원과 정보, 피드백과 기회를 제공하며 도움을 주고받는다.

샌드박스의 탄생 역시 예기치 못한 사건에서 비롯됐다. 2008년 말, 미국의 금융 회사 리먼브라더스Lehman Brothers가 붕괴되고 세계 경제가 말 그대로 마비됐다. 샌드박스도 마찬가지였다. 미래를 이끌 세계의 20대 젊은 리더를 한자리에 모아 고무적인 학회를 진행하려고 계획했지만 상황이 여의치 않았다. 이후 1년 동안 숨을 고르며 잠재 후원자들과 이야기를 나누고 장소를 물색했다. 기업 파트너들이 관심을 보였지만 세계 청년 학회와 같은 계획예산이 대폭 삭감된 상황이었다.

나는 예산 없이는 세계 학회를 여는 것이 불가능하다고 여겼다. 그러면서도 이러한 공동체를 조직할 생각에 굉장히 설렜다. 그래서 취리히와 런던에서 편안한 식사 자리를 몇 차례 마련하기 시작했다. 사람들은 모임을 즐기며 서서히 긴장을 풀었다. 이후 작은 규모의 이벤트를 더 열기 시작했는데, 신규 회원을 영입하는 데 아주 효과적이었다. 큰 계획이 아니라 차근차근 단계적으로 그렇게 해나갔다.

처음에는 학회 운영으로 계획했지만 현지에 특성화된 방식으로 접근하는 편이 재정적으로 더 지속 가능해 보였다. 그게 회원들 사이의 건강한 관계를 발전시키는 데도 더 도움이 될 것 같았다. 우리는 우리의 북극성, 즉 변화를 주도할 젊은 리더들의 공동체를 만들고자 하는 큰 포부를 저버리지 않았다. 대신 대규모 학회라는 초기 계획을 버렸다.

그렇게 우리는 대규모 학회가 아닌 현지 회원이 주축이 된 허브 중심의 방식을 택했다. 간단하고 저렴한 방법이었다. 소규모 행사나 회원의 집에서 모임을 열었다. 이후 지방으로 확장해 외곽의 작은 집을 빌려 2~4일간 모임을 진행했다. 이러한 모임은 허브 간의 교류를 왕성하게 했다. 많은 허브는 회원들과 깊은 관계를 형성하며 활발하게 소통하고 새로운 것을 만들어냈다.

4년 뒤, 리스본에서 제1회 세계 샌드박스 학회가 개최됐다. 회원들은 오프라인과 내부 페이스북 온라인 모임으로 이미 친분을 쌓은 뒤였다('드디어 만나게 되어 영광입니다!'란 말이 회의에서 가장 많이 오갔다). 결과는 성공적이었다. 회원들 간에 이미 깊은 유대감이 형성된 상태였기 때문이다. 그들은 '최고의 나'가 아닌 '온전한 나'를 드러냈다. 누군가는 '정신 나간 사람'이라 할 모습에도 거리낌이 없었다.

돌이켜보니 예상하지 못했던 계획 변경이 오히려 전화위복이 된 셈이었다. 그렇게 세계 금융 위기는 샌드박스의 운명을 바꿔놓았다. 아이디어와 접근법을 재구성하고 대규모 회의가 아닌 돈독한 지역 모임에 기반을 둔 지구촌 공동체로 성장하게 도와준 기회였다. 물론 쉽지만은 않았다. 하지만 초기의 어려움은 모두 해결됐다. 상황이 재구성되었으니까.

관점을 전환한다면 우리와 후손들은 뼛속 깊이 박힌 기존 체제가 무너져도 헤매지 않고 예상치 못한 기회를 간파하는 사고방식을 갖추게 될 것이다. 이를 위해서 직무 기술만이 아니라 예기치 못한 우연을 발견하고 발전시킬 세렌디피티 사고방식을 기를 수 있는 교육과 직업 훈련 제도의 개혁이 필요하다. 누구나 자신의 운은 스스로 만들 수 있다는 생각으로 이 세대를 가득 채워야 한다.

세렌디피티를 얻는 최적의 타이밍

어느 식사 자리에서 누군가 당신에게 별로 관심도 없는 일자리를 제안한다. 지금 직장에 만족하는 당신은 굳이 다른 일을 알아볼 필요가 없어 그냥 듣고 넘긴다. 하지만 몇 주 뒤 상황이 바뀌고 뭔가 새로운 일을 하고 싶은 생각이 든다. 갑자기 지난 대화를 떠올려보니 당신이 찾고 있던 바로 그 일이 아닌가!

그 사람의 이야기를 쓸데없는 잡담 정도로 여기고 음식에만 신경 썼다면 어땠을까? 원하던 기회를 놓쳤을 게 뻔하다. 호기심, 무엇보다 예상치 못한 정보나 사건에 열린 마음을 가질 때 세렌디피티를 경험할 확률이 확연히 높아진다.[16] 대부분은 주어진 상황에서 특이한 점이나 뜻밖의 일을 찾으려는 의지와 관계있다. 열린 마음으로 호기심을 품는 마음이 세렌디피티를 알아차리고 만들어내는 핵심이다.[17]

지금도 내 머리맡에는 생텍쥐페리의 《어린 왕자》가 놓여 있다. 자신의 세계를 탐험하며 그 안의 모든 사람과 사물에 관해 궁금해하는 소년에 대한 이야기다. 유치한 물음이라도 끊임없이 질문하는 태도의 가치는 시대를 관통한다(나는 별을 소유한다고 생각하며 하염없이 별을 세는 사업가에게 어린 왕자가 질문을 던지는 장면이 가장 인상 깊었다).

월터 아이작슨 Walter Isaacson은 작가이자 아스펜 연구소의 CEO로 알베르트 아인슈타인이나 마리 퀴리, 레오나르도 다빈치와 같은 세계의 지성을 연구했다. 이들의 공통점은 학문 전반에 걸친 왕성한 호기심이다. 아이작슨은 미국의 심리학자 애덤 그랜트 Adam Grant와의 대화에서 이를 설명했다. "벤자민 프랭클린은 대서양 연안을 오가며 공기의 소용돌이와 북동쪽 폭풍 간의 유사점을 발견하고 마침내 멕시코 만류를 발견했습니다." 레오나르도 다빈치도 자연 속에서 패턴을 발견했다. 스티브 잡스 역시 신제품 발표회에서 기술과 인문학의 교차점에서 늘 발표를 마쳤다.[18] 창의력이란 아이디어와 관찰, 관점, 적용 분야의 교차점에서 생겨난다.

제1장에서 언급했던 세렌딥의 세 왕자 이야기를 기억하는가? 그들은 세렌디피티의 상징적인 인물이다. 고정된 세계관이 아닌 열린 마음으로 세계를 바라봤기 때문이다. 그들은 호기심 덕분에 낙타의 발자국과 같은 여러 단서를 포착했고, 마침내 흩어진 점들을 이었다.

여기에 중요한 핵심이 있다. 바로 세렌디피티가 일어나기 전에 사전 지식을 꼭 갖출 필요가 없다는 점이다. 사건이나 정보에 담긴 의미나 기회는 처음부터 뚜렷하지 않을 수 있다. 몇 년이 지나서야 새로운 책이나 대화에서 다른 조각이 더해져 퍼즐이 완성되기도 한다. 물론 단점도 있다. 호기심과 열린 마음은 주의를 산만하게 하여 오히려 역효과를 불러오기도 한다.[19] 그러므로 세렌디피티에는 최적의 때와 장소가 있음을 기억하자. 외부 상황에 좀 더 예민하게 반응하는 프로젝트 초기 단계가 특히 중요하다.[20] 프로젝트가 진행될수록 일을 처리하느라 급급해지기 마련이니까.

다국적 기업에서조차 다른 요소보다 세렌디피티가 핵심 동력으로 작용하는 적기가 있다. 세렌디피티는 일이 진행된 후반보다 예민한 촉각을 곤두세워야 하는 초반 탐색 과정에서 중요한 역할을 한다는 사실이 일본의 광전자공학 회사에 관한 조사에서 밝혀지기도 했다.[21] 일반적으로 창의적인 시도는 과학의 초기 단계에 무척 중요하다. 아이디어가 존재하는 이유도 이 때문 아니겠는가. 하지만 시간이 흐를수록 세렌디피티는 뒷전으로 밀려 점차 표준화되고 산업화된 과정에 묻혀버리고 만다. 후반으로 갈수록 데이터의 일관성이나 신뢰성이 우선시된다. 하지만 그럴 때일수록 핵심적인 질문을 던질 필요가 있다. '창의적인 시도는 언제 일어나는가? 가치가 더해져 진정한 창의력이 되는 순간은 언제인가?'

상황이 안 좋을 때도 세렌디피티를 향한 열린 마음을 접어선 안 된다. 무수히 많은 사업가가 본업에 충실하면서도 여러 시도를 했고, 거기서 뜻밖의 기회나 통찰력을 얻었다. 또한 오랫동안 안정된 직장에 다니다 세렌데피티를 경험한 뒤 하던 일을 그만두고 새로운 길을 개척한 사람도 많다.

당신은 '항상 준비되었다'고 느껴야 한다. 런던 레스토랑의 종업원이었던 찰리 댈러웨이(가명)가 언젠가 자신의 이야기를 들려주었다. "어떤 길을 가야 할지 오랫동안 고민했어요. 뜻밖의 만남이나 대화를 통해 기회가 찾아왔지만 별다른 실천을 하지 않았죠. 고객들이 절 누군가와 연결해주고 기회를 나누려고 했지만 신경 쓰지 않았거든요. 그런데 저 자신을 알아갈수록 제가 세렌디피티에 준비된 사람이라고 믿기 시작했어요. 지금은 우리 아이들에게도 예상치 못한 기회가 왔을 때 자신과 자신의 판단을 믿으라고 해요. 스물다섯 전에 제게 세렌디피티가 있었냐고요? 전혀요. 지금은요? 늘 경험하죠."

뻔한 질문보다 살아 있는 질문을 던져라

앞에서 사례로 든 별 관심 없는 직장을 소개하던 지인과의 대화로 돌아가 보자. 몇 주가 지나서야 당신은 그곳이 그동안 찾던 직장임을 깨달았다. 제대로 된 질문을 했더라면 시간을 낭비할 일이 없지 않았을까? '왜 거기 가 나랑 맞는다고 생각할까?' 혹은 '이 사람들은 내가 보지 못한 직장 내 문제를 본 걸까?'

겉보기에 지루하고 당신과 무관한 대화도 제대로 된 질문으로 완전히 달라질 수 있다. 우리는 어쩔 수 없이 지루한 대화에 끼게 됐다고 자주 투 덜거린다. '별다를 게 없네' 혹은 '공통점이 없어'라고 말하면서. 말하는 사람을 탓하는 대신 당신이 대화를 흥미롭게 할 질문을 던져야 한다.

나는 지난 15년 동안 글로벌 네트워크와 지역 내 공동체를 위한 자리 를 수백 회 주관했다. 나는 사람들이 마음을 열길 바라며 모임의 서두에 다양한 질문을 하려고 노력했다. 흥미진진한 대화는 온전한 자신을 드러 낼 수 있을 때 시작된다. 진정한 자신과 이상적인 자신 모두 그 상황에서 편안함을 느끼기 때문이다.

성공적인 대화는 자기소개를 부탁하는 데서 비롯한다. 그저 직업을 묻 는 게 아니라 현재의 마음 상태, 살아 있음을 느끼게 해주는 것 혹은 최근 에 힘든 점 등을 이야기하도록 해야 한다. "저는 요즘 ○○○을 하려고 노력 중이에요."라고 말하면, 모임에 참여한 다수가 비슷한 어려움을 겪 거나 비슷한 목표를 달성하고자 노력하고 있다는 것을 알게 된다. 서로 다 양한 경험을 공유하고 소통하며 새로운 아이디어나 해결책, 도전 과제가 터져 나온다.

인생의 고충을 함께 이야기하다 보면 문화나 하는 일은 달라도 많은 공통점이 있음을 발견하게 된다. 그러면 사람들 사이에서 이런 이야기가 오간다. "이거 정말 뜻밖인데요? 저도 굉장히 비슷한 일을 겪었거든요." 사랑하는 사람을 잃고 어떻게 해야 할지 모르겠는가? 당신처럼 인생의 뼈아픈 경험을 하고 자신의 경험담을 나누는 누군가가 있기 마련이다. 그들과의 대화에서 상실감을 극복할 방법을 찾을 수도 있다. 그들이 찾은 영적인 실천법으로 당신의 삶이 바뀔 수도, 혹은 함께 이야기를 나눌 조언자를 얻게 될 수도 있다. 정말 기막힌 우연의 일치이지 않은가!

자신이 겪는 어려움이 특별할 거라고 생각하지만 우리는 모두 비슷하다. 나와 전혀 다르다고 생각한 사람들마저도 말이다. 이연 연상, 즉 흩어진 점을 연결할 잠재력을 끌어내는 대화를 나눌 때 세렌디피티가 일어난다. 한 사람의 인생을 바꿀 세렌디피티가 일어나는 순간은 깊은 관심을 둔 곳에 바로 이 연결 고리가 닿을 때다.

그래서 질문이 중요하다. 첫 만남에서 "직업이 뭔가요?"라는 질문은 다양한 대화의 가능성을 차단해버린다. 갑갑한 틀에 그를 가두어버리는 것과 같다. 당신과의 대화를 지루해하는 건 당연한 결과다. 긍정적인 에너지로 가득 찬 모임에서조차 직업을 묻는 말로 대화를 시작하면 십중팔구 단조롭고 시시한 이야기만 오갈 뿐 누군가의 의미 있는 이야기를 들을 수 있는 열린 대화로 이어지지 못한다.

표면적인 사실이 아닌 근본적인 원인이나 동기, 어려움에 대해 질문할수록 예상치 못한 연결 고리나 흥미로운 주제를 발견하게 된다. 당신이라면 "직업이 뭔가요?"라는 성가신 질문을 받았을 때 어떻게 답을 하겠는가? "현실적인 답을 원하시나요, 아니면 철학적인 답을 원하시나요?"라

고 예상치 못한 답을 해보는 건 어떨까?(당연히 두 질문에 대한 답을 미리 생각해두는 게 좋다)

세렌디피티가 일어날 기회 공간 opportunity space (잠재적으로 흩어진 점들이 이어질 여지)을 마련하려면 이와 같은 살아 있는 대화법을 반드시 익히고 배워야 한다.

'왜'라는 질문이 건져내는 새로운 발견

누군가의 대답이나 대화를 편협하게 해석하려는 사람은 없다. 마찬가지로 문제나 필요를 지나치게 확대해석하길 원하는 사람도 없다. 가능한 해결책의 범위를 좁힐 수 있으니 말이다.

혁신 전문가인 에릭 폰 히펠 Eric von Hippel 과 게오르그 폰 크로그 Georg von Krogh 는 '열린 질문'의 영향력에 대해 자세히 연구했다. 그들은 조직의 일반적인 환경에 어떤 특징이 있는지 살펴봤다. 제품 생산 담당자에게 "비용을 줄이는 방법이 뭘까요?"라고 물으면 대개는 인건비를 줄이거나 원자재 비용을 줄이는 방법을 생각해낼 것이다. 하지만 이 방법들이 최선은 아니다. 만일 "이 제품의 이윤이 낮아요. 좋은 생각 있으신가요?"라고 묻는다면 담당자는 다양한 방법을 떠올릴 것이다. 원자재 비용을 줄이는 방법은 물론 완전히 다른 방법도 내놓을 것이다. 좀 더 고급 재료를 이용해 판매 가격을 높여 이윤을 늘리는 방법, 혹은 생산 과정의 효율화 등 무수히 많은 방법이 있을 수 있다.

이렇듯 표면적인 질문에 갇히지 않고 문제와 관련한 정보를 수집하고 근본적인 문제를 파악한다면 놀랍게도 다양한 해결책을 쉽게 생각해낼 수 있다. 이 과정에서 뜻밖의 기회를 잡을 순간도 찾아온다.

'왜'라는 말은 우리가 할 수 있는 개방형 질문의 대표적 예다. 수천 년 동안 과학적 발견을 이끈 질문이자 어른들이 진땀 빼는 아이들의 단골 질문이기도 하다. '왜'를 묻지 않으면 현상에 갇혀 근본적인 문제를 보지 못한다. 다양한 관점에서 '왜'를 이해해야 새로운 아이디어, 즉 뜻밖의 연결 고리를 보게 된다.

사키치 토요타Sakichi Toyota는 토요타 그룹Toyota Group의 설립자로, 20세기 일본 산업의 주역이자 '5 Why'라고 알려진 접근법을 개발한 인물이다(그의 아들 기이치로Kiichiro는 이후 자동차 부서인 '토요타 모터스'를 설립해 세계적인 자동차 제조회사로 키웠다). 토요다의 통찰에 힘입어 세계는 엄청나게 발전했다. 이제는 한물 지나간 부분도 있긴 하지만, 그의 핵심 원칙은 여전히 가치를 지닌다. 어려움에 직면할 때마다 토요타는 다섯 차례에 걸친 '왜'라는 질문을 통해 어려움의 근본 원인을 찾는다. 질문이 거듭될수록 심층적인 부분으로 점차 파고든다. 근본 원인과 해결책은 대체로 후반에 나온다.

이 접근법은 직장뿐만 아니라 연인 관계에서 겪는 어려움까지 삶의 모든 부분에 적용 가능하다는 점에서 가치가 있다. 지금 연인 관계가 원만하지 않은가? 표면적인 원인은 상대가 바람을 피워서이지만 '왜'라는 질문으로 파고들어가면 외로움이라는 더 근본적인 원인을 발견할 수도 있다.[22] 따라서 문제의 진정한 원인과 해결책을 찾고, 차차 살펴볼 세렌디피티가 일어날 영역을 만들어내려면 무엇보다도 '왜'라는 질문이 중요하다.

새로운 세렌디피티를 찾기 힘든 이유

일반적으로 문제를 해결할 때 우리는 선형적인 사고에 의존한다.[23] 가정이나 학교, 직장, 혹은 어디서든 문제가 생기면 다음의 순서로 목표를 정한다.

1. 문제나 필요를 파악한다.
2. 문제 해결을 위해 다음의 두 가지 중 하나를 선택한다.
   a) 특정한 문제를 해결할 방법에 집중하기
   b) 정보를 모아가며 점진적으로 문제를 재정의하기[24]

당신이 만성적인 두통을 겪고 있다고 가정해보자. 진통제와 같은 즉각적인 해결법이 있다. 의사는 다른 원인일 가능성도 있으니 진료를 권한다. 의료 분야에는 근본 원인을 파악하는 명확하고 통상적인 매뉴얼이 있다. 사실, 두통이 아니라 감염이 진짜 문제일 수 있다.[25] 의사는 토요다처럼 5 Why 접근법을 적용해 심층적으로 원인을 파악한다. 두통을 유발하는 근본 원인을 밝혀내고 나면 그에 맞춰 증상을 치료하게 된다.

의사의 이러한 탐색 전략search strategy은 다양한 가능성을 향해 그물을 던진다. 다른 증상은 없는지, 최근에 머리를 부딪친 적은 없는지, 음주량은 어느 정도인지 등등. 이후 환자의 대답에 따라 늘 정확하진 않더라도 점차 심도 있는 진단을 내린다.[26] 가능성을 좁혀나가며 해결책을 면밀히 살펴보는 깔대기 접근법의 일반적인 모습이다. 개인이나 조직 대부분이 문제 해결을 위해 사용하는 방법이기도 하다.

조직의 마케팅 부서는 기존 제품에 만족하지 않는 소비자의 요구 사항을 파악하고자 한다. '소비자의 요구 사항을 어떻게 충족시킬까?'라는 문제 설정을 시작한다. 이 문제는 개발자에게 전달되고 개발자는 소비자의 요구 사항을 충족시킬 제품을 개발한다. 명확한 문제 설정은 뚜렷한 목표와 중심, 관련한 대응 조치를 마련할 수 있으므로 유용하다. 또한 문제 해결 시 큰 만족감을 얻을 수 있다.

물론 모든 문제가 이렇게 쉽게 해결되지는 않는다. 노벨 경제학상을 수상한 미국의 연구자인 허버트 사이먼Herbert Simon은 문제의 유형을 '구조화된 문제'와 '비구조화된 문제'로 정의했다.[27] 문제점이 명확한 구조화된 문제는 앞서 의료 분야에서 언급한 접근법으로 해결 가능하다.[28] 이 접근법은 문제 설정이 명확할 때 굉장히 효과적이지만 문제 설정이 잘못됐다면 적어도 처음부터 효과를 내기 어렵다. 또한 세렌디피티의 가능성을 떨어뜨린다. 최근 연구에 따르면 문제를 편협하게 단정하면 해결 방법의 범위가 제한되므로 가치 있고 창조적인 해결책을 찾지 못한다.[29]

편협한 문제 설정이 해결책을 찾는 데 효과적이지 않은 이유는 또 있다. 개인이나 조직은 문제 해결에 필요한 모든 정보를 모두 갖추지 못하기 때문이다. 새로운 정보는 대개 문제 해결 과정에서 떠오르기 마련이다.[30] 그런데 문제를 발견한 사람과 실질적으로 문제를 처리하는 사람이 조직 장벽으로 협업이 어렵다면 어떨까? 문제 처리자는 문제 해결에 도움이 되는 제대로 된 정보나 필수 요소들을 놓치게 되어 더 나은 해결책을 찾는 데 실패한다. 회사의 IT 부서에서 문제를 해결하는 동안 업무에 지장을 받거나 오히려 다른 문제가 생긴 적은 없는가? IT 부서의 기술이 부족해서가 아니다. 문제 처리자가 숲은 보지 못한 채 나무에만 집중한 문제를 전달받았을 가능성이 더 크다.

예를 들어 IT 부서에게 다음과 같이 전달했다고 가정해보자. "A팀이 X 형식으로 된 파일을 열 수 있어야 합니다." IT 부서는 쉽게 문제를 해결해 줄 것이다. 하지만 A팀은 파일을 편집해야 했다. 또 다른 문제가 생긴 것이다. 혹은 A팀이 규정상 읽기 전용 파일을 받아야 했지만, 편집까지 가능해져 또 문제가 생길 수도 있다. 이후 이 과정이 반복된다. 이러한 혼란은 IT 부서가 근본 원인을 파악하는 문제 해결 과정에 합류하면 쉽게 해결될 수 있다. 이때 비로소 IT 부서가 효과적인 해결책을 내놓게 된다.

개인이나 조직에서도 마찬가지다. 문제에 대한 확대해석은 가능한 해결책을 오히려 제한하고 뜻밖의 성과를 낼 가능성을 떨어뜨린다. 편협한 문제 해석은 문제 파악에만 치중할 때 일어난다. 구조화된 문제라면 괜찮지만, 신생 기업처럼 한 치 앞도 내다볼 수 없는 불확실한 여건이라면 당면한 과제나 어려움이 그리 단순하지 않다. 완전한 정보는 얻기 어렵고 상황은 급속도로 변한다. 이러한 상황에서 해결책을 쉽게 찾을 수 있는 구조화된 문제가 과연 얼마나 되겠는가? 경험상 가장 좋은 방법은 다음과 같다. "문제를 즉시, 그리고 명확하게 정의하지 못하면 억지로 애쓰지 마라. 일반적인 해결법을 잊고 다른 문제 해결법을 생각하라."

이는 '반복 문제 제기'로 알려진 접근법으로서 문제를 다양한 방식으로 신속히 해결할 수 있도록 해준다. 이후 각 접근법의 유효성을 평가한다. 이 같은 접근법은 혁신적인 디자인 기업인 아이데오IDEO와 같은 많은 조직에 의해 대두됐다. '신속 시제품화'rapid prototyping로 알려진 이 아이디어 개발법은 초기 단계에 변형과 작동이 쉬운 저렴한 모델을 신속하게 개발하여 선보인다. 그러면 사용자는 시제품을 사용하고 더 나은 모델에 대한 자료를 모은다. 사용자가 세부 사항을 수정하여 다시 개발자나 문제 처리자에게 전달하면 개선된 시제품이 빠르게 생산된다.[31] 이후 개선, 시도, 반복의 과정이 빠르게 계속해서 이루어진다.

반복적인 문제/해결책 제기법이나 시행착오법을 두고 다른 부서들이 각자의 업무를 맡아 문제를 해결하는 전통적인 접근법과 다를 게 없다고 생각할 수도 있다. A 부서가 B 부서에 해결책을 요구하고, B 부서가 제시하는 방법이 별 효과가 없으면 A 부서가 "아니야! 다시 해!"라고 말하는 전통적인 접근법 말이다. 과연 그럴까? 신속한 시제품화 사고방식의 가장 큰 특징은 문제 해결에 관여하는 사람들의 태도에서 나오는 역동성이다. 신속한 시제품화 사고방식에서 반복적인 시제품 개발은 '실패'가 아닌 문제 해결에 없어선 안 될 중요한 '과정'이다. 이 과정을 신속히 처리하려면 사용자와 문제 처리자 간에 자주 그리고 지속적으로 소통을 해야 한다. 이러한 대화, 혹은 변증법적 방식을 통해 사용자와 문제 처리자는 제품을 함께 개발하게 된다.[32]

그런데 좀 더 확실한 방법은 없을까? 모든 것을 통제한다는 환상에서 벗어나 문제를 해결할 근본적인 방법 말이다. 이 질문에 답하려면 심리학, 신경과학, 도서관학, 혁신과 전략 경영 분야의 필요와 목표, 문제 해결에 관해 좀 더 깊게 이해해야 한다.

치밀한 목표보다 야심찬 목표에 세렌디피터가 있다

현재의 소망뿐만 아니라 미래의 필요와 욕구를 성취하는 데
영향을 끼친 요인을 모두 알 수 있다면 우리는 자유로울 수 없다.
자유로워야 예측 불가능한 여지를 남길 수 있다.
그리고 목표 달성의 기회가 바로 이 예측 불가능함에서 비롯된다.
_프리드리히 하이에크, 《자유헌정론》 중에서

지나치게 구조화된 목표는 세렌디피티를 제한하지만 야심찬 목표는 세렌디피티의 가능성을 높인다는 연구 결과가 최근 심리학과 신경과학, 도서관학 및 경영학에서 밝혀졌다.

한 실험에서는 참가자들에게 독서 기기로 책을 읽도록 했다. 특정한 정보를 찾도록 과제를 받은 그룹과 어떤 과제도 받지 않은 그룹으로 나누어 실험이 이루어졌다. 결과는 뚜렷했다. 과제를 받은 첫 번째 그룹은 대부분 원하는 정보를 찾아냈고, 과제를 받지 않은 두 번째 그룹은 책을 심도 있게 읽으며 이전에 생각지 못한 흥미로운 정보를 알아냈다.[33]

또 다른 실험에서는 광범위한 문제를 과제로 받은 그룹이 지나치게 특정화된 문제를 과제로 받은 그룹보다 예상치 못한 순간을 잘 받아들였다. 다시 말해 뜻밖의 일은 사람이나 사건을 특정한 틀 속에 가두지 않을 때 더 자주 일어난다.[34] 예를 들어 '식량 부족'에만 초점을 맞추면 식량 측면에서만 해결 방법을 생각하지만 '영양'이라는 넓은 관점으로 문제를 바라보면 해결 방법은 무궁무진해진다.

다른 분야도 마찬가지다. 나는 논문을 지도하고 가르치면서 훌륭한 학생들을 많이 만났다. 몇 마디만 나눠보면 어떤 학생이 좋은 성적을 거둘지 어느 정도는 파악이 된다(물론 첫인상으로 편견을 갖진 않는다). 많은 학생

이 이렇게 이야기한다. "제가 원하는 건 확실합니다. 이 방식으로 논문을 쓸 거예요. 승인해주세요." 하지만 특출한 학생들은 이렇게 이야기한다. "이 주제에 대해 다양하게 읽다 보니 감을 좀 잡았어요. 그래도 어떤 이론을 적용해야 할지 아직 잘 모르겠어요. 교수님과 이야기를 좀 나눌 수 있을까요?"

보통의 학생은 대개 확실한 로드맵과 정해진 목표를 가진다. 어떻게 해야 할지 정확히 알고 있기에 결과물이 확실하다. 하지만 특출한 학생들은 다양한 분야를 탐색하고자 한다. 주제와 관련된 자료를 읽으며 (예상치 못한) 새롭고 변증법적인 방식으로 자신의 사고에 불을 지필 잠재적인 가능성을 엿본다. 함께 작업을 한 학생 대부분이 스스로 이런 애매한 상태를 약점으로 여기지만 진정한 창의력과 독창성은 바로 여기서 시작된다. 그리 유쾌하지도, 편하지도 않은 상태지만 이것이야말로 진정으로 가치 있는 성과에 이르는 잠재적 시발점이다. 통찰력은 호기심과 연결 짓기뿐만 아니라 '창조적 절망감'과 모순(이 두 가지는 보통 새로운 패턴의 발견으로부터 시작된다)에서 비롯한다는 연구 결과도 있다.[35]

나는 교실에서 이 현상을 종종 목격하곤 한다. 한번은 학생들에게 사업 아이디어를 구상하라는 과제를 낸 적이 있다. 특출한 학생들은 본인이 원하는 방향이 뚜렷하지 않다는 점을 받아들였다. 하지만 상황을 반전시키려면 뭔가 해야겠다고 생각했다. 열린 마음과 호기심, 의미 있는 일을 하고자 하는 동기는 아주 좋은 시작점이다. 지적인 호기심과 불확실성은 과도한 자신감을 피하고 편견에 의문을 제기하며 건강한 회의론을 발전시키는 데 탁월한 방법이 된다. 여기에 성실함과 동기가 더해지면 일을 해나가는 과정에서 근사한 일이 일어난다.

이쯤에서 문제와 목표를 대하는 방식을 점검하고 '기회의 장'을 여는 방법을 살펴보자.

유레카! 흩어진 점 속에 연결 고리를 찾는 법

예기치 못한 발견을 하거나 유의미한 연결 고리를 찾아내는 뜻밖의 순간으로 사람의 목숨을 살리기도 하고 굉장한 혁신이나 발명이 일어나기도 한다. 그리고 이런 일은 대개 완전히 무관한 곳에서 시작된다.

영화 제작자인 제네바 페슈카Geneva Peschka는 토론토에서 뉴욕으로 이사하며 새로운 삶을 기꺼이 받아들이겠다고 마음먹었다. 2년 전 남편과 별거하며 자신이 얼마나 틀에 박힌 삶을 살았나 깨달았던 그녀는 결심했다. 무모하지만 큰 꿈을 위해 행동하겠다고. 그리고 뉴욕으로 이사했다. 그녀는 이사하기 몇 달 전 친구들에게 연락해 뉴욕에 괜찮은 일자리가 있는지 물었다. 신혼여행 중이던 친구 한 명이 자기가 하던 일을 해보면 어떻겠냐고 제안했다. 지인의 여덟 살 자폐아인 엠마를 방과 후 돌보는 일이었다. 제네바 페슈카는 그 기회를 놓치지 않았다.

페슈카는 몇 년 동안 엠마를 돌보며 그들 가족과 가까워졌다. 그리고 엠마가 열 살이 되던 해 그녀는 아이와 소통할 획기적인 방법을 찾았다. 엠마의 대화 패턴이 더 어린아이와 같다는 것을 발견하고 대화를 끌어낼 방도를 찾은 것이다. 알파벳을 하나씩 가리켜 조합하여 단어를 만들고 스텐실 판에 나타내는 방식이었다.

그렇게 한 문장 한 문장씩 대화를 이어가던 엠마가 자폐증을 안고 평생을 살아가는 게 얼마나 고통스러운 일인지 사람들이 알아야 한다고 말했을 때, 페슈카는 순간 전율을 느꼈다. 자기 이야기를 들려주고자 하는 그녀의 소망과 영화 제작이라는 자신의 배경 사이에 연결 고리를 찾았기 때문이다. 이 이야기를 영화로 만들면 어떨까? 유색인종으로 살며 페슈카는 다른 사람들이 자신의 이야기를 하는 것이 어떤 기분인지 잘 알고 있었다. 그녀는 엠마에게 영화의 공동 제작을 원하는지 물었다.

이렇게 나온 영화가 〈언스포큰〉이다. 자신이 아끼는 사람의 이야기를 함께 담은 페슈카의 첫 영화다. 여배우 베라 파미가Vera Farmiga와 그녀의 남편이자 제작자인 렌 허키Renn Hawkey가 총제작자로 합류해 인권과 자기 옹호의 이야기에 힘을 실었다. 영화는 사우스바이사우스웨스트SXSW와 같은 대규모 영화 및 음악 축제나 학회, 유엔의 여성 자선단체인 걸업GripUp의 세계 정상 회의에서 상영됐다.

엠마와 만난 지 5년이 흐른 지금, 페슈카는 둘의 삶이 어떻게 연결될 수 있었는지 돌아본다. 엠마에게 영화를 통해 자기 이야기를 할 기회를 마련해주자 페슈카 역시 자기 목소리를 낼 기회가 생겼다. "이사 온 다음 날 센트럴 파크에서 만난 여덟 살짜리 아이와 함께 작업하며 제 목소리를 다시 찾을 거라고는 꿈에도 생각 못했어요." 그녀는 지금까지 〈언스포큰〉을 제작한 것을 가장 자랑스러운 일로 꼽는다. 〈언스포큰〉은 자기 옹호와 인권의 중요성을 둘러싼 대화에 전환점을 마련하고 세계인들의 마음과 생각을 열도록 도왔다.

페슈카의 경험처럼 깨달음은 일반적으로 '들어맞는다는 느낌'에서 시작해 '아하!'로 이어지는 순간에 일어난다.[36] 인지심리학에서는 이를 '처리 유창성'processing fluency의 과정 중 뜻밖에 얻는 통찰 속에서 깨달음이 일어

난다고 표현한다. 즉 유레카의 순간은 의식조차 못한 사고 간의 틈새를 메꾸는 사람들의 흔적이다.[37]

바퀴 달린 캐리어의 예를 살펴보자.[38] 1970년대, 버나드 디 사도Bernard Sadow가 가족 여행에서 돌아왔을 때였다. 그는 무거운 여행 가방 두 개를 낑낑대며 끌고 공항으로 향했다. 세관을 통과하려던 그때, 한 직원이 바퀴 달린 수레를 이용해 무거운 기계를 손쉽게 운반하는 것을 보았다. 유레카! 그는 무거운 짐을 들고 다녀야 하는 상황에 자신이 관찰한 것을 연결했다. 여행 가방 회사에서 일하던 그는 출근하자마자 가구용 바퀴를 여행 가방에 달았다. 그러고는 앞쪽에 끈까지 달고 앞으로 끌며 소리쳤다. "성공이야!" 이렇게 우리가 잘 아는 바퀴 달린 여행 가방이 탄생했다. 이 경우와 같은 이연 연상은 무관해 보이거나 인지하지 못했던 사실이나 지식을 연결하여 세렌디피티를 위한 틀을 마련한다.

세렌디피티는 문제를 공식화하고 해결책을 찾는 과정에서 생기는 게 아니다. 오히려 문제와 해결책을 '동시에 볼 때' 일어난다. 일단 세렌디피티를 인지하면 이를 삶이나 업무에서 기존 방식과 비교하게 된다. 월등한 선택지라면 세렌디피티는 기회가 되는 것이다.

우리는 흔히 해결책을 보고 나서야 문제가 있었다는 사실을 깨닫기도 한다.[39] 혁신 전문가인 에릭 폰 히펠과 게오르그 폰 크로그는 다음과 같이 제안한다. "풍경 하나를 떠올린 뒤 특정한 위치에 문제나 필요가 하나씩 자리한다고 상상해보세요. 이제 다른 풍경을 떠올립니다. 그곳에는 각각의 문제나 필요에 대한 해결책이 자리 잡고 있고요. 자, 이제 한 풍경을 다른 풍경 위에 겹쳐봅니다. 필요가 위치한 곳을 해결책이 있는 곳으로 연결해도 좋습니다." 예를 들어 의사가 떠올린 문제가 담긴 풍경에는 환자에게 나타나는 모든 증상과 질병이 있을 것이다. 반면에 해결책이 담긴 풍경에는 개인적이거나 전문적인 의사로서의 경험과 정보, 업무 환경, 유용한 문헌, 연구소 등 문제를 해결하는 데 도움이 될 만한 모든 내용이 담겨 있을 것이다. 환자를 치료하는 게 목표인 의사처럼 문제 해결이란 문제가 담긴 풍경의 특정 지점을 해결책이 담긴 특정 지점으로 연결하는 것이다.

이처럼 세렌디피티는 지나고 보면 문제의 해결책이었다는 사실을 알게 되지만 당시에는 무관하다고 생각한 두 요소의 연결 고리를 보는 데서 시작된다. 처음에는 문제가 있다는 사실조차 인지하지 못하지만 시간이 지나면 그동안 해결하려던 문제였다고 말하며 경험을 합리화하기도 한다.

버나드 디 사도와 바퀴 달린 여행 가방을 다시 떠올려보자. 이론상 무거운 짐을 운반하는 문제를 해결할 방법은 이미 존재했다. 공항에 비치된 수화물 카트를 이용하면 그만이지 않은가. 해결책이 있으니 누구도 문제라고 여기지도, 해결하고자 노력하지도 않은 것이다. 하지만 바퀴 달린 여행 가방을 보자 카트에 문제가 있음을 발견한다. 참 성가신 문제들 말이다. 공항에 카트가 충분히 마련되어 있는가?(그렇지 않다) 필요할 때 적재 적소에 있는가?(아닐 때도 있다) 체크인을 할 때 가방을 쉽게 이동할 수 있는가?(쉽지 않다) 에스컬레이터에서 사용할 수 있는가?(사용이 금지되어 있다) 이렇듯 새로운 해결책을 발견하고서야 기존 상황의 문제를 발견하게 된다.[40]

대부분 이러한 과정을 직관적이고 무의식적으로 행하는데, 인간은 스스로 이를 쉽게 이해하기 위해 실제 일어난 과정보다 더 확실한 인과 관계가 성립하도록 이야기를 살짝 바꾼다. 문제를 파악한 뒤 해결책을 찾았다는 식의 사실과 다른 이야기로 자신을 '속이는' 것이다.

이러한 관점에 반박하는 이들이 많을 거라 생각한다. 문제점을 모르는데 어떻게 해결책을 찾았다는 걸까? 문제와 해결책의 동시 발견은 우리가 흔히 생각하는 문제 해결 방법과 거리가 먼 것 같은 느낌이다. 하지만 이쯤에서 문제를 해결하고 이를 사후 합리화하는 과정을 떠올려보자. 일반적으로 우리는 문제를 발견하고 해결책을 찾았다고 생각한다. 많은 사업가가 성공의 요인을 뜻밖의 사건이 아닌 잘 짜인 계획과 실행 덕분이라고 말하는 현상과 유사하다. 이러한 자연스러운 경향 자체가 문제되지는 않는다. 다만 실제로 이렇게 문제를 해결한다고 믿어버린다면 편협한 방식으로만 일을 처리하게 된다. 이는 우리의 사고를 좀먹는 태도다.

예외도 새로운 규칙이 될 수 있다

질문이나 사건을 열린 질문으로 재구성하여 피상적인 해결책에 국한되지 않고 근본적인 해결책을 제시할 효과적인 기술을 앞서 살펴보았다. 하지만 열린 질문을 바탕에 둔 흥미로운 접근법도 있다. 이를 통해 일과 삶에 한계를 긋고 세렌디피티를 제한하는 틀에 박힌 사고에서 벗어날 수 있다.

그중 하나가 긍정적 일탈 접근법이다.[41] 이 접근법은 개인이나 회사, 조직 등에서 일반적인 상황에서 벗어난 긍정적인 예외 사례를 찾아내는 방식이다. 예를 들어 조직의 북극성, 즉 사명이 아프리카 사하라 사막 이남 지역민의 건강 상태 개선이라고 하자. 이를 달성하려면 지역에서 눈에 띄는 '긍정적 일탈'에 해당하는 건강한 가족을 찾는 데서 시작해야 한다. 건강한 가족은 건강을 유지하는 나름의 성공적인 방법이 있을 테고 지역에 즉시 적용하기에 유리할 것이다. 이후 이 가족이 양호한 건강 상태를 유지하는 비결을 파악한다. 특정한 음식이나 깨끗한 식수에 관한 관심 등 그들의 삶의 방식이 일반적으로 적용 가능하다면, 최고의 실천 모델을 찾은 것이다(질적연구법을 적용하는 연구원 역시 비슷한 방법을 사용하는데 이들은 '극단적인 경우'를 찾아내어 뜻밖의 흥미로운 아이디어를 얻는다).

일반 업무에서도 마찬가지로 이를 적용할 수 있다. 어떤 팀이나 직원이 가장 생산성이 좋은가? 그들은 다른 사람들과 어떻게 다른가? 조직의 다른 사람들이 그들처럼 행동할 수 있을까? 긍정적 일탈 접근법은 효과적인 방법을 우선 파악하고, 대개 이전에는 문제라고 생각지도 못한 부분에까지 그 방법을 적용할 수 있는지 보는 것이다.

샌드박스도 이러한 긍정적 일탈자에 집중했다. 초기에 회사 지원자들에게 남들과 다른 점을 설명해달라고 했을 때만 해도 깨닫지 못한 부분이었다. 지원자는 형식에 구애받지 않고 마음껏 자신의 끼를 발산할 만한 지원서를 제출해야 했다. 이 과정에서 특이하고 기발하게 자신을 소개한 뒤는 지원자를 가려냈다. 돌이켜보니 긍정적 일탈 접근법을 사용한 것이었다. 그 덕분에 우리는 삶이라는 흥미로운 여정에서 타인에게 영감을 줄 수 있는 창의적인 방법을 고안하게 됐다.

프레이저 도허티Fraser Doherty는 열네 살에 할머니 집 주방에서 잼 사업을 시작했다. 열여섯 살이 되었을 때, 그의 잼은 슈퍼마켓 체인점인 테스코Tesco에 진열됐다. 이 어린 소년은 정식 교육을 받은 적도, 직장 경험도 없었다. 하지만 열네 살의 패기에 모두가 놀랐다. 우리를 놀라게 한 이 '와우Wow 요소' 덕분에 인사팀은 높은 학벌이나 화려한 경력 외에 사람의 흥미를 끄는 요소를 이해하게 됐다. 물론 기본적인 사항도 고려하지만 우리는 이제 와우 요소를 직원을 뽑는 가장 중요한 기준으로 삼는다. 현재 성공한 초기 사업 투자가인 윌리엄 맥퀸William McQuillan은 자신의 세계 여행, 정글 경험담 및 경력 등을 팝업북으로 만들어 샌드박스가 자신을 채용해야 하는 이유를 밝혔다.

현재 샌드박스에는 반짝이는 아이디어와 뜻밖의 만남이 끊임없이 이어진다. 같은 가치를 추구하고 공동체에 헌신하면서 쌓인 믿음과 각양각색의 사람들이 지닌 사고와 관점의 다양성이 어우러져 세렌디피티가 더욱 활기를 띠는 환경이 만들어진 것이다.[42] 이들은 새로운 제품이나 방식을 먼저 사용하는 리드유저lead users이기도 하다(해커들도 어떤 면에서 리드유저다. 그들은 회사가 알아채기 전에 먼저 문제를 파악해낸다. 다양한 조직, 특히 보안 회사가 능력 있는 해커를 영입하려는 이유이기도 하다).[43]

질문이나 문제, 혹은 목표 설정은 참신하고 효율적이며 창의적인 해결책을 찾고 세렌디피티를 경험하는 데 큰 영향을 미친다. 특히 문제나 요구사항이 복잡하거나 가진 정보가 불확실하다면 문제를 확대해석하지 말아야 한다.

명확하지만 제한된 문제 설정을 사전에 하지 말라는 소리가 아니다. 안정된 절차나 조직이라면 분명 가치 있는 방법이기 때문이다. 대표적으로 토요타의 5 Why와 같이 문제를 파악하는 철저한 방식은 굉장히 효과적이다. 하지만 진정한 혁신, 사고와 설계, 문제 해결의 단계적인 변화는 보통 좀 더 날 것의, '덜 구조화된' 문제 해결법에서 시작된다.

행운 코드 2. 질문을 통해 타이밍을 잡는다

이번 장에서는 기회의 가능성을 넓힐 사고 과정과 문제 해결 기술을 살펴보았다. 우리는 세계관을 재구성하여 남들이 구멍만 보고 있을 때 그 안에 있는 연결 고리를 볼 수 있어야 한다. 즉 주어진 상황 속에서 질문이나 문제를 구성하는 고정된 방식에서 벗어난다면 본질적인 이해관계를 파악하고 긍정적 일탈 접근법 등을 통해 여러 가능성을 이해하고 적극적으로 활용할 수 있다.

다시 한 번 강조하건대 세렌디피티는 산발적인 순간이 아니라 지속적인 여정이다. 충분한 동기와 영감을 꾸준히 지닐 때 비로소 세렌디피티가 활짝 꽃필 수 있다. 다음 장에서 다양한 기회의 장을 여는 질문을 다룰 것이다.

세렌디피티 연습: 집중을 위한 질문

1 학회나 다른 행사에서 처음 만난 사람에게 직업을 묻는 대신, "요즘 어떤 책을 읽으시나요?", "~에 대해 가장 흥미로웠던 부분은 뭔가요?"라고 질문하라. 기계적인 답에서 벗어나 진정한 대화를 시작할 물꼬를 트게 되면 흥미롭고, 생각지도 못한 상황이 전개될 것이다.

2 친분이 쌓이기 시작했다면 이렇게 질문하라. "요즘 마음이 어떠신가요?", "언제 살아 있다고 느끼시나요?", "내년의 목표를 한 단어로 말씀하신다면요? 그 단어를 선택한

이유는 뭔가요?", "남들과 다른 믿음이 있으신가요?" 그리고 당신의 호기심을 끄는 답변에 좀 더 깊이 파고들어라.

3 수치나 객관적인 정보가 아닌 상대의 독특한 경험에 관해 질문하라. 출신이나 방문한 나라를 묻는 대신 "~은 어땠나요?", "~를 하고 싶었던 이유가 뭔가요?",[44] 친분이 있는 사이라면 친밀한 공감대 형성을 위해 다르게 질문하라. 이번 주 계획을 묻는 대신 "이번 주에 크게 웃었던 일이 있으신가요?"라고 물어라.

4 불편한 질문을 받는 상황이라면 상대의 관심을 유도할 만한 말로 바꾸어라. "흥미로운 이야기인데요?"라는 반응을 통해 상대가 당신에게 더 질문하도록 유도하라.

5 만찬이나 모임을 주최하고 이끄는 입장에 있다면 참여한 사람들에게 직업을 소개하도록 하지 마라. 구성원이나 모임의 성격에 따라 다양한 방식으로 대화를 이끌어라. "요즘 어떤 생각을 하시나요?", "요즘 최대 관심사는 뭔가요?", 혹은 "최근에 관심을 가지는 분야가 있나요?"라고 질문하라. 가까운 지인이라면 "지금의 당신을 있게 한 경험이 뭔가요?"라고 질문해보라.

6 상대의 이야기를 경청하고 숨은 뜻을 파악하라. 상대가 문제를 자세히 이야기한다면 들리는 대로만 받아들이지 마라. '왜'와 '어떻게'라는 질문을 통해 상대가 진짜로 하려는 이야기를 들어라.

7 어떤 제약도 없고 실패하지 않는다는 가정하에 당신이 하고 싶은 일 세 가지를 써보라. 그리고 그걸 지금 하지 못하는 이유 세 가지도 써라. 그다음 어떻게 해야 그걸 실행할 수 있을지 세 가지로 정리해보라. 그리고 즉시 실행하라.

8 당신만의 이야기를 찾아라. 관심 분야와 끌리는 문장이나 질문을 한 페이지에 쓰고 당신의 이야기와 연결 지어라. 잘 모르겠다면 친구들에게 질문하라. "나를 떠올리면 어떤 특징이 먼저 생각나?", "나에 대해 제일 기억이 남는 부분이 뭐야?", "내가 책을 써야 한다면 어떤 이야기를 쓰면 좋을까?" 어떤 이야기를 쓸지 대략적인 아이디어가

떠오르면 몇 개를 골라 즉시 이야기를 만들어보고 제일 기분이 좋았던 것을 반복적

으로 행하라. 사람들에게 그 경험에 대해 간략히 이야기해보라.

제4장

확실한 목표가
준비된 우연을 만든다

배를 만들고자 하는가?

사람들에게 배를 만드는 법을 가르치는 대신

끝없이 펼쳐진 광활한 바다를 동경하게 만들어라.

_앙투안 드 생텍쥐페리

SERENDIPITY

그림 퍼즐을 맞추려는데 퍼즐 몇 개가 없다고 상상해보자. 어떤 그림이 완성될지 모르니 처음에는 빠진 퍼즐의 모양을 알 리 없다. 얼굴의 일부 같기도 하고, 구름 조각 같기도 하고, 집 모퉁이처럼 보이기도 한다. 하지만 퍼즐을 하나씩 맞추다 보면 완성된 전체 그림이 보이기 시작하고 어떤 조각이 빠졌는지 비로소 깨닫게 된다.

일과 삶도 이와 비슷하다. 지식이나 기술, 경험의 다른 퍼즐이 처음에는 서로 맞지 않는 것처럼 보이지만 차츰 큰 그림을 만들어내기 시작한다. 서로 다른 경험을 잇는 열정에서 비롯하기도 하는데 일단 큰 그림을 그리기 시작하면 빠진 조각을 찾게 된다.

그러다 보면 '기술적인 경험이 부족해' 혹은 '의사를 정확하게 전달해야겠어' 등 나에게 부족한 부분을 폭넓게 이해하게 된다. 그러면 좀 더 구체적인 집중을 통해 빠진 조각을 찾을 수 있다. 이때 선견지명과 사후편향은 서로 보완하는 역할을 한다. 흔히 일이 벌어진 뒤에야 돌이켜보며 과거를 이해하고 미래에 대한 통찰을 통해 퍼즐을 비로소 완성하게 되는 것이다.[1]

누구나 예기치 못한 기회를 포착해내는 각자의 방식이 있다. 하지만 특정한 동기, 즉 '방향 감각'이 있어야 세렌디피티를 경험하고 더 나은 결과를 낸다는 사실만은 분명하다.[2] 어떤 동기는 특히 중요하다. 물론 사람마다 자극받는 부분이 다르다. 의미를 찾는 게 중요한 사람도 있고 원칙이 중요한 사람도 있으며 배려가 우선인 사람도 있다. 하지만 모호한 호기심이나 소속감, 강한 성욕이나 질투, 욕심 등 다른 동기 역시 제외해서는 안 된다.[3] 그게 무엇이 됐든 흩어진 점들을 이으며 세렌디피티를 촉발하는 계기를 찾아내야 한다.

앞서 살펴본 대로 세렌디피티는 적극적으로 쟁취해야 하는 것이다. 열린 마음만으로는 조금 부족하다. 정확한 목적지를 모르더라도 바람직한 방향으로 가려는 의지와 동기 등 치열한 태도를 함께 지녀야 한다. 언젠가 행운이 올 거라는 안일한 생각에서 벗어나 세렌디피티가 일어나도록 주도적인 자세로 살아야 한다는 점을 우리는 이전 장에서 살펴봤다.

세렌디피티는 삶에 대한 긍정적인 관점은 물론이고 잠재적으로 우리가 '될 수 있는' 다양한 모습을 알아가는 데 도움을 준다. 나아가 여태 생각지도 못한 '더 나은 모습'으로 삶을 살아갈 수 있도록 하는 강력한 방법이다. 그러면 진정한 세렌디피티를 경험하고 자신이 될 수 있는 사람이 되도록 돕는 사고방식을 어떻게 개발할 수 있을까?

다양한 시도를 두려워하지 말라

2004년 여름, 휴가차 런던을 방문한 에블리나 지마나비치우테Evelina Dzimanaviciute는 자신이 평생 영국에서 살게 되리라고는 꿈에도 생각하지 못했다. 리투아니아의 작은 마을에서 태어난 그녀는 당시 남자친구와 런던을 여행할 생각에 들떠 있었다. 런던으로 초대해준 친구네 집에 머물다가 리투아니아로 돌아올 계획이었다. 이미 다음 학기 대학 등록금도 다 낸 상태였다.

하지만 영국에 도착한 첫날부터 그녀의 기대는 무너졌다. 친구가 갑자기 직장을 잃어서 그녀를 집에 거둬줄 형편이 안 되었던 것이다. 당장의 숙박비와 경비 등을 벌기 위해 그녀는 생각지도 못한 처절한 구직활동을 시작해야 했다. 우여곡절 끝에 작은 호텔의 청소부로 취직했다. 근무 시간도 길었고 다른 직원에게 영어 못하는 외국인 노동자라고 찍혀 무시당했다. 그러던 어느 날 상상도 못할 일이 벌어졌다.

"청소를 하고 있는데 갑자기 문이 열리는 소리가 들렸어요. 같이 일하던 남자 직원이었죠. 뚱뚱한 몸에 번질거리는 머리, 다 썩은 이에 술과 담배에 절은 냄새를 풍기는, 한마디로 구역질나는 인간이었어요. 그가 '방해하지 마시오' 사인을 문고리에 걸더니 문을 잠그는 겁니다. 웃으며 제게 다가오더니 벨트를 풀더라고요. 너무 놀라고 충격을 받았죠. 저를 억지로 눕혀 위로 올라오려고 할 때 남자를 세게 밀쳤어요. 다행히 옆방으로 통하는 문이 있어 그곳으로 도망쳐 나왔어요."

에블리나는 분주한 런던의 옥스퍼드 거리로 뛰쳐나왔다. 청소용 장갑을 끼고 파란 치마, 하얀색 앞치마를 그대로 입은 채로. 그녀는 정신없이 달렸다. 잘 차려입은 사람들 틈에 끼어 그들이 가는 방향으로 계속 뛰었다. 그런데 갑자기 머리에서 어떤 목소리가 들리기 시작했다. '난 앞으로 더 잘될 거야. 난 앞으로 더 잘될 거야. 난 앞으로 더 잘될 거야.'

인생이 이런 식으로 끝나지 않을 거라는 확신이 든 그녀는 긍정적인 마음과 의지를 다잡고 다음 날 새 직장을 구하러 런던 시내를 돌아다녔다. 그러던 중 프레타망제 Pret A Manger라는 프랑스어로 된 샌드위치 가게를 발견하고는 뛸 듯이 기뻐 무작정 안으로 들어갔다. 학교에서 배운 유창한 프랑스어 실력이 도움이 되리라 확신하면서 말이다. 그녀는 매니저에게 자신 있게 프랑스어로 말을 걸었다. 키 큰 이탈리아인 매니저는 호기심 어린 눈으로 그녀를 바라보며 가볍게 미소 지었다. 그녀의 이야기를 한참 듣던 매니저는 나지막한 목소리로 이곳은 프랑스 회사가 아니며 새 직원이 필요하지도 않다고 했다. 하지만 에블리나는 그 사람 덕분에 새 직장을 구할 수 있었다. 마침 직원이 부족한 다른 지점이 있어 그곳에 그녀를 소개해주기로 한 것이다. 그 매니저의 도움으로 그녀는 은행 계좌도 열고 노동허가증도 취득하면서 차근차근 경력을 쌓아 나갔다. 부족한 영어 실력은 성실함과 긍정적인 태도로 메꿨다. 프레타망제에서는 직원 대부분이 폴란드어를 사용했다. 폴란드어는 그녀가 어릴 적 TV를 보며 배워 고향의 유명한 교회를 방문하는 폴란드인들에게 재미 삼아 썼던 언어이기도 했다. 그렇게 휴가를 왔다는 생각도 잊은 채 에블리나는 영국에 남았다. 몇 년도 채 되지 않아 그녀는 프레타망제의 간부 자리에 올랐다. 비즈니스 개발 프로젝트를 이끌며 프레타망제의 영역을 넓히고 새 지점을 열고 매니저와 리더를 교육했다.

그렇게 10년이 흘렀다. 현재 에블리나는 런던 근교에서 딸과 함께 살며 코칭 및 교육, 컨설팅을 전문으로 하는 엘리트마인드Elite Mind Ltd를 경영하고 있다. 그녀는 코칭을 통해 많은 이들이 자신감과 좋은 기운을 갖고 틀에 박힌 삶에서 벗어나 자신의 삶에 한계를 긋지 않고 앞으로 나아가도록 돕고 있다.

에블리나는 호텔에서 끔찍한 일을 겪었다. 하지만 그녀는 삶이 그 일로 얼룩진 채 흘러가도록 놔두지 않았다. 이 책에서 내가 인터뷰한 많은 이들처럼 그녀는 트라우마로 남을 일을 오히려 방향성을 찾는 삶의 전환점으로 바꾸어놓았다. 굉장히 고무적인 지점이 아닐 수 없다. 에블리나와 같은 사람들은 위기 속에서도 강력한 동기와 의미, 방향성을 잃지 않는다. 더 높은 목표를 추구하거나 직감적으로 어디로 가야 하는지 알기도 한다. 종교가 있다면 경전에서 근원을 찾거나 그렇지 않다면 지침이 되는 원리나 철학에 기대기도 한다. 회사의 경영진은 비전을 통해 업무의 목적을 거듭 설명하기도 한다.[4]

그러나 모두가 에블리나 같지는 않다는 게 문제다. 나는 여태 정확히 어디로 가고 싶은지 스스로도 잘 모르는 경우를 수없이 목격했다. 나를 포함한 많은 이들이 특정한 목표나 모험적인 시도에 대해 생각하기보다 '기회 공간'에만 몰두한다. 그래서 정작 좋은 기회가 눈앞에 주어져도 쉽사리 도전하지 못하며 주저하곤 한다. 그러나 우리는 회사나 공동체, 대학교를 인생이라는 거대한 모험을 가능하게 하는 '플랫폼'으로 바라볼 필요가 있다. 그렇게 시각을 바꿀 때 이곳에서 필요한 기술을 개발함과 동시에 어떤 환경이 자신에게 가장 의미 있는지 탐색할 수 있기 때문이다. 다양한 베팅을 할 기회가 생기는 것이다.

내가 박사 과정을 막 시작했을 때 지도교수와 한 거래는 간단했다. 나는 연구에 집중하고 그는 내가 혁신 센터를 만드는 일을 도와주기로 했다. 나는 연구할 기회뿐만 아니라 초기 부회장직을 맡으며 세상의 흐름을 읽고 가장 마음이 가는 분야를 찾게 됐다. 나의 모교에 혁신과 공동 창조 연구소 Innovation and Co-Creation Lab 의 설립을 도운 일이 내게는 엄청난 기회와 실험의 발판이 됐다. 이곳에서 CSR corporate social responsibility (기업의 사회적 책임)과 샌드박스 네트워크, 리더스온퍼포스와 같은 여러 프로젝트를 수행했는데 모두 예기치 못한 만남에서 시작된 기회와 사람들 덕분이었다. 몇 년 동안 자연스럽게 이런 일들이 일어나자 앞으로도 좋은 일어날 거라는 확신이 생겼다. 물론 어떤 일일지는 전혀 알지 못했다.

내가 그렇게 확신할 수 있었던 이유는 뭘까? 자연과학에서 그 답을 찾을 수 있다. 생물학에서 유명한 이론인 '인접 가능성' adjacent possibilities 은 생태계의 모든 상호작용이 다음에 일어날 수 있는 일의 가능성을 높인다고 설명한다. 언세틀드 Unsettled (글로벌 공유 오피스 기업―옮긴이)의 설립자 조너선 칼란 Janathan Kalan 은 사람들에게 세계 각지의 장소에서 다양한 사람을 만날 기회를 제공하며 자신도 여러 기회에 열린 마음으로 살아가고 있다. 그는 이 일을 하며 당장은 불가능해 보이는 일이라도 그와 비슷한 가능성이 곧 생기기 마련이라는 개념을 경험적으로 이해하게 됐다. 탄소가 오랜 시간을 거쳐 다이아몬드가 되듯이 다양한 상호작용을 통해 무한한 가능성의 세계가 열리고 생각지도 못한 일이 벌어지기 때문이다. 새로운 가능성을 열린 마음으로 받아들이겠다고 선택하기만 하면 된다. 미지의 세계에 대한 두려움을 무한한 가능성을 발견하는 기쁨으로 바꾸자.

어쩌면 자신이 나약한 존재처럼 느껴질 수도 있다. 이는 불확실성을 어느 정도 감수하느냐에 달린 문제이기도 하다. 하지만 모든 일을 사전에 철저하게 계획할 수만은 없는 법이다. 내일 달라이 라마를 우연히 만나 수석 고문이 되어달라는 부탁을 받는다면 어쩌겠는가? 전혀 계획하지 않은 일이지만 무한한 가능성을 여는 좋은 시작이 될 것이다. 사람이나 아이디어 등 새로운 상호작용은 여태 상상하지도 못한 영역으로 기회의 장을 넓힌다.

사회 과학에서 말하는 '뜻밖의 효용'unexpected utility은 이미 알고 있는 사람과 관련해 이와 비슷한 개념을 설명한다. 애덤 그랜트는 간단히 이렇게 정리했다. "오늘 만난 사람을 내일 어디서 어떤 모습으로 만날지 모른다." 따라서 자신이 얻을 대가만 염두에 두고 모든 결정을 내린다면 세렌디피티 순간을 모조리 놓치게 된다.[5]

집중은 중요하다. 하지만 다양한 베팅 역시 중요하다. 새로운 상호작용이나 통찰, 뜻밖의 사실에서 여러 기회가 자연스럽게 떠오르기 때문이다. 나는 이를 통해 인생의 방향을 깨닫고 다음에 일어날 만한 일을 추측하는 데 도움이 되는 네트워크를 개발했다. 때에 따라 이러한 구조화된 시도는 개인의 성장을 돕는 더 큰 회사에 입사로 이어질 수도 있다. 하지만 요점은 어디서 어떤 일을 하든 경력이 아닌 '플랫폼'으로 삼으라는 것이다. 골드만 삭스에서 일하며 경력과 인맥을 쌓고자 하는가? 더 많은 여성에게 기업가 정신을 심어주려는 대의를 가진다면 회사의 장기 목표와도 연결될 수 있다. 창의적인 틀을 마련하고 혁신을 주도한다면 회사의 어느 자리에 있든 큰 변화를 일으킬 수 있다. 조직을 플랫폼으로 여기고 다양한 베팅을 하면 본능적으로 잠재적인 북극성을 찾아가게 된다.

이는 인생이 어떤 방향으로 흐를지 예측하기 어려운 지금, 성공한 기업이 적용하는 방식과도 일맥상통한다. 독일의 가장 영향력 있는 CEO이자

MW의 전 회장인 하랄드 크루거Harald Kruger는 한 인터뷰에서 이렇게 말했다. "지속 가능성이란 계속 나아가려는 뚜렷한 비전을 지니고 짜놓은 계획대로 움직이는 거지요. 하지만 제게는 그런 완벽한 계획이 없습니다. 내일을 위해 여러 시도를 하며 그저 작은 발걸음을 뗄 뿐이죠. 호기심을 가지고 정보를 흡수하고 남들을 벤치마킹하는 거예요. 유일한 전략, 유일한 방법은 없어요. 믿음을 가지고 새로운 분야에 뛰어드는 겁니다."[6]

하지만 다양한 베팅을 하는 방식은 위험을 감수하는 정도에 따라 다르고 '쓰레기통 모형'garbage can model(쓰레기들이 우연히 한 쓰레기통에 모이듯 정책 결정이 일정한 규칙에 따라 이루어지지 못하고 문제와 해결책이 뒤죽박죽된 상태에서 우연히 어떤 계기로 의사결정이 이루어진다고 보는 것. 주로 복잡하고 무질서한 조직에 대해 설명할 때 쓰인다—옮긴이)은 대체로 사실임이 드러난다. 다시 말해 조직의 일 대부분이 문제나 해결책, 참여자와 선택 기회라는 독립적인 네 요소가 충돌하는 방식과 때에 따라 우연히 결정된다는 얘기다.[7]

하지만 여기서 전환을 일으킨 회사도 있다. 스웨덴 최대 은행인 SEB의 CEO인 요한 토르비Johan Torgeby는 자신과 같은 위치에 있는 사람들은 보통 내부 수익률을 재무 측정치로 삼는다고 설명했다. 하지만 그는 엑셀 시트의 숫자보다 신념과 가능성을 보는 실리콘밸리의 사고방식으로 점차 전환해 다양한 베팅을 시도했다.[8]

오늘부터 자신만의 다양한 베팅을 시도해보자. 존경하는 사람을 위해 일주일에 두 시간 정도 일하기와 같은 간단한 것으로 시작해도 좋다. 생각지도 못한 기회로 이어질 수 있을 테니 말이다. "지금 하지 않으면 20년 후 가장 후회할 일이 무엇인가?" 마크 트웨인의 글로 종종 오해받는 이 말이 자신만의 북극성을 찾는 데 도움이 될 것이다. 이 말에 아직 크게 감흥이 없다고 해도 충분히 이해한다. 그렇다면 당신에게 가장 끌리는 일은 무엇인가? 어떤 '플랫폼'이 그 일로 연결되고 폭넓은 기술을 개발하는 데 도움을 줄 수 있을까?

이 질문들에 대한 답을 통해 본질적인 동기를 부여받고 포부를 구체화할 수 있다. 이는 자신의 관심사, 진정한 자신 혹은 되고 싶은 모습과 잠재적인 세렌디피티를 일으킬 계기를 나란히 정렬시키는 것이다. 그러면 연결점이 생기니 흩어진 점을 잇는 일이 쉬워진다.

당신에게 진짜 의미 있는 일은 무엇인가?

포부는 깊은 신념과 가치에서 나온다. 집단주의적 환경에서 자랐다면 개인의 목표보다 가족을 우선시할 것이고, 성과 중심의 개인주의적 환경에서 자랐다면 집단보다 자신을 우선시할 것이다.[9] 하지만 포부는 대개 두려움이나 절망, 복수심과 같은 깊은 감정, 무엇보다 의미를 추구하는 데서 비롯한다.

침대맡에 경전을 두는 이들이 있다. 나에게는 빅터 프랭클Viktor Frankl의 《죽음의 수용소에서》가 그런 책이다. 칭송받는 심리상담 치료사인 빅터 프랭클은 이론과 실천에서 삶의 의미를 찾는 데 초점을 둔다. 다른 이들은 인간의 행동이 성욕이나 권력욕에서 비롯한다고 봤지만 빅터 프랭클은 의미를 찾고자 하는 의지라고 보았다. 그는 '의미의 이중성'이라는 흥미로운 개념을 발전시켰는데 유대인 대학살에서 살아남은 경험을 회상하며 자신의 삶을 통해 이 개념을 설명했다. 그는 극한의 공포 속에서도 정신적으로 살아 있었던 이유는 어떤 일이 닥치더라도 그 속에서 의미를 찾으려고 했기 때문이라고 밝혔다. 수용소에 갇혀 있으면서도 그는 자신에게 희망을 주려는 이들과 매일 이야기 나누며 의미를 찾으려 했다. 그러다 수용소를 나가게 되면 책을 꼭 쓰겠다는 포부가 생겼다. 그렇게 작은 것에서 의미를 찾고 더 큰 장기적인 포부를 가지게 된 의미의 이중성 덕분에 그는 살아남았다(건강을 비롯한 의미 찾기의 중요한 효과가 최근 연구로 입증됐다).[10]

나는 각계각층의 사람들과 만나고 그들의 인생 경험을 접하면서 이 의미 찾기가 서로 상호작용한다는 사실을 알게 됐다. 의미 있는 하루와 더 큰 의미를 가져다주는 자신만의 북극성이 상호작용할 때 비로소 큰 성장이 이루어진다. 거시적인 안목과 미시적인 안목 모두 필요한 것이다. 하지만 문제가 하나 있으니 우리는 흔히 인생을 '단계적인 성장'으로 본다는 점이다. 그리고 남용되었다고 말하는 이들이 있을 정도로 인류 역사상 가장 많이 사용된 매슬로의 인간 욕구 5단계 이론을 학교에서 배우며 일과 삶을 어떻게 꾸려가야 할지 방향을 잡는다. 이 이론에 따르면 인간은 집, 음식, 물, 공기와 같은 생리적 욕구를 충족하고, 안전의 욕구, 친구나 가족과 같은 애정과 소속의 욕구, 인정의 욕구를 충족한 뒤에야 (아직 시간이 남아 있다면) 관심 분야에 집중하여 문제를 해결하고 자아실현에 몰두하며 의미를 찾으려는 욕구가 생긴다.

카네기 철강회사를 설립한 앤드류 카네기나 석유 재벌 존 록펠러를 보라. 그들 역시 처음에는 낮은 단계에 해당하는 '물질적 욕구'를 충족시키면서 지금의 성공을 일궈냈다. 그리고 인생 말년에 이르러서야 자선단체를 돕고 기부도 하며 삶의 의미를 찾았다. 내가 가르친 우수한 학생들 일부는 이 같은 "우선 성공하라. 그리고 선을 베풀라."는 격언에 따라 내키지 않은 직장에서 10년을 일하면서 돈을 벌고 인맥과 경력을 쌓았다. 그리고 이후에 자신이 진정으로 원하던 일을 했다.

이는 삶에 대한 굉장히 선형적인 사고방식이다. 과거 많은 조직들이 이 사고방식을 토대로 설립된 것도 사실이다. 하지만 오늘날은 점차 돈과 의미의 결합이라는 새로운 목표를 설정하는 방식으로 그 토대가 바뀌고 있다. 하랄드 크루거는 이를 한 줄로 요약했다. "사람들은 의미 있다고 느끼면 끝까지 충성한다." 직원이나 고객만이 아니다. 조직에 투자하는 차세대 자산가들의 기대 역시 단순한 부의 축적이 아닌 의미 있는 목적 달성 쪽으로 점차 변하고 있다. 은행이나 연금 기금 등 투자자의 자금에 의존하는 조직들은 투자나 운영 방식을 그들의 기대에 맞춰야만 한다.

부와 의미를 동시에 추구하려는 열망은 점차 일반적인 추세이자 실현 가능한 일로 여겨지고 있다. 나아가 자긍심을 물질적인 가치와 연관 짓는 공동체도 있다. 나는 돈을 성공의 척도로 삼는 것이 결코 나쁘다고 생각하지 않는다. 비교하기도, 기준으로 삼기에도 쉬우니 말이다. 생텍쥐페리의 어린 왕자만 어렵다고 느끼는 부분은 아닐 것이다.[11]

여기서 주목할 점은 타인과의 비교가 아닌 자신이 의미 있다고 생각하는 삶에 집중해야 한다는 것이다. 그래야 진짜 삶의 모습이 보이기 시작한다. 세렌디피티로 연결되기도 하고 심지어 세렌디피티가 바로 일어나기도 한다. 이제 원하는 척하는 대상이 아닌 진정으로 바라는 것을 끌어당기기 때문이다.

미국 최대 크라우드 펀딩 플랫폼인 인디고고Indeigogo를 설립한 대니 린젤만Danae Ringelmann은 자신의 언니를 '세렌디피티의 여왕'이라고 설명했다. 린젤만의 언니는 무슨 일을 하든 온전히 자신을 드러낸다. 그녀는 허브 전문가, 테크놀로지 판매 리더, 소기업 경영자이자 세 아이의 엄마다. "수백만 달러의 계약을 성사하는 와중에 면역 체계에 활력을 주는 에센셜 오일을 불쑥 꺼내서 팀원을 차분하게 하는 사람은 언니밖에 없을 거예요. 유기농 케일 칩 회사에 아이들을 데려가 칩을 포장하는 직원 곁에 앉히기도 하죠." 린젤만은 말했다. "자칫 부적절해 보일 수 있는 상황에서도 언니는 자신을 드러내는 데 거리낌이 없었죠." 언니가 의식적으로 인위적인 모습을 벗어 던지려고 노력하자 세렌디피티가 자주 일어나기 시작했다고 그녀는 덧붙였다. 진정한 자신을 드러낼 때 생기는 인간관계의 작은 마찰이 성공의 열쇠라고 린젤만은 굳게 믿는다.

나 역시 일과 삶에서 이러한 경험을 수없이 했다. 사람들은 갈수록 자신에게 의미 있는 것을 추구하며 동시에 돈을 벌고자 한다. 인싱크글로벌inSynch Global 같은 코칭 플랫폼은 이를 업무에 적용하기 시작했고, 사업가 카라 토마스Cara Thomas가 설립한 세렌플리피티Serenplipity와 같은 조직은 재미있는 카드를 사용해 사람들이 '진정한 자신'을 터놓고 이야기하도록 한다. 가면을 벗고 진짜 자신을 드러내면 깊은 유대감과 진정성, 신뢰감을 쌓게 된다. 진짜 자신을 숨긴 채 살아가면 말 그대로 병이 든다. 의미 있는 일이라고 여기는 일(설령 그게 따분한 일이라도)을 하는 이들은 더 건강하고 생산력이 높다고 밝혀졌다.[12]

선택의 기회가 있는데도 왜 자신을 불행하고 병들게 하는 데 삶의 대부분을 낭비하는가? 많은 연구 결과에서 '주는 것'이 우리를 행복하게 한다고 말하는데 왜 아직도 '얻는 것'에만 신경을 쏟는가?[13] 이제 근본적인 변

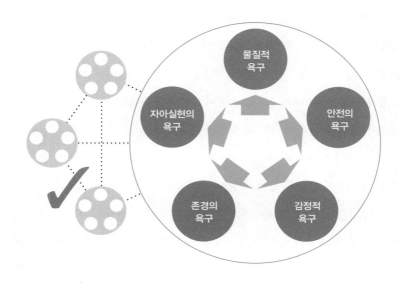

화가 일어나고 있다. 이제껏 피라미드로 알려진 욕구 단계는 사실 원 모양에 가깝다. 차례대로 욕구를 충족시켜 나가는 게 아니라 동시에 여러 욕구를 충족하는 것이다. 오늘날과 같은 네트워크 사회에서 결국 자신의 욕구는 점차 타인의 욕구를 얼마나 충족시키느냐와 연결된다. 그렇다면 행복하고 부유한 삶이란 자신과 주변 세상을 깊이 이해하고 사랑하는 사람과 의미 있는 관계를 맺으며 '사랑하는 사람을 벤츠에 태운 부처처럼 살아가는 것'일 수도 있다.[14]

물론 당신은 이렇게 생각할 수도 있다. '하지만 더 높은 목적과 의미를 추구할 수 있는 것이야말로 일종의 특권이 아닌가?' 물론 기본적인 의식주나 교육을 신경 써야 하는 빈곤한 사람에게 이는 어려운 일이다. 하지만 한편으로 그런 편협한 믿음이 수십 년 동안 서구와 전 세계에 실패로 끝난 개발 노력을 부추겼다는 사실 또한 깨달아야 한다. 서구 사회는 가난한 사람들의 '낮은 욕구'를 충족시켜주기만 하면 괜찮을 것이라 여기며 지역사회를 무기력하게 만들었다. 또한 어려운 환경에서도 살아남을 희망을 품는 데 필수적인 '더 높은 욕구'나 의미를 추구하는 강한 열망을 과소평가했다. 뉴욕 대학교와 LSE에서 우리가 시행한 연구에 따르면 특히 자원이 제약된 상황에서는 자기 운명의 주체가 되고 관련된 문제를 스스로 풀 능력이 무엇보다 중요하다. 이를 통해 더 품위 있는 즐거운 삶을 살고 정신건강 문제를 완화할 수 있다. 제3장에서 소개한 알랩스의 이야기를 기억하는가? 환경의 수동적인 피해자이자 도움의 수혜자라는 생각에서 자기 삶을 능동적으로 만드는 주체로 지역 주민의 사고를 전환하자 삶에 큰 변화가 일어났고 세렌디피티가 봇물 터지듯 쏟아졌다. 지원금을 받느냐 못 받느냐의 문제가 아닌 희망과 가시적인 '의미 만들기'를 하는 과정이었다.[15] (연구에 따르면 자금이나 기타 자원의 부족으로 다른 요인이 우선순위에서 밀려나기도 한다. 이러한 압박감으로 집중력이 흐트러져 나쁜 결정을 내릴 수 있다고 연구는 밝혔다[16])

이는 다양한 상황에서도 마찬가지다. 마스터카드MasterCard의 CEO인 아제이 방가Ajay Banga는 리더스온퍼포스 연구 팀에게 회사에 의미 있는 목적을 부여하여 큰 변화를 일으키게 된 과정을 설명했다. 그는 개인 사용자 5억 명과 중소기업 4,000만 곳에 마스터카드를 쓰게 할 것이라는 목표를 세웠다. "고객 5억 명을 유치할 확실한 계획은 없었어요. 다들 말도 안 되는 일이라고 했죠. 저도 그랬고요." 그가 솔직히 말했다. 하지만 목표를 세우고 창의적인 사람들이 그 일을 하도록 했더니 어떤 일이 가능한지 목격할 수 있었다. 마스터카드는 현재까지 사용자 3억 명 이상을 달성했다. "우리는 더 많은 카드를 시장에 내놓자는 게 목적이 아니었습니다. 현금이 없는 세상을 꿈꿨죠. 이제는 회사의 모든 말과 행동에 그 비전이 고스란히 담겨 있고요." 본질은 오늘날의 리더가 끊임없이 변하는 환경에서 길을 잃지 않고 팀원들이 온 정성을 다해 책임 있게 행동하도록 격려해야 한다는 것이다. 아제이 방가는 그의 팀에게 동기를 부여하고 그들은 함께 같은 북극성을 바라보며 현재 세렌디피티를 키워내고 있다.

이는 좀 더 광범위하게 적용된다. 동료들과 함께 세계 최고의 CEO 31인(《하버드 비즈니스 리뷰》 선정 '2019 올해의 CEO' 기준)을 연구한 결과 최고의 성과를 내는 개인과 회사는 대개 이중적인 목적으로 운영되고, 이러한 태도가 세렌디피티로 이어졌다.[17] 그들의 삶에는 북극성이 의미가 부여된 일상과 함께했고 퇴근 후에는 그 에너지를 자신의 일상으로 옮겨갔다.

방향을 설정하고 실행하는 일은 중요하다. 하지만 어쩔 때는 목적의 개념이 흔들릴 수 있다. 앞서 만난 라일라 야자니를 떠올려보자. 그녀는 아동 학습 및 미디어 회사 리틀브리지의 설립자로, 열정을 끌어내는 왕성한 호기심과 사명감에 따라 일을 한다. 그녀는 삶의 목적을 구체적으로 정하는 일을 시간 낭비라고 여기는 사람이다. 대신 그녀는 자신이 어디쯤 있고 어디로 향하고자 하는지에 대해 끊임없이 질문을 던졌고 잠재적인 점들을 잇는 자신만의 감각을 기르게 됐다. 라일라 야자니 같은 감각을 기르기 위해서는 합리적인 낙관주의가 필요하다. 빅터 프랭클의 책에서 본 비행 수업에 대한 이야기가 내게 큰 울림을 주었다. 그는 바람이 몸을 아래로 잡아당기니 원하는 비행고도보다 늘 약간 목표를 높게 잡으라는 말을 교관에게 들었다고 한다. 그리고 이렇게 이해했다. '현실주의자로 일을 시작하면 결국 실망하게 되지만, 낙관주의자로 시작하면 진정한 현실주의자가 될 것이다.' 앞서 제2장에서 낙관적인 사람이 행운을 더 가진다는 연구 결과를 떠올려보라. 자기 확언이 그대로 일어나는 것이다.[18]

자신의 원칙을 지킬 때 더 잘 보이는 것들

2017년, 허리케인 '마리아'가 푸에르토리코를 강타했을 때였다. 푸에르토리코에 지점 세 곳을 운영 중이었던 전자제품 전문 소매업체 베스트바이Best Buy 운영진은 빠른 결정을 내려야 했다. 그들은 전용기를 마련해 음식과 물을 보급했고 그곳을 탈출하려는 직원과 가족을 도왔다. 영업이 중지됐지만 직원들의 임금은 계속 지급했다. 운영진이 직원들에게 전한 유일한 지시 사항은 허리케인이 물러간 뒤 섬을 복구하는 일을 도와야 한다는 것이었다.

베스트바이의 전 CEO이자 회장인 허버트 졸리Hubert Joly는 "옳다고 생각한 일을 했습니다."고 말했다. 회사 측에서도 적지 않은 비용 손실이 있었다. 하지만 회사의 입장을 투자자들과 나누며 '예기치 못한 일을 처리하는 방식이 회사의 가치와 문화를 드러낸다'는 소신 있는 모습을 보였다. 직원을 대하는 회사의 태도는 투자자들에게 큰 울림을 주었고 "걱정하지 마십시오. 우리가 책임지고 함께하겠습니다."라는 말로 돌아왔다.

현재 베스트바이는 매출이 약 20퍼센트 증가했고, 직원들의 사기는 하늘을 찌른다. 고객들은 지금도 회사의 인간적인 면모를 높이 산다. 베스트바이는 수익을 높이려는 목적으로 직원들을 관리하지 않았다. 그리고 어떤 일이 일어났는지 보라. 베스트바이는 '옳은 일'을 '제대로 한' 좋은 사례다.

터키의 통신 회사 터크셀Turkcell에서 2015년부터 2019년까지 CEO를 역임한 칸 테르지올루Kaan Terzioğlu의 사례도 비슷하다. 그는 회사 경영진이 회사의 역량과 사회 역할에 대한 명확한 이해를 바탕으로 예기치 못한 일에 어떻게 대응해야 하는지 이야기했다. 신흥 시장에서는 시시각각 생각지도 못한 일이 발생한다. 테르지올루는 자신의 신념을 바탕으로 흩어진 점을 바로 이었다. 2016년, 터키 쿠데타 미수 사건 이후 심각한 폭력 사건이 이어질 무렵 테르지올루와 그의 팀은 한 달 동안 무료 인터넷을 배포해 사람들이 걱정 없이 사랑하는 이들과 연락하도록 했다. 또 다른 예상 밖의 상황에서도 비슷하게 대처했는데 지진이 발생했을 때 드론을 띄워 휴대전화가 제대로 작동하도록 했다. 테르지올루는 이렇게 말했다. "회사의 가치에 근거해 옳은 일을 했습니다. 직원들이 회사에 애사심을 가지게 되는 긍정적인 결과도 얻게 됐죠. 고객들은 회사에 고마워하고요."

이 같이 조직과 개인이 예상치 못한 일을 처리하는 방식, 위기의 순간을 헤쳐 나가는 방식은 강력한 진실을 보여주기도 한다. 즉흥적으로 느껴지는 이러한 행동들은 대개 자신이 누구인지, 어떤 사람으로 보이길 원하는지에 대한 생각에서 시작되고, 동시에 이러한 생각은 다시 행동을 형성한다. 예기치 못한 순간에는 깊이 생각할 시간이 충분치 않다. 따라서 자신이 옳다고 느끼는 생각을 토대로 결정해야 한다(결정을 내린 뒤 사후합리화를 통해 스스로 설득을 하기도 한다. 나는 회사 임원들이나 정치인들이 직감으로 결정을 내리고 비서들에게 정당한 이유를 찾게 하는 모습을 수도 없이 봤다). 진정한 가치나 신념, 직관적인 행동은 이때 빛을 발한다. 자신을 잘 알고 자신만의 원칙을 이해해야 비로소 세렌디피티의 길이 열린다. 예기치 못한 일을 위협이 아닌 기회로 여기고 제대로 대처할 큰 틀을 제공하기 때문이다(그렇다고 내가 의사결정을 돕는 기존의 규칙이나 분석법의 가치를 무시한다고 생각하지는 말라. 이건 분석적인 사고와 직감적인 행동 중 뭐가 더 낫다의 문제가 아니기 때문이다. 무엇보다 둘의 상호작용이 중요하다. 더 복잡하고 불안정하고 불확실하며 급변하는 상황에 더 다양한 경험이 더해지면 더 많은 직감이 떠오르는 법이다).[19]

우리 앞에 어떤 인생이 펼쳐질지는 알 수 없다. 만일의 사태를 모두 대비한다는 건 불가능하고, 특히 절충점을 찾아야 하는 상황이라면 더욱 그렇다. 다만 우리가 할 수 있는 일은 가장 소중하다고 여기는 가치와 행동을 세우는 것이다. 나의 경험을 이야기하자면, 공동 설립한 조직 한 군데에서 예기치 못하게 절충점을 찾아야 했던 일이 아직도 선명하다. 그때 나는 서로 다른 미래에 대한 생각과 집단, 위험 요소 사이에서 갈팡질팡하며 가슴이 아닌 머리로 대부분의 사안을 결정해버렸다. 실패에 대한 두려움, 손실에 대한 두려움, 갈등에 대한 두려움, 타당한 이유를 대는 멘토의 조언 등 나중에 돌이켜보니 두려움이 큰 부분을 차지하고 있었다. 하지만 진짜 요인은 따로 있었다. 우리는 팀의 감정 온도를 읽지 않고 어떻게든 갈등을 피하려고만 했던 것이다. 어느 순간부터 아무도 들으려 하지 않는다고 생각했기에 갈등을 완화하려는 시도 대신 악화하는 것을 지켜보기만 했다. 당시 내가 내린 결정 중 썩 내키지 않는 것도 있다. 하지만 나는 그 일로 내게 가치 있는 일이 무엇인지 뚜렷이 알았고 다음에는 다른 결정을 내리겠노라는 결심을 하게 됐다. 요즘은 중요한 결정을 내려야 할 때 두려움을 피하는 대신 직감을 따르고 신념과 비전에 근거한다. '나 스스

로에게 정직하지 못했다'라는 죽기 전 최고의 후회를 하고 싶지 않기 때문이다.[20]

이러한 자기인식은 어린 시절부터 연습할 수 있다. 부모라면 애덤 그랜트가 자녀들에게 사용한 방법이 흥미로울 것 같다. '9시에 잠자기'라는 규칙 대신 그는 "잘 쉬는 건 중요하단다."처럼 9시 취침의 가치를 말해주었다. 그러면 아이들이 규칙을 불합리하다고 생각하지 않는다. 이후 아이들에게 책임감을 부여한다. "아홉 살이면 8시 30분에 불을 꺼야 하는 거야."라고 말하는 대신 직접 하도록 해야 한다. 그리고 두 가지 선택권을 준다. "스스로 해볼래, 아니면 아빠가 시킬까? 하지 않으면 특권을 잃는 거란다."[21]

가치나 원칙을 말로만 하기는 쉽다. 하지만 정말 그렇게 살고 있는가? 우리의 행동은 가치나 원칙에 부합하는가? 갈수록 많은 회사가 이러한 변화를 시도하고 있다. 로레알 L'Oreal의 최고 윤리책임자 Chief Ethics Officer인 에마뉘엘 룰랑 Emmanuel Lulin은 세계 곳곳을 다니며 진정성과 투명성, 존중, 용기 등의 가치를 전한다. 이러한 가치와 윤리 강령을 교육받은 직원들은 대면이나 온라인 대화를 통해 조직 전체에 점진적인 변화를 주도하고 있다.

옴니콤 Omnicom 그룹의 계열사인 케첨 Ketchum의 CEO인 배리 래퍼티 Barri Rafferty는 가치를 행동으로 옮긴 본보기가 된 사람이다. 그녀의 핵심 원칙은 일과 삶의 통합이다. 하지만 육아휴직 정책만으로는 직원들의 지지를 얻기 어렵다는 걸 깨달은 그녀는 '가족 유대 정책'이라는 말을 썼다. 그리고 사생활을 중시해도 좋다는 메시지를 전하고자 소위 퇴근 알리기 leaving loudly를 시작했다. 딸의 배구 시합이 있던 날, 그녀는 직원들에게 딸을 보러 갈 거라고 이야기했다. CEO 자리에 오른 뒤에는 환영 이메일에서 자신의 중요한 원칙을 공식적으로 밝혔다. "가족을 저버리지 않는 것이 가장 중요합니다. 저는 다가올 휴가를 위해 이미 여행 계획을 짰습니다." 덕분에 다른 직원들도 가족과 함께 있어야 할 때 당당히 말할 명분이 생겼고 직장에서는 일에 더 몰두하게 됐다.[22]

어려운 결정을 내릴 때 '노'라고 말할 때를 알면 좋다. 세렌디피티 순간에는 더욱 그렇다. 예기치 못한 기회로 길을 잘못 들어설 수 있기 때문이다. 우연히 얻은 금융정보로 부당 거래에 휘말리지 말라는 법도 없다 ('20년이 걸려 쌓은 명성은 단 2초 만에 무너질 수 있다'는 워런 버핏의 말을 명심하라). 이때 나의 직감을 믿을 줄 알면 어려운 결정을 내리는 데 도움이 된다. 물론 충분한 정보가 뒷받침된 '똑똑한 직감'을 가졌을 때 이야기다 (내 경험상 잠재의식이 의식보다 더 많은 정보를 가질 때가 많다. 따라서 직감과 정보가 합쳐진다면 직감을 따르는 것이 더 합리적이다).

이러한 자기 성찰적인 접근법은 회사에서도 효과가 있다. 독일에서 많은 정신 병원을 운영 중인 하일리겐펠트Heiligenfeld에서는 대규모 '그룹 성찰'을 진행한다. 300여 명이 일주일에 한 번 모여 주제나 가치에 대해 깊은 이야기를 나눈다. 소그룹으로 나뉘어 토론한 뒤 다시 큰 그룹에 의견을 전달한다. 이러한 방식은 조직 내 가치를 견고히 하고, 현재 하는 일이 왜 중요하고 필요한지를 직원들에게 상기시킨다. 우리가 일하는 곳에서도 이런 일이 일어날 수 있다. 미시건에 위치한 캐스케이드 엔지니어링Cascade Engineering은 '문제를 만들지 않고 해결하는 기업'으로 스스로 정의 내리고, LEED(미국의 친환경 건축물 인증제도—옮긴이)에 부합하는 건물에 사무실을 마련하여 직원과 환경을 모두 배려하는 모습을 보여준다.[23]

열린 마음을 가질 때 세렌디피티가 일어난다는 점을 고려하면 진정한 자아와 이상적인 자아, 관심 분야가 자신의 행동에 고스란히 담길 때 뜻밖의 우연이 더 많이 일어날 것이다.

그런데 의아한 점이 있다. 관심이 굉장한 동기를 부여하지만 세렌디피티는 관련된 분야에 관한 관심 없이도, 심지어 아무런 의미나 목적 없이 일어나기도 한다. 바로 친절과 베풂, 타인과 나를 동시에 위하는 '현명한 이기심'이 힘을 발휘할 때다.

성공한 기버가 되라

흩어진 점을 찾아내 이어야 세렌디피티를 잡을 수 있다. 직감적으로 이를 해내는 사람들이 있다. 샌드박스의 공동 설립자이자 투게더 인스티튜트Together Institute의 설립자인 파비안 포르트뮐러Fabian Pfortmüller와 창작자를 잠재적인 투자자와 연결하는 플랫폼인 To.org를 구축한 낙손 밈란Nachson Mimran이 그 예다. 누군가에게 문제나 어려움에 관한 이야기를 들으면 그들은 기꺼이 어떻게 도울지를 고민한다. 하지만 대가를 바라지 않는다. 빅터 프랭클과 마찬가지로 그것이 오랫동안 행복감을 느끼는 일이자 언젠가 보상을 받게 되리란 사실을 알기 때문이다. 게다가 누군가를 도울수록 내가 도움을 기대하지 않아도 나를 도와주려는 이들이 많아진다.[24]

애덤 그랜트는 타인을 위해 무엇을 할 수 있을까를 고민하고 가치를 심어줄 때 진정으로 동기부여를 받는 '기버'giver들이 '테이커'taker보다 더 성공한다고 말한다. 특히 서비스가 최종재인 분야에서 특히 그렇다.[25] 하지만 '성공한 기버'가 되려면 시간 관리는 물론이고 베풂의 적정선을 그어야 하며 베푸는 일을 통해 자신과 타인에게 어떤 최고의 가치를 더할지 주도적으로 생각해야 한다. 그렇지 않으면 기버는 수동적인 피해자로 전락하고 끊임없는 요구에 시달리다가 결국 지쳐버린다. 직관적인 기버인 나는 경험을 통해 번아웃을 피하려면 한계선을 그어야 한다는 것을 배웠다.

협상에서도 마찬가지다. 몇 년 전 회사의 지분 협상을 진행할 때였다. 나는 내 몫을 더 많이 챙기기보다 모두가 행복할 일에 관심을 기울이다 보니 제대로 협상이 진행되지 않았다. 결국 이런 태도는 누구도(특히 나 자신) 행복하게 하지 못한다는 것을 어렵게 배웠다. 억울하고 분한 감정이 슬금슬금 올라오기 마련이니까. 일찌감치 일을 처리했더라면 적어도 이런 일은 피할 수 있었을 것이다.

자신을 돌보고 자신의 행복을 위하는 일은 건강한 정신에 이르는 전제조건이다. 자기가 먼저 건강해야 타인을 도울 수 있다. 이런 점에서 애덤 그랜트와 다른 이들의 이야기가 깊이 와닿는다. 끊임없이 모두를 행복하게 해야 한다는 고민을 멈추고, 지금 당장 한 사람의 행복을 위해 내가 할 수 있는 일을 생각하는 편이 좋다. 스트레스가 확 줄지 않는가!

'테이커'는 종종 일을 맡아 실제보다 더 많이 베푸는 척을 한다. 별로 힘들이지 않고도 너그러운 사람처럼 보이는 눈에 띄는 일을 맡아 '야비한 신호'를 보낸다. 하지만 "그들은 인생의 패배자."라고 애덤 그랜트는 말한다.

다음은 '매처'matcher다. 어떤 관계에서든 동등한 대우를 원하며 계산적인 인간관계를 맺는 이들이다. 게임이론Game Theory과 비슷한 논리다. 테이커가 많은 상황에서 기버가 되면 손해를 보는 것처럼 말이다. 너무 이기적이지도, 그렇다고 베풀지도 않으며 받는 만큼 주고, 주는 만큼 받고자 한다. 잠깐은 효과적일지 몰라도 다들 속내를 알아본다.

'행복에 집중하라'는 말을 들으면 실제로 행복감을 더 느끼는 나라가 있다는 흥미로운 연구 결과가 있다. 반대로 미국과 같은 나라에서는 반대 현상이 일어난다. 왜일까? 많은 사회에서 행복은 타인을 위하는 일과 관련되고 실제로도 우리를 더 행복하게 한다. 반면 행복을 '자신에게 더 많은 돈을 쓰는 것'과 연관 짓는 나라도 있다. 단기적인 만족감과 안정감을 느낄 수는 있지만 실제로 행복을 느낄 수 없는 일이다. 자신보다 타인을 위할 때 우리는 더 행복감을 느낄 수 있다(하지만 무엇보다 자신을 먼저 위하는, 즉 스스로를 돌보는 태도가 중요하다는 점에는 변함없다. 타인을 도우려면 우선 내가 건강한 감정을 가져야 한다).[26] 이는 세렌디피티를 기르는 데도 매우 필요한 요소다. 선한 의도가 있다면 흩어진 점을 잇는 데 사람만큼 좋은 도움도 없기 때문이다.

그렇다면 자신과 타인을 위한 친절한 마음을 어떻게 '기를' 수 있을까? 한 가지 방법은 어려운 상황일수록 감사함에 집중하는 것이다. 세렌플리피티의 카라 토마스는 새해 전날 비행기가 연착되어 짜증이 났다. 그녀는 화를 가라앉히기 위해 '감사한 일'을 찾기 시작했다. 우버 택시 기사와 나눈 흥미로운 대화와 저녁 시간에 딱 맞춰 약속 장소에 도착한 일이 떠올랐다. 그러자 부정적인 생각이 조금씩 걷히더니 큰 그림이 보였다. 감사의 순간으로 세렌디피티가 일어날 수 있는 상태가 됐고, 그 덕분에 찾고 있던 촬영 기사를 택시 기사에게 소개받게 됐다.

조직에서 이는 어떻게 적용될 수 있을까? 프랑스 엔지니어링 그룹 파비FAVI에서는 감사하거나 축하하고 싶은 이들의 이야기로 회의를 시작한다. 감사하는 마음을 심고 협력하고자 하는 의지를 다지는 것이다(제8장에서 경쟁이 심한 조직에서 이를 실행할 방법을 다룰 것이다).[27] 하지만 가면을 쓴 사람을 조심할 필요는 있다. 이타적인 척하는 이기적인 사람, 숨은 의도를 감춘 박애주의자들 말이다. 호주를 빠져나와 인도에서 새 삶을 꾸린 수배 중인 한 남자가 있었다. 그는 마피아의 주머니에서 나온 돈으로 인도에서 학교 짓는 일을 도왔다고 한다. 이 모든 일은 자신이 사랑하는 여자의 마음을 사려고 벌인 일이었다. 과연 좋은 결과가 수단과 의도를 정당화할 수 있을까?

또 자신을 희생하고 세상을 더 좋은 곳으로 만들고 싶다고 말하는 편이 그럴 듯하고 더 좋은 이야깃거리가 되기 때문에 그렇게 하는 사람들도 있다. 사회에서 흔히 벌어지는 일이다. '100만 명을 돕고 싶어요'라고 말하는 사람도 사실 '100만 명을 도운 사람처럼 보이길' 원한다. 이것은 이타심이 아니라 이기심이다. 자신의 의도에 솔직해지는 것, 그리고 현명한 이기심을 인식하는 일이야말로 진정한 신뢰를 쌓는 데 도움이 된다.

지나친 이기심에서 벗어나는 방법은 현명한 이기심을 가지는 데서 비롯된다. 자신에게 좋은 감정을 느끼고 흩어진 점을 이어 세렌디피티를 찾도록 나아가 다른 사람이 나를 돕도록 해야 한다. 하지만 무엇보다 세렌디피티에 열린 마음 없이는 어떤 것도 소용이 없다.

유독 운과 기회가 따르는 사람들의 비밀

세렌디피티를 기르기 위한 활동을 하려는 의지나 동기는 주도성이나 유머 감각, 검증되지 않은 아이디어를 시도해보려는 모험 정신, 열린 마음 등 '적응력'에서 비롯한다는 흥미로운 연구 결과가 있다.[28] 주도권을 쥐고 생각을 실행에 옮기는 것과 같은 적극적인 행동은 세렌디피티가 일어날 확률을 높이고 어려움을 극복하도록 한다. 좋은 직장과 높은 수입, 사업가의 성장과 성공과도 연결되고 빈곤 탈출에도 영향을 끼친다.[29]

이런 점에서 창의력이 굉장히 중요하다. 창의력은 예기치 못한 일에 관심을 두고 여러 아이디어를 독특하게 연결하는 능력에서 비롯되는데 이는 세렌디피티를 일으키는 다양한 요인과 많이 닮았다. 창의적이고 독창적인 사람들도 위험을 피하고자 한다. 그들 역시 실패가 두렵기 때문이다. 하지만 그들은 더 큰 두려움으로 실패의 두려움을 극복해나간다. 바로 '도전하지 않은 두려움'이다.[30] 작가나 작곡가를 떠올려보라. 그들은 새로운 작품을 창조하기 위해 고뇌에 빠지고 때론 뼈를 깎는 고통을 느끼지만 더 나은 작품을 만들어내려는 노력을 멈추지 않는다.

사람의 성격 특성에도 비슷한 이중성이 존재한다. 뇌 과학과 진화 연구에서 인간 성향의 이러한 특성을 찾아볼 수 있는데, 연구에 따르면 포유류의 출현으로 뇌의 신피질 부위가 발달하게 됐다고 한다. 우리가 행동하기 전에 생각하고 행동을 예측할 수 있는 이유가 이 신피질 덕분이다. 하지만 신피질이 제대로 작동하려면 최적의 '각성 수준'이 필요하다.[31] 이때 외향적인 사람은 다른 사람과의 상호작용을 통해 최적의 각성 수준에 이르고[32] 내향적인 사람은 대개 최저 각성 수준에 이른다. 내향적인 사람에게 사회 활동이란 에너지를 소진하는 일이며 회복하려면 조용히 혼자만의 시간이 필요하다. 수전 케인Susan Cain은 자신의 책《콰이어트》에서 하버드 대학교의 교수 이야기를 들려준다. 모두가 외향적이라고 믿었던 교수는 사실 수업이 끝나면 학생들을 피하려고 화장실에 숨었다.[33] 나는 어떤 행사에서 이 교수를 만났는데(책에 나온 사람이 자신이라고 우연히 밝혔다!) '열정을 품은 내향적인 사람'의 특성이 내게도 있음을 깨닫게 됐다.

다양한 공동체를 꾸리는 데 평생을 바쳤으니 모두들 나를 굉장히 외향적인 사람이라고 생각한다. 하지만 나를 비롯해 공동체 리더 다수는 '숨은 내향인'이다. 우리 같은 사람은 모임을 주최하는 상황 등에서 외향성을 최대한 발휘해 참석한 사람을 소개하고 이어준다. 그사이 많은 세렌디피티가 일어나고 다른 사람을 위해 이를 잘 다져놓는다. 하지만 일이 끝나면 최대한 빨리 그 자리를 피한다. 내향인을 이해하는 정도에 달렸지만, 우리는 새로운 아이디어를 받아들이는 방식이 굉장히 다르기 때문이다.

내향인들이 에너지를 회복하는 일요일에 나를 만나기란 쉽지 않다. 일요일의 나는 감정적으로 완전히 닫힌 상태이다. 연결 고리를 찾으려는 어떤 동기도 없다. 흩어진 점을 잇는 일은 굉장히 재미있지만 동시에 많은 에너지를 소모하는 일이다. 따라서 회복하려면 혼자만의 시간이 필요하다. 외향적인 상태일 때도 가끔 이런 순간이 필요하다. 그럴 때마다 혼자 있어도 되는 공간으로 숨는다. 화장실이든 베란다든 조용하고 텅 빈 곳으로 가서 에너지를 충전한 뒤 원래 있던 곳으로 돌아가 좀 더 머문다. 브라이언 리틀Brian Little은 재충전할 수 있는 이러한 공간을 '회복 환경'이라고 부른다. 대부분의 사람들이 충분히 회복하여 아이디어를 처리하고 제대로 소통하며 뇌를 최적의 각성 수준으로 다시 끌어올릴 장소를 마련하지 못한다. 하지만 이러한 공간 없이는 진이 빠지고 세렌디피티에 제약이 생긴다.

물론 특정한 외향적 특성이 세렌디피티에 매우 유리한 것은 사실이다.

하지만 내향인과 외향인 모두 이 분야를 훈련할 수 있다. 내 주변의 많은 공동체 설립자들 역시 열정적인 내향인이지만 외향인이 가득한 이 세상에서 살아남는 방법을 터득했다.

외향성으로 행운의 확률을 높이는 방법을 조사한 연구에서는 다음과 같이 조언한다. 첫째, 많은 사람을 만나라. 둘째, 사람을 매혹시켜라. 셋째, 사람들과 연락하라.[34] 슈퍼마켓이나 카페에서 커피를 기다리며 누군가와 이야기를 하는 등 간단한 일부터 시작할 수 있다. '아, 그 사람과 이야기해 볼걸…' 같은 후회를 남기지 말자. 굉장히 흥미로운 대화가 이어질 수 있으니 말이다. 이러한 행동을 통해 긍정적인 결과로 이어질 사람이나 일을 접할 가능성이 커진다.

내가 직접 겪은 크리스타 교리Christa Gyori와의 인연을 소개해보겠다. 몇 년 전 영국 에든버러의 테드 글로벌에서 커피를 마시려고 기다리는데 유니레버의 간부인 크리스타 교리가 내게 말을 걸었다. 그날의 기억이 아직도 생생하다. 우리는 말이 잘 통했다. 2년 뒤 그녀에게 이메일을 받았다. 런던으로 이사할 계획이니 커피나 한잔하며 런던에서의 사업 이야기를 나눠보자고 했다. 모든 것이 자연스럽게 흘러갔다. 나는 런던 홀본 카페에서 이야기를 나누며 이제는 글로벌 조직이 된 리더스온퍼포스를 세우려는 그녀의 계획에 동참하게 됐다. 교리는 어디를 가든 세렌디피티의 씨앗을 심고 사람들을 자신의 여정에 합류시킨다.

5월의 바쁜 월요일, 타티아나 카사코바Tatjana Kazakova는 모르는 번호로 온 전화를 받았다. 업무가 바쁘고 늘 시간에 쫓기는 전략 컨설턴트로 일하는 그녀는 고객이나 가족의 전화 이외에는 낮에 전화를 잘 받지 않는다. 하지만 그날은 왠지 전화를 받아야 할 것 같았다. "지인에게 번호를 받았어요. 현재 팀을 꾸려서 기가 막힌 프로젝트를 준비 중인데, 같이 해 보실래요?" 그녀는 이야기를 듣는 순간, 직감과 관심사를 따라 여태 해왔던 모든 일이 비로소 연결되는 것을 느꼈다. 기회를 놓치고 싶지 않았다. 그리고 한 치의 망설임도 없이 대답했다. "네!"

전화를 건 사람은 바로 나였다. 그리고 지인이라는 사람은 바로 크리스타 교리였다. 나는 전화를 끊고 정말 신이 났다. 교리의 직감이 들어맞았다. 카사코바는 팀에 합류해 목표 지향적인 리더십과 관련된 행사를 열고 보고서를 작성하는 일을 시작했다. 하지만 자석 같은 크리스타 교리의 매력과 근면함, 그리고 헌신적인 모습에 이끌려 몇 달 뒤 풀타임으로 일하게 됐다. 직장을 그만두고 차까지 팔며 모든 것을 걸었고, 그녀는 마침내 리더스온퍼포스의 공동 설립자이자 전략 의장이 됐다.

카사코바는 그날을 떠올리며 이렇게 말했다. "그날의 통화와 제 대답으로는 앞으로 어떤 일이 벌어지게 될지 전혀 알 수 없었죠." 하지만 카사코바와 교리는 설익은 프로젝트를 완벽한 조직으로 탈바꿈시켰다. 카사코바의 전 직장인 호르바스 앤 파트너스Horvath&Partners는 현재 리더스온퍼포스의 최대 파트너가 됐다.

크리스타 교리와 같이 '운이 좋은' 외향인이 사람이나 아이디어를 끌어들이는 요인은 여러 가지가 있지만 주로 기본적인 성격적 특성에서 비롯된다고 리처드 와이즈먼이 최근 연구에서 밝혔다. 상대의 눈을 맞추고 잘 웃으며 호의적인 몸짓을 보이는 것이다.[35] 운이 좋은 사람은 그렇지 않은 이들에 비해 두 배 정도 미소를 더 짓고 상대에게 집중하며 열린 몸짓을 통해 신뢰감과 매력을 쌓는다(이러한 특성은 기억력에도 적용된다. 심리학자 제임스 더글러스 레어드James Douglas Laird 팀은 학생 60명을 대상으로 조작된 표현 방식에 대한 감정 반응을 조사했다. 학생들에게 재미있는 글과 화가 나는 글을 각각 읽도록 했다. 한 그룹은 입술 사이에 펜을 물게 해 웃는 얼굴로 글을 읽게 하고, 다른 그룹은 찡그린 채 글을 읽게 했다. 웃으며 글을 읽은 그룹은 재미있는 글을, 찡그린 그룹은 슬픈 글의 내용을 더 잘 기억해냈다).

무엇보다 외향적인 사람들은 많은 사람을 알고 그들과 연락을 이어간다. 여기서 염두에 두어야 할 점은 우리가 연락하는 상대방 역시 다른 사람들과 연결되어 있다는 것이다. 즉 당신이 100명과 연락한다면 그들은 또 다른 100명과 연락을 하는 사람일 테니, 결국 당신은 간접적으로 1만 명의 사람과 연락을 하는 셈이다(이는 100명의 사람이 서로 모른다는 가정하에 나온 결론이다. 서로 아는 사람이 있다면 수치는 이보다 적어지겠지만 여기서 말하고자 하는 바를 이해하리라 믿는다). 최대 1만 번의 우연한 만남이 아닌 한 명의 소개나 한 번의 디너파티로 말이다. 그리고 단 한 번의 우연한 기회로도 인생을 바꾸기는 충분하다.

하지만 내향적인 행동 역시 여전히 세렌디피티에 중요한 역할을 한다. 개인이나 조직 안에서 외향성과 내향성의 조합으로 세렌디피티가 활성화되는 데는 여러 이유가 있다. 외향적인 행동으로 예기치 못한 일이 촉발되지만 세렌디피티는 대개 내면의 집중과 자기인식, 오랜 시간을 필요로 한다. 새로운 생각이 늘 불쑥 튀어나오는 건 아니다. 게다가 가치 있는 뜻밖의 이연 연상은 불확실한 영역에서 시작된다. 아이디어는 사람의 마음에 스며들어 잠재력을 드러내는 데 시간이 걸린다. 혹은 책이나 영화처럼 고요한 공간에 숨어 있기도 하다. 그래서 외향적인 사람은 경험과 생각을 잇도록 도와주는 내향적인 사람들의 도움을 많이 받는다. 외향적인 낙손 밈란의 경우, 생각이 깊은 동생 아리에 밈란Arieh Mimran 덕분에 잠재적인 기회를 찬찬히 들여다보게 됐다.

성향이란 가변적이다. 그러므로 당신에게 외향성이 없다고 걱정하지 마라. 자신의 성향과 가장 잘 어울리는 특성을 골라도 좋다. 여기서 눈여겨볼 점은 세렌디피티를 일으키는 성향이 '현재의 감정'과 밀접하게 연결된다는 것이다. 긍정적인 감정이 생기면 외부 자극에 예민하게 반응하고 자극을 자세히 살펴볼 에너지가 생겨 기회를 쉽게 포착한다. 또한 관심 범위와 행동반경을 넓혀 반응성을 높인다.[36] 우연에 어떤 행동을 취하느냐와 같은 결정이 자신과 타인의 직감으로 내려진다는 사실을 고려할 때 감정은 굉장히 중요한 요소다. 문제를 해결해야 하거나 영감이 필요할 때 좋은 에너지를 내는 사람 곁에 있으면서 긍정적인 변화를 경험한 적 없는가? 혹은 계속 하품만 하는 사람 옆에 있으면서 더 힘들어진 적은 없는가? 에너지는 멈춰 있지 않고 늘 흐른다는 점을 기억하라.

좋은 에너지를 유지하면 일어나는 일들

크리스타 교리와 같은 사람은 '세렌디피티 연금술사'다. 그들은 어디에서든 좋은 에너지를 만들어내고 자신과 타인이 긍정적인 에너지와 아이디어를 주고받게 하는 에너지의 장을 형성한다. 바로 물리학과 영성이 만나는 지점이다.

우리는 양자 물리학을 통해 에너지는 파동으로 전달된다는 사실을 익히 알고 있다.[37] 전자를 특정한 곳에 머무는 입자가 아닌 파동으로 보면 전자는 훨씬 넓은 영역까지 영향을 미친다. 이 개념은 우리의 세계관에도 적용할 수 있다. 자신을 입자로 생각한다면 삶의 경험이나 기억, 신체와 같은 특정한 요소에만 집중하게 된다. 하지만 우리는 입자가 아닌 파동이 될 수 있다.[38] 그러면 좋은 에너지를 발산하는 일은 단순히 기분이 좋아지는 일에 그치지 않고 우리와 타인을 위한 세렌디피티 영역을 확장시키는 일이 될 수 있는 것이다.

한마디로 에너지는 우리 존재의 핵심이다. 열역학 제2법칙을 생각해보자. 시간이 지나면 유효한 에너지가 줄어들고 결국 사라지게 된다는 법칙 말이다. 지속적인 발전 없이는 개인이나 조직, 심지어 모든 시스템이 쇠퇴의 길을 걷게 될 것이다.[39] 잘나가던 기업이 창의성을 뭉개는 일상에 갇혀 결국 파산하게 된 사례가 얼마나 많던가.

과학과 형이상학이 만나면 더 흥미로운 일이 벌어진다. 특정한 결과에 에너지를 집중하는 일이 세렌디피티의 가속에 어떤 영향을 미치는 걸까? 어느 정도 감안하고 받아들여야겠지만, 양자 물리학에서 적용 가능한 설명을 찾을 수 있다. 개인과 시스템이 상호작용하면 전자의 행동에 변화가 일어난다. 실험에 따르면 입자는 관찰자가 집중하는 특정 경로에 따라 다르게 반응한다. 유효한 에너지는 극소량이고, 에너지는 대개 무질서한 상태로 자유롭게 흐른다. 따라서 방향감을 가지면 잠재적인 이상적인 목적지에 다다를 수 있다.[40]

허무맹랑한 이야기 같은가? 하지만 곰곰이 생각해보라. 원하던 일에 집중하다 보니 실제로 그 일이 일어나거나 뜻대로 일이 진행된 적 있지 않은가? 자기강화 에너지에서 비롯된 경우다. 이처럼 사람은 긍정적인 에너지에 반응한다. 물리학에서 반응을 일으키는 데 필요한 활성화 에너지처럼 사람에게도 일종의 점화 장치가 필요하다. 크리스타 교리나 낙손 밈란과 같이 점화 역할을 하는 사람이나 에너지의 도움이 있어야 변화를 일으킬 수 있다. 이는 논쟁적인 주제이면서도 좀 더 추상적인 개념인 '끌어당김의 법칙'과도 관련이 깊다. 우리는 에너지로 이루어져 있기에 긍정 에너지를 끌어당기면 부와 건강과 기쁨을 누리게 된다.[41]

의미 있는 우연한 일이 한 번에 일어나는 동시 발생은 우주에 에너지를 쏟을 때 일어난다(적극적인 과정을 주안점으로 삼는 세렌디피티는 하나의 의미 있는 만남이라는 점에서 동시 발생과는 차이가 있다). 사람은 곁에 있는 이들과 비슷한 감정적인 경험을 한다는 흥미로운 연구가 있다. 룸메이트와 생리 날짜가 겹치는 일만 말하는 게 아니다. 쌍둥이는 말하지 않아도 감정으로 소통할 수 있다. 그렇다면 정말 아끼는 이들의 의식을 공유하는 일이 가능할지도 모른다. 진정한 '양자얽힘'이 일어나는 것이다.[42]

프랑스의 생명과학 컨설턴트이자 예술가인 소피 펠트르Sophie Peltre는 동생에게 깊은 교감을 느낀다. 그녀는 알 수 없는 이유로 슬퍼지면 동생에게 무슨 일이 있음을 직감적으로 느끼고 전화를 걸어 확인해본다. 그럴 때면 늘 동생이 안 좋은 일을 겪고 있었다. 물론 믿기 힘든 일을 양자 신비주의를 이용해 합리화하는 데는 주의가 필요하다. 하지만 세계 주요 종교를 비롯해 세계적인 영적 접근법은 '모든 것이 서로 연결되어 있으며 좋은 일이 또 다른 좋은 일로 이어진다'는 믿음에 근거한다. 과학과 영성이 갈수록 같은 이야기를 하고 있다는 점이 무척 흥미롭다.

크리슈나지와 프리타 크리쉬나는 인도에 오앤오 아카데미O&O Academy를 설립하여 수백만 명에게 영감을 불어넣었다. 의식의 힘이 곧 성공의 핵심이라고 믿는 그들은 삶에 행하는 것(성공을 거머쥐고 중요한 교제를 하는 것 등)과 존재하는 것(삶을 살아내는 방식)이 있다고 말한다.[43] 의미 있는 우연은 우리가 '아름다운 상태'에 존재하며 우주가 우리의 의도를 실현하도록 정렬될 때 뜻하지 않은 곳에서 불쑥 튀어나온다.

연구에 따르면 인간은 매일 1만 2,000개에서 6만 개의 생각을 한다고 한다. 대부분의 생각이 반복적으로 일어나고 그중 80퍼센트가 부정적인 생각이다.[44] 그래서 크리슈나지와 프리타는 몇 가지 실험을 통해 고통받는 상태에서 아름다운 상태로 전환하는 방법을 고안했다. 핵심은 영적인 비전을 지니고 살아가기다. 즉 의도를 명확히 설정해야 한다. 우리 안에서 일어나는 일을 어떤 판단도 내리지 않고 객관적으로 살피며 내면의 진실을 파악하는 데 집중하는 것이다.[45] 풀리지 않는 분노와 불안, 슬픔으로 고통받는 상태일 수도 있고, 기쁨으로 아름다운 상태일 수도 있다. 고통받는 상태는 영구적인 자기 집착에 빠지게 한다.

이처럼 마음의 상태를 정확히 인식하는 행동만으로도 소위 '우주적 지성'에 눈뜨게 된다(이성, 즉 뇌뿐만 아니라 마음과 직감이 우리를 이끄는 모든 행동에 관여한다. 그리고 이 모든 것에는 지성이 담겨 있다). 요가나 명상, 시각화를 통해 의식을 깨우는 법을 배울 수 있다. 그러면 삶의 흐름을 통제하려는 마음에서 벗어나 잠시 멈춰 속도를 늦추고 기분 좋은 상태에서 결정을 내려 문제를 해결하는 것이 가능해진다. 고상한 이상에 집중하는 대신 지금 상황을 객관적으로 바라보는 법을 깨닫는 것이다. 그러면 독선적이거나 오만한 태도를 버리고 오롯이 지금 이 순간에 존재하게 된다.

크리슈나지는 비전을 어떻게 설정하게 됐는지 설명했다. 그는 자신이 경험한 것을 아카데미에 온 사람들도 경험할 수 있도록 변화를 위한 환경을 만들고 싶었다. "제 의도가 명확해지니 한 달도 안 돼 필요한 사람과 자원이 생기기 시작했어요. 마법 같은 우연이 계속 일어났죠."라고 그는 회상했다. 건축 허가가 나지 않는 등 큰 어려움과 장애를 겪었지만 결국 원하던 부지를 찾았고 그의 비전을 이해하는 건축가도 만났다. 모든 일이 척척 진행됐다. 16년이 지난 지금, 하루에도 수천 명이 아카데미를 드나든다.

영적인 비전은 목표에 따라 달라진다. 전략 계획과 같은 목표는 미래 지향적이다. 그러나 영적인 비전은 목적지가 아니라 목표에 도달하는 과정에서 선택한 삶의 상태다. 어떻게 보면 모든 비전의 시작점이다. 영적인 비전에 오롯이 집중하고 이를 매일 드러낸다면 과거와 상처받은 내면을 서서히 떨쳐낼 수 있다.

우리의 내면은 "엄마를 사랑하지만 항상 사랑하지는 않아요. 쿠키를 줄 때만 좋아요."라고 말하는 남자 아이와 같은 상태인지도 모른다. 이런 상태에서는 사회가 믿는 옳고 그름이 중요하지 않다. 사회가 규정한 감정으로 자신을 판단하지 않는다. 우리는 그저 즐거운 존재다.[46] 따라서 감정이란 옳고 그른 게 없다. 감정 자체로 존재할 뿐이다. 훨씬 편안하고 솔직한 상태로 이 감정을 느끼자.

자신을 사이비 과학의 전형이라고 여기는 디팩 초프라Deepak Chopra는 추종자들의 사랑과 많은 과학자의 질타를 동시에 받는다. 그는《성공을 부르는 일곱 가지 영적 법칙》에서 모든 행동은 강력한 에너지를 일으키고 비슷한 형태로 돌아온다는 '카르마'의 중요성을 설명했다.[47] 이러한 개념들은 과학적인 근거가 부족하고 개인적인 일화나 편향적인 자료에 근거한다는 이유로 치열한 논쟁거리 중 하나다.[48] 하지만 에너지 흐름의 긍정적인 역할처럼 다른 영역에서도 관찰되는 유사한 패턴에서 영감을 얻을 수 있는 것만은 사실이다. 무엇보다 중요한 것은 세렌디피티의 여정을 어렵게 하는 구조적 제약을 고려할 필요가 있고 그에 따라 기대하지 않은 결과가 나와도 탓하지 않아야 한다는 점이다. 그만큼 인생은 복잡하고, 인간은 연약한 존재다.

나는 많은 세렌디피티를 만들고 끌어당기면서 갑자기 상황이 안 좋아질 수도 있다는 사실을 잊지 않으려고 한다. 내 동생은 자동차 사고로 목숨을 잃을 뻔했고, 어머니는 후부탈장으로 내가 어릴 때 돌아가실 뻔했다. 구급차를 타고 늦지 않게 병원에 도착한 덕분에 아버지는 심장마비에서 가까스로 살아나셨다. 한 치 앞도 알 수 없는 삶의 순간 덕분에 우리 가족은 이제 함께하는 하루하루에 감사한다. 물론 운이 따라주지 않은 때도 있었다. 수영을 굉장히 잘하는 사촌 동생이 바다에 빠진 일이나 정신질환을 앓던 같은 반 친구가 자살을 한 일도 있었다.

사람은 누구나 슬프거나 절망적인 순간을 겪는다. 하지만 세렌디피티는 절망을 즐겁고 만족스러우며 성공한 삶으로 바꿔준다. 힘든 상황 속에서도 '잔에 물이 반이나 남았네'와 같은 긍정적인 태도는 상황을 더 빨리 나은 방향으로 바꾼다.

완벽을 버릴 때 세렌디피티는 찾아온다

취약함을 포용하고 겸손함을 갖추는 태도가 이 여정의 핵심이다.[49] 세렌디피티를 보려면 상황을 완벽히 통제하고 완벽해지려는 생각을 버려야 한다.

베스트바이의 회장이자 전 CEO인 허버트 졸리는 상황을 완벽히 통제하려고 들면 아무것도 할 수 없는 상황에서 도움을 구할 수 없다고 말한다. 또한 그런 태도를 가지면 누군가 일을 그르쳤을 때 그 사람의 행동이 아닌 '그 사람'이 문제라고 여기게 된다. 비인간적인 방식으로 인생을 살아 가는 것이다. 반대로 불완전함을 인정하고 허점과 실수를 저지르는 이들을 포용한다면 예기치 못한 상황이 벌어져도 괜찮다고 여기게 된다. 불완 전함이 아니라 그저 인간적인 일로 받아들이기 때문이다. 허버트는 이렇게 이야기한다. "그러한 위기의 순간에 큰 변화가 일어난다."

이는 남들에게 완벽을 요구하는 이들에게도 적용되는 말이다. 대니엘 코헨 헨리케즈Danielle Cohen Henriquez의 경우를 보자. 전직 정책 분석가에서 현재 사업가이자 영향력 있는 투자가로 활동하는 그녀는 예전 직장에서 겪은 일을 내게 들려줬다. "전 직장 사장은 둘째가라면 서러울 정도로 정말 불같은 성격을 지닌 사람이었죠. 일이 잘되면 자기 덕분이고 안 되면 직원 탓을 했어요."

헨리케즈가 입사할 당시 이 끔찍한 회사에서 일하던 직원 3분의 1이 이미 퇴사하거나 병가 중이었다. 열정이 넘치던 그녀는 곧 과도한 업무에 시달렸다. 금요일 저녁 7시 30분, 사무실을 막 나서는데 사장이 그날 작성된 회사 내부 보고서에서 오타를 발견했다. "사장 눈이 휘둥그레졌어요. 키보드를 부술 듯이 내려치고 집게를 한 움큼 잡아서 벽으로 던지면서 고 래고래 고함을 쳤어요. '왜 일을 제대로 하는 사람이 아무도 없는 거야?' 라면서 말이죠. 심장이 내려앉았어요. 전 능력을 증명하려고 최선을 다했거든요. 오타가 제 잘못은 아니었지만 사장의 말대로라면 저 역시도 일을 제대로 하지 못하는 것 같았어요." 헨리케즈가 그날의 일을 떠올렸다.

그녀는 사무실을 나와서 곧장 기차역으로 갔지만 20초 차이로 기차를 놓쳤다. "먼지 자욱한 플랫폼 모퉁이에 서 있으니 한없이 초라하고 비참해졌어요.” 그녀는 변화가 필요하다는 생각이 들었다. 하지만 뭘 할 수 있을까? 월요일에 오늘 일에 관해 이야기 나누기? 별로 효과가 있을 것 같지 않았다. 일을 그만두고 실직자 되기? 그럴 수는 없었다. 그때 평소 알고 지내던 지인이 플랫폼으로 들어왔다. 남자는 그녀가 다니는 회사의 경쟁사이자 지역의 영향력 있는 회사에서 일하는 중이었다. “그 회사는 선망의 대상이었죠. 저는 아예 꿈도 꾸지 않는 곳이었고요.” 그녀가 말했다. “안부를 물었는데 회사에서 흥미로운 프로젝트를 맡게 되어 급하게 사람이 필요하다고 했어요. 일할 만한 사람이 있는지 묻더라고요.”

그다음 주 화요일, 헨리케즈는 면접을 봤고 금요일에 입사 제안을 받았다. 게다가 아주 만족스러운 직책까지 맡게 됐다. 새 사장은 비범한 리더였다. 유쾌하고 긍정적이며 아는 것도 많았다. 다양한 분야의 일을 해볼 기회를 마련해주었고, 지금까지 헨리케즈의 멘토가 되어주고 있다.

돌이켜보면 헨리케즈가 가장 밑바닥까지 내려간 그 순간, 세렌디피티가 나타났다. 헨리케즈와 졸리 모두 누군가는 위기라고 부를 그 순간에 불완전함을 포용하고 긍정적인 결과를 기대하면 세렌디피티를 경험하게 된다는 사실을 깨달았다.

운이 좋은 사람은 불안해하지 않는다

인간은 고정된 존재가 아니다. 주변 환경과 상황, 우선순위에 따라 끊임없이 변한다. 모두가 다르다. 때에 따라 수용적일 때도 그렇지 않을 때도 있다.

스트레스도 우리의 상태를 바꾸는 요인 중 하나다. 그리스 시인 아르킬로코스Archilochus의 명언에서 그 진리를 찾아볼 수 있다. "치열한 전투에서 우리는 기대하는 수준까지 오르는 게 아니라 훈련한 수준까지 떨어진다." 인간의 신체는 투쟁-도피 반응에 따라 스트레스를 받으면 정신적인 편견 대부분이 악화한다. 대니얼 카너먼Daniel Kahneman이 말하는 이성적인 '시스템 2'(사고를 천천히 조절하는 방식)의 비상 브레이크가 없는 본능에 의존하기 때문이다.[50] 스트레스를 받으면 조급해지고 성급한 결정을 내리거나 예전 습관으로 되돌아가기도 한다. 나는 궁지에 몰려 투쟁-도피 태도로 일관할 때 최악의 결정을 내렸다.

반대로 운이 좋은 사람은 대개 느긋하다. 불안하면 기회를 놓치게 된다. 리처드 와이즈먼은 한 실험에서 사람들에게 신문을 주고 사진이 몇 장 실려 있는지 물었다. 참가자들은 신문을 쭉 훑어본 뒤 빠르게 세기 시작했다. 다시 확인하는 이들도 있었다. 두 번째 장에 굵은 글씨로 된 기사를 본 이는 아무도 없었다. "이 신문에는 42장의 사진이 있습니다." 사진에만 집중했기 때문에 기사를 읽을 틈이 없었다. 또한 100파운드의 상금을 딸 기회도 잃었다. "사진 개수를 그만 세고 실험자에게 이 광고를 봤다고 말하고 100파운드를 받으세요."라고 써 있었는데 말이다. 다시 한 번 말하지만 참가자 모두 사진을 찾느라 급급했다. 만약 와이즈먼이 '신문을 보다가 특이한 점을 발견해보세요'라고 요청했다면 참가자들은 곧 이 기사를 찾아냈을 것이다. 하지만 특정 과제에 너무 부지런히 집중한 나머지 진짜 가치 있는 것을 놓쳐버렸다.

조직에서 실직하지 않으려고 안간힘을 쓰고 제시간에 회의에 참석하려는 사람으로 가득한 사람에 둘러싸여 과도한 스트레스를 받는다면 세렌디피티를 놓칠 가능성이 크다(빈곤한 상황에서는 스트레스와 불안감이 훨씬 더 커지고 의사결정에 부정적인 영향을 미친다). 물론 때때로 불편함이나 압박감이 목표 달성의 동력이 되기도 한다. 하지만 그건 건강한 마음 상태와 적절한 균형을 이룰 수 있을 때다. 다시 말하지만 언제나 균형이 중요하다.

뇌와 신체의 상호작용에 관한 연구에 따르면 소화나 심장 기능의 변화는 인상에도 영향을 미친다. 근본적으로 생리학적인 상태는 인간의 심리와 행동을 좌우한다. 그러니 부드러운 목소리나 상냥한 모습에 우리의 감정이 바뀌고 무시를 받아 두려움이나 신경 쇠약을 느끼는 것은 당연하다.[51] 같은 이유로 키우던 강아지가 죽은 다음 날이나 수술 다음 날은 세렌디피티에 적절한 때가 아니다.

인생에서 어떤 시기를 겪고 있느냐도 중요하다. 갓 졸업을 했거나 노년에 접어들었거나 혹은 회사를 처분하고 다른 일을 찾고 있다면 예기치 못한 일에 좀 더 열린 상태일 것이다. 사업에서도 마찬가지다. 세렌디피티를 위한 최적의 시기가 있고 집중적으로 실행해야 할 때도 있다.

마음을 진정시키고 싶다면 요가나 명상의 도움을 받으면 좋다. 이러한 방법을 통해 '이 순간에 머무는 법'을 깨달으면 세렌디피티를 만날 가능성이 커진다. 세렌디피티란 동시에 여러 일이 아닌 오롯이 한곳에 집중하거나 각성의 상태에서 풍부해지기 때문이다.[52]

인생의 모든 일이 우리의 선택대로 벌어지지는 않는다. 생존이 걸린 일(특히 돈과 관련된 문제)로 사투를 벌이게 될지 누가 알겠는가. 하지만 이런 상황에서도 세렌디피티가 나타날 수 있다. 당신이 지금 현재에 집중하고 열린 마음을 가진다면 말이다. 세렌디피티는 대부분 기대하지 않는 상황에서 들이닥친다. 완벽에 대한 기대를 잠시 접어둔다면 마법 같은 순간을 곧 맛보게 될 것이다.

행운 코드 3. 똑똑한 직감을 기른다

세렌디피티의 가능성이 커지는 순간은 잠재적인 계기를 파악하고 흩어진 점들을 잇고자 하거나, 뜻밖의 순간과 무엇을 이을지 생각할 때다. 남들이 다 틈을 볼 때, 당신은 연결 고리를 발견해야 한다. 진정으로 이르고자 할 곳이 있다면 아주 쉬운 일이다. 여러 가지 방법을 동원해 방향감을 기르고 다양한 경험과 원칙에 근거해 강한 목적의식과 영적인 감각을 지니고 집중해야 한다. 똑똑한 직감을 기른다면 제대로 된 길을 갈 수 있다.

　따라서 이번 장에서는 근본적인 감정과 동기부여를 통한 세렌디피티 기르기 연습을 해보자.

세렌디피티 연습: 동기부여를 위한 질문

1　삶에서 가장 소중한 것들을 써보자. 어떤 이야기가 떠오르는가? 지난 일을 돌이켜볼 때만 드러나는 당신만의 방향성이 보이는가? 잠재적인 여러 북극성을 찾아보자. 앞으로 나아갈 점들을 잇는 일이 쉬워질 것이다.

2　매일 10분씩 명상을 해보자. 간단한 것부터 시작하면 된다. 편한 의자나 쿠션 위

에 앉아서 두 손바닥을 허벅지 위에 올려라. 네 번 깊게 심호흡을 한 뒤 천천히 자신에게 말하라. '내가 찾는 답을 찾게 되길. 내가 필요한 해결책을 찾게 되길. 내 삶이 아름다워지길. 내가 사랑하는 이들의 삶도 아름답길.'[53] 캄Calm이나 헤드스페이스Headspace와 같은 명상 어플의 도움을 받아도 좋다.

3   긍정적인 에너지를 지닌 사람들로 주변을 채워라. 당신을 기분 좋게 하고 함께 시간을 보내고 싶은 사람 두세 명을 찾아라. 그들과 커피 한잔할 약속을 잡아라.

4   삶에서 감사함을 찾아라. 감사 일기를 쓰거나 '저녁 시간에 감사한 일 세 가지 말하기' 같은 일을 일과에 포함시켜보자.

5   당신에게 긍정적인 영향을 준 세 명에게 매주 감사 편지를 써보자. 감사 편지는 보내는 사람과 받는 사람 모두에게 놀라운 영향을 끼친다는 연구 결과가 있다.

6   당신의 진짜 모습을 보여주도록 하라. 인간관계를 연구하는 트리거컨버세이션Trigger Conversation의 설립자인 조지 나이팅걸Georgie Nightingall은 다음과 같은 방법을 이용한다. 어떻게 지내냐는 질문을 받았을 때 틀에 박힌 답 대신 진정성 있고 예상치 못한 대답을 하는 것이다. "10점 만점에 6.5점 정도예요.", "카페인이 부족한 상태랍니다." 혹은 "요즘 호기심이 왕성해요."처럼 말이다. 사람들은 당신의 독특한 대답에 놀라면서도 흥미를 느끼고 대화를 이어가고자 할 것이다.

7   외향성을 길러라. 카페에서 커피를 기다리는 동안 옆 사람과 대화를 나누거나 가벼운 눈인사로 다른 사람과 소통해보자. 모임에서 모르는 사람과 대화를 시도해보라. 선한 의도를 품어라. 모두가 나름의 어려움이 있고 '어리석음으로도 충분히 설명되는 일을 악의 탓으로 돌리지 마라'는 핸런의 면도날Hanlon's razor 정신을 가져라. 긍정적인 의도로 상황에 접근하면 부정적인 상황에서 벗어나고 쉽게 단정 짓지 않는다. 사람들이 당신과 이야기 나누길 원한다고 생각하면 그들이 언짢게 반응해도 그저 놀라서 그런 것이라 여기고 대화를 이어나갈 수 있다.

8　이루고 싶은 포부 20개를 쓰고 그중 다섯 개를 골라라. 우리는 야망에 과도하게 집중한 나머지 포부를 등한시한다. 성공은 '이루고 싶은 일'뿐만 아니라 '되고 싶은 모습'에 집중할 때도 이룰 수 있다.[54] 이제 자신에게 질문해보자. "이 선택들은 어떻게 내 정체성을 형성하는가?"

9　'사랑하는 사람과 월요일 저녁 식사를 함께하겠다' 같은 약속 두 가지를 정하라.[55] 당신이 책임감 있게 약속을 지키도록 도와줄 믿을 만한 파트너를 정하라. 자신의 약속을 말하고 실행 여부를 알릴 날짜를 정하라.

10　직원이나 공동체 모임, 가족 행사 등을 마련할 때 조직이나 공동체, 가족의 가치가 드러났던 구체적인 행동 다섯 가지를 떠올려보라. 일상에서도 이러한 행동을 보인 일을 자세히 설명할 수 있는가?

11　부모라면 자녀에게도 같은 방법을 사용할 수 있다. 친절한 학교 친구나 누군가에게 친절을 베푼 이야기 등 주변에 핵심 가치를 잘 실천하는 이들의 이야기를 저녁을 먹으며 나눠볼 수 있다.

제5장

흩어진 점을 잇고
원하는 그림을 그리는 법

시도하지 않으면
100퍼센트 실패다.

_웨인 그레츠키, 전 캐나다 하키 선수이자 코치

SERENDIPITY

미셸 캔토스Michele Cantos는 에콰도르 출신의 교육자로, 뉴욕에서 일하고 있었다. 저소득층의 뛰어난 학생 리더를 지원하는 자선 활동가로 4년간 일했던 그녀는 퇴사 후 몇 달간 고향으로 여행을 떠나 다음 행보를 생각해보기로 했다. 그리고 친구와 지인 100여 명에게 이메일로 소식을 알렸다. 이메일에는 퇴사와 6개월간의 여행에 관한 진솔한 내용을 담았다.

"6개월 뒤에 돌아올 거예요. 지금은 앞으로 어떻게 살아갈지 생각 중이고요."

그녀는 친구들과 지인들에게 안부 이메일을 보낼 때만 해도 자신이 성공한 기술 기업을 이끄는 리더가 되리라고는 꿈에도 생각하지 못했다. 6개월 동안 그녀는 여행이나 심경의 변화 등 여러 이야기를 담은 이메일을 몇 차례 더 보내 소식을 전했다. 이메일을 통해 누군가와 진솔하게 여행담을 나눌 수 있어서 좋았던 것이다. 여행을 마치고 뉴욕에 돌아와서는 자신의 커리어에 이상적인 다음 행보, 그리고 좋은 생각이 있으면 제안해달라는 짧은 이메일을 보냈다.

대부분의 친구들이 모든 일이 잘 되기를 바란다며 답장을 보냈다. 그런데 지인 한 명이 굉장히 구체적인 제안을 해왔다. 당시 그 지인은 한 기술 회사에서 일자리 제안을 받았지만 이미 다른 회사에 가기로 결정한 상황이었다. 그러자 면접관들이 그 자리에 어울릴 만한 다른 사람을 추천해달라고 부탁했고 캔토스가 적임자라는 생각이 든 지인이 그녀에게 연락을 한 것이었다. 지인의 적극적인 지지와 캔토스의 열정이 더해지자 일이 술술 풀렸고 결국 그녀는 그곳에 입사했다.

기술 회사에 경험이 없던 캔토스에게 이 기회는 뜻밖이었다. 관심 밖이던 기술 회사에 지원하게 되리라고는 전혀 생각지 못했다고 그녀는 말했다. "지인이 기회를 알아본 거죠. 내 인생을 바꾼 장본인이에요." 이곳에 취직한 뒤 연봉은 물론 삶의 질까지 올라갔다. 안부 이메일 네 통으로 큰 재정 수익과 삶의 변화를 동시에 거머쥔 것이다. 그녀는 인생의 중요한 경험과 사회적 변화가 세렌디피티의 힘에서 비롯됐다고 믿으며, 이제 언제 어디서든 세렌디피티를 경험한다.

도대체 그녀는 어떻게 한 걸까? 그녀는 씨앗을 심었다. 세렌디피티를 유발할 씨앗을 심었고 열매를 거둔 것이다. 그녀는 적극적이고 열린 마음을 갖추었고 심지어 조금 힘든 시기를 보내고 있었다. 세렌디피티를 받아들일 준비가 완벽했다.

흩어진 점을 누군가 대신 이어준 캔토스의 경우처럼 세렌디피티는 보통 함께 만들어지고 타인의 선한 의도로 나타나기도 한다. 다른 사람들은 미처 깨닫지 못한 당신의 재능이나 기회를 볼 수 있다. 또한 다른 분야의 지식을 바탕으로 당신 영역 밖의 일을 간파해 흩어진 점을 이어 기회의 장을 넓히기도 한다. 하지만 당신이 관심 분야를 알리지도 않고, 세렌디피티를 유발할 씨앗을 심지도 않는다면 다른 사람들이 그걸 어떻게 알겠는가? 세렌디피티를 밥 먹듯 경험하는 이들은 잠재적인 계기를 마련하는 씨앗 심기에 집중한다. 그러고 나서 흩어진 점을 이으면 긍정적인 결과를 낼 수 있다. 이 두 가지 모두 중요하다. 단계적으로 일어나기도 하지만 두 가지가 동시에 일어나기도 한다.

기회의 씨앗을 심는 법

항상 낚싯바늘을 던져두어라. 전혀 기대하지 않은 곳에 물고기가 있기 마련이다.
_오비디우스, 고대 로마의 시인

올리 바렛Oli Barrett은 런던에서 다양한 사업체를 설립하고 비즈니스와 사람을 잇는 슈퍼 커넥터로 활동 중이다. 그는 새로운 사람을 만날 때마다 상대의 관심을 끌 요소를 무작위로 던지고 잠재적인 공통 관심사를 찾아내려고 한다. 어떤 일을 하느냐는 질문을 받으면 그는 이렇게 답할 것이다.

"사람들을 이어주는 일을 정말 좋아하죠. 교육 회사를 시작했고요. 최근에는 철학에 관심이 생겼어요. 그래도 피아노 칠 때가 제일 좋답니다."

그의 대답에는 적어도 네 가지 세렌디피티 계기, 즉 열정(사람들을 이어주기), 직업 설명(교육 회사), 관심 분야(철학), 그리고 취미(피아노 연주)가 있다. 단순히 "사업을 시작했어요."라고 답한다면 다른 사람들이 점을 이을 잠재적인 기회의 여지가 줄어든다. 하지만 그는 네 개 혹은 그 이상의 잠재적인 세렌디피티 씨앗을 심었기 때문에 다양한 답을 들을 가능성이 커진다. 상대방은 그중 자신의 가장 큰 관심사를 고를 것이다. "이거 우연이네요! 최근에 피아노를 사려고 고민 중인데 팁 좀 얻을 수 있을까요?" 크든 작든 세렌디피티가 일어날 확률이 높아지는 것이다.

이처럼 세렌디피티는 세렌디피티의 계기에 달려 있다고 해도 과언이 아니다. 그렇다면 어떻게 해야 이 계기를 잘 활용할 수 있을까?

무작위적인 우연에 반응하고 움직여라

세렌디피티를 촉진하는 방법에 앞서 잠깐 다른 이야기를 할까 한다. 고등학교 시절 내 성적이 바닥을 기는 데 이바지한 과목은 화학이었다. 부끄럽지만 나는 정말 화학을 못했다. 여전히 내가 기억하는 '표'라고는 시간표뿐이지만 졸업 후 화학에 관심이 굉장히 높아졌다. 특히 화학 반응과 사회 상호작용이 굉장히 흡사하다는 사실을 깨달은 후로는 더욱 그렇다.

발표된 초기에 논란이 된 흥미로운 연구 결과가 있다. 프린스턴 대학교 화학과의 유명한 교수인 데이비드 맥밀런David MacMillan과 제임스 맥도널James McDonnell, 그리고 동료들은 유명한 학술지 《사이언스》Science에 세렌디피티를 가속하는 일이 가능하다고 발표했다.[1] 과학자들의 일반적인 접근법을 따른다면 연구자들은 반응을 일으킬 거라 추측되는 분자를 골라 반응을 유도하는 다양한 실험을 해야 했다. 하지만 맥밀런 팀은 뚜렷한 반응을 보이지 않는 분자를 골라 뜻밖의 반응을 찾아냈다. 상호 반응이 알려지지 않은 화학 물질을 선택하고 거기서 완전히 새로운 반응을 발견함으로써 가치 있는 신약 개발에 이바지했다.

다른 과학자들은 그들의 실험을 '임의적'이라고 판단했다. 하지만 그렇지 않았다. 세렌디피티는 확률에 근거하므로 통계로 제어할 수 있다는 가정이 맥밀런 연구 팀의 핵심 내용이었다. 따라서 실험실에서 가능한 화학 반응의 수를 늘리면 양성 반응의 확률도 높아진다고 보았고, 실제로 그러한 결과를 얻은 것이다.[2]

더 많은 복권을 사서 당첨될 확률을 높이거나 여러 대학에 지원하여 입학 확률을 높이는 것과 흡사한데, 내 경우도 그랬다(내가 살았던 독일은 지원 가능한 대학 수에 제한이 없는 나라였다. 내가 다녔던 대학이 나를 받아준 이유는 지원서 내용 중 무언가가 입학처 누군가의 마음을 흔들어 놓았기 때문이라고 확신한다. 그게 무엇인지는 앞으로도 알 길이 없을 거다). 어쩌면 내 지원서를 읽은 사람이 나와 비슷한 질풍노도의 시기를 겪은 아들이 있어서 우연의 일치라고 여겼을지 모른다. 그리고 이런 우연한 일이 벌어질 확률은 내가 지원한 학교 수를 고려해볼 때(나는 무려 40군데가 넘는 학교에 지원했다) 굉장히 높았을 거다. 앞서 이야기한 화학 반응의 사례를 비롯해 다른 분야도 다 마찬가지다. 많이 시도할수록 더 많이 과녁을 맞히든 점수를 내든 할 것이다. 비록 우연일지라도 말이다.

예기치 못한 곳에서 예상치 못한 연결이 일어나는 것처럼 보이기도 한다. 하지만 생일 역설의 사례를 다시 떠올려보자. 잠재적인 예상 밖의 연결 고리가 충분할 때 표면적으로 예상치 못한 일이 실제로 일어날 확률은 사실상 굉장히 높다. 그리고 모든 가능성을 더해보면 예상 밖의 일이 늘 일어난다는 사실을 알 수 있다. 이를 발견하려면 제대로 눈을 뜨고 더 세

심한 주의를 기울여야 한다. 단 한 번의 우연으로도 인생이 좋은 방향으로 바뀐다.

"난 지금도 충분히 행복한데, 굳이 변화가 필요할까?"라고 생각하는 사람도 있다. 뜻밖이겠지만 이들이야말로 세렌디피티가 일어나기 가장 좋은 환경을 갖춘 사람들이다(몇몇 내 동료들도 그랬다). 세렌디피티란 단순히 삶을 바꾸는 것만이 아니다. 삶을 더 즐겁고 의미 있으며 성공적으로 만드는 것이다.

우리에게 지금 가장 필요한 것은 미지의 세계로 눈을 돌리려는 자세다. 편하고 익숙한 분야에서 적극적으로 기회를 찾는 일은 다들 익숙하다. 하지만 무작위적인 외부 영향을 받아들일 때 세렌디피티가 일어날 가능성이 더욱 커진다. 이는 새로운 정보나 자원, 사람, 아이디어 등 다양한 형태로 나타난다.

아주 사소한 곳에 변화의 힌트가 있다

인생의 기회를 잡는 데 핵심 요소는 정보다. 미셸 캔토스는 자기에게 가장 잘 맞는 직책에 관한 정보를 우연히 얻었다. 관심도 없던 분야의 정보를 어떻게 찾았을까? 그녀는 정보를 직접 찾는 대신 열린 마음으로 받아들였다.

이런 일은 아주 사소한 계기로도 일어날 수 있다. 슬로베니아의 철학자인 슬라보예 지젝Slavoj Žižek은 우리가 원한다고 믿는 것이 실제로 열망하는 것이 아닐 수도 있다는 유명한 주장을 남겼다. 그는 부인과 연인을 둔

한 남자 이야기를 예로 삼았다. 남자는 부인이 사라져버리고 연인과 함께 하게 되기를 바랐다. 그러다 부인이 우연히 사라지게 되는데 그러자 남자는 더는 연인을 원하지 않게 됐다. 왜일까? 관계란 특정한 상황에서 유지되기 마련이다. 특정한 상황이 사라지니 '닿지 않는 욕망의 대상'이라는 연인의 매력이 떨어진 것이다.[3] 인생에서 일어나는 많은 일처럼 어떻게 이런 일까지 미리 알겠는가? 게다가 제4장에서 살펴본 대로 일이 벌어진 후에야 (대개는 우연히) 진정으로 원하는 것이 무엇인지 깨닫는다.

신문을 읽거나 인터넷을 보거나 혹은 좋은 책을 읽는 등 차분한 정보를 통해 이를 경험할 수도 있다. 몇 년 전, 커윤 루안 Keyun Ruan은 차를 마시며 잡지를 훑어보다 클라우드 컴퓨팅에 관한 기사를 우연히 읽게 됐다. 박사 논문의 주제를 찾고 있던 터라 단번에 호기심이 생겼다. 그리고 잠재적인 세렌디피티 계기에 온 정신을 집중했다. 현재 그녀는 선도적인 컴퓨터 과학자이자 클라우드 기반의 범죄과학 및 보안 전문가로 활동하고 있다.[4] 이처럼 어떤 방식이든 새로운 정보를 접하는 일은 세렌디피티를 경험할 중요한 방법이다(게다가 정보는 단순히 정보에 그치지 않는다. 어떻게 받아들이냐에 따라 달라지고, 우리가 처한 상황에 영향을 받는다. 독일 사람들은 글이나 대화에서 사실적인 정보에 집중하는 경향이 있어 전후 사정, 즉 맥락에서 오는 미묘한 차이를 놓치곤 한다. 반면 맥락에 민감한 아시아 국가에서는 메시지가 모호한 경우가 많아 속뜻을 파악하는 일이 굉장히 중요하다. 저맥락 문화권에서 '문 닫아'라는 말이 고맥락 문화권에서 '여기가 점점 추워져' 혹은 '고양이가 집을 나가지 않았으면 해'라고 표현될 것이다).

때론 영화를 보는 것도 세렌디피티를 경험하는 한 방법이 될 수 있다. 비비 라루스 곤잘레스 Bibi la Luz Gonzales는 과테말라에서 저널리스트로 활동하는 사회활동가이자 정치경제학자, 그리고 사업가다. 그녀는 2016년 런던 학회에 참석해서 본 영화 한편으로 인생이 바뀌게 될지 꿈에도 생각지 못했다. 현대사회의 노예제에 관해 논의하는 학회에 참가하는 동안 그녀는 〈솔드〉Sold라는 제목의 영화를 보게 됐다. 네팔에서 인도로 팔려가 매춘을 하게 된 소녀의 이야기를 다룬 영화였다. 영화의 여운이 쉽게 가시지 않았던 그녀는 과테말라에 이 영화를 상영해 경각심을 불러일으키고 자신이 일하는 회사 신문에 기사를 싣고 싶다고 영화감독에게 제안했다. 감독은 제안을 받아들였고 스페인어 자막 작업을 하는 데 2년이 걸렸다. 2018년, 자막 작업이 완료됐다는 소식을 들었다.

당시 곤잘레스는 저널리스트 일을 그만두고, 세상을 나은 곳으로 만들고자 하는 젊은이들의 글로벌 공동체인 글로벌셰이퍼스Global Shapers의 과테말라 지사에서 일하고 있었다. 그녀는 영화를 다른 글로벌셰이퍼스와 함께 인신매매에 관한 현지 프로젝트를 시작할 기회로 삼았다. 과테말라에서 일반적으로 금지된 주제지만 영화와 감독을 과테말라에 소개해 현지 영화 제작자에게 멘토링을 하고 '소녀와 여성의 권리'라는 공통의 주제를 알리고자 했다.

스케줄에 차질이 생겨 감독이 과테말라에 방문하지 못했다. 하지만 곤잘레스는 새크라멘토에 갈 일이 생겼고 감독에게 오는 길에 샌프란시스코에 들러 방문해도 되겠냐고 연락했다. 감독의 승낙을 받고서 다른 현지 글로벌셰이퍼스인 영화 제작자 나마산 나나예브Ramazan Nanayev, 스테벤손 크라우스Stevenson-Krausz와 함께 감독을 인터뷰했다. 이후 과테말라에서 영화를 상영했고 현지 프로젝트도 시행했다. 몇 년에 걸친 일이었지만 곤잘레스의 노력은 끝내 결실을 보았다. '노예제를 없애자'는 프로젝트는 셰이퍼스 공동체에서 세계적인 프로젝트로 뻗어 나갔다. 그녀는 프로젝트를 통해 만난 많은 사람과 이제 가까운 사이가 됐다. 영화와 감독과의 만남은 세렌디피티 계기였고 그 점들을 지속해서 이은 사람은 바로 그녀였다. 2019년, 곤잘레스는 '체인지메이커'로 학회에 다시 참석하게 됐다. 3년 전 우연히 마주한 분야의 문제에서 시작해 이제는 전문 지식과 영향을 끼친 사람에게 수여되는 표창을 받으면서 말이다.

이렇듯 세렌디피티 계기는 책이나 신문, 영화 등의 정보에서 흔히 일어난다. 하지만 결국 씨앗을 심고 점들을 연결하는 존재는 바로 사람(대부분 타인)이다.

혼자서는 모든 점을 이을 수 없다

냉전이 한창이던 1960년대, 미국과 중국과 소련은 각각 고립에 가까운 상태로 떨어져 있었다. 그런 상황에서 미국 국무장관 헨리 키신저Henry Kissinger는 역사의 흐름을 바꿔놓는 선택을 했다. 계기는 폴란드 휴양지 소포트에서 열린 퍼그워시회의Pugwash conference에서 우연히 동구 공산권 관계자를 만나면서부터였다.

키신저는 미국에서 가장 영향력 있는(논란도 많은) 국무장관이다. 그는 퍼그워시회의에서의 우연한 만남을 통해 마오쩌둥이 통치하는 중국과 미국의 국교 수립의 문호를 열었다. 이로써 현직 미국 대통령이 중국을 방문하여 지정학적 상황을 바꿀 토대가 마련됐다. 모두 키신저의 주도적인 네트워킹 행동 덕분에 가능한 일이었다.[5]

작게는 그러한 우연한 만남이 역사가 아니라 우리의 삶을 바꿔놓기도 한다. 50년이 훌쩍 지난 2014년, 아미나 아시-셀미Amina Aitsi-Selmi는 커리어의 갈림길에 서 있었다. 의사로 일하며 남부럽지 않은 삶을 살고 있었지만 공허하고 혼란스러웠다. 모두가 안전한 길을 선택하라고 말했지만 그 길은 그저 밋밋하고 암울해 보이기만 했다. 10대 시절 세계보건기구에서 일하려던 꿈은 거의 잊히고 있었다. 그러던 어느 날 아침, 엘리베이터를 타면서 먼저 타고 있던 한 여성과 인사를 나누었다. 날씨에 관해 이야기를 나누던 중 갑자기 그녀가 뭔가 번뜩 떠올랐다는 듯 질문했다.

"당신은 어떤 사람인가요?" 여자가 물었다. 아시-셀미는 당시 하던 일을 설명하면서 건강과 관련된 의미 있는 일을 제대로 해보고 싶다고 말했다. 그녀의 대답을 듣더니 여자는 명함을 건네며 말했다 "한번 찾아오세요. 제가 어떤 일을 하는지 좀 더 이야기 나눠봐요." 알고 보니 그녀는 유엔 전문 감사팀의 부위원장이었다. 자신과 함께 일할 과학적이고 전문적인 지식을 갖추고 인성까지 겸비한 사람을 찾는 중이었다.

모두 예상하는 대로 이후 모든 일이 자연스럽게 이어졌다. 2015년 아시-셀미는 유엔의 지속가능발전 목표 의제에 참여하여 건강과 재난 위험 경감에 초점을 맞추었다. 그리고 유엔 보고서 작성 및 다양한 간행물 집필에 참여하게 됐다. 이 일로 이후 임상 부교수 자리에도 올랐고 런던에 있는 국제 문제 분야의 세계적인 싱크 탱크 채텀하우스Chatham House에서 컨설팅할 기회도 얻었다. 유엔과 세계보건기구WHO의 전문가들이 그녀에게 조언을 구하기 시작했다. 아시-셀미는 1년간 지독한 절망에 몸부림쳤다. 하지만 그 시간이 지나고 20년간 꿈꿔오던 일을 마침내 이루었다. 엘리베이터에서 나눈 우연한 대화가 그녀의 인생을 바꾼 것이다.

아미나 아시-셸미와 헨리 키신저는 세렌디피티 계기를 자신의 삶에 적극적으로 활용할 줄 알았고 흩어진 점들을 잇는 데 일조했다. 우리도 가능한 일일까? 가능하다면 도대체 어디서부터 시작해야 할까?

세렌디피티 폭탄을 설치하라

"서로 연결할 사람을 어디서 어떻게 찾나요? 저는 아는 사람이 그렇게 많지가 않거든요." 학생들과 젊은 전문직 종사자들에게 많이 듣는 질문이다.

기업가이자 컬럼비아 대학교의 겸임 조교수인 마탄 그리펠Mattan Griffel은 이를 '작은 세렌디피티 폭탄 수천 개를 설치하는 일'이라고 설명한다. 여기에는 평소 존경하던 사람에게 자신을 자발적으로 소개하는 이메일을 보내는 일도 포함된다. 신기하게도 실제로 답장을 받는 일이 많다. 게다가 이메일에 그 사람이 참여한 프로젝트에 관한 내용이 있다면 확률은 더욱 높아진다.

니콜라 그레코Nicola Greco의 경우가 그렇다. 그는 월드와이드웹World Wide Web의 창시자인 컴퓨터 과학자 팀 버너스-리Tim Berners-Lee가 이끄는 개방형 소스 프로젝트의 코드를 써서 버너스-리와 그의 팀의 시선을 끌었다. "안녕하세요. 저는 xyz에 관한 연구를 해오고 있습니다. 한번 만나면 좋겠습니다." 결국 그들은 만났다. 버너스-리는 그레코가 박사 학위를 받는 데 아낌없는 조언을 해주었고 계속 연구를 해나가도록 도왔다.

일이 벌어지기 전까지 자신은 모르지만 우리 주변에는 남들이 먼저 알아보는 예상치 못한 관심사나 이유가 많다. 키보드로 글자 몇 개만 입력해도 필요한 정보가 쏟아지는 세상이지만 어떤 일이 일어날지 미리 알 수는 없는 법이다. 따라서 기회를 살피는 데 도움을 줄 이메일 보내기를 통해 당신이 존경하는 누군가가 세렌디피티의 계기를 발견하게 할 수 있도록 해보자. 지금 당장 어떠한 일이 일어나지 않더라도 메일을 보낸 순간 우리는 그들의 레이더망 안에 놓인 것이다(당연히 그들이 이메일을 읽었을 때 얘기다!). 존경하는 사람에게 당신의 관심 분야와 관심의 이유를 밝힌 이메일을 써보지 않겠는가? 설령 그들이 당신의 관심사에 흥미가 없더라도 관심을 보일 다른 누군가를 알기 마련이다.

많은 전문 분야에서 인맥을 쌓기 좋은 시작점은 교수다. 그들의 이메일 주소는 대학 홈페이지에서 쉽게 찾을 수 있고 상대적으로 경력이 많은 현업 종사자나 소개를 받는 데 열린 사람을 알 가능성이 크다. 나는 트위터나 인스타그램, 링크드인의 인메일(모르는 사람에게 이메일을 보낼 수 있는 기능)을 이용해 성공한 사람들을 많이 봤다.

런던의 해크니 자치구의 어린 학생이자 사회적 기업의 설립자인 앨빈 오스-포두Alvin Owusu-Fordwuo가 그중 한 명이다. 그는 '세렌디피티 폭탄 보내기'가 목표였던 내 워크숍을 듣고 바로 실행에 옮겼다. 큰 열망과 이상을 품은 그는 인턴으로 일하기로 되어 있던 여러 기업의 CEO와 공동 회장에게 링크드인을 통해 짧은 메시지를 보냈다. 그리고 만나주겠다는 답을 얻었다. 그가 보낸 메시지는 간단했다. "안녕하세요. 이번 봄에 [회사 이름]에서 인턴으로 일하게 됐습니다. 일정 기간 그곳에 있을 예정인데 꼭 한번 찾아뵙고 싶습니다. 함께 점심을 드시면서 [회사 이름]의 성공담과 경험담을 들을 수 있다면 정말 좋겠습니다."

처음에는 답장을 하나도 받지 못했다. 하지만 그는 포기하지 않고 자신이 설립한 사회적 기업을 지원해줄 수 있는 말단 직원을 찾아 또 메시지를 보냈다(세렌디피티 폭탄 2). 알고 보니 그 직원 중 한 명이 사장의 멘토링을 받는 중이었고 직원은 사장에게 오스-포두에 관한 이야기를 전해주었다. 이후 오스-포두는 사장과 만나 많은 이야기를 나누게 됐다. "사장님은 제가 성장하는 데 전폭적인 지지를 보내주고 계세요. 대학 졸업 후에는 저를 위해 사장님의 플랫폼을 적극적으로 활용하실 예정이라고 합니다."

모르는 사람에게 무작위로 메시지를 보내는 일이 1단계라면 이후에는 누군가의 옆구리를 슬쩍 찔러줄 사람과 계속 일을 진행하는 것이 더 효과적이다. 링크드인이나 페이스북에 당신을 지인에게 소개해줄 사람이 있지 않은가? 핵심은 접근력이다. 당신이 어디에 있든, 누구든 상관없다.

이렇게 세상 속으로 뛰어들려면 용기가 필요하다. 기업가이자 자선사업가로 활동하던 앨비 셰일Alby Shale은 아버지가 심장마비로 돌아가면서 슬픔에 휩싸였다. 일반적으로 생각한다면 치료사를 만나 상담을 받아야 했겠지만 그는 모임에 참석해 낯선 이들과 슬픔을 나누는 방법을 택했다. 그리고 거기서 우연히 자신처럼 힘든 시기를 보내고 있는 사람을 만났다. 두 사람은 정신건강 캠페인을 벌이기로 의기투합한다. 팟캐스트를 통해 죽음과 깊은 슬픔이라는 어려운 이야기를 나눌 수 있는 공동체를 만들고자 한 것이다. 이런 생각만으로도 굉장한 치료 효과가 있었다.

모든 일은 어떻게 소통하느냐에 달렸다. 셰일과 같은 사람들은 자기 연민에 빠지거나 자기 이야기를 많이 하지 않는다. 대신 그는 자신의 슬픔을 간결하고 이해하기 쉽게 나누면서 남들이 자연스럽게 감정을 이입하도록 했다. 이렇게 때로는 취약점이 세렌디피티의 계기가 되기도 한다.[6]

세상에 자신을 보여줘야 한다

잠재적인 세렌디피티 계기를 늘리고 자신과 타인이 관련된 점을 잇게 하려면 어떻게 해야 할까? 앞서 미셸 캔토스의 이야기를 떠올려보자. 관심 있는 주제에 대한 뉴스레터나 블로그 포스트 등을 이메일이나 트위터, 인스타그램, 다른 여러 수단을 통해 사람들과 나눠보자. 관련된 주제에 너무 빠지지만 않는다면 예기치 못한 곳에서 세렌디피티를 유발하는 데 효과적일 수 있다.

세상 속으로 뛰어들면 마법 같은 일이 벌어진다. 싱가포르의 사회적 기업가인 켄 추아 Ken Chua 는 그레이엄 풀린 Graham Pullin 의 책 《장애인을 위한 디자인》 Design Meets Disability 이 어떻게 회사를 설립하는 결정적인 계기가 됐는지 이야기해주었다. 당시 추아는 함께 일할 사람으로 디자인과 기술, 장애를 아우르는 전문가를 찾고 있었지만 영 찾기가 어려웠다. 그레이엄 풀린에게 자신을 소개하는 이메일을 보낼까 오랫동안 고민했지만 왠지 주저되어 보내지 못하고 있었다. 대신 이러한 분야에 관한 작업과 자신의 철학을 소셜 미디어에 계속 올렸다. 그러던 중 그의 포스팅 중 하나가 인터렉션 디자이너의 눈길을 사로잡았다. 그는 세계적인 디자인 회사 아이데오의 싱가포르 지사에서 일하는 사람이었고, 영국 던디 대학교 교수인 그레이엄 풀린의 제자였다. 그는 풀린 교수와 함께 프로젝트를 하나 진행 중이었는데 그게 마침 장애인을 중심으로 한 작업이었던 것이다. 그는 소셜 미디어에서 추아의 글을 보자마자 연락을 취했다.

추아는 그 디자이너를 만날 때만 해도 그가 그레이엄 풀린의 제자란 사실을 미처 몰랐다. 하지만 풀린이 던디 대학교 입학 설명회를 위해 싱가

포르를 방문한다는 소식을 들었고 다음 일은 예상대로 순조롭게 이어졌다. 풀린과의 저녁 식사는 애초에 계획된 두 시간을 훌쩍 넘겼다. 그들은 일과 삶에 대해 오랜 시간 동안 이야기를 나누었다. 이제는 친구가 되어 함께 일할 방법을 모색 중이다.

이렇듯 관심 있는 주제에 관한 자신만의 진솔한 이야기는 사적이든 공적이든 잠재적인 세렌디피티를 촉발할 시작점이 된다. 그렇다면 도대체 어떻게 나만의 이야기를 찾을 수 있을까? 우리는 누구나 자기 일에서는 전문가고 누구에게나 자기만의 이야깃거리가 있음을 기억해야 한다. 아이를 길러본 경험이 있는가? 직장에서 몇 년 동안 일을 했는가? 그렇다면 당신이 이미 전문가다. 가끔 자신이 사기꾼같이 느껴질 때도 있겠지만, 우리의 이야기에 깊이 공감할 사람들은 어디에든 있는 법이다.

관심 있는 곳에 집중하고 찾아가라

세렌디피티 지수(제9장에서 더 자세히 살펴볼 것이다)는 흥미로운 사람들이 많을 때 올라간다. 왕립예술협회Royal Society of Arts처럼 기관이나 대학의 공개 강의는 흥미로운 사람들이 몰려드는 최적의 장소다. 게다가 무료인데다 일반인에게도 공개된다. 발표자들은 놀라울 만큼 다른 사람과 소통하는 데 거리낌이 없다. 특히 현재 진행 중인 프로젝트에 진심 어린 관심을 보이면 더욱 그렇다. 나이가 든 사람일수록 그들의 관심사에 불을 지피면 소통에 박차를 가한다. 자선단체에서 일하는 마이크 처니(가명)는 강의 후에 함께 대화를 나눴던 한 CEO에게서 기부를 하고 싶다는 연락을 받았다. 그 CEO가 자기 회사의 소매점 몇 군데를 처분하면서 생긴 설비를 처니의 자선단체에서 개업 준비 중인 상점 열두 곳에 기부하겠다고 한 것이다. 공개 강의가 끝나고 흥미로운 질문을 던지고 자신의 이야기를 들려주면서 CEO에게 좋은 인상을 준 덕분이었다. CEO는 소매점의 설비를 어떻게 처리할지 고민하다가 처니의 자선단체를 기억해냈다.[7]

내가 여태 만난 세렌디피터들의 특징은 저녁 식사나 학회, 회의 등 어떤 자리든 상관없이 모임을 시작할 때 주최자에게 자신을 소개한다는 점이다. 그들은 그 모임에서 가장 중요한 인물이 누구인지 잘 알아본다. 그리고 그 사람들과 어울리면서 자신이나 자신의 생각을 다른 사람에게 소개한다. 특히, 커뮤니티나 협업 사무실, 지역 내에서 열리는 행사에서 더욱 그렇다. 이러한 행사는 더 흥미로운 일이 벌어질 수 있는 좋은 시작점이다.

관심 분야를 중심으로 운영되는 커뮤니티도 효과적이다.[8] 나는 '규칙이 없는 것이 기본 규칙'인 크라브마가 Krav Maga 무술 수업을 받을 때 예측 모델에 관한 일을 하는 금융 전문가의 이야기를 우연히 듣게 됐다. 세렌디피티의 순간이었다. 우리는 회복탄력성을 기르는 대신 오류를 줄이는 데 집중하는 예측 모델에 관해 이야기를 나누었고 일부를 이 책에 담았다. '느슨한 유대 관계'에 관한 연구에 따르면 이러한 뜻밖의 기회는 평소와 다른 환경으로 자신을 몰아넣을 때 생긴다.[9]

그렇다면 사람을 소개하는 가장 효과적인 방법은 무엇일까? 내 동료인 파비안 포르트뮐러와 같은 슈퍼 커넥터들은 본질적인 관심사에 집중해 사람을 소개한다.('이 분은 당신의 관심 분야에 흥미가 있어요.')[10] 그러면 잠재적인 직급의 차이가 좁아지고 공통의 관심사나 열정에 초점을 둔 대화가 가능해진다. 직책이 아닌 진정한 자신이 될 때 사람은 다르게 연결된

다. 그리고 비로소 세렌디피티가 활발하게 일어난다.[11]

세렌디피티가 폭발할 환경을 만들어라

물리적인 환경이 세렌디피티의 가능성에 중대한 영향을 미친다는 연구 결과가 많다.[12] 자신뿐만 아니라 조직과 공동체, 가족을 위해서 세렌디피티 계기의 양과 질을 높일 수 있다. 똑똑한 자리 배치든, 낯선 사람을 서로에게 소개하는 진행자를 섭외하든 사람이 우연히 만나는 기회를 '물리적인 환경'을 통해 마련하는 일은 세렌디피티 계기의 양과 질에 중대한 영향을 미치고 개인과 조직의 세렌디피티 지수를 상당히 높인다.

세렌디피티를 유발하는 공간 디자인은 다양한 형태로 표현된다. 어떤 공유 오피스에서는 긴 테이블이라는 일반적인 디자인 논리를 따르지 않는다. 두세 자리마다 테이블을 꺾어 옆 사람과 자연스럽게 이야기를 나누는 동시에 공간이 필요하면 돌아앉을 수 있도록 만들었다. 개방성과 집중의 논리를 결합한 것이다. 나 역시 런던 공유 오피스에서 일할 때 사업을 시작하려는 오페라 가수와 대화하다가 생각지도 못한 새로운 아이디어를 얻기도 했다.

영화 한 편당 5억 5,000만 달러 이상의 수입을 거두며 역사상 가장 성공한 영화 스튜디오로 손꼽히는 픽사Pixar도 비슷한 방법을 취한다. 스티브 잡스는 픽사를 인수하고 건축가에게 '우연한 만남의 극대화'에 힘써달라고 요청했다.[13] 그 결과 픽사는 아티스트와 디자이너가 컴퓨터 과학자와 함께 일하며 잠재적으로 완전히 다른 문화들 간의 융합을 끌어냈다.

픽사 캠퍼스 디자인에는 픽사의 성공에 큰 공헌을 한 스티브 잡스의 자유로운 예술 정신이 그대로 녹아 있다. 잡스는 캘리포니아주 오크랜드 북쪽에 있는 에머리빌에 버려진 공장을 구입할 당시 건물 세 개를 픽사 경영진, 애니메이션 제작자, 컴퓨터 과학자를 위한 개별적인 공간으로 설계하고자 했다. 하지만 도중에 마음을 바꿔 중앙에 공동 공간이 있는 하나의 넓은 공간으로 재설계했다. 직원들 간의 소통이 회사의 핵심이라고 믿었기 때문이다.

그렇다면 스티브 잡스는 완전히 다른 두 분야의 직원들을 어떻게 공동 공간에 모이도록 했을까? 그는 우편함을 공동 공간으로 옮겼다. 회의실도 마찬가지다. 구내 매점을 중앙으로 옮기니 기념품점과 커피숍도 함께 옮겨졌다. 심지어 건물의 모든 화장실을 중앙으로 옮기려고 했다(하지만 화장실 위치는 뜻대로 못하고 캠퍼스 곳곳에 설치하는 것으로 타협해야 했다). 그렇게 자연스레 사람들이 공동 공간에 모여들어 마주칠 기회가 늘었다. 픽사 대학의 문장紋章이 무엇인지 아는가? 'Alienus Non Diutius'. 라틴어로 '더는 혼자가 아니다'라는 뜻이다.[14]

공간 설계와 마찬가지로 간단한 절차를 마련해 세렌디피티 계기의 양과 질을 높일 수도 있다. 런치로터리Lunch Lottery(점심 시간에 부서나 직책에 상관없이 여러 사람을 만날 기회를 제공하는 서비스— 옮긴이)는 큰 규모의 조직에서 다양한 분야의 사람을 만나도록 돕는다. 영국의 혁신 재단인 네스타NESTA는 '모르는 동료와 커피 마시기'randomized coffee trial, RCT를 통해 새로운 동료를 만나도록 한다. 이 회사 사람들은 여태 모르던 사람과 짝을 지어 한 달에 한 번 등 정해진 횟수에 맞춰 함께 커피를 마신다. 다른 부서 동료일 수도 있고 평소에 잘 어울릴 리 없는 '관심 밖의' 사람일 수도 있다. 특별한 제약이 없고 무작위로 정해지는데 대면 만남이 어렵다면 화상 회의를 이용하기도 한다.

RCT와 같은 방식을 통하면 외부와 정보를 공유하지 않는 개인 혹은 부서와의 담을 허물어 협업이 쉬워지고 우연한 만남의 빈도도 높아진다. 영국 국립보건원Britain's National Health Service, 유엔개발계획United Nations Development Program, 구글, 적십자와 같은 다양한 조직에서 이러한 방식이 시행되고 있다.[15]

세렌디피티가 더 빠르고 강력하게 터지는 힘

과학기술은 세렌디피티를 가속할 강력한 무기다. 매년 포르투갈 리스본에서 개최되는 세계 최대 규모의 기술 학회인 웹서밋Web Summit은 '세렌디피티 설계'를 위해 데이터 과학자를 채용해 학회에 참가하는 사람과 학회에서 연결될 사람, 학회 이후에 도울 사람 등을 프로그래밍한다.[16]

현재 5만여 명이 참가하는 웹서밋의 창립자인 패디 코스그레이브Paddy Cosgrave는 학회를 설립할 무렵 기술 학회에 대한 배경지식도, 자원도 없었다. 게다가 기술의 요지도 아닌 교외 지역인 두블린Dublin에 살고 있었다. 그런데 20대 초반에 어떻게 이런 일을 하게 됐을까? 그는 데이터에 기반을 둔 세렌디피티 접근법으로 학회가 성장하게 됐다고 말한다.

그는 흥미로운 글자체의 이름표와 맞춤형 전시 부스, 표지판과 대기 방법 등 겉보기에 매우 사소한 것까지 꼼꼼하게 계획했다. 고유벡터 중심성(네트워크 내 인물의 영향력 측정)과 같은 복잡한 네트워크 접근법 및 시스템을 사용하는 등 과학을 중심으로 학회를 조직하고, 팀원들이 이를 토대로 데이터를 분석해 참가자 맞춤형의 학회를 구성했다. 웹서밋은 가장 잘 어울리는 짝을 찾아주는 도표이론을 이용해 다른 소셜 미디어 플랫폼이 온라인에서 하는 일을 오프라인 공간에서 실현한다. 코스그레이브는 웹서밋을 5,000여 명의 사람들이 창의적인 충돌을 하도록 돕는 '가속화된 가속기'라고 말한다.

웹서밋에 대해 잘 모르는 사람은 학회의 술집 순례가 다라고 생각할 수도 있다. 하지만 그렇지 않다. 술집 순례마저도 프로그램으로 조직되고 성향에 따라 나눈 그룹 사람끼리 공통점을 찾도록 한다. 자리 배치도 마찬가지다. 흥미로운 대화가 예상되는 사람들을 함께 앉힌다. 이 같은 오프라인과 온라인의 조합은 학회 시작 전부터 일어난다. 먼저 참석자들을 그들의 관심사와 가장 잘 어울리고 우연한 만남을 극대화할 특정 분야에 배정한다. 또한 천장에 달린 고프로와 컴퓨터비전을 이용해 소외되는 사람이 없도록 조치를 취한다. 회의에 참여시키고자 하는 사람이 회원 등록이 안 됐을 경우, 페이스북 뉴스피드에 그들도 아는 존경하는 사람들이 가득한지 확인하고 '검증된 회원'으로 보기도 한다. 이곳에 있다 보면 종종 당신이 그동안 무엇을 놓치고 있었는지 고통스러울 정도로 크게 깨닫기도 한다(물론 이 순간에 충실하는 즐거움, 즉 조모 JOMO:Joy of missing out가 유행이나 흐름에 뒤처질지 모른다는 두려움, 즉 포모 FOMO:Fear of missing out 보다 나을 때도 있다).

좁은 친구 관계에서 벗어나 페이스북이나 인스타그램, 트위터와 같은 개인 플랫폼, 특히 태그 기능을 활용하면 예기치 못한 만남을 다양하게 경험할 수 있다. ESCP 유럽 경영대학원의 다니엘라 럽 Daniela Lup과 나는 연구를 통해 과학기술이 사회적 자본social capital(자원이나 정서적 지지 등 사회관계에서 얻는 이득)의 자연적 경계를 확장하도록 돕는다는 사실을 밝혀냈다. 우리는 불과 몇 십 년 전만 해도 제한된 수의 사람과 연락을 이어갈 수 있었지만 이제는 많은 사람과 '느슨한 유대 관계'를 유지할 수 있다.[17] 이를 잘만 활용한다면 자신과 타인의 세렌디피티 계기를 늘리고 가속할 수 있는 것이다. 관심 있는 분야의 흥미로운 기사를 공유하고 좋아하는 이들을 태그한다면 세렌디피티가 더 일어나게 된다. 당신의 글을 본 그들은 기사와 어울리는 또 다른 누군가를 태그할 것이다.

애덤 그랜트를 비롯해 작가들은 트위터에 자신을 언급한 기사에 좋아요를 누르거나 리트윗한다. 짧은 쪽지를 보내거나 비즈니스 제안을 하기도 한다. 모임에서 배운 내용을 공유하거나 해시태그를 사용하는 것도 효과적이다. 같은 모임에 참석한 사람과 소통하거나 다른 모임에 참석할 기회를 얻을 수도 있다.

이는 관심 분야를 중심으로 운영되는 온라인 커뮤니티에서 더 활기를 띤다. 샌드박스 페이스북에 "수중 로봇에 관한 아이디어가 필요해요."라는 글이 올라오면 10분도 채 안 돼서 우르르 댓글이 달린다. "예전 교수님이 수중 로봇 연구를 하셨어요. 연결해 드릴게요.", "비슷한 로봇을 잘 아는 친구가 있어요." 이러한 역학이 더 활발히 일어나는 커뮤니티는 공통 관심사로 연결된 사람들이 공동의 비전을 발전시키고 일대일로 연결된 느슨한 유대 관계 속에서도 최소한의 믿음이 형성된 곳이다.

고소득 환경뿐만 아니라 극빈 지역에서도 이러한 현상은 마찬가지로 일어난다. 남아프리카공화국의 케이프플랫에 알랩스를 설립한 말런 파커는 아카데미를 방문하는 대부분이 단체의 페이스북에 '좋아요'를 누르고 트위터를 팔로워한 사람들이라고 말했다. 한동안 연락이 뜸한 지인들도 온라인으로 그의 소식을 접한다. "알랩스의 정보를 얻은 뒤에는 '오, 좋은데!'라는 반응을 보여요. 바로 단체의 활동에 참여하는 사람도 있고요."

알랩스가 온라인으로 단체의 활동을 끊임없이 노출한 결과, 생각지도 못한 방문자들이 전 세계에서 몰려들었다. 방문자의 수가 기하급수적으로 늘어나자 파커와 동료들은 예기치 못한 곳에서 나오는 뜻밖의 아이디어를 바탕으로 상품과 플랫폼을 개발했다. 예를 들어 젊은 사람들이 종일 휴대전화를 끼고 생활하는 모습에서 호기심이 생긴 파커는 소셜 미디어에 대한 수요를 바탕으로 '맘스 프로그램'mom's program을 개발해 나이든 여성에게 소셜 미디어 사용법을 가르치게 됐다. 관련 연구에 따르면 기술을 해결책이 아닌 사람의 관심을 끄는 간단한 수단으로 본다면 첨단 기술보다 일반 기술이 핵심일 때가 많다.[18]

〈뉴욕 타임스〉의 칼럼니스트 토머스 프리드먼Thomas Friedman은 아랍의 봄Arab Spring이나 월가 시위Occupy Wall Street 등 여러 시위를 예로 들며 기술의 잠재적 문제점을 지적한다. 기술의 발달로 소통은 늘어나지만 그것이 반드시 협업으로 이어지지는 않는다고 말이다. 하지만 많은 사람들이 소셜 미디어의 활동을 실제 행동으로 옮기고 있는 것도 사실이다.[19] 이는 방향성의 중요성을 다시 한 번 상기시킨다.

네트워크가 다양하지 않다면 세렌디피티에 접근조차 할 수 없다. 다양한 변칙이나 뜻밖의 만남으로 이어지지 않는 '과도한 고착상태'에 빠져 있다면 세렌디피티는 더욱 일어나기 어렵다. 만약 상호적 유대가 강하고 사고방식을 공유하는 동질 집단의 경우라면 더더욱 그러하다. 〈월스트리트 저널〉은 민주당과 공화당의 페이스북 피드에서 눈에 띄는 점을 발견했다.

이들은 당에 대한 자기 언급self-referencing을 통해 신념 체계를 강화하고 지지자들에게 확신과 소속감을 심어준 반면, 다양한 신념에 관한 질문들은 대부분 차단해버리고 있었다.[20,21]

이러한 고착 상태는 오늘날 조직에서 흔히 나타난다. 특히 폐쇄적인 사일로나 정보 불균형이 존재할 때 더욱 그렇다. 이를 기술을 통해 극복한 나이지리아 최대 금융기관인 다이아몬드 은행Diamond Bank의 사례를 보자. 전 CEO인 우조마 도지Uzoma Dozie와 그의 팀은 기업용 소셜 네트워크 서비스인 야머Yammar를 회사 전체에 도입했다. 초기 목적은 다른 회사들처럼 회사 정책에 대한 피드백을 얻기 위함이었다. 많은 조직에서 야머를 도입하고도 협업에 실패했지만 다이아몬드 은행은 성공을 거뒀다. 어떻게 이런 일이 가능했을까? 직원들은 채팅 기능을 이용해 자유롭게 회사 정책부터 영화 약속을 잡는 일까지 이야기를 나누었기 때문이다. CEO 도지는 이렇게 말했다. "직원 90퍼센트가 참여했어요. 실제로 회사 정책에 관한 피드백을 주기도 했지만 그게 진짜 목적은 아니었죠. 취미나 신념, 이념을 중심으로 모임을 만들어 활동했어요. 진지한 모임이나 가벼운 모임이 다양한 직급이나 종교, 출신에 맞춰 형성되고 있었어요. 저 역시 영화에 대한 사랑 덕분에 다른 지점에서 일하는 신입사원과 소통하고 있죠." 이러한 일은 조직의 유대감을 높이고 뜻밖의 만남이 일어날 가능성을 극대화한다.

하지만 세상의 모든 세렌디피티 계기는 서로 이어져야 힘을 발휘한다.

직관적으로 점을 잇는 사람들

모든 일이 딱 맞아들어가는 순간을 경험해본 적 있는가? 세렌디피티를 경험하는 순간, 온몸에 소름이 끼치고 '아하!' 하며 무릎을 탁 치게 된다. 무관하다고 생각했던 일이 연결되고 누군가 자신이 보지 못한 가능성을 끄집어내 대신 이어준다면 얼마나 근사한 일이겠는가.

직감적으로 흩어진 점을 잇는 사람도 있다. 아다시 고틈Aadarsh Gautm은 하이픈Hyphen으로 활동을 시작한 래퍼다. 그는 인스타그램에 자신의 영상을 올리곤 했는데 그중 하나가 런던 소호라디오Soho Radio의 진행자에게 '좋아요'를 받게 됐다. 대부분 이 상황에서 어떻게 할까? 한동안 신이 나고 그걸로 끝이다. 세렌디피티를 놓친 셈이다.

하지만 고틈은 그러지 않았다. 그는 진행자에게 곡에 관한 이야기를 나누고 싶다는 메시지를 바로 보냈다. 그리고 곧 만나고 싶다는 진행자의 답장을 받았다. 말보다는 직접 보여주고 싶다며 공연할 수 있겠냐는 질문을 했다. 진행자가 답했다. "라디오에서 라이브로 공연하는 건 어때요?"

날짜가 정해지고 고틈는 초조하게 공연 날만 기다렸다. 공연을 며칠 앞두고 진행자에게 연락을 받았다. "내가 BBC 라디오로 자리를 옮기게 됐는데 이번에 최고의 DJ 자리를 맡았어요. 여기서 공연해도 괜찮으시겠어요?" 말할 것도 없이 당연히 괜찮았다. 곡을 알릴 수 있는 최고의 출발 무대였다. 그는 세렌디피티 계기를 보았고 적극적으로 활용했다. 하지만 흩어진 점을 잇고 끈질기게 매달린 덕분에 모든 일이 가능했다. 고틈의 사례를 통해 세렌디피티 계기를 잇는 것은 다름 아닌 '이연 연상'이라는 사실을 알 수 있다. 관심을 기울이고 예기치 못한 정보를 잇는 행위가 세렌디피티 과정의 핵심 단계다. '무슨 일이지?'라고 질문하는 단계에는 본 것에 주목하고 잠재적 의미를 생각해보는 행위가 포함된다.[22]

1989년 앨라배마주에서 헤어 스타일리스트로 일하는 필 맥크로리Phil McCrory는 긴 하루를 끝내고 뉴스를 틀어놓고 이발소를 청소하고 있었다. 알래스카에서 일어난 엑슨 모빌Exxon Mobil의 기름 유출 사고로 기름 범벅이 된 해달을 구하느라 자원봉사자들이 어려움을 겪는다는 소식이 전해졌다.

해달의 털에 기름이 덕지덕지 붙은 걸 본 맥크로리는 쓸고 있던 사람의 머리카락에도 기름이 들러붙을 거라는 생각이 들었다. 그는 곧바로 머리카락을 모아 나일론 스타킹에 넣어 기름을 얼마나 흡수하는지 실험했다.[23] 사람의 머리카락으로 유출된 기름을 제거하는 아이디어는 이렇게 탄생해 흡착 매트와 같은 제품으로 만들어지게 됐다. 그는 흩어진 점을 이은 것이다.

늘 직감적으로 이렇게 흩어진 점을 잇는 사람도 있다. 내 인생의 첫 상사이기도 한 프리더 스트로하우어Frieder Strohauer는 독일 하이델베르크의 전설적인 커피숍을 운영 중이다. 고등학교 때 아르바이트를 하며 만나게 된 그는 이렇게 말했다. "누구와 이야기를 하든 경청해. 지인이나 내가 하는 일과 연관성을 찾으면서 말이야. 한번은 은행원이 파산 직전에 있는 회사를 이야기하는 거야. 회사에 관심 있을 만한 사람을 떠올려봤지. 이웃이 새집을 찾고 있다기에 최근에 집을 내놓은 사람과 이야기한 적이 없는지 기억해내려고 했어." 사람들에게 자신의 관심 분야도 이야기한다. 그가 우연의 일치라고 믿은 것처럼 사람은 저마다 아는 분야가 있고 어떻게든 공통점이 생기기 마련이다. 일반적인 기회 탐색 과정이기도 하지만 뜻밖의 인맥이나 일로 이어지기도 한다.

직감적으로 점을 잇는 능력은 다른 상황에서도 빛을 발한다. 휴스턴 출신의 피트 멍거(가명)의 사례를 살펴보자. 그는 노동자 계층의 가정에서 태어나 자신과 같은 사람은 공장에서 일할 수밖에 없다는 말을 항상 듣고 자랐다. 아버지에게서 "우리 같은 사람은 대학에 가지 않아. 원래 그런 거야."라는 말을 늘 들었던 것이다. 그러던 어느 날, 저녁 식사에서 우연히 그의 이야기를 들은 한 교수가 지원할 학교를 가리키며 "일단, 해봐요."라고 말했다. 멍거는 도전했다. 그렇게 해야 할 것만 같았다. 절대 쉽지 않은 여정이었고 많은 시간과 노력이 필요했다. 하지만 마침내 해냈고 그는 가족 중에 대학 학위를 받은 첫 번째 사람이 됐다. 멍거는 확신에 찬 목소리로 말했다. "여러 도움 덕분에 꿈을 이룰 수 있었지만 평소라면 놓쳤을 기회에 적극적으로 행동하고 스스로 운명을 개척한 것이 가장 중요하다고 생각해요." 그는 최근 세계 최고 10대 대학의 졸업반을 거쳐 세계 최고 교육 기관 중 한 곳의 졸업생이 됐다.

상황에 휘둘리지 않고 어떻게 상황을 통제할 수 있을까? 사고를 전환하면 꿈조차 꾸지 못한 기회의 가능성이 열린다. 앞서 살펴본 필 맥크로리와 피트 멍거, 너새니얼 와이트모어(제1장의 테드x화산 이야기의 주인공)와 같은 사람들의 공통점은 남들과 똑같은 세렌디피티 계기를 마주한 것이다. 엑슨모빌 기름 유출 사건을 TV로 본 사람은 맥크로리만이 아니었고 화산으로 일정에 차질이 생긴 사람이 와이트모어만이 아니었다. 하지만 그들은 다르게 반응했다. 그들은 점을 이었고 자신과 타인을 위한 세렌디피티가 일어나도록 했다.

충분한 정보를 가진 관찰자가 되어라

잠재적인 점으로 이어지는 특별한 지식을 가졌다면 흩어진 점을 쉽게 이을 수 있다. 흔히 '유레카!'를 외치게 될 뜻밖의 사건은 지식을 개발하는 준비 과정을 거친 뒤에야 비로소 일어난다.[24] 앞서 만난 페슈카는 영화 제작에 대한 배경지식이 있었기에 자기 목소리를 내고자 하는 엠마의 바람을 읽어 점을 이었다. 특수성에서 보편성을 발견하려면 충분한 정보를 지닌 '관찰자'가 되어야 한다.[25]

앞서 이야기했듯 누구나 자기 삶에 있어서는 전문가다. 충분한 동기부여를 받고 흥미롭게 여기는 예기치 못한 일을 마주하면 의식적이든 무의식적이든 여태 쌓은 지식을 떠올리게 된다.[26] 지식이 실제로 어떻게 적용되는지 '보기' 전까지는 어떻게 사용해야 할지 알기 어렵다. 스티브 잡스는 대학 때 캘리그래피를 배울 때만 해도 애플 맥 Apple Mac의 다양한 서체에 캘리그래피 지식이 활용될 거리라곤 예상하지 못했다.

법도 마찬가지다. 법정 드라마 〈슈츠〉Suits의 시청자라면 하비 스펙터와 루이스 리트가 특히 위기의 순간에 우연히 책이나 대화를 통해 다양한 전략을 내놓은 모습을 보았을 것이다. 새로운 정보와 기존의 지식(판례법이나 반대 변론)이 만날 때 점이 이어지는 것이다. 특정한 목표를 두고 습득한 지식은 아니지만 필요할 때 쓸 수 있는 일반적 지식이었다.

개인과 마찬가지로 조직도 집단 기억 collective memory (사회나 집단이 사건을 기억하는 힘—옮긴이)을 기르고자 한다. 세렌디피티에 이러한 기억이 아주 중요한 이유는 인간은 이전의 실험이나 노력으로 얻은 지식을 유지하기 때문이다. 이런 점에서 실패는 엄밀한 의미로 실패가 아니다. 효과가 있

는 일과 없는 일을 판가름하는 지식을 쌓는 데 중요한 원천이 되는 것이다.[27]

자신의 역량을 파악하고 열린 마음을 가져야만 예기치 못한 일이 발생했을 때 점들을 이을 힘이 생긴다. 특히 열린 사고는 굉장히 중요하다. 세계적인 소프트웨어 회사인 세일즈포스Salesforce의 설립자인 마크 베니오프Mark Benioff는 선승 스즈키Suzuki가 말하는 초심자의 마음을 잃지 않고자 한다. "초심자의 마음에는 여러 가능성이 있지만 전문가의 마음에는 가능성이 남아 있지 않다." 뭔가 특별하게 이루고자 한 것은 없지만 늘 가능성을 열어둔 게 자신의 '강점'이라고 베니오프는 말했다.[28]

스티븐 더수자Steven D'Souza와 다이애나 레너Diana Renner는 저서 《팀장인데, 1도 모릅니다만》에서 초심자의 마음을 편히 받아들이는 것이 중요하며 진정한 배움은 익숙한 곳에서 벗어날 때 이루어진다고 말한다. 앞서 만난 카라 토마스는 '모르는 상태'에서 세렌디피티를 흔히 경험한다고 설명했다.[29] 즉 기존 지식과 초심자의 마음을 주저하지 않고 적절한 순간에 사용할 수 있어야 한다는 뜻이다. 바로 그럴 때 굉장히 효과적으로 세렌디피티를 경험할 수 있다.

예술가들이 세렌디피티 사냥꾼인 이유

솔로몬 왕은 아이의 진짜 엄마라고 우기는 두 여인의 다툼을 해결하고자 아이를 반으로 가르라는 명령을 내렸다. 왜일까? 여인들의 반응을 보면 판단할 수 있으리라 생각했기 때문이다. DNA 테스트가 없던 시절, 조사할 방법이 많지 않았다. 두 여인 모두 자기가 진짜 엄마라고 주장하는 탓에 아이를 반으로 가르라는 명령 외에 달리 방법이 없었다. 솔로몬은 아이를 가르지 말라고 간청하며 차라리 다른 여인에게 주라고 말한 여인을 아이의 진짜 엄마라고 확신했다. 아이의 생명을 위해 양육권을 포기했기 때문이다. 솔로몬 왕은 뻔하지 않고 창의적이면서도 간접적인 방식을 택했다. 에드워드 드 보노Edward de Bono는 이를 단계적으로 문제를 해결하는 수직적 사고에 반대된 '수평적 사고'lateral thinking라고 일컬었다.[30]

수평적 사고 접근법은 해결책을 찾는 범위를 넓히고 새로운 아이디어 발상법을 알려준다. 아무 물건이나 하나 집어서 당신의 관심 분야와 연결 지어 보라. 드 보노는 무작위로 고른 '코'라는 단어를 복사기와 연결 지어 종이가 다 떨어질 때마다 라벤더 향을 내는 복사기라는 아이디어를 냈다.[31] 창의적인 활동은 바로 여기서 시작된다.

세렌디피티 계기를 유발하고 점을 잇는 데 예술만 한 게 없다. 예술가들은 우연과 변칙에서 많은 영감을 얻는다. 게다가 예술은 예상치 못한 곳에서 번성한다.[32] 20세기 최고의 추상표현주의 예술가인 잭슨 폴록Jackson Pollock이 남긴 유명한 말이 있다. "나는 우연을 거부한다." 이게 무슨 말일까? 그의 그림을 보고 캔버스에 물감을 아무렇게나 마구 뿌린다고 생각하는 사람도 있지만, 그는 겉보기에 무작위적인 몸짓 하나에도 이유와 의도가 있다고 말했다. 우연을 거부하는 것은 사전에 그림을 계획한다는 말이 아니다. 폴록은 우연을 즉흥적이면서도 동시에 의도된 것으로 보았다.

메소드 연기나 즉흥 재즈 연주, 혹은 스탠드업 코미디를 떠올려보라. 예술가들은 예상치 못한 일이나 즉흥적인 상황에 열려 있다. 이런 상황은 예술가 내면에서 혹은 청중이나 동료 예술가들에게서 비롯되기도 한다.

성공적이라면 그 결과는 무의미하게 통제되지 않는 혼란이 아닌 뜻밖의 결과를 내며 창조적 긴장을 만들어낸다.

에미상 후보에 오른 작가이자 대학 교수인 브래드 교리Brad Gyori는 이런 말을 했다. "예술가는 '필요하면' 세렌디피티를 위한 전략을 짜내는 '세렌디피티 사냥꾼'이다." 예술적인 방법은 실용적이고 생각보다 훨씬 이해하기 쉽다. 사고의 습관을 깨고 적응력과 즉흥성을 기를 좋은 기술이다.

1970년대 중반 음악 프로듀서인 브라이언 에노Brian Eno는 예술가이자 화가인 페터 슈미트Peter Schmidt와 함께 〈우회전략〉Oblique Strategies이라는 제목으로 카드 수십 장으로 구성된 작품을 선보였다. 카드에는 예술의 교착상태에서 벗어나 아이디어를 떠올릴 문구나 짧은 문장이 담겨 있다. '문제를 가능한 한 명료하게 말하라'처럼 실용적인 문구도 있고, '자신의 몸에게 질문하라'처럼 아리송한 문구도 있다. 브래드 교리는 이를 '분리화 전략'이라고 불렀다. 분리화란 연속성을 깨고 재배열하여 관객이 패턴을 직감적으로 인식하여 새롭고 잠재적으로 흥미로운 연상을 하도록 돕는 것이다. 인간은 세렌디피티의 원천을 인식하도록 선천적으로 타고났다.[33]

그렇다면 어떻게 할 수 있을까? 공간과 시간, 관점 혹은 연속성을 바꾸어 분리 전략을 적용할 수 있다.[34] 협상 분석학이나 예술에서 비롯된 세 가지 효과적인 방법은 리믹싱과 리부팅, 해체하기다. 이를 통해 예상하는 일에 의문을 제기하고 흩어진 점을 이을 수 있다.

리믹싱: 연관성을 찾아라[35]

우리는 자신의 태도와 주장을 고수하고 옹호한다. 확고한 태도로 자신을 대변하는 것이다. 이러한 태도는 한쪽의 이득이 늘면 다른 한쪽의 이득이 줄어든다는 제로섬게임 사고에서 비롯한다. 내 이득과 상대의 이득이 서로 대치된다고 생각하는 협상이 한 예다.

새 학기 첫날, 내 협상 수업을 듣는 학생들은 간단한 과제를 받는다. 바로 일자리 제안에 대한 협상이다. 두 그룹으로 나뉘어 일대일 면접을 하는 상황을 연출하는데 한 명은 지원자, 다른 한 명은 인사 담당자가 된다. 양쪽 모두 연봉이나 보너스, 회사 위치 등 협상해야 할 문제가 상세히 기록된 똑같은 일반 정보를 받는다. 동시에 우선순위가 기록된 다른 기밀 정보를 받는다. 내용에는 '연봉 9만 달러일 경우 x 점', '샌프란시스코에 위치한 회사는 y 점' 등 결과에 따른 점수가 함께 담겨 있다. 상대가 각 협상의 결과로 몇 점을 받게 될지는 모른다.

양쪽의 학생들은 모든 항목에서 서로가 원하는 게 다르다고 가정한다. 지원자는 인사 담당자가 높은 연봉을 요구하면 싫어할 거로 생각하고 인사 담당자는 지원자가 최대한 높은 연봉을 원한다고 생각한다. 이런 일이 벌어지면(대부분 실제로 일어나는 일이다) 분배식 협상에 그친다. 연봉이 높아지면 지원자는 높은 점수를 받지만 인사 담당자는 낮은 점수를 받는다. 승자와 패자가 분명히 나뉘는 게임이다. 또한 자신이 최대 점수를 획득하게 될 위치와 다른 곳을 상대가 선호할 거로 생각했다. 놀랍게도 같거나 비슷한 위치를 택할 때 최대 점수를 받는다는 사실을 파악한 사람이 거의 없었다. 협상의 '조화로운' 윈-윈 전략은 정보를 효과적으로 공유해야만 해결된다.

이 사례를 통해 많은 교훈을 얻을 수 있지만 핵심은 우리 삶 어디서든 제로섬게임을 볼 수 있다는 사실이다. 하지만 협상과 같은 상황에서도 충분히 조화를 이룰 수 있다. 바로 윈-윈 전략을 통해서다. 그래야 양쪽에게 유리한 방법을 찾을 가능성이 커진다. 우선 상대의 요구와 우선순위에 대한 정보를 최대한 수집해서 자신의 견해보다는 본질적인 관심사가 무엇인지 파악해야 한다. 이 과정을 통해 학생들은 좀 더 관심사에 기반을 둔 협상을 시도한다. 기존의 작은 파이의 몫을 늘리기보다 윈-윈 무리를 만들어 전체 파이의 크기를 늘리는 법을 배우게 되는 것이다.

관심사에 기반을 둔 협상은 정보를 수집하고 상대의 이득을 파악하는 데 달려 있다.[36] 굉장히 탐구적인 협상으로 불변의 입장이란 없으며 새로운 정보에 따라 언제든 바뀔 수 있다고 본다. 가능한 해결책과 예상치 못한 해결책이 나올 때까지 정보를 공유한다.

수업 중에 이를 가장 잘 보여주는 시나리오가 있다. 앞에서도 소개한 바 있는 주유소를 팔려는 주인과 이를 사려는 대기업 사이에 타협의 여지가 없는 상황이다. 처음의 입장을 고수하는 학생들은 해결책을 찾지 못한다. 회사가 제시하는 가격이 주인의 기대에 미치지 못해서다. 이론상 이 상황에만 집중하면 다른 방법이 떠오르지 않는다. 소련과 미국 간의 냉전처럼 윈-루스win-lose 관계를 당연시하는 상황을 흔히 볼 수 있다. 하지만 협상을 하면서 학생들은 정보를 효과적으로 공유하면서 뜻밖의 해결책을 찾는다. 주유소를 사들이고도 주인을 고용한다거나 주인이 계획한 요트 여행 동안 공짜 기름을 공급하는 등 여러 방법을 생각해낸다. 그렇게 하면 주유소를 저렴하게 매입하고 주인도 행복해질 수 있다.

협상 초기의 입장, 즉 매매 가격은 시작점에 불과하다는 사실을 깨닫는다. 새로운 정보를 수집하고 점을 잇는 법을 배운다. 예를 들어 주유소 사장은 매매 가격이 아니라 주유소를 팔고 나서 편하게 사는 데 관심이 있었다. 결국 이 경우에는 표면적인 가격에 초점을 맞춘 처음 입장을 바꾸게 됐고 새로운 정보와 근본적인 요구에 근거해 다른 관점에서 협상을 했다.

이와 같은 '가변성'은 인간의 가치관과 신념을 비롯해 더 광범위하게 적용되기도 한다. 젊은 칼 마르크스와 나이 든 칼 마르크스의 업적에는 분명한 차이가 있다.[37] 이와 비슷한 예로 어린 시절 정치적 극단주의에 끌렸다가 나이가 들면 중도나 보수주의자가 되는 사람이 많다.

그렇다면 예술과 세렌디피티는 도대체 무슨 관계가 있는 걸까? 예술가는 스스로 만든 이념적 제약의 굴레에서 벗어나고자 한다. 세계관을 바꾸고 가변성을 포용하며 경직되고 성문화된 모든 것을 거부한다. 끊임없이 아이디어를 결합하고 재결합하면서 새로운 통찰을 시도한다. 러시아의 영화 제작자인 세르게이 에이젠슈타인Sergei Eisentein은 독립된 영화 두 편을 편집하여 결합하면 '제3의 의미'가 나온다고 주장했다.[38] 콜라주 예술도 잠재적인 연관성을 내포한 이질적인 요소들의 결합이다.

리믹싱의 힘은 개별적 요소가 아니라 요소들의 관계와 그 속에서 발견되는 새롭고 놀라운 '연관성'이다. 시나리오 작가들에게서 리믹싱에 관한 좋은 방법을 배울 수 있다. 그들은 각 장면을 인덱스 카드에 요약한 뒤 이야기 순서를 이리저리 바꿔보는 연습을 한다.[39] 어떻게 구성하느냐에 따라 이야기는 완전히 다르게 전달된다.[40]

리믹스와 같은 분리화 전략을 통해 현재 상황을 분열시켜 재고하고 예기치 못한 통찰과 새로운 관계를 볼 수 있다. 다른 부분을 섞고 새로운 조합을 생각해볼 때 뜻밖의 연결 고리가 만들어진다.[41] 질적 연구에서 흥미롭고 반직관적인 결과를 얻는 방식이기도 하다.

반직관적인 결과와 관련하여 일본 자동차 회사 혼다Honda의 사례를 보자. 1960년대 혼다의 목표는 큰 물건을 선호하는 미국인의 성향에 맞추어 대형 오토바이를 파는 것이었다. 하지만 당시 일본에서 흔한 소형 오토바이로 출퇴근하는 사람들을 본 혼다 직원들은 미국인이 소형 오토바이에 더 관심을 보일 거라고 말했다. 혼다는 이후 의견을 수렴해 슈퍼커브 Supercub라는 소형 오토바이를 미국 시장에 내놓았다. 혼다는 새로운 정보로 점을 이었다. 남들이 보지 못하는 것을 보았고 결국 크게 성공했다.[42] 이러한 전략적 기회는 다양한 형태의 리믹싱을 통해 우연히 떠오른다는 관리경영 연구가 있다.

하지만 방대한 관점을 조합하는 것만으로 부족하다. 성공적인 우연한 발견의 핵심은 공유에 대한 기본적인 신뢰와 자발성이다. 관심사에 기반을 두고 잘 조직된 공동체 사람들은 '이런 우연의 일치라니!'라는 말을 자주 한다. 하지만 그들 사이에 일어나는 세렌디피티의 질과 양이 완전히 우연은 아니다. 다양한 생각과 아이디어, 경험과 의식의 공유에서 비롯한 선택의 과정으로 가속화된 것이다.

리부팅: 전체의 재창조

리부팅은 철저한 재창조를 의미한다.[43] 새로운 아이디어와 연구, 새로운 문학 작품은 종종 급진적인 '중심축'의 변화가 일어날 때 나온다.

자동차 충돌 사고 후 내 삶에서도 이러한 변화가 일어났다. 중심축이 완전히 달라진 것이다. 리부팅은 모든 것이 새롭게 재구성될 때 일어난다. 리메이크가 '부분의 재창조'라면 리부팅은 '전체의 재창조'다. 리믹싱은 기존의 원재료를 바꾸지만 리부팅은 판을 아예 갈아엎는 것이다. 새로운 기초 콘셉트를 세워 새 이야기를 만들어낸다. 단순히 카드의 순서를 바꾸는 게 아니다. 기존 것과 비슷하지만 크게 변형된 내용을 담은 새로운 카드를 만들어내는 것이다. 새로운 통찰이 필요한 지적 마비 상태인 정체기가 지나면 대개 리부팅의 순간이 찾아온다.[44]

리부팅을 통해 새로우면서 전혀 예상치 못한 통찰을 얻으려면 기존의 익숙한 패턴과 그 패턴의 붕괴를 모두 잘 이해해야 한다. 당신의 삶과 조직에 리부팅이 일어나고 있지는 않은지 살펴보라. 완전히 새롭게 태어나기 적절한 때일 수 있다.

킬리만자로 하이킹 등 강렬한 경험을 통해 리부팅을 하기도 한다. LSE와 뉴욕 대학교에서는 학생들을 위험한 지역에 있는 단체와 공동 작업을 시켜 꽤 오랜 기간 현지인들과 함께 생활하도록 한다. 학생들은 이 경험을 통해 좋아하지도 않는 일을 10년 동안 해야 한다는 기존의 가정에 의문을 제기하고 좋아하는 일을 즉시 실행할 수 있다는 깨달음을 얻는다. 여행이 어려운 상황이라면 가상현실 헤드셋을 이용해도 좋다. 상황을 시각화하고 부분적으로나마 느끼는 데 도움이 된다.

해체: 뒤집어 생각하라

해체는 어떤 것의 이면을 살펴 감춰진 의미를 찾아내는 행동이다. 뻔하고 예상 가능한 최종 목표에 이르는 대신 경험의 논리와 텍스트를 해체하는 전략을 쓴다. 그러면 전혀 생각지 못한 놀랍고 흥미로운 결과가 나온다.[45]

초현실주의 그림 기법 중 하나인 그라타주Grattage는 두텁게 색을 입힌 캔버스를 나이프로 긁어 다양한 색을 표현하는 방식으로 해체의 한 예다. 그레고리 머과이어Gregory Maguire가 쓴 《위키드》Wicked 역시 《오즈의 마법사》를 해체해 원작의 소외되고 비열한 사악한 서쪽 마녀의 삶을 재구성했다.[46] 기존의 가정과 편견에 의문을 던지고 진부한 문화를 거부하며 드러나지 않은 의미를 찾고자 한 것이다.

고대 로마인들의 축제인 사투르날리아Saturnalia를 보자. 8일간 열리는 연례 축제 동안에는 기준으로 삼았던 규범에 변화가 생긴다. 하인과 주인의 위치가 바뀌고 남자는 여자 옷을, 여자는 남자 옷을 입는다. 사회적 차별이 일시적으로 재정의되면서 카타르시스의 수단이 됐다.[47] 일반적으로 반문화는 흔히 문화적 규범을 뒤집을 때 생겨난다. 이러한 혁신은 즉흥적이고 예측할 수 없기에 세렌디피티가 번성할 최적의 환경을 만든다.[48]

2007년 서던캘리포니아 대학교의 유명한 로스쿨 졸업식 연설에서 워런 버핏의 사업 파트너인 찰리 멍거는 '거꾸로 생각하기'의 중요성을 논하며 문제를 거꾸로 풀기 시작하면 쉽게 풀릴 때가 많다고 했다. '소말리아를 돕고 싶다'면 '어떻게 소말리아를 돕지?'라고 물을 게 아니라 '소말리아에 가장 피해를 준 요인은 무엇인가? 그 일을 피하려면 어떻게 해야 하는가?'를 질문해야 한다. 논리적으로 차이점이 없다고 생각할지 모르지만, 이 둘은 전혀 다르다. 멍거는 이런 말도 남겼다. "내가 어디서 죽는지 정말 알고 싶네. 그래야 거긴 절대 안 가지!"[49]

모은 점을 한 번 더 해석하라

리믹싱과 리부팅, 해체를 하려면 '데이터 마이너'data miner가 되는 것을 피해야 한다. 여기서 말하는 데이터 마이너란 단순히 정보를 수집하여 기존의 가정을 확인하는 데 그치는 사람을 일컫는다. 우리는 데이터 마이너가 아닌 실용적인 철학자, 즉 기존 가정을 당연시 여기지 않고 질문하고 관점을 전환하고 숨은 뜻을 파악할 줄 아는 사람이 되어야 한다.

여러 분야에서 질문하는 태도는 행복한 삶을 살기 위한 핵심이다. 머리 데이비스Murray Davis 교수의 《흥미로운 논문 쓰기》That's interesting는 좋은 논문을 쓰기 위한 다양한 방법을 제시해 박사 논문을 쓰는 학생에게 많은 영감을 주고 있다. 그 책에서 가장 중요한 대목은 '일반적인 가정을 부정하기', 즉 가정이 적용되지 않는 상황 제시하기다.[50] 예술가들에게서 흔히 볼 수 있는 모습이지만 이는 세계에서 가장 성공한 리더들의 특징이기도 하다. 세계 최고 권위의 CEO 31명을 인터뷰한 리더스온퍼포스의 연구를 보면 세계 최고의 CEO들은 세상이 돌아가는 방식에 끊임없이 의문을 품었다. 의문을 던지고 가정을 뒤집으면서 세렌디피티가 일어날 기회의 장을 연 것이다.

절대적인 것을 찾기보다 처한 상황 속에서 중요한 의미를 찾아야 제대로 살게 된다. 의미란 고정불변하지 않는다. 관점이 충돌하는 여러 관계 속에서 비로소 들어맞는 것이다. 충돌이 일어나는 바로 그 지점에서 세렌디피티가 탄생한다.[51] 또한 상충하는 견해를 수용할 때 세렌디피티가 효과적으로 일어난다. 사람은 흔히 정과 반을 통해 합에 이르는 변증법적 사고를 한다. 바로 헤겔식 사고다. 현실은 이렇듯 흑과 백의 논리로 설명되지 않는다. 이 미묘한 차이야말로 삶의 본질이 아닐까.

놀이를 하듯 점을 이어라

창의적인 사람은 대체로 유추하기를 통해 한 분야의 정보를 다른 분야에 적용해 문제를 해결한다.[52] 유추적 사고를 기르는 한 방법은 기회의 장을 마련하는 데 도움이 될 만한 여러 '잠재적 유사점'을 찾아내는 것이다. 이 과정에서 해결책을 찾을 가능성이 커진다.[53] 공통점을 발견하면 잠재적 해결책이 눈에 보이기 시작한다.

흩어진 점을 잇는 방법은 다양하다. 자극적인 생각으로 새로운 아이디어를 얻기도 하며 과장되거나 허무맹랑한 생각으로 굉장히 파격적인 아이디어를 떠올리기도 한다. 이후 새로운 패턴에 집중하여 점을 잇는다.[54] 이때 특히 유희성, 즉 재미를 자극하는 것이 세렌디피티와 혁신에 유용하다는 연구 결과가 있다. 재미로 하는 여러 활동은 새로운 발견을 부추긴다. 재미를 찾다 보면 규칙을 깨거나 실험적인 활동을 많이 하기 때문이다. 이 과정에서 우리는 익숙함에서 벗어나 여태 발견하지 못한 것을 보게 된다. 이때 마법이 일어난다.

알베르트 아인슈타인은 이러한 놀이가 생산적인 사고의 필수라고 여겼다. 아이들이 레고를 가지고 노는 것처럼 아인슈타인은 끊임없이 아이디어나 이미지, 사고를 시각적으로 조합하고 연결했다. 이러한 '조합 놀이'는 유의미한 상관관계를 보이는 쌍이나 일련의 사건을 추론해내는 특정한 능력의 중요성을 보여준다. 스티브 잡스 역시 이 능력에 도가 튼 인물로, 창의력은 곧 연결하기라는 것을 가장 잘 보여준다. 점을 어떻게 잇느냐는 질문에 창의적인 사람들은 무슨 대답을 해야 할지 난감함을 느끼곤 한다. "사실 점을 이었다기보다 무언가 발견했을 뿐이죠. 어느 정도 지나니 뚜렷이 보였고요."

연결하기는 인류 역사에도 뿌리 깊이 박혀 있다. 고대 로마 철학자이자 정치가인 세네카는 르네상스 시대의 많은 사상가와 예술가에게 많은 영감을 주었다. 그는 후에 아인슈타인이 말한 것처럼 조합 놀이에 참여해야 한다고 주장했다. 즉, 아이디어를 수집하고 분리하고 재조합해 새로운 것을 만들어내는 활동의 중요성을 강조한 것이다. 그가 남긴 글에는 인상 깊은 벌 이야기가 있다. 벌은 이리저리 날아다니며 꿀을 만들기 위해 꽃꿀을 채집하고 벌집에 분류하고 저장한다. 소화될 때까지 꽃꿀을 섭취하고 내뿜는 반복적인 숙성 과정을 통해 꿀을 만들어내는데 세네카는 이를 다양한 자료를 분리하고 다시 하나로 합치는 과정에 비유했다. 수집한 자료를 '소화'하지 않으면 아는 것은 많아질지 모르나 생각하는 힘은 기르지 못한다고 말이다.[55]

세렌디피티를 자주 겪는 사람들을 잘 살펴보면 대개 유머 감각이 있다.[56] 새로운 게임이나 어려운 퍼즐 맞추기 혹은 새로운 공연 등 놀이를 통해 새로운 이연 연상이 일어난다. 신이 나는데 농담 한마디 하는 게 어렵겠는가. 유머는 세렌디피티 씨앗을 심는 행위이자 흩어진 점을 잇는 방법이다. 당신도 결코 늦지 않았다. 지금 당장 유머 감각을 길러보자.

행운 코드 4. 시도하고 행동한다

세렌디피티는 단발성 사건이 아니다. 계기를 찾고 만들어내며 흩어진 점을 잇는 노력을 통해 우연을 행운으로 바꾸는 지속적인 과정이다. 세렌디피티 씨앗을 심는 방법은 다양하다. 그물을 던지고 세렌디피티 폭탄을 설치할 수도 있다. 누군가에게 들은 이야기가 자신이 아는 분야와 무관해 보여도 끊임없이 연결 지으며 점을 이어야 한다. 이 과정을 통해 세렌디피티 영역이 확장된다.

하지만 직접 해보지 않으면 아무 소용이 없는 법이다. 그러니 다음의 새로운 세렌디피티 연습을 지금 당장 실천에 옮겨보자.

세렌디피티 연습: 실행하기

1   대화에서 사용할 다양한 그물을 준비해라. 특히, 직업을 묻는 말에 대한 대답을 생각해라. 관심을 끌 만한 그물 3~5개를 짧은 대답에 담아 상대가 가장 공감하는 것을 고르게 하라. 즐거운 대화가 되기를!

2   상대의 흥미를 끌 만한 요소를 담아 당신의 관심 분야에 관한 이야기를 한 페이지 정도로 작성해보자. 어려운 환경에서 자랐지만 생각지도 못한 성공을 거두었는가? 고등학교를 1년 더 다닌 일이 도움이 됐는가? 어떤 이야기든지 좋다. 그리고 세상에 알려라. 졸업한 중고등학교나 대학교도 좋고, 근처에 있는 학교 어떤 곳이든 상관없다. 동문회나 학교 행사 등 자신의 이야기를 나눌 곳을 찾아라. '어떻게 이렇게 할 수 있었을까?'와 같은 간단한 주제로 시작하라.

3   세렌디피티 폭탄을 설치하라. 당신이 가장 존경하는 인물과 연락할 방법을 찾아내라. 링크드인 메시지나 이메일, 다른 경로 등 무엇이든 상관없다. 그가 당신의 삶에 어떤 영향을 끼쳤으며 당신이 어떤 연결 고리를 원하는지 진솔한 글을 써서 보내라. 확률

게임이니 정확하되 최대한 많은 사람에게 보내라. 최소 다섯 명 이상에게 보내자.

4 여러 사람 앞에서 말할 기회가 생겼다면 예상치 못한 일에 대비하라. 갑자기 휴대전화가 울리거나 프로젝터가 말썽일 때 등 여러 상황에 던질 수 있는 적절한 농담을 준비하라. 돌발 상황에 침착하게 대응하는 모습을 통해 상대를 내 편으로 만들 수 있다.

5 대학이나 지역 도서관과 같은 공공 기관이 근처에 있다면 한 달에 한 번 공개 모임에 참석하라. 강연이 끝난 후 진행되는 질의응답 시간을 위해 좋은 질문거리를 준비하자. 당신의 모습이 각인된다면 이후 강연자와 소통하기 쉬워진다. 연락처를 받고 즉시 연락을 취해보자.

6 새로운 사람을 만날 때 내가 상대에게 어떤 도움을 줄 수 있는지, 상대를 누구와 연결해줄 수 있는지 생각하라. 새로운 사람을 한 달에 한 번 다른 사람과 연결해주자. 소개할 때 둘의 공통점을 이야기하자. 단, 지나치게 구체적인 이야기는 피하라.

7 인맥을 위한 자리를 마련한다면 참석자에게 1) 최근에 가장 즐거웠던 일, 2) 최근에 겪은 가장 큰 어려움, 3) 가장 좋아하는 세렌디피티 이야기를 나누도록 하라. 최근에 당신이 들은 이야기가 참석자의 열정이나 어려움과 연결되는 부분이 있는지 생각하며 적극적으로 경청하라.

SERENDIPITY
CODE

제6장

우연을 세렌디피티로
완성하는 그릿의 힘

계속 도전하라.

생각지도 못한 곳에서 기회를 발견할 것이다.

아무것도 하지 않으면서 기회를 잡은 사람은 없다.

_찰스 케터링, 전 제너럴모터스 연구 책임자

SERENDIPITY

찰스 케터링Charles Kettering은 1920년부터 1947년까지 제너럴모터스General Motors의 연구 팀을 이끈 인물로 최근에서야 연구로 밝혀진 사실을 당시에 이미 간파했다. 바로 "실행하라. 그럼 운이 좋아질 것이다."라는 사실이다.[1] 우연한 일이 생기는 것만으로는 부족하다. 우연을 좋은 결과로 이어지게 하려면 지혜와 끈기를 갖춰야 한다. 이러한 끈기와 집념이 실험실의 단조로운 일상이 계속될지 노벨상을 받을지를 결정짓는 요소이기도 하다.

코넬 대학교의 병리학 교수 에런 켈너Aaron Kellner는 실험실 토끼에게 파파인 효소 주사를 놓자 토끼 귀가 축 늘어지는 것을 목격했다. 비슷한 시기에 뉴욕 대학교 교수인 루이스 토머스Lewis Thomas 역시 같은 현상을 관찰했다. 둘 다 특이한 현상이라고 여겼지만 다른 연구를 진행 중이었던 터라 더 조사하지는 않았다. 토끼의 귀가 축 늘어지는 현상이 계속 관찰됐지만 후속 연구는 하지 않았다.

그렇게 몇 년이 흐른 1955년, 토머스는 마침내 늘어진 토끼 귀에 관한 연구를 진행하기로 했고 파파인 효소가 귀 세포 구조에 엄청난 영향을 미친다는 사실을 밝혀냈다. 이 연구로 류머티스 관절염과 같은 질병을 이해하는 혁신적인 돌파구를 마련하게 됐고 그 공고로 노벨상을 거머쥐었다. 반면 켈너는 후속 연구를 진행하지 않았다. 켈너를 세렌디피티를 놓쳤고 토머스는 세렌디피티를 발견했다.[2] 여기에는 어떤 이야기가 숨어 있을까?

우선 이 책을 말 그대로 물에서 건져낸 기술자 대니얼 스펜서Daniel Spencer를 만나보자. 나는 노트북에 커피를 쏟는 바람에 수리를 맡기러 간 곳에서 스펜서를 우연히 만났다. 우리는 스펜서가 부업으로 시작한 일(하지만 지금은 본업이 된)인 사진에 관해 대화를 나누었다. 실행에 옮기는 데 꼬박 6년이 걸린 일이라고 했다. 그는 애플의 기술자로 근무하면서 남몰래 사진에 대한 열정을 품고 있었다. 이 사실을 모르는 팀 내 사진작가 두 명에게서 사진을 배우면서 그 열정은 점점 더 커져만 갔다. 사진을 공부하고 직접 촬영해보면서 그는 즐겁고 마음이 편안해지는 것을 느꼈다. 결국 일하는 시간을 줄이고 친구의 차고를 빌려 첫 스튜디오를 열었다. 사진으로 돈을 벌게 된 날, 그는 애플을 퇴사했다.

배우와 사업가의 인물 사진을 찍기 시작하며 그는 회사 이름을 '턴앤숏 포토그래피'Turn and Shoot Photography로 지었다. 특별한 이유 없이 그저 '마음에 들어서'였다. 당시 360도 이미지가 온라인에서 인기를 끌기 시작하며 패션 기업인 아소스ASOS를 비롯해 많은 기업이 제품을 상세하게 볼 수 있는 다양한 회전 이미지를 선보이던 때였다. 너도나도 회전 기술에 몰두해 세상의 모든 게 빙글빙글 도는 듯했다. "마네킹이 쇼윈도에서 도는 것 같았고 폰 게임의 캐릭터들이 막 돌기 시작했어요. 제발 봐달라고 삶이 제게 손을 흔들며 소리치는 것 같았죠."

그러다 불현듯 생각이 떠올랐다. 360도 회전하는 인물 사진을 찍으면 어떨까 하는 생각이. 그는 연기 경험이 있던 터라 오디션장에서 오른쪽, 왼쪽으로 돌아서보라는 요청을 받은 기억이 떠올랐고 그런 식으로 인물 사진을 찍는 더 좋은 방법이 있을 것이라 생각했다. 친구에게 이야기하자 백만 불짜리 아이디어라는 말을 들었다. 그는 너무 신이 났지만 몇 달간 실행에 옮기지 못했다. 실패에 대한 두려움이 컸기 때문이다.

몇 달의 고민 끝에 마침내 실행에 옮기기로 하고 필요한 것이 무엇인지 조사했다. 일단 사람의 몸무게를 견딜 만한 턴테이블이 필요했다. 하지만 너무 비싼 가격이 문제였다. 그런데 우연히도 페이스북에서 이 거대 턴테이블을 경품으로 탈 기회를 발견했다. 그는 곧바로 응모했고 턴테이블을 손에 넣었다. "'바로 이거야!'란 생각이 강하게 들었어요. 초능력이 있어서가 아니에요…. 그냥 될 거라는 확신이 들었어요. 조금도 의심하지 않았죠."

처음에는 배우 친구들을 데리고 아이디어를 테스트했다. 이후 몇 번의 설득 끝에 런던의 캐스팅 회사 홈페이지에 특집 기사를 장식하게 됐다. 회사는 '360도 인물사진'이라고 불렀다. 회사 이름인 '턴앤숏'(돌아 찍기)이 그제야 연결이 되는 듯했다. 스펜서는 곰곰이 생각해본다. "이름을 고르고 갈 길을 정한 건지, 정해진 길을 착실히 간 건지 누가 알겠어요?"

루이스 토머스와 대니얼 스펜서의 이야기를 통해 우리는 후에 아이디어가 될 만한 생각을 자주 하고, 이를 다시 끄집어내는 계기가 있다는 점을 알 수 있다. 생각이 떠올라도 굳이 진전시키지 않는 이유는 가치가 없다고 여기거나 '너무 바빠서' 혹은 크게 중요하지 않기 때문이다. 하지만 뇌는 우리가 쉰다고 생각할 때조차 끊임없이 활발하게 정보를 처리한다. 뇌의 전기적 활동을 측정하는 도구로 이러한 고도의 무의식적인 활동을 추적해볼 수 있다.[3] 인간은 다양한 정보를 무의식적으로 서서히 통합하는 데 이 연결망은 일상의 문제를 해결하고 실수를 감지하며 충돌을 해소하는 데 큰 영향을 미친다. 이 과정에서 유레카를 외치는 순간이 생긴다.[4]

우연히 떠오른 아이디어를 바로 붙잡을 때도 있지만 후에 긍정적인 결과나 특정한 통찰을 구체화하고 점을 잇고 나서야 이전의 생각이 연결됐다는 사실을 뒤늦게 깨닫게 된 적 없는가? 이런 일은 어디서나 늘 일어난다. 하버드 대학교와 세계은행의 공동 연구에 따르면 세계에서 가장 성공한 CEO들은 우연한 기회가 큰 성공으로 이어져 지금의 자신과 회사가 존재하게 됐다고 밝혔다.[5] 지난 일을 돌이켜본 후에야 긍정적인 우연이 일어날 수밖에 없는 환경을 자신이 조성했다는 사실을 깨닫는다. 하지만 긍정적인 우연한 기회를 최고의 결과로 바꾼 것은 결국 그들의 집념과 지혜다.

절대적인 시간과 집념이 필요하다

세렌디피티가 일어나는 여정에는 반드시 고난과 기쁨이 존재한다. 세렌디피티를 얻으려면 집념과 지혜가 필요한 일종의 '잠복기'를 견뎌내야 한다. 우리는 흔히 세렌디피티가 '짠!' 하고 나타나리라 생각하지만 그렇지 않다. 세렌디피티와 이연 연상 사이의 오랜 잠복기를 여러 번 거쳐야만이 최고의 기회를 누리게 된다. 처음에는 연결 고리를 보지 못하거나 준비가 덜 됐다고 느껴 당시의 아이디어가 덜 중요해 보인다. 바로 분리와 '갑작스러운' 통찰 사이의 구간이다.[6]

앞서 본 스펜서의 경우처럼 쇼윈도 둘러보기 같은 일상적인 행위는 여태 인식하지 못했던 것을 건드려 불현듯 뜻밖의 생각이 나도록 한다. 그 순간 문제를 해결할 빠르고 완벽한 방법이 떠오르는 것이다. 전형적인 유레카의 순간이다.[7] 샤워를 하다가 혹은 새벽 3시에 갑자기 번뜩이는 아이디어가 떠오른 적이 있지 않은가?

잠복기는 대개 5분에서 8시간 사이이다.[8] 물론 훨씬 더 길어질 수도 있다. 토끼의 축 늘어진 귀 사례처럼 몇 년이 걸리기도 한다. 하지만 시간에 상관없이 통찰이나 연결성의 진원지는 쉽게 잊히고 그 순간을 파악하기도 어렵다.[9] 유레카의 씨앗을 이전에 심었더라도 최근의 모임에서 비롯했다고 착각하는 경우가 많다.

그래서 어떻게 하라는 말인가? 미국 광고계의 전설적 인물인 제임스 웹 영James Webb Young은 갑자기 떠올린 것 같지만 알고 보면 촘촘하게 계획된 아이디어를 내는 데 간단한 방법을 사용했다. 당신이 거실 디자인을 구상 중이라고 가정해보자. 구글에서 마음에 드는 사진을 고르거나 친구에게 의견을 묻고 다른 각도에서 생각해보기도 할 것이다. 내가 원하는 스타일은? 배우자가 원하는 스타일은? 바뀐 거실을 생각하면 즐거운가? 친구들도 즐거워할까? 그리고 최종 거실 디자인을 고른다. 하룻밤 자면서 생각해본다. 그러다 보면 샤워를 하면서 불현듯 '아하!' 하고 외치는 순간이 온다. 갑자기 떠오른 생각 같지만 사실 그렇지 않다. 그동안 마음에 품었던 잠재적인 점들과 연결 고리가 이어지면서 일어난 일이다.

당신은 그동안 어떻게 했는가? 충분한 정보를 주고 잠재의식이 충분히 소화하도록 놔두었는가. 성공한 많은 사람들이 문제를 생각하며 잠들고 무의식이 해결책을 찾도록 한다. 숙면에 방해가 될 수는 있지만 이러한 잠복기를 거치면 유레카의 순간이 찾아온다. 이 방법은 분야를 막론하고 다양한 상황에 적용된다. 포스트잇이나 페니실린처럼 세상에 알려진 위대한 뜻밖의 발견 역시 오랜 잠복기를 거친 후 빛을 볼 수 있었다. 개별적인 발견의 가치를 입증하고 이 가치를 확신해야 했기 때문이다.

그러면 뜻밖의 우연을 긍정적인 결과로 바꾸는 능력은 어떻게 기를 수 있을까?

주저하지 말고 도전을 받아들여라

스펜서의 경우처럼 사람들이 자신의 계획이나 아이디어를 주저하며 드러내지 않는 데는 몇 가지 이유가 있다. 특정한 관계 혹은 상황에 묶여 있거나 사기꾼처럼 보일까 걱정하거나 실패를 두려워하기 때문이다.

나 역시 그랬다. 내가 처음 세렌디피티를 연구하기로 맘먹은 건 무려 15년 전이었다. 한 모임 자리에서 누군가 "다음에는 어떤 책을 쓰실 건가요?"라고 물었고 그 순간 무슨 영문인지 '내 연구와 삶에 세렌디피티가 끊임없이 일어나고 있구나'라는 생각이 들었다. 사람들에게 이 이야기를 해주자 모두들 "와, 정말 흥미로운데요?"라며 관심을 보였다. 그날 밤, 나는 새 책에 관해 떠오른 아이디어를 모조리 적어 내려갔다. 뜻밖의 일로 아이디어의 씨앗을 심은 것이다. 나는 세렌디피티를 항상 만들어내는 사람이 있는 반면에 한 번도 경험하지 못하는 사람이 있다는 사실을 발견하고 이를 과학적인 방법으로 세렌디피티를 만들어낸 증거가 있을 거라는 생각을 했다. 그리고 지난 15년간 최대한 다양한 자료를 수집했다.

하지만 책을 쓰려고 몇 번이나 시도했지만 자꾸만 미루었다. 더 많은 자료를 조사하고 더 많은 사람과 이야기를 나눠야 한다는 가면 증후군이 나를 압박했다. 인생은 계속 흘러가는데 나는 내 인생의 다음 장을 펼칠 용기가 나지 않았다. 꽤 많은 시간이 지나서야 나는 내려놓기의 힘을 알게 됐다. 현명하고 멋진 사람들과 나눈 대화도 도움이 됐다. 완벽한 책을 써야 한다는 나와 타인의 기대를 내려놓았다. 인생의 새로운 장을 열려면 다른 모든 장을 끝내야 한다는 생각도 내려놓았다. 특정한 결과에만 집중하려는 마음을 버리고 과거에 내린 만족스럽지 않은 결정도 받아들였다. 당시 상황을 기억해내 그 결정을 하게 된 계기를 들여다보고 내려놓았기에 가능한 일이었다.[10]

모든 만일의 사태에 대비하고 가능한 한 많은 사람의 동의를 얻어야 한다고 생각했다. 하지만 모든 일이 계획대로 흘러가지는 않는다는 것을 깨닫게 되자 온전히 집중하며 책을 쓸 수 있었다. 예전에 심은 잠재적인 세렌디피티의 씨앗이 좋은 결과를 꽃피우길 바라면서.

특히 취약성에 관한 브레네 브라운Brené Brown의 연구에서 큰 영감을 받았다. 취약성은 보통 결과를 모를 때 드러나는데 그녀는 취약성과 용기란 동전의 양면과 같다고 말한다. 브라운은 '우연한 기회'로 자신이 '취약한 사람'이라는 사실을 깨닫고 나서 이를 깊이 들여다보게 됐다. 그러고 나서 몇 년 후 테드x휴스턴TEDxHouston의 강연을 의뢰받았다. "어떤 내용이라도 좋아요. 최고의 강연을 해주세요." 그녀는 장황하게 학문적 지식을 늘어놓는 대신 내면의 '취약한 자아'를 이겨내는 이야기를 하기로 했다. 취약성을 솔직하게 드러낸 그녀의 이야기는 감동적이었다. 이 강연으로 그녀는 연구와 관계되는 다른 분야에도 발을 들이게 됐고, 구체화하기 시작했다. 테드 사이트에 올라간 브라운의 강연은 현재까지 4,000만 명 이상이 시청하며 테드 역사상 가장 높은 조회 수를 기록하고 있다. 그녀는 온라인에 심한 악플이 달리면 드라마를 몰아보며 생각하지 않으려고 했다. 주의를 계속 딴 데로 돌리고자 드라마를 다 보고 나서도 당대의 주요 정치인을 연구했다. 그러다 전 미국 대통령인 시어도어 루스벨트에 관한 글을 읽게 됐다. 이제는 연구와 신념의 토대가 된 루스벨트의 연설을 우연히 접하게 됐고 새 책의 제목을 《마음가면》Daring Greatly(원서 제목은 '대담하게 맞서다'라는 뜻을 담고 있다.—옮긴이)으로 정했다.

> 비평가는 중요하지 않습니다. 관중석에 앉아 선수의 실수나 실패를 지적하기만 할 뿐입니다. 진짜 중요한 사람은 경기장에 있는 선수입니다. 얼굴이 피와 땀으로 얼룩지고 먼지투성이가 된 채 온 마음을 다해 싸우는 투사들 말입니다. 그들은 수없이 실수하고 실패도 합니다. 노력하다 보면 실수도 결점도 드러나기 마련입니다. 그래도 끝까지 최선을 다하고 부단한 열정과 집념으로 가치 있는 일을 해내고자 합니다. 승리하면 성공의 결실을 맛볼 것이요, 실패해도 적어도 '대담하게 맞서다' 쓰러질 테니 승리도 패배도 모르는 무감각하고 용기 없는 사람들과 비교할 수 없습니다.[11]

나는 이 글을 컴퓨터 화면에 저장해두고 용기가 없어질 때마다 읽어 보며 힘을 얻는다.

제3장에서 만난 찰리 댈러웨이처럼 여러 상황에서 느낀 게 있다. 세렌디피티는 자신을 믿을 때 일어난다는 사실이다. 세렌디피티는 일단 시작되면 연쇄적으로 일어난다. 그러면서 결국 긴밀히 얽힌 일과 삶의 한계를 뛰어넘기 시작한다. 앞장에 소개한 바 있는 사회활동가 비비 라 루스 곤잘레스 역시 10년 된 남자친구와의 불안정한 관계를 마무리 짓는 과정 중에 이를 경험했다. 그녀의 인생에 세렌디피티가 연달아 일어나 삶을 완전히 뒤바꿔놓은 것이다. 당시 그녀는 세계경제포럼 내에 젊은 리더들의 커뮤니티인 글로벌셰이퍼스에서 활동하며 그녀에게 필요한 인간관계를 얻을 수 있었다. 그러나 남자친구와의 힘든 시간을 이겨내기 위해 그녀는 떠나기로 했다. 떠나기로 한 것은 책《와일드》를 읽으며 영감을 받았기 때문이었다. 이 책은 고난에 빠진 한 여성이 퍼시픽 크레스트 트레일 Pacific Crest Trail, PCT(멕시코 국경에서 출발하여 미 대륙을 거쳐 캐나다 국경에서 끝나는 종단길—옮긴이)을 따라 떠나는 이야기를 담았다. '상실에서 발견에 이르는 PCT 여정'을 읽는 순간 그녀는 그 이야기를 바로 자신의 인생으로 연결했다.

그래서 곤잘레스는 세계경제포럼의 멕시코 지역 포럼에 근무를 지원했고 뽑혔다. 그녀는 그곳에서 맡은 프로젝트가 성공적으로 끝나면 남자친구와 헤어지겠다고 다짐했다. 멕시코 포럼에 도착한 곤잘레스는 한 포럼 참석자로부터 세계의 지속 가능한 발전 이슈를 다루는 젊은 리더들의 회담인 원영월드 One Young World에 관해 들었다. 멕시코에서의 경험은 그녀에게 인생의 새로운 장을 열어주는 것 같다고 느꼈다. 그녀는 영양사라는 새로운 꿈을 꾸기 시작했고 그 꿈을 지속 가능한 발전 이슈와 연결할 기회를 찾았다. 옥스퍼드 대학교 MBA의 입학 허가를 받았으나 장학금을 받지 못해 입학을 포기하고 대신 과테말라에서 식품안전보장 단체를 설립했다. 그리고 그해 태국에서 열린 원영월드의 대표 연설가로 초청돼 처음으로 많은 사람에게 자신의 단체를 알릴 기회를 얻었다. 회담 참석을 위해 그녀는 크라운드 펀딩을 진행해야 했고 잠재적 후원자들에게 수백 통이 넘는 이메일을 직접 보냈다. 뜻밖의 반전은 이 일을 계기로 나중에 독립 기자이자 파트너십 전문가로도 활동하게 됐다는 사실이다.

이후 그녀가 태국에 도착했을 때도 세렌디피티는 이어졌다. 주변에 휴대전화 충전기를 급하게 찾는 사람이 있어 자신의 것을 빌려주었는데 얘기를 나누다 보니 그 역시 원영월드의 직원인 게 아닌가? 얼마 후 충전기를 찾으러 가서는 자연스럽게 다른 직원들도 만나게 됐고 거기서 지속 가능한 발전 분야의 한 리더에게 영향력 있는 관련 단체를 소개받았다. 이렇게 새롭게 알게 된 사람들 덕분에 그녀는 지속 가능한 발전 분야에서 다양한 기회를 얻게 됐고 좋은 일들이 휘몰아치기 시작했다. 유엔 본부에서 연설도 했으며 오바마 정부의 기업가 정신 후원을 받게 됐다. 그리고 또 우연히도 이 후원으로 곤잘레스는 미국 남서부의 네바다주와 캘리포니아주 북부 경계 지역에 가게 됐다. PCT, 모든 일이 시작된 바로 그곳에 자신이 서 있었다.

재능보다 그릿이 중요하다

'갑작스러운 성공'에 대한 이야기는 언제나 놀랍기 그지없다. 하지만 성공은 보통 수년간의 노력과 인내 끝에 찾아오며 그게 누군가에게는 갑작스럽게 보일 뿐이다. 그리고 그 어떠한 순간에도 그릿과 끈기가 없었다면 불운을 피하지 못했을 것이다.

그릿이란 '원하는 목표나 결과를 향한 개인의 열정과 끈기'를 뜻하고 집념이란 '열심히 잘하는' 것을 뜻한다. 그릿과 집념은 (복합) 세렌디피티의 핵심이다.[12] 실패로 끝날 것인지 장기적 성공으로 이어질지를 결정짓는 요소이기도 하다. 링크드인의 설립자인 리드 호프먼Reid Hoffman은 '행운을 부르는 포지셔닝'positioning for luck이라는 말로 '어떤 사람은 그저 타이밍이 좋았을 뿐'이라는 믿음에 반기를 들었다. 물론 타이밍은 중요하다. 하지만 열정과 그릿이야말로 성공의 핵심이다. 트위터와 미디엄Medium, 블로거Blogger의 설립자이자 '블로거'라는 말을 만든 에반 윌리엄스Evan Williams를 보자. 블로거를 설립할 당시 타이밍이 아주 좋았다. 하지만 블로거를 성공으로 이끈 가장 중요한 요인은 많은 신생 회사가 겪는 자금난에도 유지했던 그의 그릿 덕분이었다.[13]

샌드박스도 마찬가지였다. 젊은 리더로 구성한 대규모 학회를 계획했지만 2008년 금융 위기가 닥쳤고 많은 후원자들이 사라졌다. 어쩔 수 없이 초기 계획을 중단하고 소규모 지역 모임으로 방향을 틀었다. 이렇게 지역 모임 중심의 허브 구조가 샌드박스의 정체성이 됐다. 모든 팀이 샌드박스를 유지하기 위해 밤낮없이 고민하며 끈질기게 매달린 결과였다. 위기는 오히려 방향을 틀고 끈끈한 유대 관계가 형성된 모임을 만들 기회로 작용했다. 현재 샌드박스의 긴밀한 관계는 처음 소규모 그룹으로 깊은 유대를 쌓고 이후 큰 학회에서 모인 덕분이라고 생각한다.

누구나 집념이 중요하다고 생각한다. 하지만 재능보다 중요한 것이 집념이라고 말하면서도 속마음은 반대인 경우가 많다. 생각대로 일이 안 풀리거나 승진을 못하면 '난 재능이 없어'라고 쉽게 결론을 내버린다. 이에 관해 치아중 차이Chia-Jung Tsay는 흥미로운 실험을 했다. 음악 전문가 두 명에게 같은 곡을 연주한 두 버전의 녹음을 들려주며 하나는 '노력형' 음악인이 연주했고 다른 하나는 '재능형' 음악인이 연주했다고 말했다.[14] 음악 전문가들은 모두 '재능형' 음악인의 연주를 선호했다. 이 결과가 왜 놀라울까? 사실은 두 버전 모두 같은 사람이 연주한 것이었기 때문이다.

앤절라 더크워스Angela Duckworth는 그릿에 관한 훌륭한 연구를 통해 우리가 노력이 중요하다고 말하면서 상황이 힘들어지면 재능이 없는 탓으로 돌린다는 사실을 밝혀냈다. 하지만 다양한 분야에서 성공한 사람들을 분석한 결과 그릿이 재능보다 월등히 중요한 요소였다.[15] 그렇다면 이러한 그릿도 훈련으로 키울 수 있을까?

그릿을 개발하려면 작은 성취감을 맛보고 발전을 확인할 수 있는 '하위 수준의 일상적인 목표' 그리고 방향을 잃지 않도록 도와주는 '의미 있는 비전'을 동시에 갖추라고 더크워스는 말한다. 일상적인 목표와 비전을 함께 갖춘다면 좋은 결과를 얻을 가능성이 커진다. 즉, 좋은 리더이자 좋은 부모는 지지와 요구를 함께 보낼 줄 알아야 한다.

레이디 가가Lady Gaga가 2019년 아카데미 시상식에서 주제가상을 받으며 멋진 소감을 남겼다. "지금 집에서 시상식을 보시는 분들에게 꼭 전하고 싶은 말이 있어요. 이건 노력의 결실이에요. 정말 오랫동안 열심히 했죠. 진정한 가치는 상이 아니라 포기하지 않는 태도입니다. 꿈이 있다면, 물러서지 마세요. 수십 번을 거절당하고 넘어지고 실패해도 당당히 일어나 용기 있게 전진하는 것, 그것이 바로 열정입니다."

행운은 때론 불행 뒤에 찾아온다

무언가를 지속하기 위해서는 회복탄력성이 필요하다. 정부를 위한 학습 플랫폼인 어폴리티컬Apolitical의 설립자인 로빈 스콧Robyn Scott은 남아프리카공화국의 최고 보안 등급 교도소 재소자들에 대한 기록을 남긴 바 있다. 재소자 대부분은 살면서 누구에게도 신뢰를 얻은 적이 없었고 늘 자신을 하찮은 존재로 여기는 사람들이었다. 하지만 개중에는 죄를 만회하고 가치 있는 일을 하고 싶어 하는 재소자도 있었다. 이들은 교도소와 빈곤 지역에서 에이즈로 고통받는 사람들을 도와주기로 했다. 믿을 만한 사회복지사가 있다는 이야기를 듣고 도움을 요청했다.

사회복지사는 그들의 이야기를 전해 듣고 이런 일이 가능할까 싶었다. 그 교도소는 조직폭력배가 장악하고 흑인과 백인 사이에 충돌이 있었으며 악기조차 금지된 곳이었다. 하지만 복지사는 도움을 요청한 수감자들의 선한 의도를 믿어보기로 하고 에이즈에 걸린 열한 살 남자아이를 연결해주었다. 이들은 아이를 위해 옷을 만들고 교도소의 허락을 받아 채소 텃밭을 일구고 먹거리를 기르기 시작했다. 하늘을 나는 게 꿈인 아이를 위해 조종사를 섭외했다. 이렇게 아이의 소원이 실현됐다.

이들은 '희망의 무리'The Group of Hope를 자처하며 많은 재소자와 지역 내 고아들의 삶을 바꾸기 시작했다. 직접 먹거리를 재배하고 옷을 만들 뿐만 아니라 교도소에서 아이들을 위한 파티를 열어 사랑을 듬뿍 전했다. 고아들에게 교도소 방문은 한 달 중 최고의 날이 됐다. 재소자들이 자진해서 정한 엄격한 행동수칙 덕분에 교도소에서는 10년 동안 큰 사고가 한 번도 일어나지 않았다. 서로 간의 유대도 깊어졌고 가족을 원했던 고아들과 가족이 되기도 했다. 이들은 비즈 공예품을 만들어 판매하며 고아들을 위한 기금도 마련했다. "이건 단순히 구슬을 꿰는 게 아닙니다. 우리는 아이들의 미래를 꿰고 있어요." 재소자들은 고아들을 도우며 존엄성과 존재 가치를 느끼기 시작했다.[16]

책임이 부여된 사람은 더 책임감을 느끼고 주도적으로 일하게 된다. 즉, 자발적인 동기부여가 이루어지는 것이다. 최고 보안 등급 교도소 재소자들은 평생 자신에게 의지하는 사람이 없었지만 이제는 상황이 달라졌다. 이 프로젝트는 재소자의 갱생 및 자립을 도왔다.

다행히도 이러한 일은 우리가 견뎌내야 할 상황과 다르긴 하다. 하지만 많은 행운은 불행 뒤에 찾아오기 마련이다. 다들 불행한 일에 관해 잘 이야기하지 않지만 누구나 힘든 시기를 겪는다. 불행을 딛고 행운을 거머쥘 방법은 없을까? 앞서 만난 런던 리젠츠 대학교의 학장인 마이클 헤이스팅스 경은 불우한 환경에서 자란 또래 멘티 그룹을 모았다. 롤 모델을 만들도록 도와주며 모든 것이 가능하다는 '진리'를 깨닫도록 하기 위해서였다. 교도소에서 2년간 복역하고 2017년에 출소한 샘이라는 한 학생은 멘티 그룹의 도움을 받아 리더십컬리지런던 Leadership College Lonon에서 2019년 올해의 학생으로 뽑혔다. 그는 회복탄력성을 발휘해 불행에서 벗어나 긍정적인 결과를 일궈냈다. 샘의 경우 깊은 신앙심의 힘이 컸다.

헤이스팅스는 삶에서 가장 중요한 것에 대해 멘티들에게 영감을 불어넣는다. "자신이 가치 있는 존재라는 사실을 믿어야 합니다. 우리에게 의지하는 사람이 있고 우리의 행동이 그들에게 영향을 줄 수 있어요."[17] 당신이 소중한 사람이라고 느끼도록 돕는 사람이 있는가? 혹은 당신의 도움으로 이렇게 느끼는 사람이 있는가?

오늘의 불행이 내일의 세렌디피티가 된다

운에 관한 평가는 시간에 따라 변할 수 있다. 같은 일이라도 상황과 정보에 따라 다르게 해석되기 마련이다.[18] 하지만 상황이 힘들어진다고 거기서 멈춰버리면 늘 불운으로 끝을 맺게 된다. 잠재적으로 다른 결말로 이어질 여지 없이 끝내버리는 것이기 때문이다.

내가 공동 설립한 조직이 파산 직전에 있었을 때, 되는 일이 하나도 없는 것만 같았다. 조직뿐만 아니라 내 정체성조차 흔들렸다. 하지만 장기적인 안목에서 보니 그 일은 축복이었다. 투자자 중심에서 벗어나 소규모 커뮤니티 중심의 운영 방식으로 조직의 체계를 다지고 지속하는 계기가 됐기 때문이다. 원치 않던 수많은 감정의 소용돌이를 겪은 후 지난 일을 돌이켜보고 나니 그제야 깨달을 수 있었다. 몇몇 중요한 사람들의 집념이 없었더라면 완전히 다른 결과를 맞이했을 것이다.

나는 고등학교에서 퇴학당한 날이 아직도 생생히 기억난다. 새 학교로 가서 같은 학년으로 다시 입학해야 했다. 아웃사이더로 지내고 거절당하는 두려움을 익히 알고 있었던 터라 퇴학이 그리 좋지만은 않았다. 다행히 새 학교에서 멋진 선생님들을 만났다. 무엇보다 대학 입학시험에 합격한 것은 정말 기적이었다. 성적이 형편없었지만 3학년 때 자발적인 프리젠테이션 활동 등 '부단히 노력'한 흔적을 채워 넣은 원서를 들고 많은 대학교에 지원했다. 작지만 응용과학 분야에서 떠오르는 푸르트방겐 대학교에서 기회를 얻었다. 이후 LSE에서 석사와 박사 학위를 수료했고 현재 뉴욕대학교와 LSE에서 강의하고 있다.

내가 겪은 일을 간단하게 정리하면 두 가지로 이야기할 수 있다. 고등학교를 졸업하고 푸르트방겐 대학을 거쳐 LSE와 뉴욕 대학교로 진학했다고, '차근차근 단계를 밟았고 약간의 운도 따랐다'고 말이다. 하지만 좀 더 솔직하게 이야기하자면 퇴학을 당하고 내가 갈 수 있는 고등학교와 대학교를 찾는 게 쉽지 않았다. 수십 군데 대학에 지원한 끝에 겨우 입학할 수 있었고 이후에도 온라인으로 관련 공부를 해가며 부족한 부분을 채워야 했다. 그제야 LSE에서 기회를 얻게 됐고 경력을 쌓는 데 도움을 받았다.

내 이야기가 왜 중요한 걸까? 지금 내 삶은 세렌디피티로 넘쳐난다. 기회를 주는 플랫폼을 발견한 덕에 매일 세렌디피티를 경험한다. 하지만 내가 처음부터 그랬던 것은 아니다. 내가 처음 장애물을 만났을 때 거기서 그냥 멈췄더라면 이야기는 완전히 다르게 흘러갔을 거다. 하지만 나는 멈추지 않았다. 힘들어도 계속 살아가다 보면 삶에 다른 일이 일어나리라 믿었다. 빗맞은 공도 골문을 통과하는 일이 많으니까. 단언컨대, 끈기가 없는 사람치고 운이 따르는 사람은 없다.

벤 그레비너 Ben Grabiner는 런던의 성공한 사업가다. 그는 많은 벤처 자본 회사에 다양한 아이디어를 냈지만 내는 족족 거절당했다. 하지만 그는 끝이라고 생각하지 않았다. 끊임없이 그들과 연락하고 계속 시도했다. 그러다 그의 집념을 눈여겨보던 회사에서 연락을 받았다. 회사는 새로운 벤처기업인 플래툰 Platoon을 공동 설립하자고 그에게 제안했다. 현재 그는 애플이 최근 인수한 플래툰의 공동 경영을 맡고 있다. 그레비너의 집념으로 모든 일이 자연스럽게 흘러갔다. 기회가 왔고 이를 끝까지 해낼 준비가 되어 있었다. 그의 세렌디피티는 오늘도 계속된다.

부정적인 감정도 끌어안아야 한다

앞으로 벌어질 일을 모두 예측하려고 하지 말라. 그보다는 여러 상황을 어떤 일이 일어나더라도 대처할 '준비의 기회'로 바라보자. 인간의 면역 체계도 이와 비슷하다. 어릴 때 멋모르고 집어 먹은 먼지 때문에 생긴 항체가 나중에 도움이 될 때가 있다. 어린 시절 모든 박테리아를 멀리했다면 이후 면역 체계가 덜 준비된 상태로 질병에 맞서야 한다.[19]

예기치 못한 일을 받아들이지 못하고 억누른다면 우리는 더 취약해지기만 할 뿐이다. 상황을 지나치게 통제하려 한다면 무작위로 벌어지는 일에 적절히 대응할 수 없게 된다. 예상 밖의 일을 수용하지 않고 피하는 태도기 때문이다. 그보다는 끊임없이 위험을 해결하려는 자세, 잠재적인 문제를 없애려는 대신 회복탄력성과 집념을 길러 끝까지 해보려는 준비된 자세를 지녀야 한다. 그러면 예상하지 못한 일은 위협이 아닌 기회로 다가온다.

사회나 가족, 신체와 같은 복잡한 시스템에는 여러 상호의존성과 비선형적인 반응이 있다. 음주로 삶이 즐거워지기도 하지만 지나치면 삶이 힘들어진다. 소리를 지른다고 메시지 전달력을 높아지지도 않는다(오히려 반대인 경우가 많다). 복용량을 두 배로 늘린다고 효과도 두 배가 되지는 않는 것처럼 말이다(이 경우도 역시 반대일 때가 많다).

복잡한 시스템이 개입하면 늘 예기치 못한 결과가 나온다. 베트남 전쟁이나 이라크 전쟁처럼 서방 국가가 개입해 '승리'하지 못한 사례를 보라.[20] 개입은 대개 안 좋은 결과로 이어진다. 의도하지 않은 결과를 알아차리지 못하거나 이해하지 못하기 때문이다. 제대로 된 이해 없이 개입하고 통제하려 든다면 사람과 사회, 모든 시스템의 회복력이 저하된다. 과잉보호를 받은 아이가 커서 사람들과 함께 있을 때 불안해하는 것처럼 말이다.

나심 탈레브Nassim Taleb는 반취약성anti-fragility에 관한 책을 통해 중요한 이야기를 전한다. "시스템은 예측할 수 없는 충돌과 사건에 휘둘리지 않고 오히려 적극적인 상호작용을 통해 끊임없이 재건됩니다.[21] 사람의 감정에 특히 중요한 부분입니다. 우리는 나쁜 감정을 몰아내려고만 하죠. 나와 타인이 느끼는 감정을 부정적인 것으로 여기고요. 하지만 피하려고만 하지 말고 이런 부정적인 감정을 다룰 줄 알아야 합니다. 실패에서 비롯된 부정적인 감정을 느끼는 게 두렵다면 새로운 일을 절대 할 수 없을 테니까요."

수전 데이비드Susan David는 하버드 의과 대학교의 심리학자이자 《감정이라는 무기》의 저자로, 한 연구에서 이렇게 밝혔다. "격한 감정이란 피해야 할 원치 않는 감정이 아니다. 오히려 당연한 삶의 일부로 생각해야 한다. 스트레스나 불편함 없이 의미 있는 경력을 쌓고 가정을 꾸리고 더 좋은 세상을 후대에 남길 수 있을 거라 생각하는가? 불편함은 의미 있는 삶을 위해 치러야 할 대가다." 게다가 현재 상황에 대한 불만족은 높은 기대감에서 비롯하고 이러한 '생산적인 불행'이 효과적일 때가 많다.[22] 불확실성과 예상하지 못한 일을 수용하듯 고통과 부정적인 감정도 끌어안으면 좌절하지 않고 모든 일이 잘될 것이다.

더 단단하고 강인하게 다시 일어서는 법

어떻게 하면 좀 더 광범위한 회복탄력성을 기를 수 있을까? 이전 여러 장에 걸쳐 일반적인 동기부여와 적응력, 실수를 통한 배움의 중요성을 살펴보았다. 사뮈엘 베케트Samuel Beckett는 이렇게 말했다. "빨리 실패하라. 그리고 더 나은 실패를 해라." 하지만 회복탄력성은 실패 그 이상의 것이다. 이 분야를 깊이 연구한 애덤 그랜트는 회복탄력성을 기를 두 가지 방법을 소개한다.

첫째, 과거의 나와 마주하면서 회복탄력성을 기르자. 페이스북의 최고 운영책임자인 셰릴 샌드버그Sheryl Sandberg는 남편을 갑자기 떠나보내는 등 여러 힘든 시기를 보내며 이 방법을 실천했다. 힘든 상황에 있다면 과거의 내가 어떻게 했을지 상상해보자. 보통 이 상황에 더 잘 대처할 새로운 방법을 지금의 내가 알고 있다는 사실을 깨닫게 된다. 만약 그렇지 않다면 과거에 내가 어떻게 역경을 이겨냈는지 떠올려보자.

힘든 시기를 잘 해결했던 상황을 기억해두고 새로운 일이 닥치면 과거의 행동을 상기해도 좋다. 나는 새로운 연구 논문을 쓰기 시작할 때마다 늘 처음 논문을 썼던 때를 떠올린다. 하얀 백지를 마주하면 숨이 턱 막히지만, 예전에도 해냈다는 생각을 하면 절망감이 점차 사라지는 것이다. 일어난 일을 모두 써보는 것도 도움이 된다. 단, 수정은 이후 반복할 때 한다.

둘째, 관점을 바꾸자. 애덤 그랜트는 다른 사람의 견해를 들려줌으로써 자녀들이 어떻게 자신의 어려운 상황을 인식하도록 했는지 설명한다. 그랜트는 의사결정 과정에 관한 대니얼 카너먼의 훌륭한 연구를 기반으로 하여, 어려운 상황일수록 '시스템 1'(빠르고 즉각적인 직관)에서 벗어나 '시스템 2'(느리고 이성적이며 분석적인 뇌)로 옮겨가야 한다고 주장했다.[23] 그러면 그는 자녀들에게 어떻게 했을까? 그랜트는 자녀들이 어려움을 토로할 때 상황을 뒤집어 오히려 조언을 구했다. "널 도우려면 내가 뭘 하면 좋겠어?" 이러한 질문을 던져 아이들이 이성적인 관점에서 상황을 바라볼 수 있도록 했다.

이 방법의 효과에 관한 관련 연구도 있다. 해밀턴 대학교 심리학 교수인 레이철 화이트Rachel White가 이끄는 연구에 따르면 나의 상황을 객관적인 입장에서 바라보는 '나와 거리 두기'는 포기하지 않고 지속하는 끈기에 긍정적인 영향을 미친다.

이처럼 끈기는 중요하지만 지금과 같은 산만한 시대에 쉽지 않다는 게 문제다. 한 실험에서 4~6세 아이 140명에게 10분 동안 반복적이고 지루한 과제를 하도록 했다. 근처에 둔 아이패드로 재미있는 게임을 하면서 쉴 수 있는 선택권도 주었다. 연구진은 세 그룹으로 아이들을 나누었다. 첫 번째 그룹은 과제를 하는 동안 자신의 감정과 생각에 집중하며 다음과 같이 질문하도록 했다. "나는 열심히 하고 있어?" 두 번째 그룹은 제삼자의 관점에서 자신을 보도록 하며 이렇게 질문하도록 했다. "(아이의 이름)은 열심히 하고 있어?" 세 번째 그룹은 자기 일을 열심히 하는 특정 인물, 스파이더맨이나 배트맨과 같은 허구 인물을 생각하도록 했다. 그들과 같은 옷을 입게 하고 다음과 같이 질문하도록 했다. "(캐릭터 이름)은 열심히 하고 있어?"

연구진은 아이들에게 과제를 시작하고 1분마다 자신의 상태를 점검하도록 했다. 그리고 모두에게 이야기했다. "이건 정말 중요한 활동이야. 최선을 다해주면 정말 도움이 될 거야." 과제에 몰두한 시간으로 끈기를 측정했다. 결과는 어땠을까? 당연히 아이들은 아이패드를 하며 대부분 시간을 보냈다(63퍼센트). 하지만 흥미로운 점은 다른 캐릭터로 분장한 아이들은 과제에 거의 모든 시간을 썼고 제삼자의 관점에서 자신을 평가한 아이들이 그 뒤를 따랐다. 일인칭 관점으로 자신을 평가한 아이들은 과제에 가장 짧게 몰두했다.[24] 자신과의 거리를 더 둘수록 끈기와 집중력이 높아졌다.

이 실험은 이전의 관련 연구인 마시멜로 효과를 뒷받침한다. 마시멜로 연구에서는 아이들이 마시멜로와 같이 집중을 방해하는 요소를 앞에 두고 반복적인 과제를 하도록 했다.[25] 만족감을 늦추고 자제력을 발휘한 아이들이 후에 교육이나 건강, 부와 행복을 훨씬 누리고 산다는 결과가 나왔다. 연구진들은 이를 '실행 기능'이라고 불렀다.

마시멜로의 유혹을 잘 견딘 아이들은 사물의 유혹을 추상적인 것으로 재구성할 줄 알았다. 예를 들어 마시멜로를 사진이라고 생각하며 강한 유혹을 완화했다. 이는 마시멜로를 사진이나 구름으로 생각하거나 혹은 무관한 경험을 떠올리는 등 사물과의 가상 거리를 설정했다고 볼 수 있다.[26] 비슷한 효과가 앞서 나온 끈기 연구에서도 관찰됐다. 아이들은 다른 사람인 척하며 유혹에 잘 견뎠고 캐릭터의 특성과 자신을 동일시했다.

한마디로 정리하면 다음과 같다. 자제력을 기르려면 만족감을 늦추는 능력을 갖춰야 한다. 그리고 인지 조절력을 기르려면 집중을 방해하는 요소를 무시하고 집중하는 능력을 갖춰야 한다. 당연히 후자가 더 중요한 요소다. 나는 삶에서 이를 여러 방식으로 적용해보려고 했다. 예를 들어 신청한 면허를 받을 수 있을지 불안해하며 별별 최악의 시나리오를 다 생각했던 적이 있다. 직원이 내 도움을 뇌물 미수로 보면 어쩌지? 두 나라에 주소가 있으니 속일 의도가 있다고 보고 절차상 부정 혐의를 받을 위험은 없을까? 이러한 잡생각은 큰 방해 요소로 해야 할 일에 제대로 집중하지 못하게 만든다. 이제는 이러한 상황이 오면 스스로 묻는다. "친구들이 이런 질문을 하면서 조언을 구한다면 어떻게 대답해줄까?" 이렇게 생각해보니 질문 자체가 말도 안 된다는 걸 깨달았다. 이 방법을 적용하기 시작하자 최악의 시나리오가 일어날 확률은 내가 고등학교 때 팔려고 했던 소시지보다 더 얇았다.

　회복탄력성과 끈기를 갖추는 일은 삶의 모든 분야에서 중요하다. 첫 데이트로 어떤 결과를 얻을지 예측하기란 어렵다. 하지만 거절당해도 계속 시도하다 보면 언젠가 '내 짝'을 만나게 된다. 이와 비슷하게 잠재적인 세렌디피티를 기회로 바꾸려면 노력과 끈기가 필요하다. 위대한 일을 해내는 사람, 그리고 '운이 좋은' 사람들은 역설적이지만 굉장한 집중력을 발휘한다. 그들은 가장 가치 있는 기회를 집요하게 물고 늘어지고 필터링(다음 장에 이어서 설명할 것이다)에 능하다. 프로젝트를 끝까지 해내는 능력을 기르는 일은 새로운 아이디어에 대해 거부감이 있는 업무 환경에서 특히 중요하다.

성공은 끝까지 해낸 사람만이 얻는다

하버드 대학교의 리스 샤프는 다양한 분야와 직급의 사람 수백 명을 연구하며 아이디어의 흐름을 밝혀냈다. 그녀의 표현에 따르면 의도하지 않은 방향으로 흐르는 아이디어와 프로젝트는 절대 직선으로 이어지지 않고 '구불구불'하다고 한다. 조직에서 새로운 아이디어를 발전시키려면 많은 에너지가 소모되고 아이디어가 거절되는 경우도 허다하다.

　하지만 앞서 살펴본 대로 우리는 거절당하고 주저하는 등 여러 가지 힘든 일을 자신의 이야기에서 자연스럽게 빼버린다. 이는 굉장히 위험한 일이다. 실제 이야기와 다른 '잘 만들어진 성공 이야기'에서는 크게 교훈을 얻지 못하기 때문이다. 선형적 논리에 빠져 목표를 정하고 그에 맞춘 뻔한 아이디어를 내게 된다. 또한 상황을 통제하려는 환상에 빠져 실제 상황보다 더 단정적인 말을 하기도 한다. 이야기 속 삶은 직선적이지만 실제 삶은 구불구불하다.

남들의 반대를 이겨내는 능력은 중요하지 않다. 그보다는 끝까지 끈기 있게 해내는 힘이 더 중요하다. 우리의 최대 장애물은 바로 자기 자신이다. "세렌디피티가 늘 일어났지만, 끝까지 해보지 않았어."라는 말을 들을 때마다 1페니를 받았다면 진작에 최신 사양의 아이패드를 샀을 것이다. 무언가를 기회를 바꾸려면 지혜와 꾸준함을 토대로 실행력을 길러야 한다.

하지만 끝까지 추진해야 할 기회인지 아닌지 그걸 어떻게 알 수 있을까? 집중력을 유지하려면 어떻게 해야 할까? 간단히 말해, 세렌디피티를 알아채고 집중해야 할 가치 있는 세렌디피티를 가려낼 방법은 무엇일까?

천재는 더 나은 생각이 아니라 더 많은 생각을 한다

독창적인 사람은 남들보다 더 '나은' 아이디어를 가진 게 아니다. 더 '많은' 아이디어를 가진 덕분에 위대한 작품으로 발전시킬 확률이 높아진 것이다. 셰익스피어는 최고의 작품과 최악의 작품을 동시에 썼다고 알려져 있다. 천재도 꽤 별로인 아이디어를 낼 때가 있다는 얘기다. 물론 보는 사람에 따라 다르겠지만(같은 이유로 잘나가는 타인과 자신을 비교하는 행위는 위험하다. 특히, 모르는 사람일 경우는 더욱 그렇다. 우리는 잘 꾸며진 남들의 모습이나 경험만을 보고 자신의 삶에 비현실적인 기대를 한다. 그러다 자신도 늘 최고의 모습을 보여야 한다고 믿는다. 하지만 위대한 사람들도 평상시에는 평범하다. 훌륭한 경영 구루도, 놀라운 시인도 최악의 결과물을 내놓은 적이 있다. 선별된 이미지만을 올리는 인스타그램이나 페이스북 피드 등 겉으로 드러난 타인의 모습과 자신의 일상을 비교하는 데서 불행이 시작되는 법이다).

학술 대회에 처음으로 참가한 날을 나는 결코 잊지 못할 것이다. 부푼 희망을 품고 학생 때부터 존경한 경영 구루가 이끄는 세션에 참가했다. 경영의 미래를 배울 생각에 잔뜩 기대했는데 그가 발표한 논문에 완전히 실망했다. 왜였을까? 그 논문은 이제 막 아이디어 단계였기 때문이다. 마무리를 지으려면 5년이 더 걸릴 거라고 했다. 그는 다른 학술 대회나 워크숍에서도 논문을 발표하며 일대일 대화를 통해 피드백을 얻었다. 이렇게 완성된 논문은 가치 있는 아이디어가 되어 세상에 나왔다.

매 단계에서 피드백을 받는 일은 아이디어를 선별하고 발전시키는 데 굉장히 중요하다. 원대한 계획만으로 시작하는 사람은 거의 없다. 흔히 초기에는 직감으로 덤벼들고 몇 년에 걸쳐 노력하며 쓸모없는 아이디어를 버리고 서서히 발전시켜 나간다. 가능성이 없는 아이디어를 걸러내는 수준 높은 피드백은 성공의 중요한 척도가 된다.

그러면 지속할 가치가 있는 아이디어나 경험을 어떻게 결정할까? 터키의 통신 회사인 터크셀처럼 인공지능의 도움으로 아이디어를 가려내는 조직도 있다.[27] 하지만 기술의 도움 없이 이를 해결할 방법이 있다. 의사결정과 세렌디피티 사이에는 한 가지 공통점이 있으니, 정보나 잠재적인 계기가 많을수록 더 좋은 결정을 내리고 세렌디피티가 일어날 가능성이 커

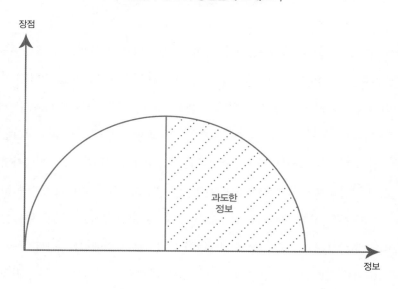

| 장점과 정보의 상관관계 그래프 |

장점

과도한
정보

정보

진다는 점이다. 하지만 적정 수준이 넘지 않는 수준까지다.[28] 즉 정보를 최대한 연관 짓고 주의를 분산시키는 계기를 제거해야 한다. 지금처럼 집중을 방해하는 계기가 장기적인 관점에서 실제로 가치 있는 계기보다 훨씬 많은 시대에는 이를 잘 걸러내는 능력이 필요하다.

현명해져라, 따로 또 같이!

아이디어를 걸러내는 방법은 여러 가지다. 기존의 관련 지식이나 직관적인 판단, 현상을 이해하는 데 도움이 되는 이론 등이 좋은 시작점이다. 우리는 앞서 방향감 기르기 등 몇 가지를 이미 살펴보았다. 하지만 예상치 못한 일이 일어나면 이러한 필터를 어떻게 적용해야 할까? 무엇보다 과연 효과가 있는 걸까?

1982년 시애틀에 있는 작은 커피 회사에 다니던 하워드 슐츠Howard Schultz는 출장차 밀라노 가정용품 박람회에 참석했다. 밀라노를 거닐며 이탈리아의 커피숍 문화에 흠뻑 빠져들었다. 동시에 가능성이 보이자 욕구가 차올랐다.[29] 흩어진 점을 연결하기 시작하자 그는 이탈리아의 커피숍 문화를 미국에 재탄생시켜 봐야겠다고 생각하기에 이른다. 회사 설립자가 그의 비전을 탐탁지 않게 여겨 그는 따로 자기 회사를 차렸다. 1987년, 시애틀의 작은 커피숍을 사들여 스타벅스Starbucks라고 이름 붙였다. 회사는 빠르게 성장했고 현재 미국의 상징적인 브랜드로 자리매김했다.

하지만 스타벅스의 성공 비결이 슐츠의 관찰력과 미국에 적용한 방식 때문만은 아니다. 슐츠는 피드백과 다양한 시도를 통해 가치 창조라는 포괄적이면서도 암묵적인 이론을 마련했다. 상품 판매와 매장 구성, 제품 발굴, 매장 소유권, 고객 응대 교육 및 인센티브 등에 관련한 질문과 해결책이 이 이론에 포함된다.

모든 것이 조화를 이루는 가치 창조에 관한 암묵적 이론이 슐츠에게 다양한 선택의 길잡이가 됐다. 우연에서 시작된 스타벅스는 이제 다양한 문제를 해결하고 고객의 경험과 배송과 관련된 해결책을 시험해보는 단계에 이르렀다. 슐츠는 이러한 방향감 덕분에 '걸러내기' 과정을 수월히 해냈다. 디즈니나 애플과 같은 이 시대의 상징적인 조직도 마찬가지다.[30]

이론이 걸러내기에 도움이 되지만 좀 더 실질적인 접근법도 필요하다. 픽사는 '브레인 트러스트'brain trust라는 외부 아이디어 평가단을 통해 새로운 아이디어를 효과적으로 평가하고 걸러낸다. 이 방법은 개인에게도 무척 효과적이다. 내 주위에는 생각과 아이디어를 나눌 사람들이 있다. 비공식적인 브레인 트러스트인 셈이다. 뜻밖의 아이디어가 떠오를 때마다 나는 이들에게 피드백을 구한다. 중요한 사안은 동시에 두세 명에게 의견을 물어 특정한 의견에 치중하지 않고 개인의 취향 때문에 성급히 새 아이디어를 놓치는 일이 없도록 한다. 반면 멘토의 의견은 늘 편하지만은 않았다. 멘토에게 구한 조언이 걸러내기에 효과적일 수 있지만 때로는 아이디어가 차단되거나 완전히 다른 방향으로 흘러가기도 하기 때문이다. 누군가의 상황에 딱 들어맞는 조언이 다른 누군가의 현실에는 크게 쓸모없을 때가 있다. 그래서 다들 '내게 효과가 있는지'에 근거해 조언을 받아들인다.

우리는 모두 누군가의 멘토이자 친구지만 복잡하게 얽힌 남들의 사정을 다 이해하기란 어려운 법이다. 나 역시 멘토의 조언을 따라 결정을 내렸다가 힘든 일을 겪은 적이 있다. 어쩌면 내가 생각하는 가치나 우선순위 등 큰 그림을 명확히 나누지 못해서였을 수 있다. 당시에는 조언이 유용하다고 생각했지만, 장기적으로 봤을 때 성숙한 내 직감이나 복잡한 전후 사정을 잘 이해하는 친구나 커리어 코치의 조언의 듣는 편이 나을 뻔했다.

기능적 고착에 빠지면 사실이라고 믿는 것만 보려고 한다. 1953년, 피터 밀너Peter Milner와 제임스 올즈James Olds는 뇌의 쾌락 회로를 발견한 공로를 인정받았다. 쥐 실험을 통해 이들은 전기 뇌 자극으로 특정한 반응을 유도할 수 있다는 사실을 밝혀냈다. 하지만 이를 제일 먼저 발견한 사람은 따로 있었다. 몇 년 전, 로버트 히스Robert Heath는 조현병 환자에게서 '쾌락을 주는 뇌 자극'을 발견했다. 하지만 조현병의 원인과 결과에 대한 선입견 때문에 자신이 관찰한 내용의 중요성을 내다보지 못했다.

따라서 멘토는 큰 틀만 마련해주고 멘티들이 스스로 발견하고 직접 방향을 설정해 결과에 이르도록 도와야 한다. 예를 들어 어떤 심리치료사는 소크라테스식 대화법으로 상담을 진행한다. 순서는 다음과 같다. 첫째, 멘티가 원하는 상황을 상상하게 한다(친구와 화해하기 등). 둘째, 어떻게/왜 그렇게 되어야 하는지, 필요한 것은 무엇인지 질문한다. 셋째, 잠재적인 과정을 시각화한다. 넷째, 흩어진 아이디어를 다 이을 방법이 떠오를 때까지 자신의 꿈이나 과정을 믿도록 돕는다. 그리고 마지막으로 질문한다. "자, 이제 어떻게 하고 싶어요?"

이 방법은 조직 차원에도 적용할 수 있다. 덤으로 직원들의 애사심도 길러진다. MBA 과정을 듣는 학생이 자신이 다니는 회사 이야기를 해줬다. "회사 경영진이 운영상의 문제를 발견하고 체계를 바꿨어요. 책임을 전가하고 경영진에게 일방적으로 답을 얻는 방식에서 벗어난 거죠. 이제는 경영진이 직원들에게 질문해요. 직원들이 "어떻게 할까요?"라고 질문하면 오히려 "뭘 해야 한다고 생각하나요?"라고 되묻는 거죠. 현장에 있는 직원들이라 경영진보다 더 나은 제안을 할 때가 많아요. 그러다 보니 주인의식을 가지게 되고요."

완벽하지 않은 정보로 강한 충고를 주기보다 간단한 방법을 통해 스스로 해결하도록 두어야 한다. 내가 아닌 그들의 가치와 선호도에 따라 우선순위를 정하도록 돕는 것이 중요하다. 우선순위의 결정이 중요한 이유가 여기에 있다.

최고의 세렌디피티는 선택과 집중이 결정한다

휴가 중에 샴푸를 사야 할 일이 생겼다. 동네 가게에는 두 종류의 샴푸가 있다. 반짝이는 모발이냐, 풍성한 모발이냐를 결정해야 한다. 선호도에 따른 선택이 그리 어렵지 않다. 하지만 대형 상점이라면 어떨까? 반짝이고 풍성한 머릿결에 새하얀 이를 드러내고 당신을 향해 미소 짓는 40종이 넘는 샴푸가 있다면 그중에서 과연 어떤 걸 고를 것인가?

여러분이 나와 비슷한 성향이라면 첫 번째 가게를 선호할 것이다. 선택이 쉬우니까. 좀 더 알맞은 것을 고르기만 하면 된다. 그래도 결정이 어려우면 동전을 던져라. 흥미로운 사실을 하나 알려주면 선택권이 많으면 제품을 보는 데 시간을 더 쓰지만 덜 사는 경향이 있다.[31] 세렌디피티에서도 마찬가지다. 많은 가능성에 숨이 막히지 않고 당장 실행으로 옮겨야 할 뜻밖의 우연을 어떻게 선택할 수 있을까? 그리고 어떻게 집중해야 할까?

세계적인 휴대전화 회사의 전 CEO는 오슬로는 버스 여행 중에 세렌디피티와 관련해 굉장히 중요한 사실을 깨달았다고 내게 말했다. 바로 시간을 분배하는 것이다. 중요하지 않은 일을 미루고 제일 중요한 일에 오롯이 집중해야 한다. 물론 중요도는 당신의 나이에 따라 달라진다. 사회 초년생이라면 제한된 선택 사항을 현실적으로 판단해 결정해야 한다. 나이가 들고 재량권도 늘어나면 기회비용을 비롯해 여러 사항을 토대로 마음이 끌리는 쪽을 선택할 수 있다. 페이팔PayPal의 CEO인 댄 슐만Dan Schulman이 리더스온퍼포스 팀에게 전한 이야기가 떠오른다. "시도는 중요합니다. 하지만 더 중요한 것은 끝내야 할 때를 알고 결과에서 교훈을 얻을 시스템을 갖추는 일입니다."

워런 버핏의 전용기 조종사인 마이크 플린트Mike Flint는 워런 버핏에게 직업적 목표의 우선순위를 정하는 방법을 물었다. 버핏은 25개 목표를 쓴 뒤 제일 중요한 다섯 개를 고르라고 했다. 플린트가 그 다섯 개를 즉시 시행하겠다고 하자 버핏이 나머지 20개 목표는 어쩌겠냐고 다시 물었다. 그는 지금은 아니지만 여전히 중요하니 다섯 개 목표를 진행하지 않을 때 다시 생각해보겠다고 했다. 하지만 버핏의 반응은 뜻밖이었다. 그 20개 목표는 '무조건 피해야 할' 것들이니 다섯 개 목표를 다 이룰 때까지 거들떠보지도 말라는 것이었다(하지만 플린트는 워런 버핏의 개인 조종사라는 명예에 걸맞게 다섯 개의 목표를 이루는 과정에서 나머지 20개 목표도 자연스럽게 다 이뤄나가고 있다고 한다!)

이 일화를 통해 아이디어 수집 과정을 거쳐 세렌디피티를 최고의 결과로 바꾸려면 선택과 집중이 중요하다는 사실을 다시 확인할 수 있다. 대부분 직급이 높아지면 개인 비서나 참모를 비롯해 공식적인 필터가 많아진다. 하지만 명심하라. 잠재적인 세렌디피티가 이 필터에서 걸러질 가능성도 있음을 말이다. 즉각적인 가치를 창출하지 못하는 요소를 모조리 제거하는 비서라면 문제가 있다.

기회의 공간을 늘리고 위험을 줄이는 접근법에는 기회 엔지니어링opportunity engineering이 있다. 기회 엔지니어링이란 장점이 크고 단점이 거의 없는 기회를 합리적인 확률로 선별하는 방법이다. 프로젝트를 단계별로 세분화하여 초기 단계에서 잘 풀리지 않으면 그만두거나 앞서 살펴본 대로 저렴하고 신속한 시제품화를 통해 방향을 전환한다. 하지만 이 방법으로는 알려지지 않은 미지의 것들을 포착하는 데 어려움이 있다.[32]

직장에서는 자신을 포함한 전 직원이 결국에는 가치 있을 잠재적인 우연한 정보나 일에 민감하게 반응하도록 훈련되어야 한다. 나이지리아의 다이아몬드 은행이 사용한 접근법 중 하나는 '저확률 옵션'으로 핵심 제품은 아니지만 마니아층이 있는 제품을 구성한 것이었다(한마디로 은행이 내기를 건 것이다). 은행은 310만 명의 휴대전화 앱 사용자에게 디지털 혁신을 발표했다. 기존의 오프라인 그룹 저축을 디지털화해 앱 사용자끼리 연결시켜 일정 기간이 지나면 구성원들이 차례대로 전체 저축액을 받는 방식이었다. 시장의 반응이 뜨거웠고 이 방식은 점차 확장되어 나갔다. 그런데 예상하지 못한 일이 벌어졌다. 사용자들이 그룹 저축 방식을 은행이 아직 선보이지 않는 개인 적금 계좌처럼 활용한 것이다. 개인 적금처럼 계좌를 활용한 사용자는 그룹 저축 사용자의 10배가 넘었다. 이는 고객이 스스로 선별해 계좌를 예상하지 못한 방식으로 사용할 수 있다는 점에서 조직에 새로운 디지털 운용 방안을 제시했다. 다이아몬드 은행은 곧바로 전략을 수정해 개인 적금 계좌를 홍보했다. 회사의 요구가 아닌 고객의 자발적인 요구에서 비롯된 일이었다.

그러면 예기치 못한 일에 집중해야 할 때가 따로 있을까? 잠재적으로 연관된 관찰 결과를 어떻게 걸러낼 수 있을까?

뜻밖의 일이나 변칙적인 일을 발견했을 때 그냥 넘기지 않고 평가하려는 의도나 능력을 갖추면 '빠른 평가'나 '체계적인 평가'를 내릴 수 있다고 제2장에서 만난 낸시 네이피어와 꽝호왕 연구자가 밝혔다. 빠른 평가란 특이한 정보에 대한 직감을 토대로 빠르게 측정하는 걸 말한다. 경험이 많은 사람이라면 다른 정보로 연결할 방법을 바로 찾아낸다. 조직, 특히 지표나 수치 중심의 회사라면 뜻밖의 정보를 논리나 기준, 혹은 언어로 분류해 '받아들일 수 있는 상태'로 만들어야 한다(능력 있는 내 동료 중한 명은 심리학을 전공한 심리학자로 예전에 스타트업 회사에 취직한 적이 있다. 그녀는 깊이 있고 사색적이며 다양한 상황에서 가치 있게 쓰일 능력도 가진 사람이다. 하지만 모든 일이 빨리 이루어져야 하는 스타트업과는 맞지 않았다. 우리는 사람을 환경에 맞추든, 환경을 사람에 맞추든 둘이 잘 어우러지도록 맞춰야 한다. 혹은 환경 자체를 재구성해야 한다. 아이디어의 가치를 평가하는 가치 기준은 모든 상황에서 다를 것이다).

한편 체계적인 평가란 좀 더 분석적인 측정 방법으로 정보의 잠재적 가치를 평가하는 방식이다. 불확실성과 타이밍, 위험 감수 정도와 뜻밖의 정보를 보완하거나 무효화할 추가 정보를 활용하여 평가를 내린다. 초기 검토 과정에 따라 결과가 달라지고 잠재적인 기회의 특성이 결정된다. 비즈니스 세계에서는 주로 투자 위원회의 체계적인 평가가 필터 역할을 한다. 이 외에 실행 가능성과 타당성, 만족도 등을 서로 평가하는 동료 평가가 있다. 이렇듯 다양한 필터를 만들어두면 '의미 있는 우연'의 양과 질을 높여 다양한 세렌디피티를 위한 토대가 마련된다.

하지만 회사가 아닌 우리의 삶에서 얼마나 많은 사람을 만나고 얼마나 많은 아이디어를 시도해야 하는지 궁금증이 생긴다. 이를 어떻게 알 수 있을까?

준비된 만남의 힘

싱가포르의 기업가이자 비영리 단체의 간부인 티머시 로Timothy Low는 '최적화 세렌디피티'라고 부르는 필터를 만들게 된 과정을 설명했다. 세렌디피티를 최적화하는 적당한 모임의 횟수와 과도한 모임의 횟수를 알아내는 게 그의 핵심 과제였다. 처음에는 한정된 시간에 최대한 많이 참석하고 이후에는 개인적으로 가고 싶은 곳만 참석하며 서서히 횟수를 줄여보기로 했다.

1단계는 현장에 첫발을 내디디고 최대한 많은 모임에 참석하여 스타트업 비즈니스의 세계를 충분히 이해하는 시기였다. 모임의 핵심 인물과 규범, 업계에서 쓰이는 은어, 괜찮은 클럽에 이르기까지 다양한 정보를 파악해야 했다. 한 달에 열 번 정도 모임에 참석하며 업계 새내기에게 굉장히 소중한 기회라고 생각했다. 많은 정보가 오갔고 인생에서 중요한 사람과 인맥을 쌓는 기회가 되기도 했다. 하지만 시간이 흐를수록 모임의 가치가 예전만 못했다. 더는 새내기가 아니었고 배우는 것도 심드렁해졌다. '모임당 가치'가 급격히 떨어질 위기에 처한 것이다.

이렇게 2단계에 접어들었다. 그는 모임을 크게 걸러내지는 않았지만 참석하는 횟수를 줄였다. 역량 개발(필요한 사람 만나기)과 정서적인 안정(친구를 만나거나 머리 식히기)에 집중하며 시간을 좀 더 효율적으로 쓰게 됐다. 모임의 횟수를 줄이고 역량 개발과 정서적 안정이라는 이원 필터를 통해 높은 평균 가치를 유지하게 됐다.

3단계에서는 새로운 모임에 참석하지 않았다. 대신 알고 지낸 사람과 편하게 다양한 이슈를 토론할 수 있고, 새로운 사람이라도 운영진에게 '검증된' 사람들만 만날 수 있는 모임에 가끔 참석했다. 모두 '고수익 모임'이자 인맥이었다. 로는 말했다. "'저수익 모임'을 버리고 나니 모임당 평균 가치는 급등했어요. 시간은 적게 들이면서 더 큰 가치를 얻는 거죠."

마지막 4단계는 3단계의 문제를 인식하는 데서 출발했다. 3단계에 머물다 보니 듣고 싶은 것만 들으며 특정한 정보에 갇히는 게 문제였다. 그는 구체적이고 잘 짜인 필터를 사용해 깔때기의 크기를 살짝 늘려보기로 했다. 그의 필터는 다음과 같았다.

- 참석한 모임에서 내가 도울 일이 있는가?
- 상대가 하는 일이 내가 하고 싶거나 배우고 싶은 일인가?
- 건설적이고 지적인 대화, 혹은 토론을 나눌 여지가 있는가?

"모임당 평균 가치는 3단계와 비슷했어요. 하지만 4단계의 목적성 있는 걸러내기를 통해 기회를 확장했더니 한 달 만에 제 누적 가치가 두세 배로 뛰어올랐죠."

로는 많은 사람에게 익숙한 과정을 거쳤다. 넓은 범위에서 시작해 '가치 이론'에 기반을 둔 기준, 즉 현재의 우선순위에 따라 참석할 모임을 결정하며 서서히 범위를 좁혀나갔다. 하지만 많은 사람이 빠지기 쉬운 상황, 즉 특정한 정보에 갇히지 않으려고 했다.

또 어떤 필터가 있을까? 과학기술을 이용해 유사점이 아닌 연관성을 찾아내보자.[33] 예를 들어 검색할 때 익숙한 검색어가 아닌 유의미한 관계가 있는 다른 검색어를 이용하는 것이다. 요즘 기술을 이용하면 흔한 검색어는 물론 '우연한 검색'을 통해서도 다양한 정보를 얻을 수 있다. 추천 필터링을 설정 또는 해제할 수 있고 검색 매개 변수를 바꿔 결과를 완전히 재정렬하거나 추천 범위를 설정할 수도 있다.[34]

하지만 우리 삶이 그러하듯이 여기에도 함정이 있고 그래서 조심해야 할 것들이 있다. 편협되고 한쪽으로 쏠린 개인 맞춤 설정은 적절한 연결 고리를 걸러낼 가능성이 크며 우리를 필터 버블_filter bubble_(맞춤 설정에 필터링된 정보만 받아 정보 편식을 하는 현상—옮긴이)에 가두기도 한다.[35] 새 제품이나 아이디어도 이전 검색 기록에서 파생되고 완전히 다른 예상치 못한 검색 결과를 통합하지 않기 때문에 진정한 세렌디피티를 놓칠 가능성이 크다.[36] 여기에 개인 맞춤 설정까지 더해지면 상황은 더 안 좋아진다. 검색 결과를 좁히는 방식은 더 나은 결과를 내지 못한다는 연구 결과가 있다. 좁혀진 시야로 뜻밖의 발견을 놓치게 되기 때문이다.[37]

하지만 관심사는 역동적이고 시간에 따라 상황이 달라지며 변하기 마련이다. 실제 삶에서 세렌디피티 계기가 성가시거나 도움이 될 수 있는 것처럼 온라인 서비스 제공자도 잠복기를 거쳐 세렌디피티가 발견될 수 있도록 여러 방법을 개발했다. 예를 들어 좋은 플랫폼은 책갈피 기능으로 적절한 시기에 뜻밖의 아이디어를 찾을 수 있게 한다.[38] 아이디어 저널로 생각을 정리해볼 수도 있다. 페이스북의 전략 파트너 매니저인 빅토리아 스토야노바_Victoria Stoyanova_는 아이폰의 메모 기능을 사용한다. 이 방식으로 하는 일에 집중하고 적절한 시기가 오면 우연히 떠오른 아이디어를 다시 검토한다.

필터는 어디에나 있다.[39] 일을 마무리 짓도록 도와주는 마감일과 함께라면 둘의 조합은 굉장히 효과적이다.[40] 이 책을 쓰기 시작할 때 담당자에게 한 달에 한 챕터를 완성해 제출하겠다고 약속했다. 마감일이 있으니 집중력과 책임감이 생겼다. 나는 모든 프로젝트에서 이 방법을 사용하는데 특히 혼자 일할 때 더욱 철저히 지키려고 한다. 확실한 마감일을 설정하면 동기부여와 함께 책임감이 생기고 일을 제시간에 마무리 짓게 된다.

하지만 효과적인 검증 방법을 거치지 않은 '편견에 치중한 필터'를 조심하자. 로빈 워런Robin Warren과 배리 마셜Barry Marshall은 위궤양이 잘못된 식습관이나 스트레스로 발병된다는 통념을 뒤집고 박테리아가 원인이라는 논문을 제출했다. 하지만 처음엔 '정신 나간 사람들이 정신 나간 소리를 한다'는 소리까지 들으며 학계에 받아들여지지 못했다.[41] 2005년, 그들은 위궤양 연구의 업적을 인정받아 노벨 의학상을 받았다.

효과적인 필터가 있더라도 가치 있는 아이디어라고 생각되면 충분한 시간과 공간을 내주어야 한다. 세렌디피티는 갑자기 들이닥치기도 하지만, 대체로 잠복기를 거친다는 사실을 기억하라. 어떻게 잠복기에 있는 세렌디피티를 위한 시간을 내고 필요한 관심을 쏟을 수 있을까?

타이밍이 전부다

아이디어가 떠오르고 형태를 갖추려면 충분한 시간과 공간이 필요하다. 세계에서 가장 흥미로운 컴퓨터 프로그래머이자 투자가인 폴 그레이엄Paul Graham은 《메이커의 스케줄, 매니저의 스케줄》maker's vs manager's schedule이라는 훌륭한 에세이에서 일의 종류에 따라 시간을 관리하고 조직하는 법을 달리해야 한다고 주장했다.[42] 여태 읽어 본 에세이 중에서 가장 좋았던 글이다. 읽은 대로 일상에 적용해 말 그대로 내 인생을 바꿨다. 이 책 덕분에 우연한 기회에서 많은 것을 이뤄냈고 생산성이 올라갔다.

그레이엄이 주장하는 핵심은 다음과 같다. 매니저의 하루는 짧은 시간 단위로 특정 주제에 집중되어 짜여 있다. 업무 대부분이 사람이나 시스템을 관리하는 일이다. 빠르고 현명하게 결정을 내리는 게 업무의 핵심이다.

그들에게 회의란 업무를 끝내는 수단이다.

반면에 메이커의 하루는 뭉텅이 시간으로 특정 과제에 집중되어 짜여 있다. 세렌디피티에 관한 책 쓰기, 소프트웨어 개발하기, 전략 계획서 작성하기, 그림 그리기 등 과제 중심이다. 베스트셀러 작가인 다니엘 핑크Daniel Pink는 매일 아침을 글 500자 쓰기와 같은 일반적인 목표로 시작한다. 아침 일곱 시든 오후 두 시든 그 일을 다 할 때까지 다른 일은 거들떠보지 않는다. 이메일이나 전화도 금지다. 완전한 집중의 시간이다. 매일 이렇게 해나가다 보면 어느새 책을 끝내게 된다.

다니엘 핑크는 시간을 통제하는 남다른 능력이 있는 사람이라는 사실을 인정하고 넘어가야겠다. 하지만 이렇게까진 못 하더라도 책 전반에 걸쳐 집중력을 기를 다양한 방법이 있다. 이 방법을 토요일 아침이나 수요일 저녁과 같이 날짜를 정해 적용해보자. 이메일에 답도 해야 하고 다른 사람의 부탁도 들어줘야겠지만, 이렇게 경계선을 분명히 그으면 놀랍게도 상대방도 그걸 받아들인다. 경계선이 없으면 절대 메이커에게 필요한 뭉텅이 시간을 확보할 수 없다('연약함의 역설'도 도움이 될 것 같다. '미안하지만 오늘 밤에는 미리 계획한 일이 있어' 등 자신에게 변명거리를 만들면 '커피나 술 한 잔하러 가자'는 남들의 부탁도 쉽게 거절할 수 있다).

이메일을 확인하거나 회의 시간을 뭉텅이 시간으로 정해두는 게 중요하다. 회의는 과제에 집중할 시간을 잡아먹기 때문에 메이커들이 꺼린다. 뭉텅이 시간에 회의가 잡히면 나머지 시간에 다른 일을 하기도 어렵다. 그래서 메이커들은 회의를 되도록 피하려고 하고 여러 회의를 한 번에 몰아 횟수를 줄이거나 에너지가 떨어지는 저녁 시간에 하길 원한다.

논문이든 벤처 사업이든 새로운 아이디어가 필요할 때면 나는 메이커가 되어 통으로 쓸 수 있는 몇 시간을 마련해 완전히 몰입한 뒤 좋은 글을 쓴다. 반대로 매니저 모드로 바뀌면 연달아 회의에 참석하며 업무를 본다. 그레이엄의 글을 우연히 읽기 전까지 내 하루는 뒤죽박죽이었다. 글을 좀 쓰다가 회의에 참석하고 다시 글을 쓰다가 틈틈이 이메일을 확인했다. 자주 지쳤지만 원인을 알 수 없었다.

분석적이거나 창의적인 일을 할 때 어느 정도의 시간이 지나야 완전히 몰입하게 된다고 그레이엄은 주장한다. 따라서 전화를 받거나 이메일을 체크하고 동료와 '잠깐의 커피 휴식'을 가진다면 단순히 커피를 마시는 시간만 버리는 게 아니다. 다시 집중하는 데 또 얼마간의 시간이 필요하다.

반대로 매니저의 스케줄에서 커피 휴식은 회의에 참석할 때 보내는 시간과 같다. 내가 오랫동안 한 실수는 매니저로 둘러싸인 환경에서 내 메이커 타임을 허비한 것이었다. 샌드박스에서 화상 회의로 멋진 사람들을 만나게 됐다. 유쾌한 시간이었지만, 아이디어에 몰입할 시간이 부족해졌다. 잔류하는 주의력에서 새 업무로 전환하는 일이 몹시 어려웠다. 생산성이 떨어진 느낌이었다. 하지만 이제는 주로 아침 시간에 아이디어와 논문, 연구에 몰두하고 오후에 회의를 진행한다. 반나절이 지나면 일을 다 끝낸 느낌이다. 덤으로 회의 시간에 생산적이지 못하다고 느끼는 죄책감도 덜게 됐다.

이메일을 통한 소통도 의도적으로 속도를 늦추고 있다. 하루 중 특정한 시간에만 이메일을 체크하고 바로 답장하지 않는다. 생각보다 사람들은 이 변화에 금방 적응하고 때론 문제가 저절로 해결되기도 한다(하루에도 몇 번씩 보고를 받고 바로 결제를 하지 않아도 되는 사람이라면 효과적인 방법이다). 이 방식으로 나는 메이커 타임과 매니저 타임 어디에 있던 그 순간에 몰입하고 의욕이 생겼다. 몰입은 세렌디피티의 필요조건이기도 하다. 건강에도 긍정적인 변화가 생겼다. 스트레스 수치가 눈에 띄게 낮아졌다.

내가 직접 이런 경험을 한 후에는 회사에도 비슷한 방법을 적용하기 시작했다. 어떤 회사는 수요일 오후를 분석적인 업무 하는 날로 정해 이메일을 포함해 어떤 방해도 금지한다. 구글과 3M은 직원들이 업무 시간 중 20퍼센트를 원하는 일에 몰두하도록 하는 '20퍼센트 법칙'을 시행한 것으로 유명하다.

내향인, 즉 아이디어를 소화해 잠재적인 이연 연상으로 결실을 보기까지 시간이 필요한 이들에게는 이러한 시간 배분이 더 중요하다. 포워드 인스티튜트 Forward Institute 의 설립자인 애덤 그로데키 Adam Grodecki 는 "좋은 아이디어와 좋은 리더는 분주함이 아닌 고독에서 나온다."고 말했다. 우리는 흔히 바쁘면 생산적이라고 착각한다. 하지만 실제로 생산적인 사람은 별로 없다. 다들 바쁘고, 너무 바쁘면 세렌디피티가 완전히 차단된다. 테슬라의 CEO인 일론 머스크는 메이커 타임을 확보하고 회의 시간을 잘게 쪼개는 것으로 유명하다. 회의를 몰아서 진행해 충분한 메이커 타임을 확보하는 사람들도 있다. 스타트업에게 종잣돈을 투자하는 와이컴비네이터 Y Combinator 의 운영자인 폴 그레이엄은 늦은 오후에 스타트업 창업자와 회의를 진행해 방해받지 않는 시간을 확보한다.

다양한 뭉텅이 시간은 굉장히 효과적이다. 나는 사람들이 만나자고 할 때마다 내가 주최하는 저녁 식사 모임에 초대한다. 내 시간에 집중하면서 그들에게 흥미로운 다른 사람을 만날 기회를 제공하는 것이다. 당연히 세렌디피티가 촉발되기도 한다.

낮에 훨씬 긴 시간을 뭉텅이 시간으로 확보할 수도 있다. 내가 여태 만난 사람 중 가장 생산적인 사람인 애덤 그랜트는 어렵고 힘든 지적인 활동을 방해받지 않는 시간에 배치한다. 가을 학기가 시작되면 강의나 관리 관련 업무를 덩어리로 묶어 특정 시간에 배치한다. 그러면 다른 시간에 메이커 업무에 해당하는 연구에 몰두할 수 있다. 사무실을 비울 때는 이메일 자동 답장 기능을 이용해 며칠 동안 방해받지 않고 특정 연구 프로젝트에 집중한다.

다른 프로그래머에 비해 10배 이상의 결과를 내는 프로그래머들을 대상으로 한 실험에서 놀라운 결과가 밝혀진 바 있다. 연구진들은 경험이나 연봉 등과 같은 요인으로 결과에 차이가 날 것이라 예상하지만, 그렇지 않았다. 결과에 가장 영향을 미치는 요인은 프로그래머들이 몰입할 충분한 공간 확보의 차이였다. 성공한 사람들은 직원이 스스로 물리적 환경을 통제하고 자유로움을 추구하고 개인 공간을 보장하고 사생활 보호가 되는 회사에서 일했다.[43] 개방형 사무실이 연구원과 같은 메이커에게 취약인 이유다(이 경우 직원들은 자주 병가를 냈고 그 결과 생산성과 집중 시간, 직업 만족도에도 부정적인 영향을 미쳤다[44]).

조직에서 지시를 내리는 사람은 대개 매니저의 스케줄을 따르고 부하 직원들도 비슷한 스케줄을 따른다고 생각한다. 그러나 이는 잘못된 생각이다. 매니저의 스케줄을 따르면 메이커 대부분이 지치고 그들의 능력을 제대로 발휘하지 못한다. 메이커는 휴식을 취하는 방법도 다르다. 그들은 타인과의 소통이 아닌 물 한잔을 마시며 집중력을 끌어올리거나 맑은 공기를 마시며 숨을 고른다(나 역시 메이커 모드일 때는 화장실 갈 때조차 누군가와 마주치지 않으려고 한다!). 멀티태스킹이나 사람을 만나는 일은 집중력이 덜 필요한 활동이나 기회를 발견하고자 할 때 효과적이다. 하지만 심도 있는 분석적인 작업을 할 때는 '모노태스킹'이 답이다. 예전 대학교에서 연구진을 위한 개방형 공간을 마련해주었지만 이후 커피숍이나 집에서 일하기 시작했고 강의나 회의가 있을 때만 그곳에 갔다.

사람들의 관계를 돈독히 해줄 것 같은 장치가 사실 제 역할을 못 해낼 때가 많다. 세렌디피티 계기가 작동하고 무언가 이루어내려면 많은 분야에서 메이커와 매니저가 균형을 이루어야 한다. 그렇지 않으면 세렌디피티를 제한하고 건강과 저녁이 있는 삶, 생산성을 해칠 뿐이다.[45]

당신의 운과 나의 운은 다르다

세렌디피티는 성공과 기쁨을 가져다주며 삶을 바꾼다. 하지만 세렌디피티는 보는 사람의 관점에 따라 다르다. 누군가에게 긍정적인 우연의 일치지만 다른 이에겐 불운일 수도 있다.

한 경찰관은 나무에 끼인 고양이를 구하려다 우연히 뒷마당에 심어진 작은 마리화나 밭을 발견했다. 운 좋게도 이 일로 이달의 경찰관에 뽑혔다. 하지만 집에서 키운 마리화나를 피우며 인생의 마지막 즐거움을 누리려던 은퇴한 연금 수급자에게는 불운이다. 2016년 브렉시트 국민투표를 포함해 연일 예상치 못한 일이 터진 후 테리사 메이Theresa May가 76대 영국 총리로 집권했다. 전 총리였던 데이비드 캐머런이 사퇴하고 이후 치러진 선거에서 승리할 확률이 가장 컸던 보리스 존슨Boris Johnson은 반대파에게 발목이 잡혔다.[46] 여기서 세렌디피티는 보는 사람의 눈에 달렸다. 당연히 보리스 존슨이나 대다수 영국인에게는 좋은 일이 아니겠지만(테리사 메이는 영국 역사상 가장 나약한 총리였다는 평가를 받고 있다 —옮긴이) 테리사 메이에게는 좋은 일이었을 테다(하지만 예기치 못한 일의 연장선으로 1년 뒤 보리스 존슨이 총리에 임명됐다).

대부분 '좋은 의도'로 세렌디피티를 발견하고 사용하고자 하지만 다른 도구나 접근법처럼 세렌디피티 역시 '옳지 않은' 결과를 내기 위해 '잘못된' 사람이 사용하기도 한다. 다스베이더(스타워즈 시리즈에 등장하는 악역—옮긴이)가 긍정적인 결과를 내도록 긍정적인 우연을 만드는 일을 도와줄 의향이 있는가? 다스베이더에게는 좋은 일일지 모르지만 우리가 아끼는 이들에게는 해를 끼치는 일일 수 있다.

행운 코드 5. 끈기 있게 밀어붙인다

세렌디피티는 특정한 때에 일어나는 단발적 사건이 아니다. 집념과 회복 탄력성, 가치를 알아보는 힘과 가려낼 줄 아는 능력이 필요한 지속적인 과정이다. 연관성이 없다고 판단되면 내려놓고 불꽃이 희미하게 일면 현실에서 일어나도록 끈기 있게 밀어붙이고 '나와 거리 두기'를 통해 균형 잡힌 판단을 내려야 한다. 결국 집념과 지혜, 걸러내기는 잠재적인 결과가 나와 내게 소중한 사람 모두에게 의미 있을 때 비로소 가치를 지닌다.

세렌디피티 연습: 시간과 에너지 관리하기

1 다이어리에 메이커의 시간을 미리 배치하라. 달력에도 표시해 실제 약속으로 여기자. 저녁이나 낮에 혼자만의 시간을 만들어라. 당신이 메이커 성향이고 매니저 성향의 사람과 연애 중이라면 이 상황을 충분히 설명해두어라. 그래야 오해를 줄이고 '내가 옆에 있는 게 귀찮군'과 같은 말을 듣지 않는다.

2 에너지가 가장 넘칠 때를 기준으로 시간을 관리하라. 그저 하는 게 중요한 게 아니다. 어떻게 하느냐가 중요하다.

3 당신이 경영자나 관리자라면, 회사나 모임 내에 메이커를 위한 물리적 환경을 마련하라.

4 모임이나 회의를 덩어리로 묶어라. 하나로 합칠 수 있는 여러 개의 개인적인 '커피 약속'은 없는가?

5 자녀가 있다면 이렇게 질문하라. "네가 좋아하는 영웅이라면 어떻게 할까?" 실제로 도와줄 수 있는 인물이라면 더없이 좋다. 그렇지 않다면 재미난 게임처럼 다른 인물을 찾아보자.

6 최근 모임에서 받은 명함 중 당신의 일과 가장 관련성 높은 것을 찾아라. 간단하게라도 연락을 취해보자. 상대와 나눈 대화 중 가장 인상 깊었던 부분이나 상대가 흥미를 보일 만한 링크를 첨부해서 보내자. 늦더라도 아예 안 하는 것보다 낫다!

7 일주일에 한 번 전체 회의 시간에 예상치 못한 일이나 놀라운 경험 세 가지에 대해 이야기를 나눠보자. 어떤 가치가 있는지, 후속 조치를 이어나갈지 질문하라.

8 새 아이디어에 관한 의견을 들을 수 있는 개인 평가단을 조직하라. 아이디어에 대해 질문하도록 하고 관점을 전환해 점들을 이을 수 있도록 도움을 요청하라.

9　당신 분야에서 최고의 자리에 있는 사람에게 연락해 아이디어에 관한 피드백을 구하라. 그들에게서 영감을 받았다고 이야기하라. 아이디어의 질은 피드백의 질로 결정된다.

10　학생이나 연구원이라면 초안이나 계획서를 업계 최고 자리에 있는 다섯 명에게 보내고 피드백을 구하라. 지지를 얻게 된다면 관계를 발전시킬 좋은 계기가 되기도 한다.

제7장

인간관계가
세렌디피티의 크기를
결정한다

사려 깊고 헌신적인 소수가

세상을 바꿀 수 없다는 의심을 버려라.

지금까지 세상을 바꾼 유일한 이들이 바로 그들이다.

_마거릿 미드, 문화인류학자

SERENDIPITY

세렌디피티의 사례는 일시적인 현상처럼 보이고 반복되지 않을 것 같지만 그렇지 않다. 누구나 세렌디피티에 노출될 가능성을 어느 정도 갖고 태어난다. 하지만 앞으로 '세렌디피티 기초 잠재성'이라 부를 이 가능성은 축적되고 과정이 가속되어 더 큰 결과를 낳기도 한다. 각각의 새로운 세렌디피티가 축적된 세렌디피티 덕분에 더 큰 잠재력을 발휘하는 '증폭 세렌디피티'compound serendipity가 되는 것이다.

　이 과정의 원동력은 지역 모임이나 전문가 집단, 다양한 커뮤니티와 가족 등 우리가 속한 그룹이다. 그들의 도움으로 기회의 공간을 만들어내 세렌디피티 영역을 확장할 수 있다. 하지만 어떤 그룹은 편견이나 선입견을 품고 있으므로 세렌디피티를 오히려 저해하기도 한다. 그러므로 기회와 위험에 열린 태도로 그룹을 조직하고 평가해야 한다.

앞서 만난 뉴욕 출신의 에콰도르인 교육가 미셸 캔토스는 어려운 환경에서 자란 아이들을 돕는 재단에서 일하다가 우연히 샌드박스 모임를 알게 됐다. 그녀의 이야기는 단 한 번의 세렌디피티로 끝나지 않았다. "어떤 모임에 참석한 뒤로 세렌디피티가 늘 일어났어요. 정말 좋은 일이었죠. 하지만 가난하게 자랐기 때문에 지금 같은 기회를 얻는 것이 얼마나 어려웠는지 떠올리면 겁이 나요." 그녀의 인생에 가장 큰 영향을 준 것은 돈도 교육도 아니었다. 쉽게 닿을 수 없었던 특정한 정보와 기회였다. 하지만 정보와 기회를 접하기 시작하자 그녀의 세렌디피티는 완전히 바뀌었다.

앨빈 로스 카피오Alvin Ross Carpio는 끔찍한 흉기 범죄가 일어났던 런던의 이스트앤드East End에서 자랐다. 아홉 살 때 아버지를 여의고 이스트앤드에서 힘든 삶을 살았다. 10대 시절 그는 늘 칼을 가지고 다녔다. 그러다가 "칼을 가지고 있으면 없을 때보다 죽을 확률이 높다."는 글을 읽고 생각이 많아졌다. 어린 사촌 동생이 칼을 빌려달라고 했을 때 그는 자신의 행동이 누군가에게 영향을 끼치게 된다는 사실을 깨달았다. 그는 칼은 필요 없다고 사촌 동생과 자신을 설득했다.

좋은 학교에 입학한 뒤 카피오의 삶은 달라졌다. 잉글랜드에서 객실 청소를 하는 어머니와 웨이터인 아버지 사이에서 태어나 여태 가족이 만날 엄두도 못 낸 사람들에 둘러싸이게 된 것이다. 그는 업라이징 리더십 프로그램UpRising Leadership Programme이나 세계경제포럼의 글로벌 셰이퍼같이 자신이 선택한 커뮤니티와 소통하기 시작했다. 그는 현재 국제 문제 해결을 위한 운동을 펼치고 있으며《포브스》가 선정한 '30세 이하 가장 영향력 있는 기업가 30인'에 선정되기도 했다. 그는 지금의 성공과 기회가 모든 것이 가능하다는 믿음과 함께 효과적인 네트워크와 커뮤니티를 이용하고 개발하는 법을 배운 덕분이라고 말한다. 이런 환경에 자신을 내던져 큰 차이를 만들어낸 것이다. 그는 교도소에 갇히거나 의미 없는 죽음을 맞이하는 대신 현재 글로벌 프로젝트를 이끌며 살아가고 있다.

불우하고 어려운 환경에서 자란 사람 모두가 캔토스나 카피오처럼 네트워크나 커뮤니티를 찾아 성공하지는 못한다. 만족스럽지 못한 직장이나 관계에 갇히는 사람도 있다. 인종이나 성별, 성적 지향, 수입 등 심각한 구조적 문제를 겪기도 한다. '올바른' 커뮤니티에 참여하는 능력은 거대한 사회정의 시스템의 영향을 받는다. 우리가 어떤 그룹, 즉 어떤 환경에서 태어나느냐에 따라 세렌디피티 기초 잠재성은 크게 달라지는 것이다. 누구나 특정한 가족, 특정한 이웃 등 특정한 환경에 노출되고 이는 선택의 질이나 불안함, 피로, 스트레스의 초기 수준을 결정짓는다. 모두 세렌디피티와 관련된 요소다. 하지만 시간이 흐르면서 이러한 환경, 즉 사회관계망을 조정하고 재배열해 세렌디피티 영역을 확장할 수 있다. 그리고 그러려면 당연히 자신의 의지가 있어야 한다(나 역시 오랜 시간 동안 자원이 극심히 제한된 환경에서 살았지만 가장 어려운 시기에도 세렌디피티를 경험했다. 하지만 장애나 구조적 빈곤과 같은 큰 제약이 있으면 세렌디피티는 거의 불가능하다. 전 세계 많은 사람이 극도로 낮은 세렌디피티 기초 잠재성에서 출발해야 하는 것이 현실이다).

이 장에서는 사회관계망에 관한 연구 자료를 통해 이를 실행하는 방법을 알아보자.

일상 속 주변 사람들을 다시 생각하다

사회관계망은 자원과 기회를 활용하는 생산적 이익, 즉 사회적 자본을 개발하는 데 도움이 되고 웰빙도 증진한다.[1] 하지만 사회적 자본을 연결하지 못하는 사람은 반대 경우보다 대체로 세렌디피티 기초 잠재성이 낮다.

《사이언스》에 발표된 포괄적 연구에서 영국 커뮤니티의 사회경제적 웰빙 실태 자료를 검토했다.[2] 연구진은 영국 휴대전화의 90퍼센트 이상에 달하는 자료를 수집하며 사상 최대 규모의 국가 통신망 기록에 접근했다. 그 결과 다양한 사회적 관계와 경제 발전 간에 밀접한 연관성을 찾아냈다. 영국의 빈곤 지역에서 성장하는 사람은 다양한 그룹에 비해 일반적인 접근성과 기회를 이용할 가능성이 적었다.

그렇다고 사회적 자본이 없는 게 아니다. 숨겨져 있을 뿐이다. 우리는 우리가 생각하는 것 이상의 사회적 자본을 가지고 있다. 혹시 학교 선생님이 지역 하원의원을 알고 있지는 않은가? 혹은 당신의 영적 스승이 테스코 지사의 매니저를 알고 있지는 않은가? 혹시 동네 마트 직원의 사촌이 시장의 개인 비서는 아닌가?

조너선 로슨Jonathan Rowson과 동료들은 런던 브리스틀과 뉴크로스게이트에 있는 커뮤니티에서 일하며 사회관계망과 웰빙의 증진 관계를 조사했다. 조사에 따르면 우체부와 같은 '익숙한 이방인'이 지역 소식과 정보를 확산하는 데 효과적인 역할을 했다. 특히 우체부들은 저소득 계층에서 사회의 다른 분야와 흥미로운 연결점을 제공하는 것으로 밝혀졌다.[3]

숨겨진 관계는 눈에 잘 띄지 않아서 사회적 기회로 연결하기 쉽지 않다는 게 문제다. 문은 열려 있고 앞으로 열릴 수도 있지만 문 뒤에 있는 기회를 놓치는 경우가 많다. 동네 성당의 신부님과 꿈에 관해 이야기 나눈 적이 있는가? 지역 랍비에게 앞으로 하고 싶은 일에 관해 말한 적이 있는가? 이러한 지역 내 슈퍼 커넥터들은 자원이 극도로 제한된 지역에서도 정보나 기회를 효과적으로 전달한다. 하지만 우선 그들의 존재를 파악하는 게 먼저다. 요가 선생님, 운동 코치, 교수, 학교 선생님, 지방의회 의원, 국회의원 등 많은 사람을 만나고 이야기를 나눠보자. 그들은 잠재적인 사회적 자본의 '증폭자'다. 그런 잠재된 사회적 자본을 개발하고 적극적으로 활용하는 일은 바로 우리에게 달렸다.

흩어진 점에 숨은 결정적 인맥을 주목하라

당신 직업상의 네크워크를 펼쳐서 잠재된 사회적 자본을 시각적으로 확인해본 적이 있는가? 샌드박스의 전 커뮤니티 매니저인 브래드 피추Brad Fitchew가 한 일이다. 그는 각각의 점, 즉 '노드'node를 연락책으로 나타내 인포그래픽을 통한 데이터를 시각화했다. 점이 커질수록 연락책의 연결고리가 많고 기회를 제공하거나 아이디어를 확산하고 인사이트를 제공할 확률이 높다. 그들이 바로 증폭자다.

네트워크상에서 아이디어나 기회를 얻기 위해 모든 사람에게 연락할 필요는 없다. 다른 점들과 잘 연결되고 동료들이 크게 신뢰하는 큰 점, 즉 '핵심 증폭자'에게만 집중하면 된다. 그들은 정보에 접근하고 아이디어의 흐름을 가속하고 다른 사람들과 연결되도록 도와준다.

이처럼 어떠한 공식 또는 비공식 연락망을 시각화하면 핵심 증폭자를 발견할 수 있다. 특히 조직에서 이 과정은 매우 중요하다. 회사 내 위계처럼 공식적인 연락망은 누구나 잘 안다. 원칙상 누가 어떤 일의 책임이 있는지를 인지하거나 적어도 알아낼 수 있다. 하지만 현실에서 일은 비공식인 연락망으로 돌아가는 경우가 많다. '이 일의 책임자가 누군가요?'를 묻기보다 '이 일로 사람들이 제일 먼저 누구를 찾나요?' 혹은 '이 일을 처리할 때 사람들이 누구에게 연락하나요?'를 묻는 편이 훨씬 효과적이다. 네트워크에서 연결된 개별 파트너들을 묻는 '네임제너레이터'name generator와 같은 방법을 통해 이러한 연락망을 시각화하면 당신이나 조직의 세렌디피티 점수를 높이는 데 효과적이다. 물론 일도 수월하게 처리할 수 있다.

하지만 계속 이야기했듯이 모든 일에는 균형이 중요하다. 관계 맺기도 마찬가지다. 이용가치 때문에 누군가의 주소록에 포함되는 것을 달가워할 사람은 없다. 많은 수의 관계보다 의미 있는 관계를 형성하는 것이 더 중요하다. 상대가 어려운 상황에 부딪치면 공감해주고 도움을 주는 등 여러 방법이 있다.

이러한 연락망은 미리미리 구축해놓는 게 좋다. 언제, 어떻게 그들의 도움이 필요할지 알 수 없기 때문이다. 테드x 화산을 만든 와이트모어를 떠올려보자. 증폭자에게 연락을 취해 결국 생각지도 못할 일을 해냈다. 맨땅에 헤딩하며 시간과 에너지를 낭비하는 대신 그는 기존의 연락망을 적극적으로 활용했다. 어떤 일이 벌어질지 몰랐지만 테드 담당자와 같은 핵심인물들과 관계를 맺고 있었다. 세렌디피티가 강타했을 때 그는 이미 준비되어 있었다.

와이트모어는 화산 폭발 때문에 런던에 갇히게 될 것을 예상하고 관계를 발전시킨 것이 아니었다. 특정한 이익이나 목표가 아닌 도움을 주려는 마음에서 비롯된 관계 덕분에 테드 담당자나 샌드박스 멤버와 같은 증폭자 연결망에서 이차적 신뢰proxy trust(신뢰하는 지인의 지인을 신뢰하는 것—옮긴이)를 얻게 됐다. 증폭자의 소개로 자기 일처럼 발 벗고 도와주는 수십 명의 사람을 동원하게 된 것이다. 그들이 증폭자와 증폭자가 운영하는 단체를 신뢰하고 있었기에 가능한 일이었다.[4]

여기서 주목해야 할 점은 무엇일까? 우리는 세상의 모든 사람을 알 필요도, 거대한 연락망을 구축할 필요도 없다는 것이다. 증폭자와 의미 있는 관계를 형성하거나 이차적 신뢰를 얻을 자발적인 커뮤니티를 구축하는 것이 중요하다.

느슨하지만 강한 연대가 중요한 시대

커뮤니티는 단순한 네트워크 그 이상이다. 네트워크를 통해 특정한 관계를 형성하기도 하지만 소속감이나 사회적 정체성을 제공하는 대인관계 네트워크인 커뮤니티는 세렌디피티의 기초 수준을 바꾼다. 태어나면서 속하는 커뮤니티가 아닌 스스로 선택한 자발적인 커뮤니티가 특히 중요한 이유다. 미셸 캔토스의 경우처럼 효과적인 커뮤니티는 세렌디피티를 선형적으로 조금 증가시키는 게 아니라 기하급수적으로 늘린다.

그렇다면 이 토대는 어떻게 마련할 수 있을까? 자발적인 커뮤니티의 효과적인 역할을 이해한다면 큰 틀을 마련할 수 있다. 잘 조직된 커뮤니티는 세렌디피티의 경험을 증진시키고 질적인 변화를 가져다줄 것이다. 자신만의 자발적인 커뮤니티를 조직해도 좋고 기존의 커뮤니티에 참여해도 좋다.

역사적으로 커뮤니티는 사회학자 마크 그라노베터 Mark Granovetter가 '강한 유대'라고 일컬은 잘 아는 사람들을 토대로 형성됐다.[5] 긴밀한 유대가 형성된 마을이나 교회 중심의 커뮤니티를 떠올려보라. 이러한 관계는 지역적이고 믿음이 강하며 실행력이 강하다. 하지만 대체로 도달 범위가 짧고 다양성이 낮다. 지역 축구 모임이나 요가 수업에서 형성되는 관계가 여기에 해당한다. 강한 유대를 형성하는 데 꽤 오랜 시간이 걸리고 만들 수 있는 모임의 수도 제한적이다. 물론 시간과 에너지가 넘친다면 말이 달라지겠지만!

반면에 '느슨한 연대'는 광범위하고 다양하며 잠재적 파급 효과가 크지만 대개 실행력이 낮다. 트위터에서 몇 번 대화를 나눈 사람을 떠올려보라. 느슨한 연대는 일반적인 정보 교류나 기회를 얻는 데 효과적이지만 이 관계로 맺은 사람을 위해 모든 노력을 기울이진 않을 것이다. 상대도 마찬가지다. 강한 연대만 형성된 사이라면 깊은 정서적 지지를 얻겠지만 정보나 기회를 얻는 데 한계가 있다. 반대로 느슨한 연대만 형성된 사이라면 서로 주고받는 도움은 미미하다. 하지만 파비안 포르트뮐러Fabian Pfortmuller의 말을 빌리자면 잘 조직된 자발적인 커뮤니티는 '느슨하지만 강한 연대감'을 지닌다. 강한 연대와 느슨한 연대의 장점만을 더한 것이다. 참여를 통해 느슨한 연대를 강하게 만드는 이차적 신뢰 관계도 형성된다.

앞선 사례에서 와이트모어는 예기치 못한 상황에 대처했다. 좋은 아이디어가 떠올랐고 이벤트를 조직한 경험도 있었으며 기회의 순간도 있었다. 하지만 그것만으로 충분하지 않았다. 장소와 자원봉사자, 음식, 연설자, 기술 등 좋은 강연을 여는 데 필요한 게 한둘이 아니었기 때문이다. 그래서 어떻게 했는가? 그는 증폭자에게 연락했고 기존 커뮤니티의 도움을 받았다. 테드에 연락하자 테드의 이름으로 모임을 진행하라는 허락과 함께 강연자도 소개받았다. 샌드박스는 필요한 물품과 자원봉사자를 지원해주고 홍보까지 해주었다. 사람들의 도움으로 테크크런치TechCrunch.com(기술산업에 관한 소식을 다루는 온라인 출판사—옮긴이)의 영국 에디터이자 과학기술 및 각종 매체의 증폭자인 마이크 버처Mike Butcher와 연락이 닿았고 이벤트를 널리 알리게 됐다.

와이트모어는 성공적인 강연회를 조직하는 데 친한 사람의 도움은 아주 조금, 혹은 거의 받지 않았다. 대신 느슨하지만 강한 연대감을 지닌 커뮤니티를 활용했다. 개별적인 '증폭자'(즉, 테드)의 도움 그리고 같은 커뮤니티의 일원(즉, 샌드박스)이라는 사실만으로도 충분했다. 그는 무엇이 필요하게 될지 알지 못했다. 하지만 이미 관계를 형성한 커뮤니티의 이차적 신뢰와 다양성, 그리고 흥미로운 대의 덕분에 커뮤니티의 구성원들을 스스럼없이 자연스럽게 움직이게 했다.

느슨하지만 강한 연대가 힘을 발휘하는 순간이 모두 이처럼 극적이지는 않다. 소소하게는 샌드박스의 회원이 다른 도시로 여행을 떠났을 때 그 지역에 사는 다른 회원(잘 모르는 사이라도)에게 연락을 해 도움을 받기도 한다. 만난 적 없는 회원이지만 숙소를 제공하는 경우도 많다. 갈수록 업무나 조직의 경계가 모호해지고 유동적인 네트워크 기반의 사회에서 우리는 일반적인 영향권 밖의 사람들에게 도움을 받을 일이 많아진다. 이제 필요한 것은 느슨한 연대다. 효과적인 자발적 커뮤니티는 느슨한 연대를 강하게 만들어 실행력을 높일 것이다.

두 명이든 열 명이든 백 명이든 효과적인 자발적 커뮤니티는 의미 있는 상호 교류와 신뢰를 형성할 환경을 제공한다. 그렇다면 이러한 환경은 어떻게 조성할 수 있을까?

세렌디피티 발견에 도움이 되는 커뮤니티의 힘

우선 커뮤니티에 모인 사람들의 목적을 생각해보자. 배경이나 관심사, 열정, 공유하고자 하는 가치 때문인가? 축구든 그림이든 혁신이든 모인 사람들의 공통분모가 다양한 커뮤니티 설립의 핵심이다. 모임이 커질수록 암묵적이든 명시적이든 이 공통분모를 명확히 해야 한다. 예를 들어 큰 자발적 커뮤니티의 경우 온라인이나 오프라인상에 고유한 언어나 관례, 소개 방식 등이 있다.

하지만 유대감이 지나친 경우 오히려 제약이 생긴다. 특히 다양성이 보장되지 않을 때 그렇다. 특정 커뮤니티에 너무 빠지면 파벌주의나 특정한 정보에 갇히게 된다. 공화당이나 보수당 유권자와 민주당이나 노동당 유권자의 페이스북 피드의 차이점을 생각해본 적 있는가? 이처럼 우리는 태어나면서 자연스레 특정 집단에 갇히고 편하다는 이유로 변화를 거부한다.

로버트 무디다 Robet Mudida 는 케냐의 경제학자이자 나이로비의 스트라스모어 대학교에서 경쟁력 강화 센터 Centre for Competitiveness 를 운영 중이다. 나는 무디다와 함께 아프리카 사하라 사막 이남의 종족 네트워크에 관해 공동 연구를 한 끝에 놀라운 사실을 발견했다. 이 지역의 부족 내 동맹은 미국이나 영국의 극명한 정치 대립만큼이나 강력했다. 대다수가 동족친

화적인 네트워크에만 머물며 세렌디피티에 중요한 느슨한 유대를 형성할 기회를 얻지 못했다.

반면 진취적이고 성공한 개인은 다문화 네트워크를 형성했다. 내집단을 특정 부족이나 인종으로 모임을 나누는 대신 운동이나 종교와 같은 관심사 기반의 모임으로 재구성했다. 연구에 참여한 한 케냐 기업가는 교회에서 만난 다른 부족장과 사람들에게 공통점이 있다는 점을 알렸다. 다른 상황의 연구에서도 비슷한 결과가 나왔다.[6]

당신의 삶은 어떤가? 긴밀한 유대가 형성된 친구만 만나거나 다른 부서와 담을 쌓은 채 폐쇄적인 내집단에 갇혀 있지는 않은가? 다른 그룹에 당신과 공통분모를 가진 사람이 있는가? 다른 집단에 대한 열린 태도는 작은 행동에서 시작된다. 다양한 관점을 가진 사람들이 모인 집단에서 세렌디피티가 자란다. 하지만 공통분모라는 일종의 시작점이 있어야 서로 신뢰를 쌓고 아이디어를 공유할 동기가 생긴다. 결속력 없는 다양성은 별힘을 발휘하지 못한다.[7]

또한 커뮤니티는 통제되기보다 영감을 주고받아야 하고 버팀목이 되는 사람들을 주축으로 한 대화를 통해 원활히 진행된다. 증폭자 기반의 접근법이 큰 커뮤니티나 조직에서 효과적인 이유다.

샌드박스가 불과 몇 년 사이에 20개국이 넘는 곳으로 확장될 수 있었던 이유는 '대사'ambassador 시스템을 채택했기 때문이다. 학업 등 여러 이유로 샌드박스가 있는 도시에 임시 거주한 사람을 찾아내 그들이 돌아왔을 때 대사로 임명했다. 샌드박스는 어떻게 그들을 찾아냈을까? 설립자들은 위키wiki에서 우리가 아는 영향력 있는 사람을 모두 찾아내 목록을 만들었고 모두의 동의를 거쳐 연락했다. 처음에 그들은 우정 어린 마음으로 참여했지만 점차 흥미를 느끼며 적극적으로 참여하기에 이르렀다. 대다수의 다른 커뮤니티처럼 혜택이 돈으로 지급되지 않지만 인지도가 높아지는 이득을 얻을 수 있었기 때문이다. 사람들은 영향력 있는 대사들에게 새로운 아이디어를 공유하려 했고 그 결과 잠재적으로 세렌디피티를 기하급수적으로 늘릴 수 있었다.[8]

두 명에서 네 명씩 팀을 이룬 대사들은 지역 모임을 주최하고 그렇게 각 도시의 잠재 회원을 발굴했다. 눈덩이 효과를 이용해 그들에게 영향력 있는 다른 사람에게 모임에 대해 알려달라고 요청했다. 그러면 또 다른 잠재 회원을 위해 모임을 조직해 다양한 시도('도전의 밤'과 같은 이벤트를 열어 당면한 문제나 프로젝트를 함께 나눈다)를 해볼 지역 공간을 마련했다. 우리는 중심 팀이 되어 최적의 실행 방안과 내부 페이스북 그룹을 동원해 그들을 돕고 서로를 연결했다.

다음 표는 허브 구조를 나타낸 것으로 대사 팀이 허브 노드(H)를, 회원이 작은 점을 구성하고 중심 팀(C)이 플랫폼과 연결을 지원한다. 샌드박스는 이렇게 슈퍼노드를 개발하면서 1,000명이 넘는 국제적인 커뮤니티의 긴밀한 유대 관계를 형성해나갔다. 소규모로 운영될 때 진정으로 의미 있는 관계를 맺을 수 있다는 연구 결과를 바탕으로, 초기 지역 허브 회원을 80명에서 130명으로 제한했다(던바의 법칙Dunbar's number과 유사하다. 로빈 던바Robin Dunbar는 인간이 사회관계를 맺을 수 있는 최대치는 100에서 250명 사이라고 주장했다). 지역 중심의 긴밀한 유대 관계가 형성되기 시작하자 사람들은 어디로 여행을 가든 그 지역의 허브에 접근할 수 있었고 회원 간에 온라인으로 직접 소통하기도 했다. 세계경제포럼의 글로벌 셰이퍼스와 같은 커뮤니티는 이후 비슷한 허브 중심의 접근법을 적용했다.

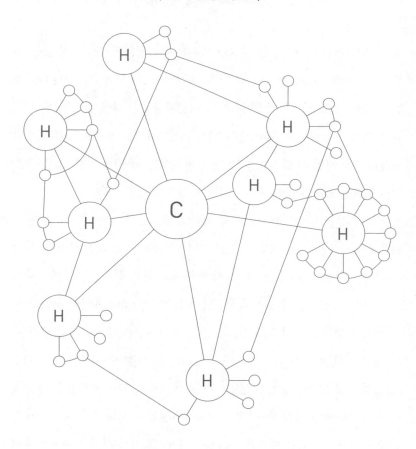

이 방식으로 지역 증폭자를 글로벌 플랫폼으로 연결한 덕분에 샌드박스와 넥서스Nexus, 글로벌 셰이퍼스, 테드/테드x는 소규모 핵심 팀과 제한된 자원으로도 국제적 위상을 높이고 있다. 이러한 지역 증폭자는 사회적 자본을 가져다주고 국제적 체계를 지역 전통에 맞게 조정하도록 돕는다.

의미 있는 대화로 관계를 쌓아야 한다

그렇다면 신뢰가 기반이 된 환경의 핵심은 무엇일까? 바로 의미 있는 소통이 이루어진 모임이다. 다양한 커뮤니티를 만드는 동안 "좋아요! 네트워킹 모임을 해보죠."라든가 "학회에서 네트워킹할 휴식 시간을 넣읍시다."라고 말하는 사람들을 흔히 본다. 나는 그럴 때마다 '네트워킹'이라는 말 때문에 오싹해졌다. 의미 있는 관계에 없어서는 안 될 중요한 요소, 바로 신뢰가 빠져 있기 때문이다.

'네트워킹 모임'에 참석하는 걸 정말로 즐기는 사람을 본 적 있는가? 인맥을 쌓는 데만 집중하면 그릇된 사람, 즉 다른 숨은 의도가 있는 사람과 엮이는 경우가 많다. 곤란한 상황에 놓이고 인위적이고 깊이 없는 대화로 이어지게 된다. 남녀가 여러 사람과 잠깐씩 만나보며 애인을 찾는 스피드 데이트 행사와 다를 게 없다. 즉, 특정 결과에만 집중하는 사람만 만나게 된다. 반대로 관계를 형성하는 좋은 모임은 특정 주제나 관심사, 열정에 초점을 맞춰 사람들이 더 깊은 대화를 이어나가거나 관심 있는 주제에 관한 아이디어를 나눌 수 있게 해준다. 의미 있는 대화를 토대로 신뢰할 만한 관계가 형성되고 잠재된 흥미로운 세렌디피티를 위한 실질적인 토대가 마련된다.

잘 조직된 모임은 개인이나 커뮤니티의 특성을 보여주는 매우 강력한 방법이다. 샌드박스에서는 저녁 식사 자리를 마련해 회원들이 편안한 분위기에서 이야기를 나누고 관계를 형성하도록 돕는다. 잘 모르는 사람과 시간을 보내는 게 익숙하지 않은 사람도 이러한 환경에서는 좀 더 열린 마음과 잠재적 신뢰를 쌓는 태도를 지니게 된다. '장미, 싹, 가시'와 같은 게임을 하며 여러 질문을 주고받는다. '오늘 하루/일주일/한 달/1년 중 가장 기억에 남는 일은 뭔가요?'(장미), '오늘 하루/일주일/한 달/1년 중 힘들었던 일은 뭔가요?'(가시), '내일/다음 주/다음 달/다음 해에 기대하는 일은 뭔가요?'(싹)와 같은 질문을 나누며 허세를 부리는 대신 실제로 겪는 어려움을 돌아보도록 돕는다.

좋은 관계는 관심사나 열정을 나눌 때 형성된다. 단순한 만남에 그치지 않고 의미 있는 관계를 발전시키는 데 초점을 두는 잘 계획된 모임에서 자연스럽게 생겨나는 것이다. 런던과 취리히, 뉴욕, 싱가포르, 멕시코시티, 나이로비, 베이징 등 내가 여태 참석한 샌드박스 거의 모든 모임에서 늘 들었던 이야기가 있다. "와, 이런 우연이 있다니요!"(사실 누군가에게는 뜻밖의 일이 다른 사람에게는 그리 놀라운 일이 아닐 수 있다. 몇 주째 편안히 주인의 먹이를 받아먹던 칠면조가 크리스마스 전날 죽어야 한다는 사실을 알고 충격을 받는다는 영국 철학자 버트런드 러셀의 우화가 여기서도 적용된다.[9])

지나치게 계획된 네트워킹에서 비롯된 세렌디피티는 역효과를 낳는다. LSE의 해리 바케마Harry Barkema와 나는 세렌디피티를 위한 환경 조성에 관한 논문을 최근에 발표했다. 우리는 지나치게 체계적인 모임이 세렌디피티를 촉진하기보다 완전히 차단한다는 사실을 근거로 표준화된 프로그램의 한계를 깨달았다. 따라서 세렌디피티를 '끌어낼' 환경을 조성해야 한다고 생각했다. 그러려면 다른 문화나 직업 배경에 공통된 가치관을 가진 사람을 함께 앉히고 우연히 마주칠 기회를 늘릴 커피숍을 마련하며 세렌디피티를 축하하고 지지하고 투자할 환경을 만들어야 한다. '백지 상태'의 모임보다 잘 조직된 모임을 통해 사람들은 자연스러운 방법으로 어우러질 수 있다.[10]

무임승차자가 많은 커뮤니티를 경계하라

긴밀한 유대가 형성된 그룹도 '공유지의 비극'tragedy of the common의 희생양이 될 수 있다. 공유지의 비극이란 믿을 만한 플랫폼과 같은 한정된 공유 자원이 책임감 없이 고갈되어 결국 실패하는 현상을 일컫는다. 많은 커뮤니티가 구성원의 책임 회피로 사라지기도 하고 모임을 유지하는 데 아무런 노력도 하지 않고 이득만 추구하는 무임승차자들이 득실거리는 곳도 많다. 가입한 수많은 온라인 커뮤니티 중 활동이 없는 곳이 있지 않은가? 혹은 모임에 기여는커녕 남들이 다 차려놓은 밥상을 받아먹기만 하는 사람이 있지 않은가?

자신과 동료에 대해 함께 책임을 지려는 '연대의식'lateral accountability이 다양한 자발적 커뮤니티를 성공으로 이끄는 핵심이다.[11] 위계질서를 앞세운 통제는 추적이 힘들고 비용이 많이 들지만 연대의식은 긴밀한 협업이라는 긍정적 외부효과를 끌어낸다. 그룹에 자신을 드러내면서 동료를 실망시키지 않으려는 동기가 생기고 현명한 이기심도 생기는 것이다.

내가 일했던 회사 중에 자신의 주간 목표를 공유하는 곳이 있었다. 회사 설립자와 CEO를 포함한 전 직원이 일주일마다 주간 목표를 세운 이유와 목표 달성의 실패 원인 및 깨달은 점 등을 공유했다. 이러한 공유를 통해 직원들은 동기부여가 높아졌으며 효과적으로 자기 관리를 할 수 있었다. 또한 다른 이들이 하는 일을 보며 효과적으로 흩어진 점을 이을 수도 있었다.

우리에게 필요한 관계란 무엇인가

성공한 사람은 대개 연대의식이 강한 커뮤니티의 일원이거나 삶을 함께할 일종의 '부족'을 형성한다. 지지와 배움의 커뮤니티는 배경은 다르지만 비슷한 가치를 지닌 비슷한 삶의 단계에 있는 사람들이 모일 때 이상적이다. 글로벌 리더십 조직인 '젊은사장단'Young President Organization과 같은 모임은 이러한 사람들로 구성해 회원 간에 신뢰를 기반으로 한 대화가 이뤄지도록 한다. 젊은사장단의 경우 회원 다섯 명이 정기적으로 소통하며 각자의 문제 해결을 돕는다.

이와 마찬가지로 연인 관계에도 좀 더 의식적인 접근법이 필요하다. 보스턴의 커뮤니티 빌더이자 기업가인 크리스천 베일리Christian Bailey는 그의 아내인 나탈리야와 세 가지 질문을 통해 관계를 형성한다. 아침에는 '오늘의 목표는 뭔가요?'와 '제가 어떻게 도울 수 있죠?' 두 가지 질문을 하고, 저녁에는 '오늘 어떤 걸 깨달았나요?'를 질문한다. 타인 중심의 아침 질문을 통해 타인의 삶에 일부가 되어 도움을 줄 수 있다는 생각으로 하루를 시작하고 저녁 질문을 통해 깨달음을 공유한다. 그들은 내가 여태 본 커플 중 상호 신뢰도가 가장 높았다. 아름다운 가정을 꾸리고 주변인들과 부족을 형성하는 그들의 모습을 보고 내 지인들이 그들의 방식을 따르기도 했다.

배우자나 애인에게 이런 질문을 하는 것이 처음에는 영 어색할 것이다. 어느 정도 시간이 지나면 질문을 아예 안 할 수도 있다. 하지만 타인 중심의 사고와 타인이 우리의 일상에 능동적인 역할을 한다는 생각은 남는다. 나는 여러 관계에서 이 방법을 시도해봤고 결과도 달랐지만 확실히 자아와 타인에 대한 인식이 높아졌다.

그러나 여기서 더 중요한 점은 의미 있는 소통을 할 수 있는 의도적인 '일상의 의식'ritual에서 모든 관계의 유익이 발생한다는 것이다. 그렇다면 개인이나 조직의 관계에서 어떤 의식을 실천해야 신뢰와 열린 마음을 기를 수 있을까? 제대로 된 일상 의식은 당신이 만드는 인식이나 습관보다 중요하다.

관계에 갇히면 세렌디피티는 일어나지 않는다

네트워크와 커뮤니티는 세렌디피티의 촉진제가 될 수 있다. 앞서 살펴본 대로 세렌디피티는 숨은 의도가 아닌 의미 있는 소통에서 비롯한다. 하지만 어느 집단이나 관계든 어두운 면이 항상 존재한다. 한 여성 기업가는 남성들, 특히 권력을 가진 남성들이 깊은 대화를 이용해 성관계를 요구하기도 한다고 밝혔다. 대화가 모호해지면 부적절한 행동을 가려내기 힘들다. 불편한 느낌만 남을 뿐이다. 잠재적으로 위협적인 상황은 세렌디피티의 가능성을 제한하고(피하고 싶은 상황에서 점을 이을 마음이 생기겠는가?) 다른 모든 대화에도 방해가 된다. 숨은 의도나 편견, 불평등한 관계는 어디에나 있다.

세렌디피티는 인식을 왜곡하고 불평등을 심화하기도 한다. 예를 들어 민주 사회에서는 경찰의 불심검문을 제한한다. 범죄 행위를 미리 적발하고 범법행위에 대한 경각심을 일깨우는 방안이지만 범죄와 아무런 관련이 없는 인종과 같은 기준으로 사람을 가려내 오히려 무고한 사람들을 힘들게 하는 역효과를 낳을 수 있기 때문이다.

　2016년에서 2017년 사이 영국에서는 30만 건의 불심검문이 이루어졌고[12] 그중 흑인이 백인보다 적어도 8배가량 불심검문을 더 받았다. 경찰이 충분한 사람을 수색하면 늘 '우연히' 범법행위를 적발하게 되므로 이러한 세렌디피티는 모든 자기 강화적 요인과 부정적인 결과를 가져온다. 경찰이 흑인을 더 조사해야 하는 정당성을 부여하고 흑인을 범죄와 연결짓는 사회적 낙인을 만들어내는 것이다(부정적인 세렌디피티와 이를 둘러싼 사회적 역학 관계는 대개 인종 편견이나 권력 구조와 관련이 있다).

　스코틀랜드 소설가인 윌리엄 보이드William Boyd는 부정적인 세렌디피티를 일컬어 '젬블레니티'Zemblanity(의도적으로 불행하고 불운하며 뻔한 결과를 만들어내는 능력)라고 했다.[13] 젬블레니티도 세렌디피티와 마찬가지로 기하급수적으로 늘어나기도 한다. 미국 조달청 변호인 리처드 베클러Richard Beckler는 로버트 뮬러Robert Mueller가 이끄는 특검이 요청하는 모든 기록을 트럼프 정권 인수위원회의 변호인단에게 직접 전달하겠다고 장담했다. 하지만 문제가 생겼다. 얼마 지나지 않아 그는 지병으로 입원하게 됐고 사망했다. 이 '뜻밖의 불행'은 트럼프 정부의 문제를 가중시켰다.

　다양한 지역 문화와 신념 체계도 잘 살펴보자.[14] 예를 들어 '권력 거리'(집단의 힘없는 개인들이 불평등한 권력을 수용하고 예상하는 정도)가 높은 문화에서는 위계질서를 뛰어넘기 힘들므로 세렌디피티가 촉발되기 어렵다. 나이나 직급을 따지는 문화에서도 마찬가지다. 불확실성을 꺼리는 문화 역시 '단 하나의 진리'만 추종하고 위기관리에만 힘쓰므로 잠재적인 세렌디피티를 방해한다. 선생님이나 고위간부의 의견을 당연한 것으로 받아들인다면 예기치 못한 해결책이 나올 여지가 없다.

세렌디피티가 제한되거나 세렌디피티가 거의 필요 없는 상황도 물론 있다. 원자로나 우주선처럼 엄격한 통제가 요구되는 상황에서는 새로운 사고가 아닌 완전한 몰입이 필요하다.

서로 연결되어야 세렌디피티가 증폭된다

아무리 잘 해결했다고 생각하더라도 불평등은 여전히 여러 형태로 존재한다. 빈곤한 도심지역에서 자란 소녀를 생각해보자. 소녀가 운 좋게 좋은 학교로 진학해 중산층의 아이들과 같은 교육을 받더라도 긍정적인 우연을 맞닥뜨릴 가능성은 적다. 왜일까? 우선 학교에서 배운 내용을 부모와 나누기 쉽지 않다. 즉 잠재적인 세렌디피티나 계기가 일어날 기회가 훨씬 적은 것이다. 세렌디피티를 경험할 사람과 교류가 거의 없고 지원 네트워크도 제한적이라는 점을 고려하면 결국 소녀는 '스스로 운을 만들기 위해' 훨씬 더 노력해야 한다.

따라서 학교 제도나 회사의 인턴 제도 등의 조직자는 직접적인 기회나 제도의 내용 자체보다 사회적 교류의 장을 마련하는 데 힘써야 한다. 사람들을 한데 모으고 범죄율도 줄일 수 있는 예술 단체의 참여를 유도하는 식으로 해서 사회적 박탈감을 일으키는 분야를 재건할 수 있다. 이러한 방법을 통해 사회와 단절된 삶을 사는 사람 등 사회 집단 간의 차별을 해소하는 것이다.

소통 없이는 고정관념이 사라지지 않는다. 사회와 인종, 부족, 성 집단 어디에서나 마찬가지다. 이런 점에서 새롭게 시도되는 공공서비스가 희망적이다. 일부 시 정부에서 '스피드 데이트'를 열어 평소 소통할 기회가 없는 청년과 시 의원 간에 만남의 자리를 마련했다. 참여자들은 뜻밖의 기회도 얻고 더 넓은 아이디어의 바다로 연결됐다(다음 장에서 좀 더 자세히 살펴볼 것이다).

또한 체계적으로 멘토와 연결하는 것도 효과적이다. 단 사람들이 처한 현실과 동떨어지지 않은 인물이자 다른 네트워크에 접근이 가능한 사람이라야 한다. 버진그룹의 설립자인 리처드 브랜슨 같은 사람이 페컴 지역의 고등학교를 한 시간 동안 방문하는 것도 좋겠지만, 사람들은 좀 더 비슷한 환경에서 나고 자라며 어려움을 겪는 이들에게 더 공감하기 마련이다. 빈곤한 환경에서 자랐지만 이제는 성공한 사업가의 이야기에 더 마음이 가지 않는가? 사람들은 그들의 이야기를 통해 비슷한 길을 가는 자신의 모습을 쉽게 시각화한다.

롤 모델을 며칠 동안 따라다니며 일거수일투족을 보게 할 수도 있다. 많은 종교 지도자에게 제자들이 있는 이유다. 학교에서 배우지 못하는 성문화되지 않은 암묵적 지식을 습득하며 체화하는 것이다. 이렇듯 우리는 여러 '사회적 기회의 장'에 노출되어야 한다. 그리고 다른 사람이 어떻게 행동하는지도 봐야 한다. 그래야 인생에는 다양한 갈래의 길이 있고 다양한 삶이 있다는 사실을 깨닫게 된다.

사람과 아이디어는 시간이 흐르면서 변하고 돌고 돈다. 따라서 여러 지원 사업이나 학교 등 여러 교육 프로그램이 지나치게 구조화된 내용이나 특정 주제에 국한된 멘토에만 매달리지 않아야 한다. 핵심은 사람들이 예기치 못한 곳에서 최상의 결과를 낼 세렌디피티 사고방식을 개발하도록 돕는 것이다. 특히 초기 주제 영역에서 벗어났을 때 이러한 사고방식은 더욱 중요하다. 학생이나 기업가의 생각의 변화에 방어적으로 대응하기 보다 새로운 정보에 기초한 지성의 징후로 수용해야 한다. 이러한 접근법을 통해 개인을 서로 다른 그룹으로 이어줘 사회성을 기르도록 도울 수 있다. 이런 점에서 교사나 멘토 등 다양한 배경의 사람을 연결하는 게 효과적이다.[15]

행운 코드 6. 다양한 관계로 기회를 넓힌다

증폭 세렌디피티는 복리 이자처럼 불어난다. 즉, 시작점이 높을수록 가속도가 빨리 붙는다. 하지만 세렌디피티 기초 잠재성이 낮더라도 자신이 연결되어야 할 가장 적합한 사람과 그룹을 파악해낼 수 있다. 우선 자신의 기존 사회적 자본을 인지해야 한다. 사회적 자본은 쓸수록 줄어드는 게 아니라 오히려 관계가 견고해진다는 사실을 잊지 마라. 또한 삶에서 증폭자와 연결되어야 한다. 대규모 자발적 커뮤니티에 참여해 이차적 신뢰를 적극적으로 활용해야 한다.

직접 커뮤니티를 만들면 공동책임이나 공통된 경험, 고유한 의식을 나누는 등 다양한 방식으로 이차적 신뢰를 얻을 수 있다. 그러면 느슨한 연대는 실제로 강한 연대가 되거나 강한 연대처럼 작동한다. 자신을 가두는 경계선을 허물고 다양한 집단과 소통하는 것도 중요하다. 사람들과의 공통분모를 찾거나 '부족'을 형성해나가며 이를 실천할 수 있다. 이러한 활동은 세렌디피티의 동력인 결속력과 다양성 간의 균형을 유지하는 데 도움이 된다. 세상은 공평하지 않지만 사람들이 흩어진 점을 이을 사회적 기회의 장을 넓히는 데 힘쓴다면 사회적 불평등을 어느 정도는 해소할 수 있을 것이다.

지금까지 한 개인으로서 자신과 타인의 삶에 세렌디피티를 일어나게 할 방법에 중점을 두었다. 하지만 세렌디피티가 일어날 환경을 마련하는 데는 조직과 정책의 역할도 중요하다. 따라서 다음 장에서는 관리자와 정책 입안자의 역할에 초점을 둘 것이다. 자신의 분야와 상관없다면 다음 장을 건너뛰고 세렌디피티 점수를 높일 방법에 관한 제9장으로 넘어가도 좋다.

세렌디피티 연습: 멋지게 도약하기

1   알고 지낸 사람이나 관계를 발전시키고 싶은 사람 중 다섯 명을 골라서 뭔가 함께 해 보라. 같은 분야에 관심이 있는 사람들을 모아 독서 모임을 해도 좋다.[16] 무엇을 하느냐보다 일단 시작하는 것이 중요하다. 커피 한잔이나 브런치를 먹으며 시작할 수도 있다. 지금 행운이 따랐으면 하는 일이 무엇인지 서로 나누어보자. 마음이 잘 맞는다면 모임을 이어갈지 결정하라. 거기서부터 시작하면 된다.

2   소통한 적 없는 그룹과 연결을 도와줄 관심사 기반의 커뮤니티를 찾아내라. 주말마다 지역 테드x 운영 팀에 참가해도 좋다.

3   지역 커뮤니티 모임 등 어떤 모임에서든 사람들이 현재 겪고 있는 제일 큰 어려움에 대해 질문해보자(좀 더 편안한 자리라면 '장미, 싹, 가시' 게임을 해보자). 대개 비슷한 시기를 겪기 마련이다. 공통분모가 생기면 신뢰가 쌓인다.

4   직업적인 관계망을 시각화해서 나타내보자. 여태 생각지도 못한 증폭자가 주변에 있지 않은가? 그들과 의미 있는 관계를 형성할 방법을 고민해보자. 커피를 마시며 서로를 더 알아갈 시간을 가질 수도 있다. 목적 있는 거래가 아닌 의미 있는 관계를 형성하는 데 집중해야 한다.

5   모임을 주최한다면 사람들의 중요한 공통분모를 파악하라. 그저 인사만 건네는 데서 그치지 않고 다들 자연스럽게 소통할 방법을 고민하라.

제8장

세렌디피티가
넘쳐흐르는 환경은
따로 있다

예기치 못한 상황에 대처하는 태도가
당신의 가치를 결정한다.

_허버트 졸리, 베스트바이 회장

SERENDIPITY

조직의 세렌디피티 기초 잠재성 수준을 높이려면 무엇을 해야 할까? 지속적인 발전과 배움, 혁신이 일어나는 환경을 조성하려면 어떻게 해야 할까? 우리를 이끌고 상호작용하게 하는 집단 가치와 신념, 원칙으로 이루어진 문화는 세렌디피티를 기르기도, 해치기도 한다.[1] 문화란 '집단의 태도'이므로 열린 태도를 갖추려면 그에 맞는 문화를 형성해야 한다.

앞서 소개했던 워터쿨러 테스트에 관한 이야기를 기억하는가? 나는 새로운 조직을 방문하면 직원들이 쉬는 시간에 모이는 장소를 찾는다. 한쪽에 자리 잡고 앉아 일하는 척하며 그들이 하는 이야기를 얼마간 듣고 나면 조직의 문화가 어느 정도 보인다. 일부 조직의 대화는 주로 사람들, 특히 누가 무엇을 잘못했는지('피터의 프레젠테이션은 정말 형편없어. 어떻게 여길 들어온 거지?')에 집중됐다. 본래 적당한 가십은 중요한 사회적 기능을 수행하기에 나쁘다고 볼 수만은 없다. 사람들 사이에 사회적 유대감을 형성하고 정보를 교환하며 재미도 보장하기 때문이다. 하지만 가십이 대화나 사고를 잠식하고, 당신의 이야기가 사람들의 입에 오르내린다면 세렌디피티가 일어날 가능성이 대폭 줄어든다. 사람들은 자신도 가십의 먹잇감이 될 수 있다는 사실을 알아차릴 때 좀 더 조심하기 마련이다.

물론 긍정적인 대화를 나누는 조직도 있었다('방금 회의에서 새 프로젝트를 논의했어. 우리 관련 캠페인을 진행해볼래?', '페트라가 멕시코시티에 자회사를 열 거래. 관심 가질 만한 친구가 갑자기 생각났어.'). 이들은 아이디어를 발전시키고 함께하는 미래에 초점을 맞췄다. 엘리너 루스벨트Eleanor Roosevelt의 말로 전해지는 명언이 떠오른다. "대인은 생각을 논하고, 범인은 사건을 논하고, 소인은 사람을 논한다."

동기를 부여하는 문화는 생각과 지식을 기꺼이 나누려는 마음과 어처구니없는 실수도 비난 대상이 되거나 가십거리로 전락하지 않고 수용하려는 태도를 지닐 때 형성된다. 최근 이루어진 연구에 따르면 비난보다는 다양한 아이디어에 열린 태도를 지닌 환경에서 세렌디피티의 가능성이 커지고 반대로 열린 토론이 제한된 환경에서는 세렌디피티의 가능성이 줄어든다.[2]

그렇다면 조직에서 세렌디피티가 번성할 환경을 조성하려면 어떻게 해야 할까?

심리적 안정감이 우선이다

친구나 가족, 직장 등 어디에 누구와 함께 있든 안정감을 느끼는 정도가 세렌디피티에 큰 영향을 끼친다. 사람들은 편안한 환경에서 이상하고 정신 나간 소리처럼 들릴 새로운 발견이나 사건, 충분히 검토하지 않은 계획, 아이디어 등 뜻밖의 이야기를 거리낌 없이 하게 된다.

이는 모두 심리적 안정감과 관련된다. 심리적 안정감이란 자신의 이미지나 지위, 경력에 부정적인 결과를 초래할 거라는 두려움 없이 자신을 드러내는 능력을 말한다.[3] 하버드 대학교 교수인 에이미 에드먼슨Amy Edmondson은 지난 수십 년간의 놀라운 연구를 통해 건강한 조직 문화와 높은 성과의 핵심적인 역할을 하는 심리적 안정감에 대한 개념을 널리 알렸다.[4] 그녀는 높은 성과를 내는 팀이 실수에 대해 더 많이 이야기를 나눈다는 1990년대 연구 자료에서 힘을 얻어 연구를 시작했다. 처음에는 의아했다. '최고의 성과를 내는 팀이 실수를 더 많이 한다고?' 그녀는 그게 아니라는 사실을 곧 깨달았다. 실수를 더 많이 하는 게 아니라 실수를 공개적으로 이야기하고 실수에서 얻은 교훈을 나누는 것이었다.

낮은 성과를 내는 팀은 대개 실수를 숨기려 든다. 전에 일했던 많은 회사에서 자주 겪은 일이다. 실패한 프로젝트는 소리 소문 없이 누군가의 기회와 함께 묻혔다. 하지만 실수에서 배운 일을 함께 논의하면 진정한 배움의 기회를 얻고 신뢰를 쌓게 된다.

구글을 비롯한 많은 조직을 조사한 최근 연구에 따르면 심리적 안정감의 정도가 업무 성취도를 결정한다. 잠재된 재능을 촉발하고 세렌디피티를 유발한다. 모두가 편해지고 서로에게 친절하게 대하는 것만이 심리적 안정감은 아니다. 심리적 안정감이란 에드먼슨이 강조한 대로 제대로 이루어지지 않은 일에 대해 솔직하게 터놓고 말할 수 있는 감정이다.

앞서 살펴본 대로 베스트 바이의 회장인 허버트 졸리는 도움을 요청하는 의지와 능력이 빠르게 변화하는 현대를 살아가는 핵심이라고 밝혔다. 물론 이는 대다수 인간의 본능에 반하는 태도다. 우리는 독립적인 삶을 살고 남 탓을 하며 호감을 주고 호감을 얻으려는 욕구를 지닌다. 따라서 자연스럽게 자기 검열을 하고 그 결과 최고의 성과를 내는 데 실패한다. 에드먼슨은 미국의 유명한 금융 서비스 기업인 웰스파고Wells Fargo의 예를 들어 이를 설명한다. 2015년 이 회사는 주택담보대출 등 추가적인 상품과 서비스를 기존 고객에게 판매하며 공격적인 판매 전략에 집중했다. 실무 담당자들은 고객들이 이 많은 서비스를 감당할 능력이 없다고 알렸지만 경영진은 실무자들의 말을 듣지 않았다. 오히려 직원들에게 수단과 방법을 가리지 말고 최대한 많은 상품을 고객에게 팔도록 강요했다. 직원들의 심리적 압박감을 상상할 수 있겠는가? 영업사원들은 유능해 보이려고 급기야 선을 넘었다. 고객들에게 거짓말하거나 가짜 고객을 유치해 경영진을 속였다. 결국 성공에 눈이 먼 행동이 모두 세상에 알려지고 말았다. 많은 시간과 노력이 물거품이 됐고 직원과 경영진, 회사와 고객 간의 신뢰를 잃게 됐다.

여기서 문제는 잘못된 이득을 취하려는 태도 외에도 직원들이 문제 제기를 하는 데 안전하다고 느끼지 못한 것이다. 심리적으로 안정된 환경이라면 경영진이 "직원들이 꺼리는 이유가 뭘까요? 한번 물어봅시다."라고 말했을 것이다. 하지만 웰스파고의 경영진은 "직원들이 최선을 다하지 않으니 더 압박해야 합니다."라고 생각했다.

반대로 픽사는 비판적인 피드백과 솔직함을 바탕으로 공동 설립자(이자 전 회장)인 에드 캣멀을 비롯한 리더가 공개적으로 실수를 인정하는 환경을 조성했다. 그는 겸손과 불완전성, 그리고 치명적인 호기심을 몸소 보여주었다. 이를 위해 회의는 늘 솔직한 피드백과 비판을 주고받을 수 있도록 진행됐다. 예를 들어 "우선, 우리 영화는 다 별로예요."와 같은 인정과 함께 회의를 시작한다. 사람들이 이의를 제기하고 비판적인 질문을 편안하게 할 수 있는 분위기를 만드는 것이다. 동시에 '집착적 몰입'escalation of commitment(손해를 보는데도 일관성을 유지하기 위해 추가 자원을 계속 투입하는 경향)의 희생양이 되는 대신 실수를 빨리 인정해 손실을 최소화하고 실수를 통한 교훈을 얻는다.[5]

그러면 심리적 안정감을 어떻게 높일 수 있을까? 에드먼슨이 조언하는 '토대 마련하기', '참여 유도하기', '생산적인 반응하기'의 3단계 과정을 살펴보자.

토대 마련하기

공통된 기대와 의미를 형성하는 단계다. 자신의 목소리를 내는 것이 성공의 핵심이라는 사실을 인지해야 하므로 누구나 쉽게 의견을 낼 수 있는 환경을 조성해야 한다. 상황이 복잡하고 혼자서 모든 문제를 파악할 수 없으니 모든 사람의 기여가 필요하다는 사실을 알리는 게 중요하다. 예를 들어 병원에서는 의료 서비스와 관련한 실수가 자주 발생한다. 관리자들이 잘못된 판단을 내리기도 하므로 누구든 자유롭게 의견을 낼 수 있는 환경을 조성하면 말 그대로 더 많은 생명을 구할 수 있다.

에드먼슨의 조사에 따르면 사람들은 어떤 상황에서든 해야 할 일을 안다고 믿고 목표를 달성하는 데만 집중한다. 하지만 현실은 그렇지 않다. 어떤 일이 벌어지는지 정확히 파악하지 못하고 일을 해나가는 과정에서 실수와 수정을 반복해야 한다. 정확한 지침을 내리고 단 하나의 해결책을 제시하면 냉철해 보이고 결단력 있어 보일지 몰라도 그녀의 말을 빌리자면 그건 '현실성 없는 이야기'다. 특히 새로운 분야에 도전하는 조직이라면 더욱 그렇다. 모든 일에는 시도와 반복이 필요하다.[6]

공감과 호기심, 경청을 나약함의 징후라 여긴다면 리더스온퍼포스의 논문에서 언급한 수많은 성공한 CEO는 모두 '연약'한 사람들일 테다. 그러나 브레네 브라운의 연구에서 밝혀진 대로 취약성을 드러내려면 엄청난 용기가 필요하다.

참여 유도하기

차이를 인정하고 질문을 습관화하며 토론 지침서와 같은 구조와 과정을 마련해 사람들에게 자신의 목소리가 받아들여진다는 자신감을 심는 단계다. 질문하고 대답을 듣는 게 중요하다. '당신의 생각은 어때요?', '그쪽 상황은 어떤가요?' 혹은 '어떤 도움이 필요한가요?'와 같은 질문이 좋다. 간단명료한 질문을 통해 큰 문제를 제대로 파악해 해결할 수 있다. 한 아동병원의 CEO는 서비스 관리에 문제가 생겨 직원들에게 이렇게 질문했다. "지난주 환자들과 어떻게 지냈는지 떠올려보세요. 계획한 대로 모든 게 안전했나요?" 경청으로 진심 어린 관심을 표현하면 상대는 존재감을 느끼게 된다.

이 방법은 특히 모든 일이 차질 없이 이루어졌다고 생각하는 사람들에게 개별적인 문제를 구체화할 기회가 된다. 자신이 겪은 일을 떠올리며 개선의 여지를 깨닫는 것이다. 이렇게 실수를 들춰내거나 비난하는 대신 문제를 해결하고 배울 점을 얻는 데 집중한다. 에드먼슨의 보고에 따르면 이 아동병원 CEO의 사무실은 직원들이 줄지어 기다렸다가 개선 사항을 논의하는 '고백성사실'이 됐다고 한다. 이러한 접근을 통해 문제가 무엇인지가 아닌 어떻게 나아질 수 있는지에 집중하게 된다.

생산적으로 반응하기

생산적인 반응이란 감사 표현과 실패의 오명 제거, 명백한 위반 행위 제재를 통한 지속적인 배움이다. 누군가가 실수를 저질렀다면 당신은 어떻게 반응하겠는가? 실수를 곱씹기보다 계속 일을 진행하는 데 초점을 두라고 에드먼슨은 조언한다. 걸음을 멈추는 것보다 한 걸음이라도 계속 내딛는 게 중요하다는 사실을 사람들에게 인지시켜야 한다.

누군가 "마감일을 못 지킬 것 같아요."라고 말하는 끔찍한 상황이 벌어졌다면 어떻게 반응해야 할까? 가능성 있는 반응은 다음과 같다. "알려줘서 고마워요. 마감일까지 끝내려면 어떻게 해야 할지 생각해봅시다." 누군가 일을 망쳤다면 적어도 처음에는 그들을 돕는 데 중점을 두어야 한다(하지만 반복적으로 일을 그르친다면 관련 교육 등 좀 더 체계적인 지원이 필요하다. 혹은 그들에게 맞지 않는 일이라고 인정해버리자).

이러한 포괄적인 접근법은 사회적 위계질서가 분명해 의견을 내기가 쉽지 않은 사회에서도 효과적이다. 여러 서열이 분명한 일본에서도 모든 사람의 의견이 조직에 중요하다는 인식을 기반으로 '품질경영'과 같은 개념이 나온 바 있다. 에드먼슨은 토요타의 실제 사례로 이를 강조한다. 토요타에서는 조립 공정 중 작은 결함이라도 발견되면 직원들이 '안돈 코드'Andon cord를 사용한다. 누구든 사용할 수 있는 이 줄을 당기면 제조 공정이 즉시 중단되고 전문가 팀이 그 라인으로 달려가 즉시 문제를 해결한다. 전 직원이 이용 가능한 이러한 시스템은 조직의 발전에 이바지하도록 돕는 간접적인 방법이다. 설계의 사소한 변화나 모든 의견이 중요하다는 신호를 통해 심리적 안정감이 형성되는 것이다. 실제로 1980년대와 1990년대 일본 기업들이 혁신의 선두주자가 될 수 있었던 이유는 직원들에게 촉이나 지식, 직감으로 조직의 발전에 이바지하도록 격려했기 때문이다.[7]

한발 더 나아가 사소한 약점을 인정하거나 먼저 밝히는 것이 매우 생산적이라는 최근 연구 결과가 있다. 아이디어 회의에 참여한 사람들을 대상으로 한 인상적인 연구에 따르면 창피했던 일을 서로 이야기하며 회의를 시작한 그룹이 훨씬 더 생산적인 결과를 얻었다. 조금이라도 서로에게 마음을 열면서 영감을 떠올리기 시작한 그룹이 26퍼센트 더 아이디어를 냈다.[8] 창피한 이야기 덕분에 서먹서먹한 분위기를 깨고 불리하거나 비난받는다는 느낌 없이 상호 신뢰를 쌓은 것이다. 색다른 아이디어를 실행에 옮길 때도 같은 결과가 나왔다. 솔직하고 열린 마음을 가진 덕분에 새로운 생각을 시도하는 확률이 더 높았다.[9]

이 논리는 다른 상황에도 적용되고 대체로 작은 일부터 시작된다. 시드니 올림픽 노스사이드 스토리지 터널Sydney Olympics Northside Storage Tunnel 프로젝트를 맡은 프로젝트 얼라이언스 리더십 팀Project Alliance Leadership Team은 혁신적으로 업무를 수행하기 위해 비난 금지 문화를 조직의 핵심으로 삼았다.[10] 개인의 삶에서도 이 같은 사소한 행동으로 심리적 안정감을 형성할 수 있다. '좀 뜬금없는 것 같지만'과 같은 말로 질문하기 전에 약간의 이유를 들어 당신이 '위협적인 존재'가 아니라는 신호를 보내보자.

대부분이 우리와 소통하고자 하므로 우선 서로 간의 벽을 허물어야 한다. 나는 세미나에서 종종 이런 말을 한다. "여기 정신 나간 독일 사람인 저를 핑계 삼아 모르는 옆 사람에게 질문을 던져보세요." 그러면 사람들은 평소라면 잘 하지 않을 질문을 던지고, 낯선 이의 개인적인 질문에도 '위협감'을 느끼지 않는다. 대답할 때는 경청하고 상대가 말한 핵심 단어를 반복하는 것도 도움이 된다. 자신의 이야기를 듣고 있다는 느낌을 받으면 상대는 더 많은 이야기를 꺼내놓는다.

실패 경험을 마음껏 나누고 배워야 한다

색다른 아이디어나 주장이 비난이나 조롱의 대상이 될 거라는 두려움 때문에 방어적인 태도로 대화를 시작하면 예기치 못했지만 잠재적으로 가치 있는 의견이나 놀랄 만한 통찰이 나오기 어렵다.

심리적 안정감과 세렌디피티의 가능성을 높일 방법으로는 '프로젝트 장례식'이 있다. 왠지 음산하게 들리겠지만 사실 굉장히 긍정적인 과정이다. 우선 프로젝트를 잘 묻는다. 그리고 관련된 사람들끼리 모여 프로젝트에 관해 느낀 점이나 배운 점, 후회되는 점 등을 터놓고 이야기한다. 이때 다른 팀의 프로젝트 매니저처럼 프로젝트에 직접 연관된 사람들도 함께 조의를 표하도록 한다.

리더스온퍼포스의 보고서에 보면 DSM의 CEO인 페이크 시베즈마가 프로젝트 장례식을 통해 어떻게 신뢰와 세렌디피티를 끌어내고 심지어 프로젝트를 다시 살려내게 됐는지 설명한 부분이 나온다. DSM은 반사되지 않는 액자 유리 코팅제를 개발했다. 굉장한 기술력으로 만든 멋진 제품이었지만 일반 코팅제보다 여섯 배나 비싸서 시장에 내놓기 어렵다는 결론이 내려졌다.[11] 그렇게 프로젝트 장례식이 거행되었는데 누군가 '빛을 거의 반사하지 않는 이 제품을 태양 전지판에 적용할 경우의 수익을 고려해보았느냐'고 질문했다. 엄청난 수익이 발생할 기회였다. 태양 전지판으로 생산될 추가 전기가 코팅제 가격보다 훨씬 높을 것이기 때문이다.

생각지도 못한 아이디어라고 프로젝트 매니저가 답했다. 팀은 태양 전지판 전문가들과 이 아이디어를 논의 후 테스트를 거쳐 효과적이라는 결론을 얻었다. 전문가들은 즉시 실행에 옮겼고, 현재 DSM에는 막강한 태양 전지판 관련 부서가 있다. 페이크 시베즈마가 말했다. "계획에 없던 일이었어요. 하지만 하나로 합치니 좋은 일들이 일어났죠. 누군가는 '순전히 운이구먼!'이라고 말할지 모르지만, 아니에요. 그건 세렌디피티였어요!"

크고 작은 기업들이 이 방식을 채택하고 있다. 이 방식은 단순히 실패를 기념하는 게 아니다. 안전한 환경에서 배움과 지식의 전환을 기념하는 일이다. 세렌디피티를 촉발할 뿐만 아니라 진정한 배움의 기회를 제공한다. 프로젝트 장례식은 흔히 일이 잘 풀리지 않을 때 일어나지만 실제로 벌어진 일에 대해 자신과 타인에게 솔직해질 때 진정한 배움과 세렌디피티를 얻을 수 있다. 이러한 절차가 효과적이기는 하지만 우선 커뮤니티와 회사는 새로운 정보와 아이디어에 늘 열린 태도를 지녀야 한다. 그래야 사람들이 예상치 못한 정보에 민감하게 반응하고 그걸 적극적으로 활용하기 때문이다.

다 아는 것처럼 행동해야 상대방이 안정감을 느낀다고 생각하지만 사실 그렇지 않다. 신뢰를 쌓는 가장 좋은 방법은 현실을 제대로 직시하는 방향감과 자신감을 동시에 갖추는 것이다. 누구나 합리적인 절차로 좋은 결과를 얻었다고 말하고 싶겠지만 진실을 마주할 때 더 나은 결과를 얻을 수 있다. 즉 좋은 아이디어는 생각지도 못한 낯선 상황이나 의도치 않은 실수에서 불쑥 튀어나온다. 인류의 역사나 과학기술의 발전에는 무수히 많은 우연과 실수, 실패가 있다. 이런 예기치 못한 결과의 원인을 이해하는 것이 중요하다.[12] 하지만 확실한 점은 흥미로운 뜻밖의 발견 대부분이 사람들의 미숙함에서 비롯됐다는 것이다. 당구공을 만들다 발견된 존 웨슬리 하이엇John Wesley Hyatt의 당구공이나 실수로 화학 물질을 엎질렀다 발견된 일레르 드 샤르도네Hilaire de Chardonnet의 인조 견사 모두 '지적인 실수'에서 비롯한 혁신이다.

이와 비슷하게 전자레인지도 음식을 빨리 조리하려는 목적에서 나온 것이 아니다. 제2차 세계대전 동안 두 과학자는 나치의 전투기를 발견할 영국의 레이더 시스템에 사용하기 위해 마이크로파를 방출하는 마그네트론이라는 기계를 발명했다. 퍼시 스펜서Percy Spencer는 레이더파로 주머니 속에 넣어둔 초콜릿이 녹은 것을 보고 음식 조리에 마이크로파를 이용할 수 있다는 사실을 발견했다. 그리고 점을 이었다. 거듭된 실험을 통해 마이크로파 가열이 기존 오븐보다 음식 온도를 훨씬 더 빨리 올린다는 발견을 했다.

제약 업계에서도 복잡한 과정의 반복과 수많은 시행착오로 새로운 약이 탄생한다. 노보 노디스크Novo Nordisk의 전 CEO이자 2015년과 2016년 《하버드 비즈니스 리뷰》에서 선정한 '올해의 CEO'인 라르스 소렌센Lars Sorensen은 늘 직원들에게 새로운 아이디어를 실제 제품으로 만들 때 겪는 어려움을 설명하며 이러한 상황에 놓일 때 어떤 태도를 지녀야 할지 이야기한다. "모든 게 계획된 것처럼 보이고 싶지요. 그래야 경영진이 똑똑해 보일 거 아닙니까. 하지만 이래서는 일이 진행되지 않아요." 소렌센은 노보 노디스크처럼 규제가 심하고 위계적이고 절차 중심적인 회사에서 신약이 승인되기까지 많은 정보를 흡수하고 조직하는 게 필요하다고 밝혔다. 동시에 부서 간 다양한 협업으로 비공식적인 네트워크를 형성해 동기부여와 자극, 지지를 서로 주고받는 일 역시 중요하다고 언급했다.

그는 직원들이 신약의 아이디어부터 생산에 이르기까지 전 과정의 시간 관리와 함께 다양한 비공식 네트워크를 운영하거나 참여하도록 한다. 소렌센이 세계에서 가장 성공한 CEO 중 한 명이 될 수 있었던 이유는 실무 팀이 다양한 시도를 실제로 할 수 있도록 하고 명확한 지시와 절차 간의 적절한 상호작용이 일어나도록 도운 덕분이다.

이 모든 것이 세렌디피티의 중요한 측면 하나를 말해주고 있다. 세렌디피티는 바로 팀워크에서 비롯한다.

스티브 잡스가 성공 배경에 '팀'을 언급한 이유

우리는 유레카의 순간을 흔히 한 영웅의 업적으로 돌리지만 사실 인류의 발전은 집단이 존재하기 때문에 가능했다. 즉 관찰한 내용을 이해하고 활용하며 점을 이으려면 많은 사람의 기술과 자원이 필요하다. 앞날을 예측하기 힘들고 어떤 사람이나 자료가 필요하게 될지 모르는 현대사회에서 우리가 겪는 많은 어려움에 대한 해답은 다양한 집단에서 나온다.[13]

페니실린의 사례를 보자. 페네실린의 적용 가능성과 중요성은 연구진의 노력 덕분에 발견됐다. 옥스퍼드 팀에는 알렉산더 플레밍이라는 한 '영웅' 만 있지 않았다. 언스트 체인Ernst Chain과 하워드 플로리Howard Florey를 비롯 한 연구원들이 플레밍의 여정을 함께 도왔다. 플레밍과 함께 체인과 플로 리가 노벨상을 공동 수상한 것은 당연하다. 또한 케임브리지대학에서 제 공한 연구실과 자본이 없었다면 불가능했을 일이다.[14]

제3장에서 만난 월터 아이작슨에 따르면 역사상 가장 성공하고 혁신 적인 사람들의 업적 역시 혼자서는 불가능했다. 그들은 다른 재능과 스 타일을 가진 사람을 모아 팀을 꾸렸다. 아이작슨은 벤저민 프랭클린을 예 로 들었다. 미국 건국의 아버지로 잘 알려진 벤저민 프랭클린은 토머스 제 퍼슨이나 제임스 매디슨James Madison처럼 아주 똑똑하지도, 존 아담스John Adams처럼 아주 열정적이지도, 조지 워싱턴George Washington처럼 진지하지 도 않았다. 하지만 그는 팀을 꾸리는 법을 알았다.

스티브 잡스는 가장 성공한 제품이 무엇이냐는 질문에 '맥'이나 '아이 폰'이라고 대답하지 않은 것으로 유명하다. 그는 새로운 맥이나 아이폰이 나오기까지 팀을 짜는 일이 너무나 고된 일이라고 밝혔다. 수석 디자이너 인 조니 아이브Jony Ive의 창의성과 기질, 그리고 팀 쿡Tim Cook의 비즈니스 감각이 없었다면 애플은 시작되지 못했을 것이다. 스티브 잡스는 이렇게 말했다. "혼자서는 다 할 수 없어요. 그러니 중요한 건 주변 사람들로 어떻 게 제대로 된 팀을 짜느냐죠."[15]

이와 비슷하게 과학적 방법론의 아버지로 알려진 프랜시스 베이컨 Francis Bacon은 이상적인 연구 팀을 꿈꿨다. 그의 저서《새로운 아틀란티스》 에 따르면 이상적인 팀은 새로운 연구를 시도하는 선구자, 다른 조직의 연 구를 따라잡으려는 빛의 상인, 최첨단 기술로 바뀐 기존의 실험 자료와 결과를 모으는 신비한 인물, 연구를 지시하는 등불, 능숙하게 연구를 수행하는 접종자, 이전 발견을 발굴해 격언을 만들어내는 해석자 등으로 이루어져 있다.[16] 베이컨은 관찰한 내용을 이해하고 최대로 활용해 점을 이으려면 많은 사람의 기술과 자원이 필요하다는 사실을 알고 있었다.

리더십 연구에도 벨빈 모델Belbin model과 같은 경영 모델이 존재하긴 하지만 이 이론들은 '마케팅에 적합한 인물'이나 '인사과에 적합한 인물' 등 오랫동안 기능적 측면만 강조하느라 가장 중요한 요소를 놓치고 말았다. 바로 마법이 일어나도록 서로 보완해줄 성향과 스타일, 분야에 대한 고찰이다. 당신이 스티브 잡스형의 공상가라면 스티브 워즈니악Steve Wozniak형의 실행가가 필요하다. 낙손 밀란형의 외향인이라면 새로운 발견의 잠재적 가치를 심사숙고할 아리에 밀란형의 사람이 필요하다. 지원자의 3퍼센트만 입사하는 테슬라모터스Tesla Motors는 본사 직원뿐만이 아니라 공장 직원들도 지식만 가득한 하드스킬hard skill이 아닌 창의성과 리더십 등 소프트스킬soft skill을 갖추고 조직 문화에 잘 어우러지는 사람을 뽑는다고 강조한다.

예기치 못한 연결이 일어나 아이디어가 번쩍 떠오르는 그 순간은 개인이나 팀 모두에게 세렌디피티가 가치 있는 힘을 발휘하는 여정의 시작에 불과하다. 세렌디피티가 완성되려면 조직은 '흡수 능력'(새로운 정보를 받아들이고 관련 지식이나 실행으로 옮기는 능력)을 기르는 게 핵심이다.[17] 하지만 기존의 문화와 관련된 절차로 인해 새로운 아이디어의 도입이 어렵고 제대로 효과도 보지 못할 때가 많다. 요식 체계나 기타 잠재적인 장애까지 더해지면 맡은 일만 처리하기도 바빠 세렌디피티 따위는 신경 쓸 틈이 없다. 다들 바쁘게 사는 데만 집중하고 있지 않은가!

그러므로 새로운 아이디어나 통찰을 우연히 맞닥뜨리면 기존의 지식과 관례, 권력 구조의 흐름과 잘 버무려야 한다. 기득권이나 힘의 논리에 따라 움직이거나 변화에 대한 두려움이 만연한 곳 혹은 좋은 아이디어를 가진 사람에게 적대적인 분위기라면 아이디어는 잠식당하거나 가로막힌다.[18] 무엇보다 기억해야 할 것은 대부분의 세렌디피티는 변화 및 불확실성과 함께한다는 사실이다. 하지만 변화를 반기는 사람은 별로 없다. 새로운 아이디어가 떠오르면 일단 거부하기 마련이다. 이럴 땐 어떻게 해야할까?

변화를 싫어하는 사람은 없다

급속도로 변하는 사회에서 열린 공동체 의식은 선택이 아니라 필수다. 프록터 앤드 갬블의 CEO인 데이비드 테일러는 전 세계 50억 명을 상대로 비누와 세제 등 다양한 제품을 판매하는 세계 최대 소비재 기업을 운영하고 있다. 그는 일이 늘 계획대로만 일어나지 않는다고 말한다. "멈추면 퇴보해요. 전 직원이 함께 개선점을 찾아야 해요. 그러려면 관리자들이 '평가'가 아닌 '발전'에 초점을 맞추도록 해야 해요." 옳은 일이 아닌 배움을 추구할 수 있는 분위기를 만들어야 한다. 가끔 실수해도 괜찮다고 생각하면 다른 사람들과 더 연결될 수 있다. 그는 이렇게 말했다. "다른 사람에게서 배우고 서로 도와야 해요. 그러면 더 소통하게 되고 예전에 풀지 못한 문제의 새로운 해결책이 나옵니다." 잘 풀리지 않은 일이지만 후에 배울 점이 있다면 실패가 아닌 미래 혁신을 위한 투자라고 그는 생각한다.

그러면 평가가 아닌 발전에 초점을 맞추려면 조직에서는 어떻게 해야 할까?

조직은 사람들이 새로운 아이디어와 그에 따른 변화를 두려워하리라 지레짐작한다. 하지만 선천적으로 변화를 싫어하는 사람은 없다. 변화에 따른 불안정하고 불확실한 상태, 위협감과 위험, 그리고 해결해야 한다는 압박감 때문에 변화를 꺼릴 뿐이다. 사람들이 긍정적인 결과보다 시도의 잠재적인 비용을 더 생각한다는 연구 결과가 있다. 궁극적 이득을 생각하면 추진력이 생기지만 인간은 위험과 '비생산적인 사고나 재해'라는 잠재적 비용에 더 초점을 둔다. 이러한 잠재적 비용은 상당한 이득이 보장될 수 있는 행동을 방해하는 요인이다.[19]

이는 손실을 이익보다 훨씬 더 크게 느끼는 손실 회피성에 관한 흥미로운 연구와도 관련된다. 캘리포니아 산타클라라 싱귤래리티 대학Singularty University의 설립 이사인 살림 이스마일Salim Ismail은 이를 면역 체계에 비유했다. 당신이 대기업에서 무언가를 방해하려고 하면 회사의 면역 체계가 작동해 당신을 공격한다.[20]

잠재적 비용은 상황의 영향을 많이 받는다. 제조 회사는 다양성과 새로운 시도를 최소화하고자 하지만 그래픽 디자인 회사는 그 반대다. 내가 일했던 회사에서는 변화하지 않는 것이 변화하는 것보다 실제로 더 위험하고 비용이 많이 든다는 사실을 명시하며 이 문제를 해결했다. 변화하지 않는 것이 큰 위협이라고 정의 내려 변화의 의미를 재구성한 것이다. 이렇게 해야 직원들에게 변화를 차단하지 않고 오히려 변화에 적응하도록 지원할 수 있다.

또한 이런 방식으로 변화를 독려해야 최악의 상황만 떠올리고 소문만

무성한 불확실한 상황이 오는 걸 막을 수 있다. 회사는 각 시나리오의 결과를 시각화하거나 명확한 실행 절차를 만들어 도움을 줄 수 있다. 우리는 무엇보다 '잘되면 내 덕, 못되면 남 탓'하는 자기 위주 편향에서 벗어나야 한다. 내가 함께 일했던 고위 경영진들은 고문의 말이 아닌 사랑하는 딸의 경험처럼 아끼는 사람과 연관 지어 새로운 관점에서 결정을 내렸다. 관습적인 방식으로 결정에 정당성을 부여하며 이를 공개적으로 인정하진 않겠지만 말이다. 하지만 진실은 변하지 않는다. 즉 아이디어는 우리가 옳은 일이라고 느끼고 사적인 일로 여길 때 비로소 현실이 된다.

이는 사람들이 타인의 아이디어보다 자기 아이디어를 더 믿고 신경 쓰는 정서적 편향과도 관련이 있다. 흥미롭게도 관리자들은 자신의 아이디어를 42퍼센트 더 과대평가하고, 일반 직원은 11퍼센트 더 과소평가한다.[21] 앞서 살펴본 증폭자나 주요 '스폰서'와 같은 관련 인물들이 아이디어 발전 과정에서 이러한 편향을 극복하는 데 도움이 된다.

포스트잇 사례를 다시 살펴보자.[22] 강력한 접착제를 찾고 있던 3M의 연구원인 스펜서 실버는 자신의 발견에서 장점을 보았다. 그리고 동료들에게 이 약한 접착제가 어떻게 사용될 수 있을지 의견을 구했다. 이 아이디어를 지지하는 연구원들을 모으고 회사 부회장을 비롯한 고위간부들의 지원을 확보하여 초기의 시들한 관심을 극복했다. 약한 접착제를 발견한 것은 실버지만, 우연한 발견이 기막힌 제품으로 탈바꿈할 수 있었던 이유는 3M의 협동심과 흡수 능력 덕분이다. 회사의 절차와 전략을 통해 다양한 활용 가능성을 시도해보고 제대로 된 자리를 찾은 것이다.

어디든 첫발을 내딛고 이를 수용해줄 사람이 필요하다. 내가 좋아하는 유튜브 영상인[23] 〈더 댄싱 가이〉The Dancing Guy를 보자. 음악이 흘러나오는 축제 분위기의 공원에 사람들이 여기저기 앉아 수다를 떨며 술을 마시고 있다. 그러다 갑자기 특이한 한 남자가 공원 중간에서 춤추기 시작한다. 그러자 다른 사람이 합류하더니 함께 춤을 춘다. 나중에 합류한 남자가 다른 사람들에게 함께 추자고 제안하고 그들은 더 많은 사람을 데려와 함께 춤춘다. 급기야 주변에 있는 거의 모든 사람이 이들과 함께 춤을 춘다. 보기만 하던 사람들이 무리에 섞이기도 하고 춤을 추다 빠지기도 한다. 앉아서 춤추는 모습만 보고 있자니 따분해져 당신도 합류한다. 새로운 아이디어는 독특하고 말도 안 되는 것처럼 보일 때가 많다. 하지만 충분한 지지자가 있으면 충분히 힘을 얻어 '새로운 표준'이 된다.

그렇다면 어떻게 해야 조직에서 이러한 과정을 앞서 살펴본 문화 요소와 함께 좀 더 쉽게 시행할 수 있을까? 어떤 회사는 프로젝트나 문제를 잘게 쪼개어 빠르고 효과적으로 반복 수행하며 아이디어의 위험 부담을 줄인다. 재사용이 가능한 융통성 있는 재료를 사용하거나 디지털 방식으로 변경해 실험 비용을 줄이기도 한다.[24] 또한 외부인과의 협력을 통해 기회의 가능성을 확장한다.

라르스 보 예페센Lars Bo Jeppesen과 카림 락하니Karim Lakhani는 크라우드소싱 기업인 이노센티브InnoCentive의 연구를 통해 내부적으로 해결되지 않은 문제가 회사 외부의 개인들로 해결될 수 있다는 사실을 보여주었다. 이유가 뭘까? 다양한 배경의 사람들이 사내 팀보다 훨씬 더 폭넓은 잠재적 해결책의 지평을 열었기 때문이다. 이를 통해 잠재적인 '필요-해결책 쌍'을 더 많이 만들어냈다.[25] 또한 외부인들은 사내 정치에 좌우지되지 않았다. 경영의 역사에는 조직에 새로운 아이디어를 선보이기 전에 덜 경직된 분위기에서 사람들이 다양한 시도를 하도록 한 사례, 즉 비즈니스 용어인 '스컹크 워크' skunk work (비즈니스, 기술 개발 영역에서 조직 내에 혁신적이거나 대외비 사안인 프로젝트를 수행하는 분리된 부서를 가리킴―옮긴이)가 넘쳐난다.

하지만 역시 타이밍이 중요하다. 위기와 같은 변곡점이 아이디어를 실행할 좋은 상황이다. 1990년대 나이키Nike는 일부 공급 업체의 열악한 작업 환경 때문에 소비자들의 뭇매를 맞았을 때 이를 생산 및 공급 과정의 신뢰도를 높일 좋은 기회로 보았다. 철저한 업무 수칙을 도입하고 제삼자에게 철저한 공장 점검을 맡겼다. 2013년에는 큰 이윤을 포기하고 위험한 작업 환경에 노출된 방글라데시의 업체 몇 군데와 계약을 끊었다. 이후 방글라데시 다카에 있는 공장이 붕괴했을 때 나이키는 연루되지 않았다. 위기를 기회로 보고 아이디어를 실행해 단기 손실을 감수하고 장기 이익을 본 것이다. 앞서 살펴본 허버트 졸리의 베스트바이 역시 장기적인 결과를 염두에 두고 허리케인에 대처한 방식과 직원이나 다른 사람을 지원하는 과정을 통해 회사의 가치를 드러냈다. 이렇게 개인의 삶과 조직에서도 위기를 통해 자신의 색깔을 오롯이 드러낼 수 있다.

서로 이야기 나눌 수 있는 공간과 시간이 필요하다

요즘 흡연자들은 담배를 피우려면 사무실 바깥으로 나가야 한다. 그렇게 부서나 직급, 전문 지식에 상관없이 그들만의 커뮤니티를 만들어나간다. 담배를 피우지 않았다면 놓쳤을 흥미로운 소통에 관해 말할 흡연자들이 많으리라 생각한다. 흔히 흡연 공간은 가십의 온상이지만 동시에 아이디어와 통찰이 일어나는 산실이기도 하다. 보통 책임 있는 회사라면 직원들에게 흡연을 적극적으로 권장하지 않겠지만 공통 관심사를 기반으로 다양한 사람이 소통한다는 이유를 들며 흡연 공간과 비슷한 여러 모임을 고안해낸 배려 깊은 회사도 있다. 체스 클럽이나 걷기 모임 등 공동 활동을 권장하는 회사에서 세렌디피티가 일어날 가능성이 더 크다.

또한 문제 해결의 언저리에 있는 사람의 관점이 굉장히 가치 있을 때가 많다. 연구에 따르면 일선에서 일하는 직원들은 비공식적인 연락망, 시행착오, 휴리스틱(실질적인 학습 기법)을 통해 문제를 해결하지만 조직의 중심에 있는 관리자들은 기밀문서와 공식적인 보고서, 연역적 접근을 사용한다고 한다. 후자의 방식은 우연한 발견의 가능성을 낮춘다.[26, 27] 일례로 레미 에릭슨Remi Eriksen은 세계 100여 나라에서 운영 중인 노르웨이의 최대 국제 기업 DNV GL의 CEO다. 그는 직원들이 회사를 돌아다니며 '조직을 관통하는 DNA'를 갖도록 독려한다. 그가 생각하는 전략이란 계획대로 진행되지 않은 예상치 못한 일을 주도적으로 해결할 권한을 부여하는 것이기 때문이다.

하지만 사람들이 회사 안팎으로 소통할 마음이 없다면 어떤 방법도 별 효과가 없다. 어떻게 하면 사람들이 네트워크화된 지성을 적극적으로 활용하도록 장려하고 삶에서 많은 세렌디피티가 일어나게 할 수 있을까? 링크드인의 설립자인 리드 호프먼을 비롯한 다른 관리자들은 공짜 점심을 제공하고, 허브스팟HubSpot의 공동 설립자인 다메쉬 샤Dharmesh Shah는 직원들이 '배움의 점심 시간'을 갖도록 재정적으로 지원한다. 유일한 조건은 조직 외부의 똑똑한 사람과 점심을 먹는 것이다. 여기서 사람들은 가장 귀중한 정보를 얻는다.

이렇게 새로운 기회를 만들고 관계를 형성하면 뜻밖의 발견을 하게 된다. 이 과정에서 자율성을 느끼고 직장 내 행복도에도 긍정적인 영향을 미친다. 최근 연구에 따르면 직장 내 높은 자율성은 직장 이직률을 낮추고 직업 만족도와 참여도를 높인다. 또한 부정적인 감정을 완화하는 데도 효과가 있다.[28] 배움의 점심 시간을 새 골프장에서 가져도 좋다. 나같이 골프를 치지 않는 사람에게 특히 도움이 될 것이다.

다양성은 사람들과 자신의 관점 모두에 중요하다. 나는 다양성을 회사에 적용해 새로운 관점을 얻었다. 예를 들어 어떤 벤처기업에서는 온종일 팀과 사무실에서 일하는 대신 아침에는 진지하고 개념적인 일들을 차분한 사무실 환경에서 하고 오후에는 자리를 옮겨 커피숍에서 일한 뒤 초저녁에는 바에서 일한다. 숨 쉴 틈이 있는 공간에서 좀 더 가볍고 상호작용적인 활동을 하면 새로운 자극이나 아이디어를 쉽게 받아들이게 된다.

다양성은 세렌디피티를 낳는다. 흩어진 점을 연결하는 이연 연상은 이전에는 무관해 보이던 정보나 아이디어를 결합할 때 일어나기 때문이다. 그러면 예상치 못한 연결 고리나 숨겨진 유사점이 드러나고 우리에게 '새로운 시각'을 허용한다.[29] 이후 은유적인 도약이 일어나 정보나 사건의 진정한 가능성이 보인다. 나무에서 떨어지는 사과를 생각해보자. 나무라는 틀에 갇히면 아래로 떨어지는 사과만 보인다. 하지만 좀 더 넓게 생각하면 사과는 모든 사물에 작용하는 중력의 산물이라는 것을 깨닫게 된다. 우리는 이러한 연관성을 이해하지 못할 때가 많으므로 예기치 못한 순간이나 사건에서 폭넓은 연관성을 찾으려면 다른 분야 사람의 도움이 필요하다.

조직 내 정보가 흩어져 있을수록 세렌디피티가 일어날 수 있는 점과 점 사이에 연결 고리를 찾기가 쉽지 않다. 앞서 살펴본 대로 단순히 다양성에만 초점을 맞춰 아무렇게나 사람들을 모은다면 별다른 성과를 내기 어렵다. 그보다는 공통분모를 찾아 사람들이 직접 점을 잇도록 해야 한다. 그리스 철학자 엠페도클레스Empedocles는 "서로 사랑하는 사람들은 물과 포도주처럼 섞인다. 하지만 서로 싫어하는 사람들은 물과 기름처럼 분리된다."라고 말했다. 잘 섞이려면 공통된 이유나 관심, 경험, 공공의 적과 같은 공통분모가 있어야 한다. 이연 연상이 일어나려면 둘 이상의 사람이 다른 관점을 지녀야 하지만 소통하고자 하는 의지가 있어야 한다.[30]

헨리 민츠버그Henry Mintzberg를 비롯한 현재 가장 영향력 있는 경영 사상가들이 '리더십'이 아닌 '커뮤니티십'에 더 관심을 두는 건 어쩌면 당연한 일이다. 큰일을 해내려면 공동체 의식이 무엇보다 중요해졌기 때문이다. 전문 지식을 쌓고 지식을 공유하며 서로 지지하는 내외부 커뮤니티를 조직하는 게 핵심이다. 규모가 큰 조직이라면 더욱 그렇다.

하지만 기존 조직 문화가 경쟁이 심하다면 어떨까? 경쟁이 심한 조직 문화 아래서 소통이 중요하다는 이런 이야기는 너무 허황되게 들릴 수도 있다. 경쟁적이고 받기만 하는 문화를 협동적이고 현명한 이기심을 갖춘 문화로 바꾸는 일은 쉽지 않다. 또라이들만 있는 곳에서 공동체 중심의 관대하고 협력적인 태도가 과연 득이 될까?

경쟁이 심한 조직에서 사람들은 서로를 위하는 척 굴지만 결국 필요한 때에 상대를 배신한다. 당신이 관리자이고 당신의 조직이 만약 이러한 상황이라면 새로운 생각을 막는 기존 정책이나 과정에서 벗어나 서로를 지지하고 도울 수 있는 새로운 실천 공동체와 팀을 형성해야 한다. 새로운 팀 내에서 나눔과 협력을 주요 원칙으로 설정하고 개인이 아닌 하나의 집단으로 규정해 개인과 공동의 성과 모두를 보상하도록 해야 한다.

협업에 대한 보상과 함께 긍정적인 기여자가 되는 것을 막는 방해 요소를 제거하는 일 또한 중요하다. 능력이나 통찰력을 자신의 전유물이나 고유한 가치로 여기며 혼자서 보상을 얻으려는 사람들이 많다. 그러나 세렌디피티는 자신이 할 수 있는 만큼 나누도록 격려하고 그 가치를 알아주는 문화에서 비로소 번성한다. 예기치 못한 위기 상황에서도 최고의 능력을 발휘하는 문화가 형성되는 것이다.

법정 드라마 〈슈츠〉의 두 주인공인 하비 스펙터와 루이스 리트는 친구이자 경쟁자로 상황에 따라 협력하기도 하고 경쟁하기도 한다. 친구를 교도소에서 빼내는 일처럼 맞설 만한 큰 대의명분이 있거나 함께한 우정을 떠올릴 때면 둘은 서로 도우며 각자의 다른 성향도 잘 맞춰나간다. 하지만 법정에서 맞붙으면 이를 악물고 경쟁한다. 대부분의 조직 문화는 다른 상황에서 만났다면 협력하거나 어쩌면 친구가 됐을지도 모를 사람들끼리 엄청난 경쟁을 하도록 부추긴다. 그러나 효과적인 조직 문화는 보완적 차원의 경쟁은 허용하지만 협업을 우선시한다.[31] 예를 들어 팀 성과와 서로에게 도움이 된 부분을 강조한다.

조직이 아닌 한 개인으로서 이 부분이 왜 중요한 걸까? 사람이 무엇을 받는 것보다 줄 때 행복감이 훨씬 높다는 사실이 많은 연구에서 입증됐기 때문이다. 브리티시 컬럼비아 대학교의 연구원인 엘리자베스 던과 동료들은 미국인 632명을 대상으로 수입과 지출 용도, 행복 지수를 조사했다. 《사이언스》에 발표한 그들의 논문에 따르면 수입에 상관없이 타인에게 돈을 쓴 사람이 자신에게 돈을 쓴 사람보다 행복 지수가 훨씬 높았다.[32]

하지만 우리는 늘 이와 반대로 조직을 구성하곤 한다. 생산적인 조직 환경을 통해 명심해야 할 점은 현명한 이기심을 장려하고 세렌디피티가 자랄 수 있는 토대를 마련하는 것이다. 하지만 문화는 세렌디피티를 촉발시키는 시작점에 불과하다. 촉발된 세렌디피티를 가속화하려면 물리적이고 실질적인 공간 디자인을 적극적으로 활용해야 한다.

장소와 분위기가 세렌디피티를 부른다

물리적인 환경이 세렌디피티의 가능성에 중대한 영향을 미친다는 연구 결과가 수없이 많다.[33] 경영진과 애니메이터, 컴퓨터 과학자의 소통을 가속하는 픽사의 사무실 공간 디자인을 떠올려보자. 왕립예술협회는 멋진 아이디어가 샘솟는 빈의 커피하우스에서 영감을 받아 건물의 중심 공간에 커피하우스를 마련했다. 여기서 중요한 점은 인원이다. 더 다양한 대화와 네트워크가 생길 확률로 네 명이 앉는 것보다 12명이 함께 앉을 때 효과적이라는 연구 결과가 있다.[34]

이러한 잠재적 이득을 위해 구글과 IBM의 빅데이터연구소Accelerated Discovery Lab는 여러 부서 간 사람과 데이터가 '타가수분'(곤충이나 바람, 물 따위의 매개에 의해 다른 꽃에서 꽃가루를 받아 열매나 씨를 맺는 일—옮긴이)을 통한 교류가 일어나도록 본사를 설계했다. 실제로 '긍정적인 충돌' 덕분에 스트리트 뷰나 지메일과 같은 혁신적인 기술을 탄생시킨 구글은 캘리포니아 마운틴뷰에 자연스러운 충돌을 극대화하는 공간이 있다.[35] 건물은 구부러진 직사각형과 비슷한데 건물 내에서 직원 간 거리가 걸어서 3분을 넘지 않는다. 루프탑 카페도 잘 어울린다. 이를 통해 흔히 교류가 없던 부서 간에 좋은 아이디어를 나누며 구조적 틈을 메운다.[36] 또한 최신 네트워크 분석은 기존의 데이터를 이용해 고립된 팀을 식별하고 그에 맞는 공간과 구조를 마련한다.

그렇다면 어떤 사소한 디자인 변경이 큰 효과를 낼까? 우선 다양한 좌석 배치는 편안한 분위기를 형성한다. 출입구 쪽에 소파를 두면 누군가를 우연히 마주칠 기회가 늘어난다. 앞으로는 센서를 통해 시스템이 식별한 구조적 틈을 메꾸도록 매일 자동으로 좌석이 배치되는 사무실이 개발될 거라고 한다.[37]

구조적 변화는 사무실 디자인과 관련이 깊다. 관심 분야는 굉장히 비슷하지만 다른 관점을 가진 이들과 사무실을 함께 쓰면 세렌디피티를 촉발하는 데 유리하다. 네덜란드 공유 오피스 회사인 시트투미트Seats2meet가 좋은 예다. 이 회사는 건물 안의 넓은 프런트 공간을 쓸 일이 없게 되자 이런 생각을 하게 됐다. '저 공간을 다른 기업에 내주고 사람들에게 일할 기회를 주면 어떨까?' 그렇게 회사는 직원들이 다른 분야의 다른 관점을 가진 이들과 소통할 수 있도록 금융 서비스 업체와 협력하여 공간을 재구성했다. 이들의 이러한 시도는 지역사회의 지지를 끌어냈고 다른 전문 분야를 이용해 새로운 교류가 시작되는 계기를 마련했다.

시트투미트에서 직원들은 '편안한 만남'을 통해 외부인과 자연스럽게 소통할 수 있다. 이는 흥미로운 아이디어를 발전시키고 의미 있는 유대 관계를 형성하는 최고의 방법이라고 연구 결과 밝혀졌다.[38] 공동 이벤트를 통해 방문객들도 새로운 아이디어를 제시하도록 하고 서로 소통하며 협업을 끌어낼 수도 있다. 시트투미트는 이러한 공동 이벤트 후 디지털 플랫폼으로 이동해 사람들이 필요한 것을 서로 나누도록 한다.

컴퓨터 기반 협업computer-supported cooperative work에 관한 연구에 따르면

앞서 살펴본 다양한 통찰을 온라인 세계에서 재현할 수도 있다. 크라우드 소싱 기업인 이노센티브와 같은 플랫폼은 독특한 해결책을 열린 마음으로 받아들이며 예기치 못한 소통을 이뤄낸다. 물리적 거리나 시간이 가까우면 우연한 사건이 일어날 가능성이 커지듯 온라인 세계에서도 다양한 사람과 아이디어의 거리를 좁힐 수 있다. 온라인으로 쉽게 소통할 수 있도록 하거나 동료의 소셜 미디어 최신 정보를 제공한다면 우연한 만남이 더 자주 일어나게 될 것이다.[39]

여기서 다시 한 번 걸러내기의 중요성이 대두된다. 특히 온라인 환경의 '소음'을 뛰어넘고 가치 있는 아이디어에 집중하려면 필요한 과정이다. 온라인 가상 공간이 물리적 공간을 보완하긴 하지만 대부분의 세렌디피티는 온라인보다는 오프라인 공간에서 일어나는 경우가 많다는 사실을 기억하자. 야후와 같은 많은 회사가 직원들을 다시 회사로 불러들이는 데는 이유가 있다. 세렌디피티는 함께 모인 즉흥 회의에서 일어나지, 잠옷 바람으로 소파에 누워 있을 때 일어나는 게 아니다.

왜 그럴까? 인간은 마주 보고 대화하는 것을 훨씬 더 선호하기 때문이다. 뉴욕 대학교의 그레그 린지Greg Lindsay는 대개 눈에서 멀어지면 마음에서도 멀어진다는 적절한 비유로 이를 설명했다. 20미터 떨어진 사람보다 2미터 떨어진 곳에 앉은 사람과 이야기를 나눌 가능성이 네 배 더 높고 다른 건물이나 다른 층에 있는 사람과 이야기할 가능성은 거의 없다는 사실이 이미 수십 년 전 연구에서 밝혀졌다.[40] 우리의 뇌도 마찬가지다. 사람은 오랫동안 책상에 앉아 있을 때보다(메이커 스케줄의 이면) 움직이고 누군가를 만날 때 창의력이 가장 높아진다.

일하는 조직은 불가사리가 되어야 한다

급변하는 현대 사회에서는 업무와 접근 방식이 끊임없이 변화하므로 일에 대한 현재의 접근법을 재고해야 한다. 동료와의 소통을 피해 사무실이나 칸막이 책상에 쥐죽은 듯이 앉아 일하는 모습이 정상이던 시절이 있었다. 하지만 이제는 심지어 제약회사와 같은 정적인 업계에서도 네트워크를 형성하고 적극적으로 활용하는 게 능력 발전의 토대가 된다. 이는 회사 차원에서 조직 중심의 주도권이 사회경제적 커뮤니티와 네트워크 생태계 중심으로 이동하는 것을 의미한다.[41]

세계에서 가장 영향력 있는 CEO 30인을 연구한 결과, 대부분 기업에 새롭게 떠오른 핵심 과제는 불확실성과 빨라진 변화 속도의 해결이었다. 페이팔의 CEO인 댄 슐만은 파트너사의 모든 요구를 단번에 충족시키지 못하므로 어떤 방식으로 파트너십을 맺고, 통합적인 방식으로 어떻게 회사 가치를 극대화했는지 설명했다. 경쟁사였던 BMW와 메르세데스-벤츠가 차량공유 서비스를 합병하며 동맹 관계가 될 줄 누가 예상이나 했겠는가? 하이얼 역시 제품 중심 회사에서 '플랫폼 생태계'로 변화한 사례다. 세계의 많은 선도 기업들이 파괴당하기 전에 스스로 파괴하고자 하는 과정에서 이 같은 변화를 겪고 있다. 미래를 예측하기 힘든 지금, 이 조직들은 거미가 아닌 불가사리 조직이 되어야 한다는 사실을 간파했다.[42]

불가사리 조직이라는 게 정확히 무슨 뜻일까? 집권적 조직을 머리가 잘리면 죽어버리는 거미로, 분권적 조직을 머리가 없는 불가사리로 생각해보자. 불가사리는 다리를 잘라도 죽지 않고 새로 다리가 생기거나 완전히 새로운 불가사리가 된다. 한마디로 불가사리 조직은 급속히 변화하는 현대 비즈니스 환경에 쉽게 적응할 수 있다.

불가사리 조직은 중앙조직 주도의 계획이 아닌 하부조직에서 일어나는 다양한 해결책 시도로 세렌디피티를 끌어낸다. 자율경영 팀이 높은 업무 성과를 내는 것으로 추정되는 모닝스타 Morningstar (캘리포니아에 본사를 둔 농업 관련 산업 및 식품가공 기업)처럼 네트워크를 비즈니스의 핵심에 두는 것이 업계 전반에서 중요해졌다.[43] 바로 여기서 긴밀하게 연결된 혁신이 시작된다. 많은 역사적 사건들을 놓고 봐도 새로운 아이디어와 혁신, 광범위한 사회 발전은 기존의 생각이나 기술을 재조합하며 시작됐고 이는 네트워크를 통해 자주 이루어졌다.[44] 비슷한 미지의 영역을 탐색하는 이들의 지식이 한데 모여 우연히 일어날 수 있는 것이다.[45]

전통적인 혁신 모델에서 혁신은 혁신을 계획한 중심적인 인물에서 비롯되곤 했다. 하지만 사람들이 당장 내일 원하는 것도 알 수 없는 오늘날의 시대에는 한 사람의 머리에서 나온 계획된 혁신이 아닌 소비자 중심 모델이 중요해졌다.[46] 그 결과 사물 인터넷이나 빅데이터와 같은 기술 발전으로 까다로운 고객의 취향까지도 고려하는 개인 맞춤 제품을 만들 수 있게 됐다. 그렇다는 것은 결국, 예기치 못한 상황을 처리하는 능력이 미래형 조직의 핵심 역량이라는 뜻이다.

로이드 조지 매니지먼트 Lloyd George Management의 앨리스 왕Alice Wang, 레딩 대학교의 일 위르겐젠 Jill Juergensen과 함께 나는 하이얼의 놀라운 변신을 깊이 연구한 바 있다.[47] 하이얼은 네트워크 효과를 적극적으로 활용했다. 네트워크 효과란 노드, 즉 관련된 새로운 사람이나 조직이 계속 추가되면서 네트워크의 가치가 높아지는 것을 뜻한다.[48] 제품이나 서비스가 임계점에 도달하면 기하급수적인 가치 곡선을 보이는데 임계점을 넘으면 네트워크에서 필요한 서비스를 제공하므로 고객 확보에 드는 비용이 훨씬 줄어들기 때문이다. 쉽게 소셜 미디어 페이스북을 생각해보면 된다. 페이스북의 가치는 네트워크에 연결된 사람이 늘어날수록 함께 증가한다. 혼자만 페이스북을 한다면 너무 웃기지 않겠는가?

이와 같이 하이얼은 플랫폼 생태계를 새롭게 구축하여 직원들에게 회사 안팎으로 새로운 데이터와 아이디어를 흡수하도록 장려한다. 현재 하이얼은 스마트 냉장고 같은 기존 제품에 대한 아이디어나 완전히 새로운 아이디어를 가진 사람들로 구성된 1,000여 개 이상의 소규모 기업 팀과 소통한다. 하이얼은 이러한 소통을 통해 다양한 시도를 하며 현재 기술 대부분이 10년 후에는 쓸모없게 될 것이라는 사실을 깨달았다. 현재 그들은 예기치 못한 상황에 대비하고 있다.

대기업보다 자영업자들이 더 민첩하고 최종 소비자들과 가까울 수 있고 사용자 중심의 관점으로 문제점을 빨리 개선한다.[49] 이를 토대로 적절한 조직 구조를 다시 생각해봐야 한다. 그런 이유로 네덜란드의 거대 전자 기업인 필립스Philips는 부서 조직에 가장 공을 들인다. 필립스의 CEO인 프란스 판 하우턴Frans van Houten은 해결책에 초점을 둔 전통 구조(예를 들면 단층촬영)에서 다양한 해결책으로 해소 가능한 요구에 초점을 둔 구조(예를 들면 정밀 진단)로 부서를 전환한 아이디어를 우리 연구 팀과 나누었다. 팀별로 문제를 다르게 구성하면 다양한 비즈니스 모델이 서서히 실제 고객의 요구에 맞춰지고 잠재적인 '기회 공간'이 열려 결국 새로운 해결책이 떠오른다. 기술 중심에서 요구 중심으로 조직이 재정의되는 것이다.

메이커 운동makers movement과 같은 분야도 비슷한 발전 과정을 거친다. '메이커 스페이스'Maker spaces에는 대개 '메이커'가 3D 프린터를 이용해 실제 물건을 만들 수 있도록 디지털 기기를 갖춘 도서관이 있다. 이런 고도로 모듈화된 3D 기술 환경에서 많은 이용자가 이전에 생각지도 못한 다양한 변화를 만들어낸다. 이곳의 놀라운 점은 여러 디지털 기기가 원자를 비트로 바꾼다는 것이다. 전체 물리적 구조를 바꿀 필요 없이 컴퓨터에만 변화가 필요하다면 공유를 택하라. 비용도 저렴하다.

이처럼 메이커 스페이스와 혁신적인 조직 부서 및 전체 비즈니스 생태계는 생물학적 생태계와 유사한 모습을 띤다. 모두 초기 기능을 기반으로 변화하며 '적응'한 후 어떤 목적을 두고 혹은 아무런 목적 없이 진화한 특성을 이용해 '굴절적응'(진화 과정에서 신체 기관이 본래의 기능과 다르게 이용되는 것을 뜻하는 말. 새의 깃털은 다른 동물들의 털과 같이 보온 기능을 했지만 나중에는 하늘을 나는 데 사용됐다—옮긴이) 한다. 그리고 현재 역할에 이를 적용한다.[50] 이런 세렌디피티를 촉발하는 굴절적응이 일어나도록 조직적인 연구 개발에 노력을 더 기울이는 기업들이 점점 느는 추세다. 일례로 아이데오에서는 흥미로운 아이디어가 생각나면 나중에 어떻게 쓸지 확실치 않아도 일단 대충 정리해두고 관련된 일이 일어나면 찾아본다.[51]

이처럼 혁신이 일어나기 좋은 환경에서 일하는 메이커는 습관적으로 세렌디피티를 일으키는 방식으로 자료를 모으고 정리하고 저장한다.

세렌디피티가 사업 성공의 핵심이다

과거 기업의 성공을 결정하는 핵심 요소는 예측 가능성과 대규모 생산이었다. 이 두 요소는 규모의 경제와 함께 중요성을 주목받았고 '개인 간 차이'는 가능한 가장 낮은 가격으로 최대 시장을 공략하기 위해 무시될 수밖에 없었다. 하지만 시대가 변하면서 현대의 영리한 고객은 한 개인으로서 다루어지길 원하고 대개 기업과의 협업을 통해 자신의 경험에 부합하는 모든 기회를 얻고자 한다.[52]

이렇게 급변하는 사회에서는 실시간 대응이 무엇보다 중요하다. 고객의 진화되고 예상치 못한 요구를 최우선에 두면 세렌디피티의 토대가 마련된다. 감자와 고구마를 씻는 세탁기로 유명한 하이얼의 예를 생각해보자. 하이얼의 수리 기사들은 세탁기 수리 요청 대부분이 흙이나 찌꺼기와 관련됐다는 것을 보고 일부 시골 가정에서 뿌리채소를 씻는 용도로 세탁기를 사용하고 있다는 사실을 알게 됐다. 하이얼의 경영진은 이러한 상황을 의미 없는 일이라고 생각하지 않았다. 그들은 잠재적 가치를 발견해 채소 흙먼지를 털어내고 씻어내는 세탁기를 개발했다. '감자 씻는 세탁기'는 이렇게 탄생했다. 경청과 전 직원이 예기치 못한 상황에 적극적으로 개입하여 점을 잇고 기회로 만들도록 한 덕분이었다.

어떻게 다양한 사람이 '생태계'에서 서로 연결될 수 있을까? 하이얼에서는 다양한 모임과 슈퍼노드의 조합 덕분에 그게 가능했다. 하이얼 안에는 스타트업과 같은 소규모 조직이 있다. 이 조직들은 마치 독립된 기업처럼 움직이는데 하이얼은 이들을 위한 위챗WeChat(문자 메시지 기반의 앱) 모임을 만들어 일상적인 대화에서부터 전문적인 토론에 이르기까지 다양한 대화를 이어나갔으며 인공지능과 머신러닝으로 원활하게 작동하는 소프트웨어 플랫폼인 U+를 개발해 고객과 공급자, 직원과 기업가를 한데 모으기도 했다.

조직과 시장, 네트워크를 아우르는 이러한 생태계는 자원 분배에 효과적이다. 하지만 무엇보다 중요한 것은 이것이 세렌디피티의 토대가 된다는 사실이다. 협업과 경쟁(협조적 경쟁)의 아이디어를 결합해 새로운 통찰을 끌어내는 공간이 마련되기 때문이다. 상반된다고 믿는 것을 나란히 두면 창의적인 마찰이 일어나고 거기서 바로 세렌디피티가 발생한다. 사람이든 사물이든 모든 것이 틀릴 수 있다는 생각, 그리고 개선될 수 있다는 기본 가정에서 모든 일이 시작된다.

하이얼과 같은 회사가 협조적 경쟁에서 많은 이득을 본 이유는 조직이 파격적인 변화의 일부가 될 수 있었기 때문이다. 상대적으로 독립적인 소규모 기업은 다른 기업은 물론 하이얼 내에서도 경쟁한다. 하지만 대부분은 같은 생태계에서 나온지라 하이얼과 협력하는 쪽으로 방향을 튼다. 고립된 스타트업이라면 몇 달, 혹은 몇 년이 걸릴 일이지만 이 생태계 내에서 시작된 영감은 몇 주 만에 수백만 고객이 쓰는 제품으로 탈바꿈한다. 이는 조직 내부 대학이나 교육 센터, 내부 기술 플랫폼으로 촉진된 결과다.

바이두Baidu나 텐센트Tencent와 같은 선두 기업들도 비슷한 플랫폼 접근법을 시도하고 있다. 텐센트의 위챗 서비스는 설립자인 포니 마Pony Ma가 모바일 메시지 사업을 위해 내부 경쟁을 장려한 결과로 등장했다. 일부 투자자는 헛수고라고 우려했지만 포니 마는 파괴되기 전에 먼저 파괴하는 조직을 만들고자 했다.[53]

이러한 접근법을 통해 무작위적으로 떠오르는 아이디어를 시도해볼 수 있고 새로운 연결 고리로 일이 확장되기도 한다. 또한 이는 위험 요소를 제어하는 저렴한 방식이기도 하다. 하지만 직원들이 지속해서 업무를 수행하도록 독려하고 이러한 접근법을 모색해야 하는 사람들에게는 또 다른 어려움이 될 수도 있다.[54]

세렌디피티를 키우고 불확실성을 수용하고 유연한 목적을 설정하는 것은 혁신과 학술 및 과학적 연구에 초점을 맞춘 벤처기업과 사업 부서에 특히 중요하다. 제약 산업처럼 장기 프로젝트가 많고 변화가 거의 없는 상황이라면 최소 수십 년간의 계획을 세워야 한다. 하지만 앞서 살펴본 노보 노디스크처럼 이런 상황에서도 어느 정도의 세렌디피티가 일어나기도 한다.[55]

좀 더 포괄적으로 삶의 모든 영역에서 예기치 못한 일을 기대하고 적극적으로 활용하여 성공을 준비해야 한다. 세렌디피티를 경영 능력의 상실로 보는 엄격함과 효율성이 지배하는 시각에서 벗어나야 한다. 그보다는 열린 태도와 긍정적인 조직 문화의 신호로 여겨야 잠재적으로 가치 있는 결과를 묻어버리는 실수를 피할 수 있다. 누군가 이렇게 질문할 수도 있다. "직원들이 더 많은 세렌디피티를 경험하도록 하는 일이 과연 조직에 이득이 될까요? 그러다 직원들이 '인생을 바꿀' 기회를 잡아 퇴사하기라도 하면 어쩌나요?"

한마디로 "다들 교육받고 회사를 떠나버리면 어떡합니까?"인데 그에 대한 최고의 반론은 바로 이거다. "그럼 교육 안 해서 다들 회사에 남으면 어떡하나요?" 미래에 발맞추려면 선택의 여지가 없다. 교육을 통해 조직은 의욕적인 직원과 더 나은 아이디어 등 더 큰 이익을 얻게 된다. 마치 결혼과 같다. 배우자가 떠날까 봐 끊임없이 두렵다면 근본적인 관계 문제를 우선 해결해야 한다. 배우자가 최고의 모습을 드러내지 못하게 하면 오히려 역효과만 생길 뿐이다.

지금까지 조직과 조직 내 세렌디피티의 역할을 살펴보았다. 여기서 더 나아가 우리가 사는 도시와 국가에서 세렌디피티는 어떤 모습으로 드러날까? 세렌디피티를 촉발시키기 위해 정부와 정책 입안자들은 무엇을 해야 할까?

세렌디피티 환경이 강조되는 이유

내일 무슨 일이 벌어질지 알 수 없는 시대가 되면서 사람들 사이에서 회복력 강한 지역사회를 건설해야 한다는 믿음이 점차 강해지고 있다.[56] 존 헤이글John Hagel과 존 실리 브라운John Seely Brown, 살림 이스마일은 세렌디피티가 조직과 사회에 미치는 중요성을 알리는 다양한 활동을 해오고 있다.[57] 그들은 지식의 저장에서 지식의 흐름으로, 즉 단순히 아는 것을 넘어 항상 배우고 발견하는 태도로 관점을 바꿔준다. 많은 사람의 지식과 아이디어를 끌어내야 하는 건 당연히 맞는 말이다. 하지만 세상에 무엇이 있는지, 우리가 무엇을 찾고 있는지도 모른다면 어떻게 무언가를 발견할 수 있을까?

많은 프로젝트와 프로그램이 전 세계에서 마구 튀어나온다. 테드x도쿄의 책임자이자 에지오브EDGEof의 설립자인 토드 포터Todd Porter는 세렌디피티를 위한 '도시 생태계'를 구축하는 데 힘썼다. 8층짜리 클럽하우스에서 시작해 시골로 가는 길목에 자리한 근처 공원에 있는 호텔, 현재 개발 중인 자연과 함께 하는 공간 등 그는 세렌디피티가 펼쳐질 만남의 장소를 개발하는 데 주력한다. 칠레의 선도적인 직업 기술 교육 기관인 INACAP은 팹랩Fab Lab을, 정부 기관인 CORFO는 칠레 스타트업Start-Up Chile 프로젝트를 개발했다. INACAP의 혁신과 기업가 정신 센터 매니저인

펠리페 라라Felipe Lara는 설계 원칙의 중심에 선 세렌디피티가 어떤 역할을 하는지 설명했다. 라라의 팀은 칠레의 잠재된 혁신 생태계를 활용하기 위해 전국에서 사람을 모았다. 여기에는 여러 학문 분야가 협업하며 실제 성과를 내도록 칠레 전역에 걸친 연구소 네트워크를 개발하는 일도 포함됐다.

신발과 의류 온라인 소매업체 자포스Zappos의 설립자인 토니 셰이Tony Hsieh는 라스베이거스 시내에 3억 5,000만 달러를 투자해 혁신의 중심지로 만들고자 했다. 그는 2016년 CNBC와의 인터뷰에서 이렇게 말했다. "정말 우여곡절이 많았죠. 프로젝트를 다시 한다면 공동 교육이나 유대감, 심지어 투자 수익률보다 창의적 '충돌'(혁신을 촉진하는 개인 간의 우연한 만남)을 가장 우선시할 겁니다."[58]

하지만 이러한 프로젝트는 종종 실패로 끝나곤 한다. 왜일까? 우선 많은 도시와 지역이 실리콘밸리 같은 곳을 복제 가능하다는 생각으로 그대로 따라 하기 때문이다. 이는 근본적인 문화 차이의 중요성을 간과한 처사다. 미국 실리콘밸리와 독일 혁신 단지를 비교해보면 급진적인 혁신(미국)과 점진적인 혁신(독일)의 차이를 볼 수 있다. 하지만 어느 곳이나 혁신의 태도를 갖춘 사람들과 학교를 비롯한 상호보완적인 기관이 필요하다.

실리콘밸리의 기업가 정신은 스탠퍼드 대학교를 비롯한 대학의 인재들과 초기 정부의 지원이 없었다면 불가능했을 것이다. 생태계의 단편적인 요소만을 복제하면 실패하기 마련이다. 문화와 헌신 같은 상호보완적인 요소가 꼭 필요하다. 회사를 바라보는 관점과 비슷하게 도시와 국가를 주민과 시민을 육성하는 하나의 생태계로 봐야 한다. 진화해야 살아남을 수 있다. 따라서 일방적인 거래가 아닌 의미 있는 관계를 형성할 공간을 마련해야 한다. 스타트업 투자에 관한 많은 연구가 보여주듯이 진정한 지지가 생기려면 시간이 걸린다.

경영관리 연구원인 스탠퍼드 대학교의 캐슬린 아이젠하트Kathleen Eisenhardt와 벤저민 할렌Benjamin Hallen의 조사에 따르면 연구원들이 '편안한 만남'이라고 부르는 자리에 회사 간부들이 참석하면 효과적으로 관계를 형성할 수 있다고 한다. 투자에만 몰두한 대화가 아닌 잠재적 파트너들과 격의 없는 모임도 여기에 포함된다. 이러한 접근법을 통해 투자자는 형식적인 관계에서 비롯된 적대적인 협상을 피하고 벤처기업을 깊이 이해하기 시작한다. 조언이 필요한 벤처기업 간부들 역시 투자자에게 지지를 얻기 시작하면서 친밀감을 느끼게 된다.[59]

익숙한 이야기 같은가? 어떤 면에서 연애와 비슷하다. 이 경우에는 편안한 공간을 만들어 다양한 사람이 어우러지며 거래 관계의 압박감 없이 관계를 발전시킬 환경을 조성하는 것이다.

사람들의 다양한 요구를 받아들이는 방법

역사로 남게 된 주요 정치적 사건은 사실 우연히 발생한 경우가 많고 많은 현대사회가 좋든 나쁘든 예상치 못한 일을 수용하고자 하면서 설립됐다. 민주 국가도 마찬가지다. 시민이 소신껏 지도자를 뽑고 사회 구성을 결정할 수 있다는 생각에서 비롯했다. 하지만 선거 때마다 시민의 반응은 불확실하고 다음 지도자나 대통령, 장관이 누가 될지 예측하기란 어렵다. 영국 중앙은행Bank of England의 금융통화위원회나 미국 연방 준비은행Federal Reserve이 금리를 높일 때 투자자와 CEO, 채무자와 채권자 등 사람들의 반응을 예측하는 일은 거의 불가능에 가깝다.

과거 일에 비추어 어떤 일이 벌어질지 추정할 수 있지만 시민의 반응은 다양한 변수로 바뀔 수 있으므로 예측이 쉽지 않다. 그런 이유로 오늘날 정부가 겪는 어려움은 점점 더 커지고 있다. 급변하는 사회에서 점차 진화하고 복잡해지는 문제를 해결하기 위해 어떤 질문을 해야 할지, 어떤 사람이나 자원이 필요할지 알 수 없는 것이다.

오늘날 전 세계 정부는 역동적이며 소비자를 중심에 두는 좀 더 혁신적인 정부로 비치길 원하지만 여전히 모든 것을 계획 아래 두려 한다. 하지만 최고의 결과는 우연에서 비롯하고 효과적인 정부라면 불확실성을 잠재울 게 아니라 시민의 반응을 중재해야 한다. 그렇다면 어떻게 세렌디피티를 정책에 도입할 수 있을까?

커뮤니티 뉴딜New Deal for Communities(낙후된 지역에 시행한 영국 정부의 지역재생 정책—옮긴이)과 같은 전통적 접근법은 특정 지역 커뮤니티를 발전시키는 데 초점을 두기 때문에 특정 지리적 지역에만 집중한다. 이러한 방식은 지역의 독자성을 강화하고 지역의 사회적 자본을 끌어내는 데 효과적이지만 고립을 초래하고 지역 외부와의 교류를 가로막기도 한다. 즉 우연한 만남이나 일생일대의 기회에 가장 중요한 외부 공동체와의 관계를 제한하는 것이다. 특정 지역을 살리는 데만 집중할 것이 아니라 사회와 경제의 틈을 메꾸고 서로 연결될 때 정책 결정으로 제대로 된 이득을 볼 수 있다고 최근 연구에서 주장하는 이유가 바로 이 때문이다. 지역 간 공동 문화 활동에 초점을 맞추고 지역에 구애받지 않고 참여 가능한 다양한 관심 분야와 학습, 지원 관련 커뮤니티를 개발해야 한다.[60] 경찰과 시민이 협업한 동네 안전감시단friends of park처럼 누군가에게 떠넘기지 않고 함께 만

들어가려는 시도는 이미 좋은 결과를 내고 있다.[61]

세계 다른 지역에서도 이에 대한 영감을 얻을 수 있다. 일례로 케냐와 남아프리카에 관한 연구에서 우리는 정책 입안자를 위한 효과적인 생태계 개발법을 찾아냈다. 첫째, 기반 시설을 구축한 뒤 주민을 정책 결정 초기에 참여시키는 것이다. 대부분의 정책 입안자와 지원 조직은 다른 조직과 마찬가지로 모든 것을 미리 계획하고 중심 계획을 토대로 지원 프로그램을 고안하려고 한다. 하지만 무엇이 언제 필요한지 제일 잘 아는 사람은 바로 현지 주민이다. 그러므로 주민을 정책 결정에 참여하도록 하고 책임을 묻도록 해야 한다. 예를 들어 전 분야에 걸쳐 목표에 따른 회의를 통해 관련자들이 직접 참여하여 효과적인 커뮤니티를 형성하도록 하는 정부도 있다. 지역 주민에게 요구 사항을 공유하도록 하고 큰 목적을 달성하는 데 이바지하겠다는 '다짐'을 받는다. 이로써 주민의 현재 활동과 통합되어 프로젝트가 지속되며 또한 지역 차원의 공동체 의식을 함양하는 데도 도움이 된다. 특히 지역 간 불평등이 존재하거나 도시 중심지와 단절됐다고 느끼는 지역에 효과적이다.

둘째, 지역의 비공식적인 리더를 파악하여 그들에게 합법적인 권한을 주는 것도 효과적이다. 인도에서 가장 극빈한 비하르Bihar주에서 활동 중인 교육 NGO 얀 샬라Gyan Shala의 예를 보자. 얀 샬라는 교육 기반 시설을 구축하는 데 중점을 둔다. 지역 기반의 단체로 지역의 요구에 밝은 얀 샬라와 같은 단체는 정부보다 훨씬 빨리 몇 달 안에 교사를 양성할 수 있다. 이러한 계획은 지역사회에 도움이 되는 방향으로 끊임없이 혁신을 거듭한다. 이는 정부에게도 좋은 일이다. 유권자들이 별로 반기지 않을 새로운 시도에 대한 위험 부담을 외부에 위임하는 일이기도 하기 때문이다. 하지만 이후 효과가 검증된 방식을 선별해 국가나 지역 프로그램으로 확장해 볼 수 있다. 인도에서는 이러한 방식으로 특히 저소득 지역에서 수천 명의 사람과 연결될 수 있었다.[62]

핵심적인 인간 욕구를 충족하는 지역과 세계 공동체의 역할을 통해 사회적 안전망에 대한 우리의 인식을 엿볼 수 있다. 현재 주로 논의되는 주제는 최저 수입이나 인공지능 등 경제적인 요소에 국한되어 있다. 하지만 글로벌 사회적 기업가 정신 운동인 메이크센스MakeSense의 공동 창립자 크리스티안 바니제터Christian Vanizette는 자발적 공동체야말로 사람들이 예기치 못한 상황에 대처할 수 있는 핵심이라고 말한다. 개인이 성장하도록 돕는 것은 재정적인 도움이 아니라 공동체다. 정부가 모든 일을 해결할 필요는 없다. 다만 메이크센스와 같은 운동을 통해 사람들이 공동의 이익을 공유할 때 어떻게 활기를 띠게 되는지 배워야 한다.

행운 코드 7. 공간과 분위기를 바꾼다

급변하는 사회에서 앞으로 어떤 일이 벌어질지, 어떤 사람과 자원이 필요하게 될지 알 수 없다. 따라서 개인은 물론 조직과 사회가 예기치 못한 상황에 대처할 능력을 스스로 길러야 한다. 세렌디피티의 개념을 이해하고 이를 조직에 수용하는 역량이 핵심이다.

세렌디피티가 더 자주 일어나고 더 나은 결과를 내려면 직장에서 개인과 팀이 독특하고 예기치 못한 상황을 추구하는 데 자유로움과 안정감을 느껴야 하고 충분한 권리를 누릴 수 있어야 한다. 조직은 누구도 혼자서는 문제를 해결할 수 없다는 분위기를 만들고 문제를 개선하는 데 적극적인 참여를 유도해야 한다. 그래야 사람들은 뜻밖의 발견에 민감해지고 아이디어를 자기 검열하지 않는다.[63]

조직은 예기치 못한 일을 반기고 강조하며 세렌디피티를 발견한 이들의 공로를 인정함으로써 평범하지 않은 일을 진행해도 괜찮다는 분위기를 조성할 수 있다. 프로젝트 장례식과 같은 의식을 통해 실패에 대해 자유롭게 이야기하도록 하고 좋은 배움과 세렌디피티의 여지를 마련해볼 수 있다.

조직 내 장벽을 극복할 때는 받는 것보다 주는 것을 장려해 협업하는 분위기를 조성해야 한다. 온라인 공간이나 로비 공간을 재설계하는 등 실제 공간을 마련해 세렌디피티가 일어날 가능성을 높일 수 있다. 정책 결정은 지역 증폭자에게 권한을 주거나 프로그램을 확장하도록 돕는 등 다양한 상호작용이 일어나는 환경을 제공하는 데 중점을 두어야 한다.

그리고 이 모든 일의 근간은 세렌디피티가 통제력의 상실이 아닌 긍정적인 조직 문화의 신호라고 인식하는 데 있다. 인식이 바뀌면 긍정적인 결과가 자연스럽게 따를 것이다.

세렌디피티 연습: 세렌디피티 환경 만들기

1 세렌디피티 발견을 장려하라. 주간 회의에서 이렇게 질문해보자. "지난주에 뜻밖에 일어난 일이 있나요? 그 일로 혹시 생각(전략과 관련해서 등)이 바뀌었나요?"

2   세렌디피티 순간을 포착해 관심을 유도하자. 직원들이 잠재적인 확장 가능성을 보게 하라. 네 개 정도를 사내 소식지나 모임에서 알려라.

3   정서적 안정감을 주어라. 다음 회의에서 복잡한 상황을 해결하는 데 모두의 의견이 중요함을 상기시켜라. "지난주를 생각해봅시다. 계획한 대로 다 잘 됐나요?" 직원들이 회의에서든 개인적으로든 당신에게 자유롭게 질문하도록 하라.

4   프로젝트 장례식을 해보자. 최근 진행한 프로젝트 중 다양한 가능성이 있었지만 결국 실패한 프로젝트로 시작해보자.

5   '무작위 커피 타임'이나 '무작위 점심' 제도로 다양한 사람이 만날 기회를 제공하자. 예를 들어 인수된 회사와 인수한 회사의 직원을 서로 짝지을 수도 있다. 경험담을 공유하도록 하거나 사내 소식지에 실어보자. 효과를 보려면 4회 정도는 해야 한다.

6   회사 운영자라면 청년들을 초대해 당신과 동료들의 행동을 관찰하게 하자. 이후 관찰 내용을 들어보며 쓸데없거나 해로운 습관이나 행동으로 무엇이 있는지 파악하라. 회사와 제품을 개선하려면 어떻게 해야 할까? 생각지도 못하게 당신을 '파괴하는 행동'은 없는가?

7   뜻밖의 아이디어가 생기면 회사 내부나 외부에서 지지자 세 명을 확보하라. 회사 내부의 비공식적인 권력 구조를 고려해보자. 누구에게 말해야 일이 잘 진행되겠는가? 그들과 편안하게 대화를 나누며 가능성을 탐색하라. 이후 아이디어를 반대하는 세 명을 찾아내 그들을 설득하거나 현명하게 피할 방법을 생각해보자. 회사 외부에서 사람을 찾으려면 공유 오피스 등 증폭자들이 자주 찾는 장소를 방문하면 좋다.

8   교육가나 정책 입안자라면 해당 지역에 기회의 공간을 마련하라. 당신은 누군가를 가까운 멘토와 연결해줄 수 있는가?

SERENDIPITY
CODE

제 9 장

행운에 속지 않고
내 편으로 만드는 법

최고의 교육은

미지의 세계로 자신만의 모험을 하도록

준비시키는 것이다.

_리 C. 볼린저, 컬럼비아 대학교 총장

SERENDIPITY

헬렌 퀼리는 기업 홍보팀에서 해고되고 사무실을 나와 엘리베이터를 탄다. 이때 귀걸이를 떨어뜨렸고 한 남자가 주워준다. 그녀는 허겁지겁 달려 겨우 지하철을 잡아 탄다. 혹은 지하철을 놓치게 된다. 기네스 펠트로가 주연한 영화 〈슬라이딩 도어즈〉는 지하철을 탔을 때와 못 탔을 때 완전히 다른 방향으로 전개되는 두 이야기를 보여준다. 영화 속에서 헬렌은 두 개의 다른 삶을 경험한다.

우리도 살면서 이런 영화 같은 상상을 종종 하곤 한다. '그날 사랑하는 이 남자를 우연히 못 만났다면 어떻게 됐을까?', '우연히 들은 정보로 시작한 이 일을 안 했다면 어땠을까?' 세렌디피티에도 이를 적용해볼 수 있다. 세렌디피티를 보는 흥미로운 방법이자 융통성 있는 방법은 '어떤 일이 일어날 수 있었을까?'를 생각해보는 사후 가정법이다.

과거가 될 가능성 있는 여러 일 중에서 실제로 어떤 일이 벌어진다면 현실의 운은 과거에 일어날 뻔했던 많은 일 중 하나일 뿐이다.[1] 과거로 돌아가 같은 상황에 직면하면 다른 일이 일어날 가능성이 있는가? 그 일을 가능하게 만든 것은 무엇인가? 사람들은 작은 행운으로 인생이 완전히 달라질 수 있다는 사실을 간과한다.[2] 일어날 가능성이 있는 다른 상황, 즉 흥미로운 '대체 역사 가설'을 생각해보자. 영리한 운(세렌디피티) 덕분인가 아니면 순전한 운(요행)인가?

다양한 가능성을 실험해보면 실제로 일어난 일이 가능한 결과 중 가장 개연성이 낮을 때가 많다. 초기의 매우 작은 변화로도 결과가 완전히 달라지기 때문이다. 다음에 일어나는 일은 대개 복합적이고 경로 의존성(한번 결정된 경로는 바꾸기 어렵거나 불가능해지는 현상—옮긴이)이 강하다.[3]

이는 무엇을 의미하는 걸까? 숙련도의 차이를 예로 들어보자. 누군가는 애당초 타이밍이 잘 들어맞았던 것일 수도 있다.[4] 이는 사회 불평등처럼 스포츠에도 적용되는 논리다. 예를 들어 최정예 캐나다 하키 선수 중 최소 40퍼센트가 1월~3월 출생이라는 사실이 한 유명한 연구에서 밝혀졌다.[5] 하키에서는 체격 조건이 매우 중요하고 성장기의 청소년에게는 한두 달 차이로도 신체적 격차가 많이 난다. 새 하키 리그의 컷오프 나이가 1월 1일 기준이므로 그해의 첫 3개월에 태어난 선수들의 체격이 보통 다른 선수들보다 더 좋다. 따라서 그들이 선수생활 시작부터 발탁되는 일이 많고 결과적으로 게임 경험이 많아지고 나은 훈련이나 동료를 얻게 될 가능성이 커진다.[6]

특별히 하키 기술이 좋아서가 아니라 시작부터 체격이 더 좋았던 것(그러니까 생일이 빨랐던 것)이 그들의 강점이었다. 이후 성공 가도에 놓인 그들은 남들보다 뛰어난 선수가 된다. 초기의 순전한 운은 경로 의존성으로 증폭됐고, 장기간의 결과에도 큰 차이를 미쳤다. 만약 컷오프 나이가 8월 1일이라면 완전히 다른 결과와 함께 하키 선수의 분포도 지금과 같지 않을 것이다. 일찍 태어난 현재의 유명한 하키 선수들은 어쩌면 지금과 같은 실력을 갖추지 못하고 하키 리그가 아닌 회계나 다른 일을 하고 있을지도 모른다.[7]

사회계층 이동이나 업적에서도 이와 비슷한 현상을 관찰할 수 있다. 초기의 작은 환경의 변화가 시간이 지나며 큰 차이를 만든다. 중산층 가정에서 자란 소녀가 있다고 가정해보자. 유명한 개인 교사의 수업을 받으며 특정 과목을 더 깊이 공부하도록 동기를 부여받고, 결국 노벨상을 받는다. 반대로 가정하면 소녀의 아버지가 직장을 잃어 교사를 감당할 수 없게 되자 더는 실력을 얻지 못하게 된다. 또는 다른 개인 교사를 만났으나 충분한 동기를 얻는 데 실패한다.[8] 한 가지 사건은 경로 의존성으로 촉진되어 장기간의 결과에 큰 차이를 일으킨다(물론 여태 살펴본 대로 소녀는 세렌디피티 사고방식을 갖추고 무슨 일이 있어도 큰일을 해낼 가능성도 있다).

숙련도의 차이에서 부의 축적, 사회적 계층에 이르기까지 이러한 경로 의존성은 다른 분야에도 적용된다. 경로 의존성으로 발생한 초기 왜곡이 완전히 다른 결과를 낳는다.[9] 아버지에게 4억 달러(혹은 도널드 트럼프의 말대로 '백만 달러 소액 대출')를 물려받았다면 은행에 넣어두고 복리 이자만 챙겨도 갑부로 사는 게 어렵지 않다.

따라서 우리는 지나치게 특출나 보이는 사람을 너무 우러러볼 필요 없다. 그들은 대개 초기 운이 좋고 뛰어난 성과 역시 임의적인 환경의 영향을 많이 받은 것이기 때문이다. 유리한 시작점에서 출발해 불균형적으로 성공 가도를 달리는 것이다. 이 '부익부 빈익빈' 역학은 마태효과Matthew Effect(사회학자 로버트 머튼Robert Merton이 고안한 용어로 성경 마태복음에 나오는 "무릇 있는 자는 받아 풍족하게 되고 없는 자는 그 있는 것까지 빼앗기리라."라는 달란트 비유에서 비롯된 말—옮긴이)로도 잘 알려진 현상이다. 누적 이득에 기초한 현상으로 돈이나 지위 등 더 많이 가진 자가 이득을 얻을 일이 더 많다.

학회나 교실, 할아버지와의 저녁 식사에서 들리는 소설 같은 이야기의 문제점이 바로 여기에 있다. 영리한 운, 즉 세렌디피티와 마찬가지로 사람들의 인식과 말은 순전한 운을 제대로 반영하지 못한다. 성공한 사람의 행동을 따라 하려는 노력은 오히려 역효과를 낼 수 있다. 실제 성과로 이어지지 않을 수 있고 상황적인 요인으로 효과를 볼 가능성이 크다.

다양한 분야에 걸친 연구를 통해 사람은 자신의 지식과 의도를 강조하는 이야기를 만들어내고 의식적이든 무의식적이든 어려움과 불확실성, 우연을 간과하는 경향이 있다고 밝혀졌다.[10] 모두 알다시피 좋은 이야기는 만족스럽지 않은 이야기보다 찾기가 어렵다.

성공과 실패의 한끗 차이

순전한 운을 자신의 능력으로 착각하는 일은 생각보다 많이 일어난다. 대개 생존자 편향 현상 때문이다. 우리는 나심 탈레브가 말한 '침묵의 무덤'(당첨되지 못한 많은 복권 구매자들)을 보지 않는다. 자연스럽게 성공한 사람에 집중하고 실패는 무시한다.[11] 운 좋은 성공한 사람에게서 교훈을 얻지만 그들의 상황과 우리가 처한 상황은 다르므로 이는 매우 위험한 일이다. 성공을 우연이나 순전한 운이 아니라 성공한 사람의 '행동'에 과도하게 초점을 맞추면 잘못된 교훈을 얻는다. 우리는 똑같은 행동을 했지만 운이 따르지 않아 성공하지 못한 패배자들을 보지 않고 성공한 자들만 보려고 한다.

학회에서 이런 성공담을 들으면 그냥 좌절감이 들고 끝나겠지만 다른 상황에서는 굉장히 치명적인 일이 될 수 있다. 재난이 일어나기 직전에 큰 일을 피한 성공적인 사례 때문에 실제로 재난이 일어날 때가 많다. 사람들은 성공적인 결과를 낸 결정이 재난으로 이어질 거란 생각을 하지 못한다. 위험을 무릅쓰거나 거짓 안도감에 빠지는 이유다. 2003년, 대기권 재진입 시 산산조각이 난 컬럼비아 우주 왕복선 사고가 그 예다.[12] 사고 발생 전 단열재 파편이 우주선에서 몇 차례 떨어져 나갔다. 다행히 우주 선의 민감한 부분을 건드리지 않았고, 다른 문제가 발생하지 않았다. 나사NASA는 일촉즉발의 상황을 잘 넘겼다고 여기며 별다른 심각성을 느끼지 못했다. 특수 상황을 일반화한 것이다. 사고가 일어나지 않았다면 정말 운이 좋았다고 말했겠지만, 결국 일이 터졌다. 이 일로 우주비행사 일곱 명 전원이 사망했다.

우리는 어떤 문제가 발생할 뻔했지만 아슬아슬하게 넘어가면 이를 흔히 '성공했다'로 해석하곤 한다. 그 일촉즉발의 상황이 얼마나 빨리 재앙으로 변할 수 있었을지 깨닫는 게 먼저인데 말이다. 이게 왜 중요할까? 일촉즉발의 상황에 대한 편향된 반응은 해결해야 할 문제를 알리는 경고 신호를 놓치는 셈이기 때문에 조직과 시스템이 취약한 상태에서 벗어나지 못하게 만든다.[13] 나 역시 그랬다. 열여덟 살에 첫 차를 산 뒤에 다른 차를 긁고 휴지통을 들이받는 등 더 큰 사고로 이어질 뻔한 위험한 상황을 수 없이 겪었다. 하지만 상황을 '피할 수 있다'는 신호로만 여겼을 뿐 사고로 '죽을 수도 있겠다'는 생각은 전혀 하지 못했다. 그러다 정말 죽을 뻔한 사고가 일어났다.

이런 일을 피하려면 어떻게 해야 할까? 외부 의견을 듣거나 대체 역사 가설을 떠올리는 방법이 효과적이라는 연구 결과가 있다. 내재한 편견을 인지하고 대체 역사 가설을 시도해본다면 위험관리 능력을 키우고 배움을 얻으며 '옳은' 행동을 할 수 있다.[14]

나는 요즘 자전거 타기에 이 방법을 쓰고 있는데 꽤나 성공적이다. 위험천만한 상황에 길을 건널 때마다 이렇게 말하려고 한다. "그래, 이번엔 운 좋게 괜찮았지만 다음에는 운이 따르지 않을지도 몰라. 차에 치이거나 무슨 일이라도 생기면 보는 사람들은 불운쯤으로 여기겠지. 여태 일어났던 위험천만한 상황을 생각해보면 그러고도 남았을 거야."

아웃라이어들의 행운과 성공의 비밀

미셸 오바마나 리처드 브랜슨, 빌 게이츠, 오프라 윈프리 등 위대한 인물에게 영감을 받는 것은 좋지만 실망할 일도 생긴다. 그들과 똑같이 행동하더라도 그들의 초기 상황을 그대로 복제할 수 없고 정확히 어떤 과정을 거쳤는지도 알 수 없기 때문이다.

비범한 성공을 거둔 사람들은 보통 사람을 뛰어넘는 아웃라이어다. 그들을 성공적으로 따라 하기 쉽지 않은 이유는 그들의 성공에 '우연한 기회'나 '특권'이 큰 영향을 미쳤을 가능성이 크기 때문이다(빌 게이츠는 부유한 가정에서 태어나 컴퓨터를 갖춘 사립학교에 다닌 덕분에 프로그래밍 취미가 생겼다. 부모님의 도움으로 IBM 회장과 인맥을 쌓게 됐고 이후 IBM과 계약을 맺었다).[15]

그러므로 개개인의 성공담보다는 패턴을 발견하고 자신의 삶과 밀접한 롤 모델을 찾는 게 효과적이다. 진취적인 가게 주인이나 보스턴 컨설팅 그룹의 원칙에 입각한 컨설턴트 같은 사람이 당신의 롤 모델이 될 수 있다. 특히 금융이나 법률, 컨설팅 분야처럼 경력을 쌓는 과정이 상대적으로 명확히 명시된 '선형적인' 환경에서는 롤 모델을 찾는 일이 상대적으로 쉽다.[16]

경영 사상가인 청웨이 류Chengwei Liu와 마크 드 롱Mark de Rond은 설득력 있는 연구를 통해 비범한 성공일수록 배울 게 적다고 주장한다. 이러한 아웃라이어는 과도한 위험을 감수하거나 부정행위를 하는 등 낮은 신뢰도를 보이는 경우가 많고 그래서 완전히 다른 결과를 낳을 수 있기 때문이다.[17] 1990년대에 회사 빚에 허덕이던 도널드 트럼프가 남긴 유명한(그리고 혐오스러운) 말이 있다. "나보다 노숙자가 순자산이 더 많을 겁니다." 과도한 위험을 감수하는 모습을 보면 그는 미국 대통령이 아니라 빚에 허덕이는 낙오자가 됐을 수도 있다. 그가 주장하는 '진보'에서 얻는 교훈대로라면 실패하거나 성공할 확률이 반반이다. 굉장히 특이한 일인 것이다.

사실은 이런 아웃라이어보다는 '2인자'에게서 배울 점이 가장 많다. 비범한 성과는 비범한 운이 작용해야 하므로 뛰어난 성과가 나온 후에는 보통 평범한 성과가 이어지는 경우가 많다. 운이란 계속 이어지지 않고 성과는 평균으로 회귀하기 때문이다.[18] 그러나 대부분의 사람들이 그런 일이 생길 때마다 성과가 낮아진 이유를 설명하려 든다. 운이 바닥났다는 사실을 깨닫지 못하는 것이다.

능력인가, 운인가?

이쯤에서 '귀인 편향'attribution bias이라는 아주 흥미로운 현상을 살펴볼 필요가 있다. 흔히 사람들은 결과의 원인을 운이나 노력, 능력, 과제 난이도에서 찾는다. 그리고 요인이 통제 불가능하고 외부적이라고 판단하면 운 때문이라고 생각한다.[19] 하지만 대부분의 사람들이 행운과 불운을 완전히 잘못 대하곤 한다. 한마디로 실패는 불운 탓이고 성공은 노력과 능력 덕분이라고 생각하는 것이다. 이러한 사고방식은 (가짜)성공에 대한 과도한 학습과 실패에 대한 학습 부족으로 이어지고 통제에 대한 환상으로 이어진다.[20] 연구에 따르면 사람은 무작위성을 포함한 결과를 잘못 해석하는 경향이 있다. 앞서 살펴봤듯이 우리는 없는 패턴을 보기도 하고 운 좋게 얻은 결과를 순전한 운이 아닌 개인의 성향이나 노력의 결과로 받아들인다.[21]

이러한 태도는 자신과 타인을 평가할 때 역효과를 낼 수 있다. 성과 평가를 예로 들어보자. 우리는 목표에 따른 성과가 기대 이상인지 이하인지에 따라 성공과 실패를 나누므로 평가를 굉장히 중요하게 여긴다. 성과 평가는 결정이 내려진 당시의 상황이나 결정의 수준이 아닌 최종 결과만을 바탕으로 측정된다. 여기서 운을 포함한 상황 요인을 간과하고 성공의 요인을 실력으로 돌리는 '기본적 귀인 오류'가 나온다.[22]

노벨상 수상자인 대니얼 카너먼의 연구에 따르면 이러한 상황에서 사람은 '인지적 지름길'을 택한다. "이 사람의 숨겨진 능력이 어느 정도지?"와 같은 어려운 질문을 "이 사람이 보여주는 능력이 어느 정도지?"로 바꿔치기하는 것이다.[23]

이러한 어림짐작은 우리의 시간을 많이 절약해준다. 높은 성과를 내는 사람은 대개 능력이 좋으니 이러한 판단이 옳을 수 있다. 단 순전한 운의 이득을 보는 극단적인 아웃라이어가 아닐 경우에만 해당된다.[24] 오류는 치러야 할 대가가 너무 크기 때문에 이러한 어림짐작이 늘 권장되지는 않는다. 결국 거짓 부정(실력을 운으로 착각)과 거짓 긍정(운을 능력으로 착각) 사이의 잠재적 오류 비용의 차이에 달렸다.[25] 성과 평가 시 사람들은 대부분 운을 실력으로 착각하는 거짓 긍정으로 판단을 내린다.[26]

이러한 거짓 긍정은 직원들의 동기부여에 좋은 영향을 끼친다는 점(성공을 실력 덕분이라고 생각하면 위험을 감수하고 능력을 쌓을 욕구가 생겨난다)에서 아주 나쁘다고 말할 수는 없지만 결과론적으로는 손실이 더 크다. 거짓 긍정을 더 할 가능성이 커지기 때문이다. 일촉즉발의 위기를 운 좋게 피해간 상황을 성공이라 여겨 일어난 컬럼비아 우주선 사고를 생각해보라. 이렇게 발생한 오류는 걷잡을 수 없이 소용돌이친다.[27] 성공한 이들의 성공 요인을 잘못 판단하는 오류로 이어지기도 한다. 형편없는 사장이 성공하지 못하는 이유가 그 사람이 정말 형편없어서일까? 때로는 순전한 운 등 무수히 많은 요인이 작용했을 것이다.

하지만 승진과 보상 같은 상벌 제도로 종종 의도하지 않은 결과가 나오기도 한다. 의도는 좋았으나 예기치 못한 요소로 초기 의도와는 달리 완전히 다른 결과를 내기도 한다. 한마디로 능력이 충분한 관리자가 승진할 가능성이 크지만 직급 간 실력 차이는 보통 미미하거나 없다. 비범한 성과 대부분이 무작위성을 띠기 때문에 능력이 좋아도 평범해 보이는 사람이 아니라 운이 좋아 눈에 띈 사람이 승진하는 경우가 많다.[28]

이 문제를 해결하려면 소음을 줄여야 한다. 예를 들어 외부 이벤트나 무작위로 개입할 가능성이 큰 특정 분야의 주관적 평가 등으로 성과급을 지급하는 방안을 마련할 수 있다. 과거 제비뽑기를 사용해 정치 지도자를 무작위로 선출한 고대 그리스나 베네치아공화국이 썼던 방식에서 영감을 얻을 수도 있다.[29] 어쩌면 이는 아득히 먼 옛이야기가 아닐지 모른다. 최근 연구에 따르면 무작위 선택이 금융시장과 정치를 통제하는 정교한 메커니즘을 능가한다고 한다. 부패에 흔들리지 않고 고정관념을 극복하고 더 공정하다고 인식되기 때문이다.[30] 하지만 이러한 방식은 자칫 리더의 능력에 대한 신뢰도를 떨어뜨리고 동기부여에 독이 될 수 있다. 그렇다면 어떻게 해야 할까? 명확히 규정된 우수 후보자 중에서 유력한 차기 리더를 미리 선정하라고 연구에서는 주장한다.[31] 이러한 성과와 무작위 선택의 조합은 경기장을 평준화시키는 데 도움이 될 것이다.

의도치 않은 결과의 힘

경기장 평준화에 노력을 기울여도 좋은 의도가 항상 좋은 결과로 이어지지는 않는다. 특히 사회문제가 그렇다. 나는 한 개발 프로젝트에서 이 일을 직접 목격했는데 대개 불확실하고 의도치 않은 결과가 나왔다.

나이로비의 빈곤 지역인 키베라Kibera에 사는 열네 살짜리 소년에게 교육의 기회를 주는 일을 생각해보자. 이 일은 겉으로 보기엔 매우 훌륭하고 근사해 보인다. 멋진 일을 하는 당신의 조직은 기부자들의 열렬한 지지를 받을 것이다. 당신은 소년이 교육의 기회를 얻을 수 있도록 도왔다! 당신은 기대감에 부풀었다. 개인에 대한 집중이 가족과 지역사회 전체를 파괴해버릴 수 있다는 사실을 깨닫기 전까진 말이다. 사실 소년은 가족 중 유일하게 생계비를 버는 가장이었다. 그런데 그를 데려가 온종일 공부를 시키는 바람에 이제 여동생이 돈을 벌어야 할 처지에 놓였다. 하지만 낙후된 지역에서 소녀가 돈을 벌 방법은 그리 많지 않았다.

이러한 일을 피하기 위해서는 대안적인 접근법이 필요하다. 당신의 행동이 가족 전체에 미칠 영향을 생각해보는 것이다. 소년의 가족을 위해 우선 새로운 소득원을 마련하는 일이 더 중요하다는 판단과 함께 가족이 모두 교육받을 방법을 생각해낼 수도 있다. 그러면 재정적으로 불안하고 분노를 일게 하는 상황을 피할 수 있다. 하지만 소년이 다른 가족보다 '훨씬 똑똑해지면' 가족이 떨어져 지내야 할 수도 있다.

《포춘》이 선정한 500대 기업의 CEO가 들려준 조금 극단적인 사례를 살펴보자. "아프리카인 회장과 회의에 참석 중이었어요. 그가 대뜸 이런 말을 하더군요. '백인들의 빌어먹을 식량 지원은 도움이 하나도 안 됩니다. 과거에는 사람들이 죽기라도 했지, 이제는 당신네가 식량 지원이다 뭐다 뭘 자꾸 주는 바람에 살아 있잖습니까. 게다가 음식에 탄수화물만 많고 비타민이나 미네랄이 없으니 끙끙 앓기까지 합니다. 우리나라는 매년 더 가난해지고 있습니다. 참 고맙습니다.'" 좋은 의도였지만 의도하지 않은 나쁜 결과로 이어진 사례였다. 이 CEO는 아프리카인 회장과의 만남으로 회사의 전략을 다시 세웠고, 이제는 상황의 복잡성을 고려해 전체적인 접근법을 마련하는 데 힘쓰고 있다.

좋은 의도의 결과가 좋든 나쁘든, 사람들은 결과를 토대로 상벌을 결정한다. 다음과 같은 상황을 생각해보자. 무능한 관리자(혹은 불순한 의도)가 뜻하지 않게 상황이 잘 풀려 '성취'에 대한 보상을 받는다. 한편에서는 유능한 관리자(혹은 좋은 의도)가 똑같이 뜻하지 않게 상황이 잘 안 풀려 실패로 비난을 받는다. 우리는 가끔 좋은 의도를 가졌지만 운이 없는 사람들에 대해 도덕적 판단을 내리기까지 한다.[32] 나도 해본 일이고, 당해본 일이다.

이는 불운한 상황을 태만하거나 그릇된 생각을 해서라고 생각하기 때문이다.[33] 직감이나 직관을 토대로 결정을 내리므로 부정적인 결과를 의사결정자의 '덜 엄격한 태도' 탓으로 돌린다. 그가 긍정적인 결과를 낸 비교 가능한 다른 결정자보다 더 엄격했더라도 말이다. 특히 통제 불가능한 요인으로 얻은 성공에 보상이 주어지게 되면 공정성에 문제가 생기고 나아가 사람들의 사기가 꺾인다.[34] 예를 들어 경영진은 외부 요인으로 성과를 못 내더라도 희생양이 될 수 있다고 생각한다. 그리고 이러한 상황을 대비해 높은 보상을 요구할 때가 많다. 성공을 이끈 경영진을 영웅으로 대하고(후광효과), 실패한 경영진을 범죄자 취급한다. 완전히 똑같은 결정을 내렸더라도 말이다![35]

원전 재난이나 금융 위기, 기름 유출과 같은 대규모 실패 사례를 보자. 외부 요인으로 취약한 시스템에 문제가 발생하는 경우가 많지만 대부분 비난의 화살은 경영진에게 돌아간다. 1977년 스페인 테네리페Tenerife 공항 참사는 항공 역사상 단일 사건으로 가장 많은 사상자가 발생한 사건이다. 항공 사고는 여러 상황 요인으로 발생하는데, 당시 사건은 열악한 날

씨와 공항 환경 및 테러위협 때문이었다.[36] 하지만 우리는 결과로 사람을 판단할 때가 많다. 문제는 '불운한 사람'을 해고하더라도 여전히 시스템은 취약한 상태로 남는다는 것이다. 그렇게 되면 다음 사건이 터지는 건 시간 문제다.[37]

내가 관여한 지역사회 조직에서는 지역사회와 회사 간에 의견 불일치가 생기면 핵심 문제를 해결하기보다 담당 팀을 완전히 교체하곤 했다. 그러다 보니 징후는 달라도 다 똑같은 문제와 갈등이 계속 일어났다.[38] 팀을 교체할 게 아니라 근본적인 문제를 해결해야 갈등을 피할 수 있었는데 말이다. 실패나 성공의 '규모'로 알 수 있는 사실은 경영진의 실력이나 운이 아니라 시스템의 특성이다.[39] 물론 오류를 유발하거나 피하는 데 개인도 영향을 끼친다. 형편없는 간부는 상황을 악화하고 시스템을 붕괴할 가능성이 크다. 반면에 능력 있는 간부는 추가 손상이 일어나기 전에 긴밀하게 연결된 시스템을 복원할 것이다.[40]

복잡한 연구 결과가 아니더라도 사람들이 성공은 능력 덕분이고 큰 실패는 불운 탓이라고 생각하는 이유를 간단히 설명할 수 있다. 높은 성과는 능력으로, 낮은 성과는 불운으로 연결되길 원하기 때문이다. 누군가의 성과가 별 가치 없더라도 이제 공로를 인정하고 예를 표해보자.

모두가 알 듯 세상은 늘 공평하지 않다. 노력이 긍정적인 결과로 이어지기도 하지만 순전한 운이나 상속 재산, 인맥 같은 상황 요인이 실력으로 둔갑해 좋은 결과를 내기도 한다.[41] 하지만 이것이 바로 우리에게 일어나는 순전한 운과 스스로 만들어내는 영리한 운(세렌디피티)의 차이다. 세렌디피티 사고방식을 개발하면 단순히 운과 능력의 싸움이 아니다. 세렌디피티를 기르는 것 자체가 삶의 능력이다.

앞으로 몇 년간 필요한 중요한 능력이 세렌디피티 사고방식과 관련되어 있다면 개인이나 고용주 모두 자신의 세렌디피티 지수가 궁금할 것이다. 이를 어떻게 점수로 매길 수 있을까?

나는 세렌디피터인가?

지금까지 심리학, 경영학, 신경과학 등 여러 분야의 연구에서 세렌디피티 지수를 측정하는 방법을 찾고 검증해왔다. 그 결과로 세렌디피티의 각 과정(세렌디피티 계기, 점 잇기, 집념과 지혜)을 검토하고 이를 측정할 수 있는 38가지 질문을 고안해냈다.[42]

다음의 문항에 1~5점('매우 그렇다' 5점, '매우 그렇지 않다' 1점)으로 점수를 매겨 자신의 세렌디피티 지수를 평가해보자.

	점수
1. 슈퍼마켓이나 은행 같은 공공장소에서 모르는 사람과 가끔 이야기를 나눈다	
2. 문제의 근본적인 역학을 이해하고자 한다	
3. 예기치 못한 정보나 사건의 가치를 자주 찾는다	
4. 다양한 주제에 대해 생각하는 게 즐겁다	
5. 목적에 대한 방향감이 확실하다	
6. 어려운 문제에 직면해도 잘 낙담하지 않는다	
7. 내가 처한 현재 상황에 집중하는 편이다	
8. 사람들의 강한 동기를 이해하려고 한다	
9. 좋은 일이 늘 생긴다	

10. 직감과 촉을 따를 때가 많다	
11. 내 판단을 신뢰한다	
12. 인생에서 원하는 것은 대부분 얻는 편이다	
13. 만나는 사람 대부분이 친절하고 유쾌하며 도움이 될 거라고 기대한다	
14. 인생의 긍정적인 면을 보려고 한다	
15. 실수는 배움과 같은 긍정적인 것으로 바뀔 수 있다고 믿는다	
16. 이미 일어난 나쁜 일은 오래 생각하지 않는 편이다	
17. 과거에 저지른 실수에서 배우려고 노력한다	
18. 스스로 운이 좋다고 생각한다	
19. 알맞은 타이밍에 필요한 사람을 만날 때가 많다	
20. 낯선 사람과 이야기를 나눌 수 있는 모임에 정기적으로 참석한다	
21. 속한 집단이나 조직에서 다른 사람과 잘 소통한다	
22. 세 개 이상의 다양한 그룹에 속해 있다	
23. 다른 사람을 자주 초대한다	
24. 누가 문제를 겪고 있다면 내가 혹은 누군가가 도울 방법을 생각한다	
25. 상황을 이해하기 위해 상대방의 처지를 고려한다	
26. 삶의 작은 부분에도 감사함을 느낀다	
27. 내 행동이 타인에게 미치는 영향을 자주 되돌아본다	
28. 주변에 함께 있으면 편안하고 아이디어를 탐색할 사람들이 있다	
29. 주변 사람들이 나에게 아이디어를 묻거나 도움을 요청하는 일이 종종 있다	
30. 필요하면 도움을 요청한다	
31. 주제나 아이디어의 흥미로운 연결 고리가 생기면 더 깊게 알아보는 편이다	
32. 시간이 걸리더라도 집념을 가지고 아이디어를 끝까지 파고든다	
33. 불확실한 상황이 불편하지 않다	
34. 정해진 것은 없다고 믿는다	
35. 대화의 분위기를 바꾸기 위해 자주 유머를 구사한다	

36. 모든 상황에 완벽해질 필요는 없다고 생각한다	
37. 질문이 많은 편이다	
38. 내 가치에 부합하는 삶을 살고 있다	
총점	

총점은 190점이다. 당신은 몇 점인가? 남들과 점수를 비교할 필요 없다. 중요한 것은 지금 나의 점수와 일주일 혹은 한 달 뒤 점수와의 차이를 파악하는 일이다. 정기적으로 이 질문에 답을 해 나가보자.

세미나에서 이 질문지를 사용할 때마다 일주일이 지나면 접근법을 바꿔 세렌디피티가 더 자주 일어난다는 소식이 들려오기 시작한다. 유명한 사람에게 '콜드 메일' 답장을 받기도 하고 예전에 만났어야 할 사람을 우연히 마주치기도 하며('까마득히 잊고 지낸 절친을 다시 만났어요.') 기쁨을 느끼고 삶에 대한 열정을 되찾기도 한다.

혼자서 해도 좋지만 팀으로 같이 연습해도 좋다. 서로 질문을 하며 편안하게 관계를 형성하고 세렌디피티를 알아가다 보면 최종적으로 사회문제에 대한 해결책과 혁신으로 이어질 것이다. 상황에 따라 성과 검토나 채용 등 내부 업무에 도움이 되는 질문도 있다. 급변하는 사회에 잘 대처하고 운 좋은 회사로 만들 사람을 채용하고 보상하는 데 유용하다.

이런 게 왜 중요할까? 자기 확언과 비슷하게 작용하기 때문이다. 즉, 더 집중하면 더 배우게 되고 더 원하게 된다. 자포스와 같은 회사는 이 아이디어를 채택해 '1에서 10중, 당신은 얼마나 운 좋은 사람이라고 생각하나요?'와 같은 질문을 면접에 포함했다. 설립자인 토니 셰이는 말한다. "자포스는 회사에 '행운을 불러올 사람을 고용'하는 게 목적입니다."[43] 자포스는 운에 관한 리처드 와이즈먼의 연구에서 영감을 받았다. 와이즈먼의 연구에 따르면 자신이 운 좋은 사람이라고 생각하는 사람이 운을 발견할 가능성이 크고 운이 없다고 생각하는 사람보다 앞으로 운이 더 좋을 확률이 높다.

와이즈먼과 셰이가 말하는 것은 타고난 행운과 불운이 아니다. 이들은 상황이나 업무에 상관없이 기회에 열린 태도로 얻는 '영리한 운'을 강조한다. 불운한 사람은 운명을 탓하고 운이 좋은 사람은 열린 태도로 삶을 살아간다. 일하면서 내가 직접 목격한 일이기도 하다. 세렌디피티에 관한 워크숍이 끝나고 일주일쯤 지나면 나는 항상 이런 이메일을 받았다.

"세렌디피티에 눈을 뜨고 나니, 늘 세렌디피티가 일어나고 있어요!"

행운 코드 8. 나의 행운 지수를 파악한다

이미 일어난 일의 다른 상황을 생각해보는 사후 가정을 통해 행운이나 불운을 초래한 행동을 파악할 수 있다. 당신의 성공은 노력 덕분인가 순전히 운이었나? 노력 덕분이라면 반복할 수 있겠는가? 개인과 조직에게 가장 중요한 일이면서 어려운 일은 한 차례 운이 좋았던 사람이 아니라 '앞으로도 운이 좋을 사람'을 가려내는 일이다. 세렌디피티 점수는 우리가 이 여정의 어디쯤에 있는지 파악하고 무엇에 집중해야 할지 깨우치도록 도와줄 것이다. 정해진 건 아무것도 없다.

세렌디피티 연습: 돌아보기와 점수 매기기

1. 당신의 삶을 형성한 일들을 떠올려보자. 다른 일이 펼쳐질 수도 있었는가? 그때 당신은 무엇을 했는가? 순전한 운이었나 영리한 운 덕분인가? 그 사건들에서 무엇을 배웠는가?

2. 어디를 가든 영리한 운을 만들어내는 사람이 주변에 있는가? 그들에게서 배울 점 세 가지는 무엇인가?

3. 당신의 회사에서는 어떤 성과 평가 시스템을 사용하고 있는가? 무작위 사건을 걷어내고 실제 노력(목표를 달성한 방법)에 초점을 맞출 개선의 여지가 있는가?

4. 한 달에 한 번 세렌디피티 점수를 계산해보자. 책에 나온 세렌디피티 운동을 통해 어떤 부분을 개선할 수 있는가?

나오며

당신만의 세렌디피티 코드를 완성하라

저는 운을 굳게 믿습니다. 열심히 일할수록 운이 더 따랐습니다.

_토머스 제퍼슨

세렌디피티는 기쁨과 경이로움의 심오한 원천으로, 삶을 의미 있고 흥미롭게 할 마법 같은 순간을 만들어낸다. 만족스럽고 성공적인 삶의 여정에 없어서는 안 될 중요한 요소다. 즉 세렌디피티는 우리에게 삶의 열정을 불어넣고 예기치 못한 일을 위협이 아닌 기쁨의 원천으로 승화시킨다. 멋진 날들이 모여 멋진 인생이 된다면 세렌디피티가 기쁘고 의미 있는 날들을 선사할 것이다.

　이 책은 양극화 시대에 희망을 주고 멋진 인생을 만들 방법을 알리는 데 주안점을 뒀다. 주도적으로 자신만의 영리한 운을 만드는 법을 나누고자 여러 이야기를 담았다. 리처드 브랜슨, 조앤 롤링, 오프라 윈프리, 미셸 오바마, 빌 게이츠, 스티브 잡스만 행운을 거머쥐고 타인의 행운을 위해 환경을 만들 수 있는 게 아니다. 누구나 자신만의 방법으로 이를 해낼 수 있다.

순전한 운이 삶에 큰 영향을 미치지만, 자신만의 방법으로 운명을 개척하고 나와 타인을 위한 환경을 설정해 '영리한' 운을 더 자주 만나고 더 나은 결과를 내는 방법도 분명 있다. 비행기를 놓쳤다면 그 일을 또 다른 기회로 생각하라. 사랑하는 사람이나 투자자, 친구를 만날 수도 있다. 어디 이뿐이겠는가?

이제 성공은 온전한 능력이나 순전한 운이라는 낡은 생각을 버릴 때다. 주도적이고 영리한 운이 일어나도록 그에 걸맞은 사고방식과 환경을 갖추도록 노력하자. 세렌디피티 사고방식을 기르려면 세계를 구성하는 법을 익혀야 한다. 강력한 동기부여를 설정하고, 흩어진 점을 발견하고, 점들을 이어서 기회로 만들고, 기회를 가속하고 증폭시켜야 한다. 그리고 늘 내재한 편견에 주의하자(이 책도 마찬가지다. 사후합리화나 생존자 편향이 있을 수 있다. 오늘의 이야기가 20년쯤 지나면 또 어떻게 바뀌게 될지 모를 일이다).

많은 이들이 특정한 사상이나 종교에 빠져 허우적대는 불확실성의 시대에 이 책은 대안을 제시하고자 했다. 삶에 어떤 일이 일어나더라도 대처할 수 있는 세렌디피티 사고방식과 세렌디피티 영역을 개발하고 관계와 의미, 소속감을 존재의 핵심에 두길 바란다.

이러한 관점이 당신에게 낯선 세계관일 수도 있다. 그렇다면 이 책이 중요한 질문을 던졌기를 바란다. 질문에 대답할 수 있다면 당신과 당신의 주변 사람들은 즐겁고 만족스러우며 성공적인 삶을 살게 될 것이다. 세렌디피티란 목적지가 아니라 과정이며 고정된 해결책이 아니라 역동적인 기술이다. 근육을 단련하듯 적절한 훈련으로 강해질 수 있으며 자연스럽게 삶에 스며들게 된다. 이미 직감적으로 삶에 이 방식을 적용하고 있다면 이 책을 통해 접근 방식을 다시 한 번 들여다보고 전략을 수정할 기회가 되길 바란다. 특히 더 근사하게 보이려고 '개연성 있는 이야기'를 종종 꾸며내야 했다면 이제는 당신의 삶에 또 다른 정당성을 부여할 수 있으면 좋겠다. 능동적인 이야기를 통해 세렌디피티가 통제력의 상실이 아니라 통제력의 환상을 없앨 유일한 방법이라는 사실을 깨닫게 되길 바란다.

하지만 과식은 금물이다! 지나친 열망은 오히려 화를 부른다. 행복이나 사랑과 마찬가지로 세렌디피티도 뒤져내 찾을 수 있는 것이 아니라 준비하고 단련할 때 얻어지는 것임을 기억하라. 잊히는 두려움인 포모FOMO와 마찬가지로 세렌디피티를 놓치는 두려움, 즉 폼스Fear of Missing Serendipity, FOMS에서 벗어나자. 올바른 마음 상태로 준비하고 의지를 드러내고 예기치 못한 일에 열린 태도로 임한다면 진정한 사랑을 비롯한 모든 세렌디피티가 일어날 가능성이 커진다. 그러면 놀라지 말고 마법 같은 순간을 그냥 받아들이면 된다.

우리 일상 속에 가득 채워진 세렌디피티

세렌디피티의 정의대로 뜻밖의 결과는 알 수도, 프로그래밍할 수도 없다. 그걸 할 수 있다면 애초에 우연이라고 말할 수도 없을 것이다.[1] 하지만 뜻밖의 일이 더 자주 일어나고 더 나은 결과를 내도록 할 수는 있다. 헬스장에 가서 사랑하는 사람을 만났는데 며칠 동안 샤워도 안 하고 기분도 별로인 상태라면 어쩌겠는가. 당신의 상태가 좋을 때보다 그 사람과 함께할 확률은 당연히 낮아진다. 행복한 결말은 이야기를 언제 끝내는지, 어떤 관점에서 보는지, 어떤 감정을 느끼는지에 따라 결정된다. 이별로 끝난 연애도 보는 관점에 따라 긍정적인 결과라 할 수 있다.

조직은 '공동체적 사고방식' 혹은 동적 역량을 개발해야 한다.[2] 즉, 조직 내외부의 역량을 통합하고 구축하고 재구성해 예기치 못한 발견이 활성화되는 환경을 마련하는 것이다. 소비자들은 내일 무엇을 원할지 알 수 없고 그들도 자기가 무엇을 원하는지 모를 것이다. "사람들에게 무엇을 원하는지 물어봤다면 아마 더 빠른 말을 필요하다고 했겠지요." 자동차 시대 초기에 헨리 포드Henry Ford의 말에는 일리가 있다. 그는 말 대신 차를 선보이며 소비자 스스로도 몰랐던 욕구를 충족시켜줬다. 조직은 미래를 예측할 수 없다는 사실을 인지해야 한다. 세렌디피티가 일어날 환경을 조성한 자에게 보상하는 것도 잊지 말아야 한다.

특히 사회·환경문제는 해결이 어렵고 개입의 결과 역시 예측하기 불가능할 때가 많다. 따라서 아는 것이 아닌 모르는 것을 중심으로 정책을 마련해야 한다. 또한 사회적 기회 공간을 늘리고 권위적인 아이디어를 피해야 한다. 이를 위해 기초 과학과 세렌디피티 사고방식 훈련에 투자가 필요하다. 진취적인 사고방식을 지닌 이들은 개인이 처한 환경을 바꿀 수 있다는 생각만으로 비난을 받기도 한다. '제도의 변화'가 필요하다고 비평가들이 주장하는 이유다. 하지만 예상치 못한 개인들이 제도의 변화를 일궈냈다는 사실을 아는가? 정부가 모든 문제를 해결해주기를 고수하면 수동적 사고방식에 갇혀버리게 된다. 늘 작은 변화가 문제를 근본적으로 해결하는 열쇠라는 사실을 명심한다면 배경과 상관없이 모든 일이 당신에게 유리하게 흘러가는 삶을 누리게 될 것이다.

21세기에 구조적 탄력성, 사회 계층이동, 혁신을 이루기 위해 모든 것을 미리 계획하라는 말이 아니다. 다만 어떤 일이 일어나도 최대한 활용할 수 있는 환경을 갖추도록 준비해야 한다. 지멘스Siemens의 CEO인 조 케저Joe Kaeser는 리더스온퍼포스 팀에게 이렇게 말했다. "미래는 불확실해요. 모든 게 급속도로 변하니 적응력을 갖춰야 합니다. 이 적응력이야말로 변화를 주도적으로 끌어낼 힘이죠."

세렌디피티가 만병통치약은 아니다. 특히 권력 구조를 비롯한 구조적 역학 관계로 세렌디피티 사고방식과 세렌디피티 영역을 쉽게 개발하고 이득을 보는 사람들이 있다. 출생의 복권은 부와 교육, 능력을 동등하게 분배하는 데 실패하고 앞으로도 극복하기 어려운 가난과 같은 복잡한 구조적 문제도 여전히 존재한다.

하지만 전 사회계층과 문화에 걸쳐 세렌디피티를 함양하는 일이 제한된 '운명'의 굴레를 벗어나 주도적으로 운을 만들어 성공에 이르는 효과적인 방법인 것만은 분명하다. 부모와 교육 기관은 아이들이 세렌디피티 사고방식과 세렌디피티 영역을 개발하도록 지지하는 일을 핵심 가치에 두어 불확실한 세상에서 길을 잃지 않고 살아갈 세대로 키워내야 한다. 이러한 사고방식과 능력이 로봇과 인간을 구분 짓는다. 단순한 지식을 가르치는 것이 아니라 세상을 살아가는 법을 배우는 것이 중요하다.

물론 내 말이 모두 정답은 아닐 것이다. 세렌디피티에 대한 논의는 많이 이루어졌지만 깊게 연구된 적은 거의 없다. 지금까지의 초기 연구가 많은 분야에 걸쳐 흩어져 있었다. 나는 최대한 이 연구를 통합하고자 노력했고 유추적 추론을 아직 충분한 증거가 없는 분야에 적용하기도 했다. 하지만 우리에게 필요한 것은 새로운 시도다. 이 책 역시 그중 하나로 많은 어려움이 있었다. 10년 전이나 혹은 10년 후에 책을 쓴다면 내 의식의 흐름은 다를 것이다. 그때의 관심사나 감정에 따라 이야기를 다르게 해석할 것이다. 말 그대로 생존자 편향이나 확증 편향에 치우치는 것이다.[3] 하지만 현재로서는 이게 최선이다. 이 여정을 당신과 함께하는 배움과 공동 창조의 과정으로 여기게 되길 바란다.

바라건대 이 책이 당신의 삶에 새로운 변화의 시작이길 바란다. 그리고 당신만의 세렌디피티 여정에 함께하길 꿈꿔본다. 이 책은 내게 많은 편견과 믿음에 의문을 제기하고 성공을 비롯해 여태 당연하게 여긴 것들을 다시 생각해볼 멋진 계기가 되어주었다.

이 책이 당신과 당신의 친구, 당신의 조직 모두가 진정으로 원하는 모습이 되는 데 도움이 됐으면 한다. '최고의 자아'가 아니라 다양한 모습으로 온전한 자아를 드러내보자. 여정을 안내하는 지침과 함께 자신이 될 수 있는 모습의 가능성을 찾아내길 바란다.

이 책을 통해 혼자서 모든 일을 해결할 수 없다는 것을 살펴보았다. 세렌디피티 사고방식을 갖춘다면 그래서 누군가와 계속 연결될 수 있다면 당신의 미래는 순항할 것이다. "도대체 지금 내가 뭐 하는 거지?"에 뭐라고 답할 것인가. 이제 "나는 세렌디피티를 준비하고 있어."라고 당당히 외쳐보자.

감사의 글

이 책은 거인들의 어깨 위에 올라서 여기까지 왔다. 흥미진진한 다양한 연구 논문과 자신의 이야기와 관찰 결과를 나눠준 아름다운 사람들이 없었다면 불가능했을 일이다. 지난 15년간의 내 삶을 연결하는 여정에 소중한 많은 이들이 함께 해주었다. 편집자가 짧게 쓰라고 당부했기에 여기서는 책이 나오기까지 사랑과 지지를 아낌없이 보내주고 기다려준 훌륭한 마음과 영혼에 집중하고자 한다.

부모님 울라와 라이너, 그리고 말테 부슈는 내 인생의 버팀목이다. 모든 게 가능하다고 믿게 해주었고 행복하고 의식적인 삶의 토대를 마련해주었다. 안타깝게도 책의 출간을 함께 하지 못했지만 내 롤 모델인 할머니 레니는 회복탄력성과 어떤 일이 일어나도 최선을 다하는 법을 알려주었다.

그레이스 굴드는 힘든 시기를 거치고 나 자신을 믿도록 도와주었다. 덕분에 많이 웃을 수 있었고 내가 가장 좋아하는 일에 집중하게 되어 무한한 감사의 인사를 전한다. 소피 존슨은 가장 힘든 시기를 겪고 있는 동안 늘 내 곁을 지켜주었다. 정신적 지주가 되어준 그녀에게 진심으로 감사를 전한다.

게일 레벅은 늘 영감을 불어 넣어주고 옳은 길을 가도록 도와주었으며 조언을 아끼지 않았다. 한결같이 지혜와 냉철한 조언, 지지를 보내주어 깊은 감사를 전한다.

대리인인 고든 와이즈와 크리스틴 달의 깊은 노고에도 감사를 전한다. 출판사 펭귄라이프의 에멜리 로버트슨과 메리엔 태테포와 리버헤드의 제이크 모리세이는 탁월한 편집 능력으로 내 아이디어를 (바라건대!) 읽기 쉬운 책으로 바꿔주었다. 그리고 홍보 담당자인 줄리아 머데이 덕분에 이 책이 세상에 나오게 됐다.

뉴욕 대학교 국제외교센터 NYU's Center for Global Affairs와 런던 정치경제 대학교 마셜 협회 LSE's Marshall Institute의 동료들은 내가 꿈꾸던 최고의 성장 환경을 마련해주었다. 특히 협업 동료 학자인 해리 바크마, 사울 에스트린, 수전 힐은 과학과 의미 있는 영향력을 연결하는 기쁨을 알게 해주었다. 리더스온퍼포스팀, 늘 내게 힘을 준 크리스타 교리와 타티아나 카사코바, 리스 샤프, 마야 브라만, 니콜 벨슬리에게 특히 감사를 전한다.

스테판 챔버스, 마이클 헤이스팅스, 제리 조지, 스티븐 더수자, 마이클 메이어닉, 그리고 샌드박스의 공동 설립자들은 지난 몇 년간 깊은 영감의 원천이었다. 필 케이와 파비안 포트뮐러는 일상의 상호작용에 드러나는 인종과 기타 내재한 편견과 같은 본질적인 구조적 역학 관계에 관해 영감

360

을 주고 예민하게 반응하도록 도움을 주었다.

카롤린 크렌저, 투카 토이보넨, 파올로 리귀토, 카린 킹, 노아 가프니 타티아나 카사코바, 매슈 그라임스, 짐 드 와일드, 말론 파커, 스티븐 더수자, 팀 바이스, 아리에 밈란과 낙손 밈란, 빌렘 뷔힐러, 크리스토프 세클러, 크리스토퍼 안커센, 에드워드 골드버그는 귀한 시간을 내어(아마 신경질도 많이 났을 거다) 초안을 검토해주었다. 정곡을 찌르는 피드백과 조언을 해준 그들에게 깊은 감사를 보낸다. 사이먼 왓킨스와 셰인 리치먼드는 아이디어와 내용을 구성하는 데 큰 도움이 됐다. 브래드 교리는 세레디피티를 이해하고 조직하는 예술의 역할에 눈을 뜨게 해주었다.

제시카 카슨은 세렌디피터의 전형으로 내 아이디어와 생각에 영감을 주고 성장을 도왔으며 넘치는 에너지로 이 책이 마무리되도록 도왔다.

샌드박스, 넥서스 서밋Nexus Summit, 세계경제포럼, 퍼포먼스시어터Performance Theatre, 메이크센스, 왕립미술아카데미, 글로벌 셰이퍼스 커뮤니티는 영감의 마르지 않는 샘이었다. 우연한 만남의 자리를 마련하는 플랫폼인 Seredy.org와 사이먼 엔젤케 덕분에 근사한 사람을 만나게 됐다.

앨리스 왕, 알렉사 라이트, 일 위르겐젠, 켈시 뷰닝, 미하엘 융가는 자료수집과 분석에 많은 도움을 주었다.

무엇보다 자신의 이야기와 생각을 나눠준 모든 이들에게 진심으로 감사드린다. 책에 모두 담을 수 없었지만, 다른 방식으로 그들의 멋진 이야기를 나누게 되길 희망한다.

이 책에는 수없이 다양한 아름다운 영혼과 마음에서 나온 생각과 아이디어, 통찰이 어우러져 있다. 최선을 다해 정성껏 글로 담아내려고 했지만, 충분히 풀어내지 못한 부분도 있을 거로 생각한다. 이를 시작으로 앞으로 계속 다듬어 나가려고 한다. 여기에 모두 밝히지는 못했지만, 그동안 많은 이들의 도움을 받았다. 그들에게 꼭 보답하려고 한다.

이 책은 적극적인 의미 추구의 결과물이다. 내가 만난 사람들과 아이디어를 생각해보면 참 운이 좋았다. 하지만 이런 단편적인 조각들이 하나의 완전체가 될 수 있었던 건 우연보다 훨씬 더 흥미로운 세렌디피티 덕분이었다. 이 여정을 함께해준 여러분에게도 감사를 전한다.

주

들어가며_성공은 우연한 기회와 노력의 상호작용이다

1   Denrell et al., 2003; Dunbar and Fugelsang, 2005.

2   Burt, 2004; de Rond and Morley, 2010. 세렌디피티는 특성이나 과정으로 이해되어
     왔다. (McCay-Peet and Toms, 2018) 서로 무관해 보이는 것에서 '쌍'을 찾아내는 능력
     이 세렌디피티다. 그러므로 '순전한 운'의 정의와는 맞지 않는다.(de Rond, 2014) 우
     연히 관찰할 수 있지만, 관찰자의 지혜나 반응에 따라 세렌디피티가 일어나느냐 일
     어나지 않느냐 결정된다. 따라서 '순전한 운'이 아닌 '영리한 운'으로 지칭했다.

3   De Rond and Morley, 2010; Gyori, Gyori and Kazakova, 2019.

4   '세렌디피티', '우연', '우연의 일치', '행운', '선택적 진화'와 같은 검색어를 기반
     으로 문헌을 체계적으로 검토했다. 눈덩이 접근법으로 우연히 접한 다른 분야의 문
     서까지도 모두 통합했다. (Flick, 2009) 다양한 분야의 900여 건의 문서 중 유의미
     한 관련성을 보인 것에 집중했고 관찰과 기록 정보와 인터뷰로 보완했다. 인터뷰
     와 관찰을 통해 새로운 패턴을 찾아내고자 했고 새로운 통찰과 주제와 연결했다.
     (Flick,2009;Yin 2003 참조) 리더스온퍼포스에서 실시한 BMW, 하이얼, 마스터카드,
     페이팔, 필립스 등《하버드 비즈니스 리뷰》의 '올해의 CEO'에 선정된 31인의 인터
     뷰를 비롯해 최근 나의 연구 프로젝트와 논문, 자료를 통합한 결과물이다. (Busch,
     2019; Gyori et al., 2018; Kazakova & Gyori, 2019; Sharp, 2019 참조) 프로젝트를 진

행하는 동안 일정한 논리 체계를 따라 내재된 패턴을 파악했다. 이러한 다양한 자료 수집 방법과 지난 15년간 세렌디피티를 만들어낸 내 경험, 그리고 전 세계 영향력 있는 이들의 대화를 상호보완했다.

5   Brown, 2005; de Rond, 2014; Napier and Vuong, 2013.

제1장_세렌디피티, 단순한 운일까?

1   Merton and Barber, 2004 참조. 세렌디피티 연구가 페테르 판 안델(Peter van Andel, 1984)은 간단히 '찾지 않던 발견을 하는 기술'이라고 불렀다. '의도치 않은 발견을 이끈 탐색'(Dew, 2009)이나 '우연과 통찰의 독특한 결합의 결과물'(Fine and Deegan, 1996)로 정의 내려지기도 했다. 나는 특정한 것을 적극적으로 찾지 않는 비탐색 과정이나 다른 것을 찾으려던 초기 탐색에서 비롯된 가능성이라는 기본 정의에 기반을 두고 세렌디피티를 폭넓게 이용한다.(Napier and Vuong, 2013 참조) 호레이스 월폴의 초기 편지는《Lewis, 1965》를 참조하기 바란다.

2   테드는 세계적인 언론 단체로 영감을 주는 아이디어를 퍼트리는 데 힘쓴다.

3   다양한 시각에 따라(잠재적인 '가짜 세렌디피티'를 포함) 연구자들은 3~5개 정도로 구분한다. 하지만 이 책의 세 분류가 모든 영역을 포괄한다. 우연한 방법이 아닌 '평범한' 문제 해결은 명확한 의도와 계획으로 진행된다. '진짜'와 '가짜' 세렌디피티를 구분하는 연구자도 있고, '탐색'과 같은 측면을 사전 정의 내려 이에 따른 분류법을 쓴 사람도 있다.(Dew, 2009) 예기치 못한 일은 다양한 모습으로 가치를 드러낸다는 믿음을 바탕으로 이 책에서는 모든 종류의 세렌디피티를 다룬다.(이에 대한 훌륭한 논의는 de Rond, 2014; Napier and Vuong, 2013; Yaqub, 2018를 참조)

4   세렌디피티 여정은 우연한 사건 하나에 국한되는 게 아니라 예기치 못한 일련의 과정으로 이어진다. 이 경우는 여정의 가장 핵심 부분에 초점을 맞추었고, 이 과정 역시 후에 해체될 수 있는 부분이다.

5   Busch, 2019; Gyori et al., 2018.

6   플레밍의 사례를 '가짜 세렌디피티'라고 보는 연구자도 있다. 가짜 세렌디피티는 이

미 무언가를 찾고 있는 상황에서 초기 목적을 달성하는 데 도움이 될 만한 것을 우연히 찾게 되는 상황이며 본질적으로 같은 목표에 이르는 우연한 방식을 뜻한다. 따라서 '진짜' 세렌디피티는 완전히 예기치 못한 것이어야 한다고 주장한다. 이 논리대로라면 DNA 발견은 가짜 세렌디피티가 된다. 원래 목표가 상대적으로 명확했고 우연한 사건으로 분자를 발견했기 때문이다. 페니실린의 발견 역시 어느 정도의 준비가 있었다. 플레밍은 이미 항생 물질에 관심이 있었기 때문이다. 따라서 이러한 연구자들의 논리에 따라 '진짜' 세렌디피티가 되려면 목적을 바꿔야 했을 수 있다. (Roberts, 1989) 나를 포함해 많은 연구자는 이러한 편협하고 비현실적이며 깐깐한 개념에 반대한다. 오히려 DNA 발견 같은 사례를 넓은 관점에서 세렌디피티라고 본다. 이연 연상을 통한 계기가 놀랍도록 긍정적인 결과를 만들어냈기 때문이다. 이런 시각이 아니라면 세렌디피티 대부분은 가짜 세렌디피티가 될 것이다. (Copeland, 2018; Sanger Institute, 2019 참조)

7 The Conversation, 2015. 책 후반부에서 다룬 대로 이 일이 결실을 보게 된 것은 몇몇 천재들의 공이 아니라 협업 덕분이라는 사실이 중요하다.

8 명확한 분류에 차이가 있지만 최근 연구는 과정과 핵심 부분에 초점을 둔다. 예를 들어 〈Makri et al〉(2014)은 세렌디피티의 과정을 '예기치 못한 상황+통찰 → 연결하기 → 프로젝트 가치 → 가치 활용 → 가치 있는 결과'로 본다. '흩어진 점 잇기' 과정을 강조한 연구도 있다.(de Rond, 2005; Mendonca et al., 2008; Pina e Cunha et al., 2010)

9 Simonton, 2004.

10 Busch, 2018; Busch and Barkema, 2018; McCay-Peet and Toms, 2018; Napier and Vuong, 2013; van Andel, 1992.

11 De Rond, 2014; Fine and Deegan, 1996; McCay-Peet and Toms, 2018; Merton and Barber, 2004. 당연히 이 과정이 '선형적'으로 발생하지는 않는다. 예를 들어 계기와 이연 연상이 거의 동시에 일어나거나 피드백 효과가 생기기도 한다. 하지만 다양한 과정을 통해 중요한 통찰을 얻게 된다.

12 조합 화학의 세렌디피티 사례를 보려면 McNally et al를 참조하라. 질적 연구법은 토대 이론에 관한 글레이저(Glaser)와 스트라우스(Strauss)의 연구(1967)와 사회 이론과 사회 구조에 관한 머튼(Merton)의 연구(1949)를 참조

1 Borja and Haigh, 2007; McKinney, 1966.

2 Pina e Cunha et al., 2010. 크고 눈에 띄는 우연에 매력을 느끼기에 사소한 우연을 놓치기 쉽다.

3 Wiseman, 2003.

4 세렌디피티의 상실에 대한 연구는 Barber and Fox, 1958; Napier and Vuong, 2013. 참조. 일어나지 않는 사회적 상호작용이자 일어날 때 사람을 더 부유하게 만드는 '사회적 실패'(예: Piskorski, 2011)와 관련 있는 개념이다.

5 Napier and Vuong, 2013.

6 Katz et al., 2017.

7 Surowiecki, 2004.

8 Denrell et al., 2003.

9 Busch, 2019; Sharp, 2019.

10 Coad, 2009; Fildes et al., 2009; Geroski, 2005.

11 Cohen et al., 1972; Hannan et al., 2003; Herndon et al., 2014. 주식시장 위기 예측처럼 한두 가지 '운 좋은 선택'으로 얻은 멋진 이야기를 늘어놓는 사람은 놀랍게도 비슷하게 좋은 선택을 하지 못한다. 대개 순전한 운으로 좋은 결과를 얻었기 때문이다. 이 경우 순전한 운을 실력으로 착각하게 되고, 장기적으로 최고의 성과를 낸 사람은 평균적인 성과를 낸다. 하지만 단기적으로 순전한 운을 거머쥔 사람들은 운을 능력이라고 주장하고 추가 보상을 요구하며 상황을 최대한 유리하게 이용한다. (Denrell et al., 2019)

12 Liu and de Rond, 2014; McGahan and Porter, 2002; Rumelt, 1991. 추가로 Denrell, 2004; Denrell et al., 2015; Henderson et al., 2012.도 참조

13 Roese and Vohs, 2012; Sharp, 2019.

14 Hadjikhani et al., 2009; Jaekel, 2018; Sagan, 1995; Svoboda, 2007; Voss et al., 2012. 샌드위치에 보이는 성모 마리아에 관한 이야기는 http://news.bbc.co.uk/1/hi/world/americas/4034787.stm. 참조

15 Conrad, 1958. Mishara, 2010. 참조. 관련된 개념은 '패턴성'이다. 의미 없는 사건을 의미 있는 패턴으로 연결 짓는 경향을 말한다. 반대로 '랜덤아니아'는 무언가를 명백한 데이터나 패턴과 관련된 우연과 연결 짓는 경향을 말한다. 예지몽과 같은 흥미로운 분야가 여기에 해당한다.

16 '아이디어 흐름'idea flow에 대한 리스 샤프의 연구는 www.flowleadership.com에서 확인할 수 있다.《Gyori and Kazakova, 2019》도 추가로 참조하라.

17 런던정치경제대학교(LSE)의 데보라 레비(Deborah Levy) 책 읽기 모임

18 Adamson and Taylor, 1954; Duncker, 1945.

19 Allen and Marquis, 1964; Arnon and Kreitler, 1984.

20 Dane et al., 2011. Also see Arnon and Kreitler, 1984.

21 Ritter et al., 2012.

22 De Souza and Renner, 2016. German and Barrett, 2005; German and Defeyter, 2000.

23 Marsh, 2019.

24 잠재적 모델의 전체 그림을 보려면 https://fs.blog/ mental-models/을 참조하라.

25 이 장의 추가 자료는 다음을 참조하라. Asch, 1951; Kirzner, 1979; Lorenz et al., 2011; Merton and Barber, 2004; Pina e Cunha et al., 2010; Schon, 1983; Spradlin, 2012; von Hippel and von Krogh, 2016.

26 제안을 해준 레이 벅먼Rey Buckman에게 감사를 전한다.

제3장_인생에 행운이 들어올 공간을 만들어라

1 Merton and Barber, 2004; Pinha et Cunha et al., 2010.

2 Busch and Barkema, 2019; Kirzner, 1979; Merton and Barber, 2004; Pina e Cunha et al., 2010. Also see Dew, 2009.

3 Busch and Barkema, 2017의 통찰을 포함한다. 질적 연구법을 사용하여 수년간 자료를 수집했다. 해당 지역을 몇 차례 방문하고 관찰과 인터뷰, 기록자료분석을 했다.

4   Wiseman, 2003.

5   상동

6   추상적인 것을 구체적으로 만들면 통제력이 생긴다. 박사 논문을 쓰며 끝날 것 같지
    않았던 지루한 시간이 아직도 생생하다. 포괄적인 하나의 주제에 대해 5년 동안 자료
    조사를 하고 논문을 쓰는 데 집중해야 했다. 두려웠고 걷잡을 수 없이 혼란스러웠다.
    하지만 친구들과의 토론을 통해 실행 가능한 항목으로 세분화하여 명확히 '프로젝
    트'라고 말할 수 있는 구체적인 논문 네 개를 써 내려갔다. 감당할 수 있다는 안도감
    이 들자 편히 잘 수 있었다. 중심이 서자 방향감이 생겼고 이후 자연스럽게 삶이 이어
    졌다.

7   Busch, 2012; Gyori, Gyori and Kazakova, 2019.

8   《포춘》이 선정한 500대 기업 CEO가 리더스온퍼포스 팀에 이야기한 '자전거 이론'
    bicycle theory과 관련 있다. "에너지는 유한하지 않고 만들어낼 수 있다는 태도로 에
    너지를 총동원해 조직이 움직이도록 하는 것이 핵심입니다." 자전거를 타는 것과 마
    찬가지다. 가만히 서서 자전거의 방향을 틀려면 넘어진다. 자전거의 핵심은 계속 달
    리는 것이다. 정확한 방향을 향하느냐는 중요하지 않다. 계속 전진하며 방향을 조정
    해야 한다. 움직이는 한 방향은 언제든 바꿀 수 있다.

9   www.theguardian.com/news/oliver-burkeman-s-blog/2014/may/21/
    everyone-is-totally-just-winging-it

10 Gyori, Gyori and Kazakova, 2019.

11 겸손에 관한 앞선 연구와 결을 같이 한다(예: Owens and Hekman, 2006). 거의 모든
    산업 분야에서 활발히 활동 중인 선도적인 집단 기업 마힌드라그룹의 CEO인 아
    난드 마힌드라는 겸손하게 말했다. "폐기물 에너지화 사업은 우연히 나왔어요. 이후
    이 모순 같은 우연을 어떻게 제도화할지 굉장히 고심했지요."

12 Dweck, 2006.

13 Doidge, 2007; Kolb and Gibb, 2011. 기업은 시장의 요구, 목적, 자의식적인 질문
    을 이해해야 끊임없이 변하는 환경에서 기회를 포착할 수 있다. (Danneels, 2011;
    Gyori, Gyoriand Kazakova, 2019 참조)

14 헨리 민츠버그와 사라스 사라스바티 등 많은 학자가 '우발적 전략'emergent strategy

또는 '효과화'effectuation가 전략적 계획보다 현실적인 접근이라고 주장한다. 하지만 여전히 경영대학원에서는 이를 간과한다. 사라스 사라스바티의 '효과화 이론'은 기업가 정신에서 설득력이 있다. 효과적인 기업가는 대개 최종 목표를 설정하고 목표에 이르는 단계를 설정하지 않는다. 그들은 반대로 한다. 자원이나 기술, 혹은 인물이나 시장 등 현재 가지고 있는 것을 파악하고 이를 토대로 일을 시작한다. 그리고 이 과정을 반복한다.(Sarasvathy, 2008) 효과화는 비예측 제어non-predictive control에 기반을 둔다. 즉, 회사가 미래를 잘 제어하면 예측할 필요성이 적어지는 것이다. 특히 미래를 예측하기 힘든 역동적인 환경에 대처해야 하는 개인들에게 유용하다.

15 Busch and Lup, 2013; Merrigan, 2019. 참조

16 Van Andel, 1994; Williams et al., 1998.

17 Diaz de Chumaceiro, 2004; Napier and Vuong, 2013; van Andel, 1994. 참조

18 Wharton Business School, 2017.

19 연구에 따르면 경험이 없는 스타트업 경영자는 대개 정보에 민감하게 반응하고 굉장한 욕구를 지니지만 집중도가 낮다. 반대로 경험이 많은 관리자는 관련 정보를 꾸준히 파악하며 방향감을 잃지 않는다. (Busenitz, 1996)

20 Pina e Cunha et al., 2010. Also see Kornberger et al., 2005; Miyazaki, 1999.

21 Miyazaki, 1999; Kornberger et al., 2005.

22 이러한 접근법을 포함한 비즈니스 모델이 많다. 예를 들어, 물고기 뼈 도표fishbone diagram는 문제의 원인과 결과를 탐구하는 과정을 통해 표면적인 초기 문제를 넘어 본질적인 원인을 파악한다. 결함 트리 분석법fault-tree analysis은 문제를 일으킬 사건을 찾아내 피할 방법을 미리 모색하여 문제를 사전에 방지한다. 이는 특히 실수가 용납되기 힘든 분야에서 중요하다. 원자로나 비행기의 경우, 증상이 생길 때까지 여유를 부리다 그제야 원인을 찾아서는 안 된다. 사전 예방이 중요하다. 비행기를 탈 때마다 (바라건대!) 이러한 과정을 거쳤겠거니 생각하면 마음이 편안해진다. International Electrotechnical Commission, 2006; von Hippel and von Krogh, 2016 참조

23 von Hippel and von Krogh, 2016 참조

24 Kurup et al., 2011; Smith and Eppinger, 1997; Thomke and Fujimoto, 2000;

Volkema, 1983; von Hippel and von Krogh, 2016 참조

25 Emirbayer and Mische, 1998; Schwenk and Thomas, 1983; von Hippel and von Krogh, 2016.

26 주요 과제는 탐색 전략의 효율성과 효과성을 파악하는 일이다. 이는 '탐색의 경제성'economics of search으로 자원(이 경우 의사의 시간)이 제한되어 있고 문제는 복잡하므로 최고가 아닌 최선에 기반을 둔다. (Fleming and Sorenson, 2004; Garriga et al., 2013; Laursen and Salter, 2006 참조)

27 Simon, 1977.

28 잘 구조화된 문제 진술은 명확하다. 따라서 가능성 있는 답이 넘쳐나는 바다로 엉성한 디지털 그물을 던지고 가장 이상적인 해결책에 근접한 것을 모색한다. 진보적인 단계는 촘촘한 네트워크 그물이 가능성 있는 영역을 탐색하며 가장 만족스러운 해결책을 찾아낸다. 명시된 규정(너비냐 깊이냐의 문제)에 따라 제한 내에서 해결책을 찾을 수 있다. (Ghemewat and Levinthal, 2008; Levinthal and Posen, 2007; von Hippel and von Krogh, 2016 참조)

29 Stock et al., 2017; von Hippel and von Krogh, 2016.

30 Tyre and von Hippel, 1997; von Hippel and von Krogh, 2016; von Hippel and Tyre, 1996.

31 Gronbaek, 1989; Thomke and Fujimoto, 2000; von Hippel and vonKrogh, 2016. 시행착오에 초점을 맞춘 접근법을 보려면 Hsieh et al., 2007; Kurup et al., 2011; Nelson, 2008 참조

32 Ferre et al., 2001; von Hippel and von Krogh, 2016. 검토 자료: Conboy, 2009.

33 Toms, 2000. 추가 참조: Dew, 2009; Graebner, 2004; McCay-Peet and Toms, 2010; Stock et al., 2017.

34 Stock et al., 2017. 추가 참조: Cosmelli and Preiss, 2014; Schooler and Melcher, 1995.

35 Klein, and Lane, 2014.

36 Stock et al., 2017. 추가 참조: Cosmelli and Preiss, 2014; Schooler and Melcher, 1995.

37 Cosmelli and Preiss, 2014; Pelaprat and Cole, 2011; Topolinski and Reber, 2010.

38 von Hippel and von Krogh, 2016에서 사례 인용

39 Von Hippel and von Krogh, 2016. 일부는 자신에게 새로워도 다른 사람에게 새롭지 않을 수 있고, 이미 '단계적으로' 과정을 밟은 사람이 있을 수 있다고 주장한다. (예: Felin and Zenger, 2015)

40 바퀴 달린 캐리어 사례 이외에도 폰 히펠과 폰 크로그가 이용한 두 가지 예가 유용하다. 1) 당신이 부모라면 다음의 상황을 상상해보자. 가게에서 자전거용 아이 캐리어가 눈에 띈다. 튼튼하고 안전해 보인다. 여태 아이를 차로 등원시켰다면 어떨까? 물론 자전거를 좋아했을 수 있다. 갑자기 이런 생각이 든다. '아이 캐리어가 필요하다는 생각을 못 했는데, 이거 꽤 유용하겠는걸? 차 대신 자전거로 아이를 등원시킬 수 있다니!'(런던이나 뉴욕보다 북유럽에서 더 가능성 있는 이야기다!) 2) 무역 박람회에 참석해 새로운 게 없나 둘러보고 있다. 관심 있는 분야가 있지만 탐색의 목적이 크다. 우연히 새로운 급여 정산 시스템을 보게 되었다. 기존 시스템의 문제를 보완하고 더 괜찮아 보인다. 급여 정산 시스템을 바꿀 마음은 없었지만 일단 살펴본다. 탄력 근무제를 시행하는 직원이 많은 회사에 탁월하다는 판단을 내린다. 당신의 회사가 현재 고려 중인 고용 전략에 마침 적절한 시스템이다. 이제 모든 게 맞아떨어진다. 기존의 정산 시스템은 새 고용 전략에 맞지 않았던 것이다.

41 Bradley et al., 2012; Krumholz et al., 2011 참조

42 Merrigan, 2019.

43 리드유저는 늘 그렇진 않지만 대개 시스템이나 기술의 얼리어답터다. 그들은 한계와 위험 사용자 대부분보다 훨씬 전에 시스템이나 기술의 한계와 내재한 위험을 파악한다. 게다가 다수가 문제를 인식하기 전에 이미 해결책을 내놓기도 한다.(Churchill et al., 2009; von Hippel, 1986)

44 이 생각을 나눠 준 트리거컨버세이션의 설립자인 조지 나이팅걸에게 감사함을 전한다. 그녀의 테드x 영상은 www.youtube.com/watch?v=ogVLBEzn2rk에서 찾을 수 있다. 더 나은 대화를 위해 그녀가 추천하는 영상도 함께 보길 바란다. www.ted.com/ talks/ celeste_headlee_10_ways_to_have_a_better_conversation/

discussion?quote=1652.

제4장_확실한 목표가 준비된 우연을 만든다

1   이와 관련된 흥미로운 토론은 Hippel and von Krogh, 2016 참조

2   Gyori, Gyori and Kazakova, 2019.

3   내적 및 외적 동기에 관한 폭넓은 내용은 Ryan and Deci, 2000 참조

4   Gyori, Gyori and Kazakova, 2019. 기업도 마찬가지다. 기업은 가치 창조와 관련한 고유한 이론을 정립하고 주목할 만한 문제의 틀과 내용을 드러낸다. 이후 전략적 방향을 수립하고 걸러내기를 수행한다. 따라서 가치 창조는 기업의 이론을 구성하고 업데이트하여 문제를 형성하고 해결책 탐색을 조직하며 이용 가능한 문제/해결책 쌍에서 최적의 해결책을 찾는 데 있다. 이는 기업의 특색을 잘 보여준다.(Felin and Zenger, 2015) 신제품에 높은 가격을 매길 수 있는 이유는 기존 시장에서 제품 가격을 형성하는 데 명확한 논리가 있기 때문이다. 새로운 문제나 새로운 용도의 경우 다른 사람들이 보지 못한 시장의 새로운 문제/해결책 쌍에서 새로운 가치가 생겨나거나 새 제품에 대한 높은 가격 등 새로운 기업 이론이 나올 여지가 있다.

5   Grant, 2015. Also see Engel et al., 2017.

6   비즈니스에서는 이를 위해 다양한 방법을 이용한다. 실제 선택 분석도 그중 하나다. 결정을 여러 개의 작은 결정으로 쪼개 전 단계의 결과에 따라 후속 단계가 결정된다.(McGrath, 1999) 이전 모든 확률을 고려하고 수정을 통해 새로운 정보를 얻는 베이즈 정리(Bayesian updating)도 비슷한 이유로 흥미로운 개념이다.

7   Cohen et al., 1972. 회의처럼 결정을 내려야 하는 상황에서 참여자들이 문제와 해결책을 혼동하는 경향을 일컫는다. 따라서 문제에 대한 해결책이 우연히 결정된다. 물론 이 경우는 이미 기술된 문제와 해결책이 있다는 가정에서 비롯한다. 하지만 급변하는 사회에서 문제와 답은 늘 새롭게 떠오르기 마련이다.

8   많은 대기업이 다양한 방식으로 많은 시도를 하고 있다. 분권화된 조직 구조(AIG)나 회사를 플랫폼화하는 내부 인큐베이터(지멘스)를 시도하고, 불확실한 세상을 살아

가는 법에 대한 직원 교육을 실시(BMW)하기도 한다.

9 집단주의는 화합을 강조하고 개인보다 집단을 우선에 둔다. (Hofstede, 1984; Schwartz, 1990)

10 www.npr.org/sections/health-shots/2019/05/25/726695968/whats-your-purpose-finding-a-sense-of-meaning-in-life-is-linked-to-health

11 사이먼 사이넥Simon Sinek의 연구와 멋지게 연결된다. '왜?'에 관한 연구로 전 세계 수백만 명에게 영감을 준 그가 묻는다. "우리는 왜 이렇게 점수에 집착할까요?" 사람은 대개 어린 시절부터 '승리'에 대한 욕구가 있기 때문이라고 그는 설명한다. 그런데 어떤 점수가 필요한 걸까? 명예나 돈이나 사랑, 권력, 영적 충족감, 혹은 가족 등 다양할 수 있다. 점수는 일의 진행 상황을 측정하는 데 도움이 된다. 사이넥은 백만 달러를 잃고 실의에 빠진 억만장자 이야기를 예로 든다. 그 정도 돈을 잃어도 삶에 큰 지장은 없겠지만, 억만장자는 실패했다고 느낄 수 있다. 다시 '왜'라는 질문으로 돌아가면 무엇 때문인지가 명확해진다. 그렇다면 세렌디피티 점수의 미학은? 타인이 아닌 나와의 관계에서 내가 어떤 사람이 될 수 있는지에 관한 것이다.

12 AoK Fehlzeiten Report, 2018.

13 Dunn et al., 2008 참조

14 Krishnaji and Preethaji, 2019.

15 출처가 불분명한 존 케네디와 관련한 유명한 일화가 있다. 그는 나사 운영 센터에서 일하는 청소부에게 행복해 보이는 이유를 물었다. "인간을 우주로 보내는 데 저도 한몫하고 있잖아요!" 청소부가 답했다. 나 역시 안내 창구에 있는 직원이 사람 사이를 이어주는 핵심 역할을 해내거나 청소부가 비슷한 문제를 해결하는 경우를 보았다. 결국, 존엄성과 소속감, 숭고한 목적의식이 중요하다.

16 Mandi et al., 2013.

17 Gyori, Gyori and Kazakova, 2019.

18 Wiseman, 2003.

19 Busch and Barkema, 2019; Pina e Cunha, 2014.

20 넬슨 만델라의 인용구에서 가져왔다. www.theguardian.com/lifeandstyle/2012/feb/01/top-five-regrets-of-the-dying 참조. 이 사례를 통해서 행동이 의도치 않

은 결과를 가져온다는 사실과 충돌도 좋을 수 있다는 사실을 깨닫게 되었다. 공동 설립자인 파비안 포르트뮐러는 함께 최근 업무 보고를 받으며 이렇게 말했다. "숲에는 가끔 불이 나야 해. 토양을 새롭게 바꿔서 새 나무가 자랄 수 있거든." 내가 몸담은 한 조직에서는 새로운 세대의 리더들이 자연스럽게 나오도록 한다.

21   이 주제에 관한 훌륭한 인터뷰는 https://medium.com/@farnamstreet/ adam-grant-on-intentional-parenting-4e4128a7c03b 참조

22   가치를 균형 있게 통합하는 노력을 기울이는 회사 사례는 마스Mars다. 상호관계, 우수함, 책임감, 효율성, 자유라는 핵심 가치를 토대로 한 '다섯 가지 원칙'Five Principles으로 회의의 의사결정을 돕고 다양한 문화 배경을 지닌 직원들을 아우른다.

23   Laloux, 2014.

24   상호성의 원칙과 밀접한 관계를 지닌다.(Cialdini, 1984 참조)

25   Grant, 2014; Grant, 2017.

26   Dunn et al., 2008에서 사례 참조

27   Laloux, 2014

28   위험을 감수하려는 의지와 같지 않다는 점에 주의하라. 애덤 그랜트가《오리지널스》에서 지적한 바와 같이 남들과 차별된 독창적인 사람인 오리지널스는 사실 굉장히 위험을 싫어한다. 관련 분야에 대한 심도 있는 내용은 Erdelez, 1999; Heinstroem, 2006; Stock et al., 2016 참조

29   주도적인 행동은 상황이나 자신을 바꾸고 개선하려는 의지에서 비롯한 자발적이고 미래 지향적인 행동이다. (Crant, 2000; Parker et al., 2006)

30   Grant, 2017. Also see Simonton, 2003.

31   이와 관련한 캠브리지 대학교 브라이언 리틀(Brian Little)의 연구에 대한 요약을 보려면 테드x 강연 참조. www.youtube.com/watch?v=NZ5o9PcHeL0

32   외향성은 OCEAN 연상법의 다섯 가지 성향 중 하나다. O: Openness(개방성), C: Conscientiousness(성실성), E: Extroversion(외향성), A: Agreeablenessa(우호성), N: Neuroticism(신경성)

33   Cain, 2013. 케인의 테드 강연 참조. https://ed.ted.com/lessons/ susan-cain-the-power-of-introverts

34 Wiseman, 2003. McCay-Peet et al., 2015

35 Wiseman, 2003.

36 Baron, 2008; Helfat and Peteraf, 2015. 조직의 창의성에 관한 연구에 따르면 긍정적인 영향은 다른 주제에 관해 사고의 흐름을 원활히 하므로 사람들이 쉽게 새로운 연상 작용을 하게 된다.(Isen et al., 1987 참조)

37 이 접근법은 사이비 과학이라고 설명되기도 한다. (Lederman and Teresi, 1993; https://plato.stanford.edu/entries/ pseudo-science/#NonSciPosSci)

38 Krishnaji and Preethaji, 2019.

39 Pinker, 2017; C. Milligan 블로그: www.spectrumtransformation.com/how-does-science-explain-serendipity-synchronicity-and-the-yuk-of-life/.

40 Pershing, 2015; Walia, 2018 참조

41 끌어당김의 법칙은 부정적이거나 긍정적인 생각이 그대로 삶에 부정적이거나 긍정적인 경험으로 나타난다는 믿음이다. 많은 지지를 얻기도 하지만 과학을 가장한 비과학, 양자 신비주의라는 비판을 동시에 얻는다. www.wikizero.com/en/Law_of_attraction_(New_Thought)# cite_note- gazette-1

42 Beitman, 2016.

43 Krishnaji and Preethaji, 2019.

44 Krishnaji and Preethaji, 2019에 언급된 추정치

45 판단을 보류하거나 특히 남들이 자신을 어떻게 평가할지에 대한 생각이 대개 창의성과 같은 핵심 주제의 본질이다. (Amabile et al., 1996)

46 Krishnaji and Preethaji, 2019; www.youtube.com/watch?v=E8aprCNnecU 영상 참조. 전제의 일부는 도덕 정서설emotivism과 관련이 있다. 즉, 도덕적 판단은 사실 분석적 판단이 아니라 감정의 표현이다. (www.britannica.com/topic/Language-Truth-and-Logic 참조)

47 Chopra, 1994.

48 Schermer, 2007.
    https://plato.stanford.edu/entries/ pseudo-science/#NonSciPosSci 참조

49 관리 실수와 겸손의 보편적 중요성에 대해서는 Seckler et al., 2019 참조

50 카너먼은 시스템 1(무의식적이고 빠른 사고)과 시스템 2(느리고 통제된 사고)를 구분
    한다.

51 Porges, 2009; Porges, 2011. 트라우마를 치유하는 데 주요한 역할을 할 수 있다.

52 주의 깊은 태도와 세렌디피티의 관계를 보려면 Pina e Cunha et al., 2010 참조

53 Krishnaji and Preethaji, 2019에서 차용

54 www.newyorker.com/magazine/2019/01/21/the-art-of-decision-making 참조

55 최근 연구에 따르면 특정한 목표에 대한 집중하는 것보다 습관에 묶이지만 않는
    다면 기민한 습관에 집중하는 편이 효과적이다. 워런 버핏이 억만장자가 된 이유
    는 억만장자가 되겠다는 목표를 설정해서가 아니다. 그는 지혜와 지식을 쌓고 매
    일 독서 습관을 기른 덕분에 억만장자가 되었다.(버핏은 회의를 피하고 대부분 시
    간을 독서에 할애한다) 목표에만 집중하기보다('일주일에 10시간을 약혼자와 시
    간을 보내겠어') 습관('2주일에 한 번씩 약혼자와 저녁 식사를 하겠어')에 집중할
    수 있다. 목표는 우리를 잠식하기 쉽다. 반면 습관은 중요한 경험적 요소가 된다.
    www.farnamstreetblog.com/2017/06/habits-vs-goals/ www.farnamstreetb
    log.com/2013/05/the-buffett-formula-how-to-get-smarter/

제5장_흩어진 점을 잇고 원하는 그림을 그리는 법

1   MacMillan et al., 2011; Pirnot et al., 2013.

2   McNally et al., 2011 참조. 흥미로운 정보로 우연히 연결되도록 정보 검색 시스템에 우
    연적 요소를 증가시킨 컴퓨터 과학자들이 또 다른 예다. (Beale, 2007; Liang, 2012)

3   멋진 짧은 영상 www.youtube.com/watch?v=U88jj6PSD7w 참조

4   인터넷도 마찬가지다. 이미 설정된 검색 결과나 '추천 페이지'도 세렌디피티를 촉발
    할 좋은 계기다. 현재 모든 산업 분야와 많은 연구 논문이 흥미로운 새 정보로 이어
    질 예기치 못한 연결 고리를 심어 놓으며 우연성을 높이는 데 집중하고 있다. (Beale,
    2007; Liang, 2012)

5   www.politico.com/magazine/story/2018/01/20/ henry-kissinger-networking
    -216482

6   세렌디피티 계기는 자신을 드러내면 자연스럽게 만들어진다. 기업가인 카라 토마스
    Cara Thomas의 사례는 좀 더 눈에 띈다. 그녀는 친구들이 제안한 대로 혼자서 3개월
    간 동남아시아로 여행을 떠나기로 했다. 처음에는 겁이 났지만, 미지의 세계에 몸을
    던지니 마법 같은 일이 벌어졌다. 일상적인 세렌디피티 경험에 초점을 맞추는 그녀
    의 회사도 여행하는 동안 탄생했다. 앞서 만난 커윤 루안도 독일에서 공부하는 동안
    금요일마다 목적지 없이 지하철을 타고 떠나 낯선 이들과 이야기를 나누었다.

7   Aknin et al., 2013; Dunn et al., 2008.

8   Dew, 2009; McCay-Peet and Toms, 2010; Napier and Vuong, 2013.

9   Busch and Mudida, 2018; Granovetter, 1973.

10 Burt, 2004; Yaqub, 2018. 하지만 모든 문화에 적용되지는 않는다. Xiao and Tsui
    (2007)를 통해 중국의 집단주의적인 여건에서 소개 문화가 효과 없는 이유를 알 수
    있다.

11 하지만 소개는 책임감을 동반한다(원하든 원치 않든 연결되는 것이다). 정신없이 바쁜
    날이면 사람들을 바로 소개하고 싶겠지만, 우선 소개받는 사람의 의향을 먼저 묻는
    게 중요하다.

12 업무 환경도 업무 자체의 종류도 포함한다. (McCay-Peet and Toms, 2010)

13 Catmull, 2008; Lehrer, 2011.

14 Catmull, 2008; Lehrer, 2011.

15 Work & Wine의 사례도 보자. 우연한 만남을 위한 적합한 환경을 조성하여 소셜 다
    이닝 경험을 선사한다. 설립자인 피터 만데노Peter Mandeno는 뉴욕을 시작으로 현재
    11개국으로 확장했다. 참가자는 서로 뻘쭘하게 서서 한 손으로 음식을 먹으며 공용
    식탁의 빵을 말 그대로 쪼개 함께 나눠 먹는다. 모임은 미용실이나 버려진 건물 등
    흔치 않은 장소에서 진행된다. 공간은 참가자들이 많이 움직이고 새로운 사람을 만
    나도록 설계된다. 다양한 환경의 시도는 세렌디피티에 최적화된 환경을 제공했다.

16 https://blog.websummit.com/engineering-serendipity-story-web-summits-
    growth/, https://blog.websummit.com/why-you-shouldnt-attend-web-

summit/예시 참조

17 Busch and Barkema, 2017; Busch and Lup, 2013.

18 Busch and Barkema, 2017.

19 www.nytimes.com/2012/06/10/opinion/sunday/friedman-facebook-meets-brick-and-mortar-politics.html

20 http://graphics.wsj.com/ blue-feed-red-feed/

21 Busch and Mudida, 2018.

22 Brown, 2005;Merton and Barber, 2004; Pina e Cunha et al., 2010.

23 http://news.bbc.co.uk/1/hi/magazine/8674539.stm 이 이야기를 들려준 파올로 리귀토에게 감사를 전한다.

24 Merton and Barber, 2004.

25 Merton, 1968.

26 Merton and Barber, 2004.

27 Garud et al., 1997; Hargadon and Sutton, 1997.

28 www.businessinsider.com/ salesforce-ceo-marc-benioff-beginners- mind-2018-9

29 우연한 상황을 많이 마주하는 사람들인 슈퍼-인카운터super-encounter(Erdelez, 1999)는 정보수집 과정에서 예기치 못한 자료나 정보를 얻는다. 예기치 않은 발견은 호기심으로 촉진된다는 과학철학(van Andel, 1994)의 발견에 토대를 둔다.

30 De Bono, 1992. 드 보노는 여섯 색깔 사고 모자 기법six thinking hats system을 개발했다. 이는 색깔이 다른 모자로 효과적인 유형별 사고를 통해 의사 결정을 내리는 방법이다. Birdi, 2005 참조

31 de Bono, 2015 참조

32 Gyori, 2018.

33 모든 것이 지나치면 오히려 해가 되듯 '극단적인 분리화'는 패턴 파악을 어렵게 한다. 관객이 일관성 없는 정보에 당황하고 압도되기 때문이다. 하지만 예술가들은 지치고 고된 장기간의 작업으로 이러한 효과를 원하기도 한다. (Gyori, 2018)

34 분리화의 잠재력은 세렌디피티와 관련한 네 가지 방법으로 기대를 해체하는 데 있

다. 공간 분리는 시간은 보존하고 보는 사람의 관점을 새로운 공간으로 이동시키는 것이다. 영화에서 다른 각도에서 촬영된 장면이 이에 해당한다. 회사에서는 장소를 바꾸어 (커피숍 1에서 커피숍 2로) 새롭게 시작해볼 수 있다. 시간 분리화에는 시간의 공백이 존재한다. 영화 한 장면에서 특정 부분이 생략되어 사건을 건너뛰는 것과 같다. 시공간 분리화는 시간과 공간이 모두 변하는 것이다. 도시에서 저녁 일기를 쓰며 시작된 이야기가 시골 아침에 누군가에게 보내는 편지로 바뀌는 소설 형태다. 작가적 분리화란 다양한 작가의 관점을 넘나들며 바뀌는 것으로 여러 예술가가 협업을 통해 시나 예술 작품을 만들어내는 방법이다. 통사론적 분리화는 상징적인 연결성을 해체한다. 윌리엄 버로스William Burroughs의 컷업 소설은 연결된 산문이 분리되어 비선형적인 이야기로 재배열되었다.

35 Gyori, 2018; Lessig, 2008; Navas et al., 2014.

36 관심사 기반의 협상에 관한 훌륭한 개요는 Fisher et al., 2011 참조

37 Gyori, 2018에 인용된 Marx and Engels, 1998 참조

38 Eisenstein, 1969. Gyori, 2018.

39 Gyori, 2018.

40 학계에서도 마찬가지다. 새로운 시각으로 큰 그림을 보면 예기치 못한 연상이나 패턴을 발견한다. 토대 이론grounded theory과 지오이아 방법gioia method과 같은 다른 질적 연구법은 아이디어가 자연스럽게 떠오르게 해준다. 알랩스에서 연구할 당시 굉장히 포괄적인 질문에서 시작했다. 나는 진행 중인 연구나 내가 기대한 것과 다른 놀라운 통찰을 찾아보고 이해하고자 했다. 이후 맥락을 넘어선(이 경우 조합 가능성이 확장된다) 흥미로운 주제가 나올 때까지 이를 재조직했다. 세렌디피티를 보려면 결과가 아니라 과정을 통제하는 것이 중요하며 셜록 홈스처럼 예상치 못한 상황에 열린 태도를 지녀야 한다. (Busch and Barkema, 2019) 이 과정에서 발생하는 창의적인 활동인 '추론' 역시 새로운 전제를 만들어내는 효과적인 방법이다. 추론은 기존의 개념을 새 통찰과 연결할 때 도움이 된다.

41 Gyori, 2018; Lessig, 2008; Navas et al., 2014.

42 Mintzberg et al., 1996; Pascale, 1996. 이 이야기는 수십 년간 논쟁의 대상이다. 우연이라 주장하는 사람도 있고 계획된 일로 보는 사람도 있으니 걸러서 고려해야 한다.

43 Procter, 2012.

44 Gyori, 2018.

45 Derrida, 1982; Gyori, 2018.

46 또 다른 예는 원작자 외 다른 사람이 작품 편집을 한 이른바 '팬 에디트'다. 영화 장면을 잘라내 장르를 뛰어넘는 해체를 이룬 영상들이 대표적인데 〈40살까지 못해본 남자〉는 코미디에서 심리 스릴러로 탈바꿈했고, 호러 영화인 〈샤이닝〉은 잔잔한 감동을 주는 영화로 바뀌었다. 비슷하게 프랑스 철학자 자크 데리다Derrida는 최선을 다해 플라톤의 《파이드로스》Phaedrus를 해체하기도 했다.(Gyori, 2018)

47 Gyori, 2018. Also see Delanty et al., 2013.

48 억압된 사람을 동요시켜 기회를 창출할 수 있다. 환영받지 못하는 사람들이 영웅이 될 수 있고, 혁명가는 주목을 받는다. 인류 발전은 여기서 비롯한다. (Gyori, 2018)

49 https://fs.blog/2016/04/ munger-operating-system/ 참조

50 Davis, 1971.

51 Gyori, 2018.

52 Gentner and Markman, 1997; Gick and Holyoak, 1980. Stock et al., 2017.
상대적으로 세렌디피티에 관한 연구가 부족하여 이 책에서 일부 유추적 사고를 했다. 이러한 사고법은 특정한 사건이나 인공물의 우연한 관찰과 같이 예기치 못한 사건에서 촉발된다. 연상적 사고, 혹은 유추는 복잡한 기회 공간을 탐색하는 과정이다. 하지만 이러한 접근법은 대상 영역이 확실할 때만 가능하다. 따라서 새롭게 생겨나는 우연한 상황에 항상 적용되지는 못한다.

53 Gick and Holyoak, 1980. 이 사고법은 전문가들이 선호하는 방법이다. 잘 조직되어 있고 이용하기 쉬운 특정한 영역의 지식을 통합하는 경우가 많기 때문이다. (Bedard and Chi, 1992; Ericsson and Staszewski, 1989) 이를 통해 전문가는 현재 상태와 과거(혹은 미래) 경험 사이의 연결점을 찾는다. (Stock et al., 2017) '정상'의 상태를 알아야 '비정상'의 상태를 파악할 수 있다. 따라서 자신의 전문 영역과 개별적인 상황 사이의 유사성 파악에 능한 전문가는 유추 전이를 할 가능성이 크다. 전문가 지식은 추상적이고 개념적인 경우가 많으므로(비전문가의 표면적 지식과는 다르다) 유사점을 찾고 빠진 정보를 찾을 기회를 제공한다. 하지만 제2장에서 살펴본 대로

'기능성 고착'으로 이어질 수 있다.

54 De Bono, 1992.

55 Gummere, 1989.

56 Koestler, 1964.

제6장_우연을 세렌디피티로 완성하는 그릿의 힘

1 Burgelman, 2003.

2 Barber and Fox, 1958.

3 Christoff et al., 2009; Mason et al., 2007. 추가 참조: Stock et al., 2017.

4 Van Gaal et al., 2012; Ritter and Dijksterhuis, 2015.

5 Gyori, Gyori and Kazakova, 2019; Busch et al., 2019.

6 McCay-Peet and Toms, 2010.

7 Gilhooly and Murphy, 2005.

8 Sio and Ormerod, 2009.

9 Stock et al., 2017 참조.

10 이 질문에 관한 사피 바칼Safi Bahcall의 흥미로운 생각을 확인하려면, https://
   podcastnotes.org/2019/03/16/bahcall/ 참조

11 4월 23일 파리 소르본 연설 'Citizenship in a Republic'

12 Busch and Barkema, 2019; Napier and Vuong, 2013.

13 https://mastersofscale.com/ ev-williams-never-underestimate-your-first-
   idea/ 참조

14 https://hbr.org/2016/05/people-favor-naturals-over-strivers-even-
   though-they-say-otherwise

15 Duckworth, 2016.

16 실제 나눈 대화와 함께 다음 기사를 참고했다. www.huffingtonpost.com/robyn-
   scott/from-prison-to-programmin_b_6526672.html.

17 www.youtube.com/watch?v=7COA9QGlPDc 참조

18 Runde and de Rond, 2010.

19 Gilbert and Knight, 2017 참조

20 개입이 더 안 좋은 결과로 이어지는 이유는 다음의 자료를 참고하라. www.farnam streetblog. com/2013/10/iatrogenics/

21 Taleb, 2012.

22 David, 2016.

23 Kahneman, 2011. www.farnamstreetblog.com/2017/09/ adam-grant/ 참조.

24 White et al., 2016. 추가 자료: White and Carlson, 2015 참조. 짧은 논평: www. weforum.org/agenda/2017/12/ new-research-finds-that-kids-aged-4 -6- perform-better-during-boring-tasks-when-dressed-as-batman

25 Patterson and Mischel, 1976.

26 www.newyorker.com/science/ maria-konnikova/struggles-psychologist- studying-self-control

27 터크셀의 외향적인 CEO인 칸 테르지올루는 아이디어를 걸러내고 회사를 운영하는 인공지능 디지털 대시보드 사용법을 설명했다. 예를 들어 기본적인 인공지능 시스템이 여러 아이디어 결과를 거르도록 도와주고 가장 좋은 아이디어를 시행한다. 우승자가 이윤의 일정 부분을 가진다. 그 결과 아이디어와 관리 문화를 형성했다. 테르지올루에 따르면 이는 파트너 관계를 맺은 컨설팅 회사 맥켄지McKinsey의 가장 성공적인 글로벌 프로젝트이기도 했다. 이 기술은 직원들이 조직에 이바지하고 정보를 거르는 능력을 도왔다. 이러한 디지털 대시보드는 투명성과 신뢰도를 형성하는 데도 이용된다. 성과가 가시화되어 성취한 결과물을 명확히 확인할 수 있다.

28 McCay-Peet and Toms, 2018.

29 Felin and Zenger, 2015; Schultz, 1998.

30 Felin and Zenger, 2015; Zenger, 2013. 기업은 가치 창조와 관련한 고유한 이론을 정립하고 주목할 만한 문제의 틀과 내용을 드러낸다. 이후 전략적 방향을 수립하고 걸러내기를 수행한다. 따라서 가치 창조는 기업의 이론을 구성하여 문제를 형성하고 해결책 탐색을 조직하며 이용 가능한 문제/해결책 쌍에서 최적의 해결책을 찾는

데 있다. 이는 기업의 특색을 잘 보여준다. 애플의 경우를 보자. (Isaacson, 2011) 스티브 잡스는 비트 매핑bit-mapping 기술인 '마우스'mouse와 그래픽 유저 인터페이스 graphic user interface를 우연히 발견했고, 그 중심에 매킨토시가 있었다. 잡스는 해결책의 잠재적 이용을 파악하는 데 이론이 필요했다. 제록스Xerox는 이 기술의 가치를 파악했다. 애플에 투자하는 대가로 이 기술과 해결책을 볼 기회를 얻었다. 하지만 잡스의 이론, 그리고 유능한 인재들이 실제로 가치를 일궈냈다. 잡스와 팀의 현명한 판단이 세상을 바꾸었다. 세렌디피티에 관한 연구에서도 눈에 띄는 개념, 생성적 의심 generative doubt과 밀접한 관련이 있다. 생성적 의심은 유의미한 계기를 비판적으로 평가해 가치 있는 기회로 이어질 점을 연결하는 데 도움이 된다. 그러면 예기치 못한 사람이나 상황을 맞닥뜨리면 이렇게 질문할 수 있다. '내가 관심 있는 무언가와 의미 있게 연결될 가능성이 있는가? 둘은 잘 이어지는가?' 생성적 의심은 다른 두 정보를 통합하고 우연을 적극적으로 활용하도록 돕는다.(Pina e Cunha et al., 2010)

31 Iyengar and Lepper, 2000.

32 많은 조직이 프로젝트 시작이나 제품 출시에 앞서 '계속할지/중지할지'Go/No Go와 같은 방법을 이용한다. 그리고 현금흐름 할인법이나 순수현재가치 등의 방법으로 기회를 평가한다. 하지만 이러한 방법은 목표에 집착하게 만든다. 또한 실패를 피하고 미래가 아닌 과거에 효과 있었던 방법에 집중하는, 상대적으로 변화가 없는 안정된 환경에서 대개 일어난다. 불확실성이 만연하는 급변하는 현대사회에 치명적이며 세렌디피티에 적합하지도 않다. 다들 통제의 환상에 사로잡혀 있지만, 현금 흐름 등을 예측하는 일은 역동적인 환경에서 불가능하다.

33 Guy et al., 2015; McCay-Peet and Toms, 2010.

34 Guy et al., 2015; McCay-Peet and Toms, 2018.

35 Fan et al., 2012; Pariser, 2001.

36 Andre et al., 2009; Benjamin et al., 2014.

37 Huldtgren et al., 2014.

38 McCay-Peet and Toms, 2010; Toms et al., 2009.

39 나이지리아 왕자의 편지가 해당한다. 수백만 달러를 제안하는 무작위 메일이 누가 봐도 사기라는 게 티가 나게 쓰인 이유를 궁금해한 적이 있는가? 가능한 설명은 바

로 걸러내기다. 예를 들어 신용카드 정보를 기꺼이 제공하는 사람을 찾아야 하는 번거로움 등 사기를 치려면 상당한 노력이 필요하다. 따라서 이러한 이메일은 사기꾼들에게 일종의 '견고한 필터'다. 그들은 나이지리아 왕자가 수백만 달러를 물려줄 거로 믿는 순진한 사람들을 걸러내는 것이다. '채용 비용' 절감 효과를 보면서 말이다.

40 Pina e Cunha et al., 2010.

41 Meyers, 2007.

42 www.paulgraham.com/makersschedule.html

43 Cain, 2013.

44 Davis et al., 2011; Pejtersen et al., 2011.

45 문화적 배경에 따라 다르게 나타난다. 북유럽과 같은 단일 시간 문화권에서는 계획이 핵심이고 시작과 종료가 명확하다. 하지만 아프리카나 라틴 아메리카처럼 다중 시간 문화권에서는 다르다. 유연한 시간 개념이 유연한 안건으로 이어지고 동시다발적인 과제 처리가 이루어진다. 짐작건대 시간에 대한 다른 접근법으로 인한 결과로 생각된다.

46 Frank, 2016.

제7장_인간관계가 세렌디피티의 크기를 좌우한다

1 Busch, 2014.

2 Eagle et al., 2010.

3 Rowson et al., 2010. 추가 참조: Bacon et al., 2008.

4 Busch and Barkema, 2019.

   전체 이야기를 보려면 www.youtube.com/watch?v=M1qsexQYAscandt=9s 참조.

5 Granovetter, 1983.

6 Busch and Mudida, 2018. 추가 참조: Busch and Barkema, 2018.

7 공동체 설립자에게 이는 공동체의 경계에 대한 문제를 제기한다. 집단에 발만 담그고 있다면 신뢰나 이차적 신뢰를 형성하기 어렵다. 공동체의 유대 강도는 '가장 느

슨한' 연결이 결정한다(다윈 진화에 역행). 신뢰할 수 없는 사람이 많다면 공동체 전체가 위험에 빠진다. 특히 공동체 위원회나 고충 처리 위원회 등 충돌을 해결할 방법이 없다면 더욱 그렇다. 신뢰와 소속감은 많은 이유에서 핵심이고 '외로움 증후군'loneliness epidemic과 같은 광범위한 문제에도 중요하다. (https://hbr.org/cover-story/2017/09/work-and-the-loneliness-epidemic)

8 www.gsb.stanford.edu/insights/how-invest-your-social-capital

9 Russell, 2012 (1912). 칼 포퍼Karl Popper는 이후 이 우화에 빗대어 올바른 가정조차 잘못된 결론으로 이어질 수 있다는 점을 설명했다. 칠면조는 매일 아침 같은 시각에 배불리 밥을 먹었지만, 크리스마스에 죽게 되리라고는 생각하지 못했다. (Chalmers, 1982) 나심 탈레브는 이후 이 비유를 통해 블랙 스완Black Swan의 순간을 설명했다. 우리의 기대 영역 밖에 있는 예기치 못한 순간인 블랙 스완은 삶에 큰 영향을 미치고 일이 일어난 뒤에야 비로소 설명할 수 있다.

10 Busch and Barkema, 2019.

11 Busch and Lup, 2013.

12 www.independent.co.uk/news/uk/home-news/police-stop-search-cannabis-marijuana-smell-drug-policy-guidance-hmic-report-a8105061.html

13 Boyd, 1998.

14 Hofstede, 1984; House et al., 2004 참조

15 예를 들어 다양한 사회계층의 통합을 명시하는 학교도 있다. 실제로 시험 점수를 올리는 몇 안 되는 방법의 하나다.

16 '행운 모임'이 흥미롭다. 행운은 흔히 지인에게 비롯된다는 점을 생각하면 행운 모임은 효과적일 수 있다.

www.artstrategies.org/downloads/CCFMaterials/LuckCircle.pdf

제8장_세렌디피티가 넘쳐흐르는 환경은 따로 있다

1 De Rond, 2005; Pina e Cunha et al., 2010. 세계화 시대에 우리는 실제보다 사람

들이 훨씬 더 비슷하다고 생각한다. 그 해석의 오류에서 비롯한 많은 함정이 세렌디피티를 제한한다. 바로 국가적 배경이 작용하는 부분이다. (국가적인) 문화는 우리의 가치를 형성하고, 가치는 태도와 행동을 결정한다. 이는 공통된 기본 가정의 패턴으로 여러 형태에 고스란히 담긴다. 가치와 행동, 인공물(의복), 상징(로고), 물리적인 공간(개방된 공유 사무실), 언어, 의식 등이 그 예다. 사회 집단(학교나 조직, 가족, 나라, 전문 집단)의 거의 모든 구성원이 문화를 공유하므로 고정적이지 않고 획일적이지 않다. 문화적 오해는 의식하지 못할 때조차 늘 생긴다. 내 LSE 동료인 콘슨 로크 Connson Locke는 간단한 사례를 들어 설명한다. 대만의 아시아 대기업 사무실에 있다고 생각해보자. 여기 세 명의 인물이 있다. 미국 회사의 관리자인 50대 미국 백인 남성, 아시아 회사의 외국 업체 담당자 30대 중국 여성, 아시아 회사의 회장인 60대 중국 남성. 이 세 명은 아시아 회사의 회장실에서 열릴 회의에 참석하기 위해 엘리베이터를 탄다. 엘리베이터가 도착하고 문이 열린다. 그런데 아무도 움직이지 않는다. 왜 아무도 움직이지 않는가? 미국 남성은 여성이 먼저 내리기를 기다리고 있고('숙녀 먼저'), 중국 문화에 익숙한 여성은 나이 든 사람이 먼저 내리기를 기다리고 있다. 중국 남성은 손님인 미국 남자가 먼저 내리길 기다리고 있다. 결국, 중국 남자가 엘리베이터를 내렸고 미국 남자와 중국 여성이 동시에 뒤를 따랐다. 사소한 오해로 보이는 일들이 언제 어디서나 벌어진다. 어떻게 해야 할까? 인지 지식을 늘리고 자신을 돌아보는 메타인지와 경험에 근거해 수정하고 조정하는 능력을 길러 문화적 이해도를 높일 수 있다.

2   De Rond, 2005; Napier and Vuong, 2013; Pina e Cunha et al., 2010.

3   Kahn, 1990.

4   Edmondson, 1999. Also see https://hbr.org/ideacast/2019/01/ creating-psychological-safety-in-the-workplace.

5   Catmull, 2008.

6   https://hbr.org/ideacast/2019/01/creating-psychological-safety-in-the-workplace

7   Nonaka, 1991.

8   https://hbr.org/2017/10/ research-for-better-brainstorming-tell-an-

embarrassing-story

9   Meyers, 2007; Sutton, 2001.

10 Clegg et al., 2002; Pitsis et al., 2003.

11 Gyori, Gyori and Kazakova, 2019.

12 Merton and Barber, 2004.

13 Busch and Barkema, 2019.

14 Meyers, 2007; Pina e Cunha et al., 2010.

15 Isaacson, 2011. Also see https://heleo.com/ conversation-the-one-key

16 Yaqub, 2017.

17 Zahra and George, 2002.

18 Czarniwaska, 2008.

19 Austin et al., 2012.

20 https://deloitte.wsj.com/cio/2015/06/02/ singularitys-ismail-on-disruptive-exponentials/

21 Sting et al., 2019.

22 Pina e Cunha et al., 2010.

23 www.youtube.com/watch?v=fW8amMCVAJQ

24   Austin et al., 2012.

25 Jeppesen and Lakhani, 2010; von Hippel and von Krogh, 2016.

26 Regner, 2003.

27 Graebner, 2004.

28 https://work.qz.com/1174504/why-its-smart-to-let-employees-lunch-with-competitors-and-pay-for-it/

29 Hargadon and Bechky, 2006; Napier and Vuong, 2013.

30 Foster and Ford, 2003

31 Bunge, 1996.

32 Dunn et al., 2008.

33 업무 과제 환경과 업무 자체의 유형을 포함한다.(McCay- Peet and Toms, 2010)

34   www.nytimes.com/2013/04/07/opinion/sunday/ engineering-serendipity.
      html

35   Ibid.; Silverman, 2013.

36   Burt, 2004.

37   www.nytimes.com/2013/04/07/opinion/sunday/ engineering-serendipity.
      html

38   Hallen and Eisenhardt, 2012.

39   Guy et al., 2015; McCay-Peet and Toms, 2018.

40   www.nytimes.com/2013/04/07/opinion/sunday/ engineering-serendipity.html
      그레그 린지는 뉴욕 대학교의 교통 정책관리 루딩 센터의 객원 연구원인 존 카사다
      John Kasarda와 《에어로트로폴리스》(Aerotropolis:The Way We'll Live Next)를 공동
      집필했다.

41   예시를 보려면 Adner and Kapoor, 2010; Kapoor and Agarwal, 2017; Nambisan
      and Baron, 2013 참조

42   Brafman and Beckstrom, 2006.

43   균형 잡힌 관점을 위해 https://hbr.org/2016/07/ beyond-the-holacracy-hype
      참조

44   www.wsj.com/articles/SB118841662730312486

45   Baldwin and von Hippel, 2011; Stanek et al., 2017.

46   The Economist Intelligence Unit, 2016.

48   Alstyne et al., 2016.

49   혁신에 관한 이전 연구는 혁신을 '점진적 혁신'과 '급진적 혁신' 두 가지로 본다. 점
      진적 혁신은 모회사와 강한 유대에서 이득을 얻고 급진적 혁신은 모회사에서 떨어
      져나가 새롭고 다양한 네트워크를 형성하며 이득을 얻는다. 두 혁신에 필요한 자원
      이 다르므로 중심 조직은 점진적인 혁신자에게 회사의 자원을 '활용'하도록 지원하
      고, 급진적인 혁신자에게는 회사의 자원을 '탐색'할 수 있도록 지원해야 한다. 느슨
      한 유대는 아이디어와 기회 창출에 효과적이고 강한 연대는 자원 탐색에 효과적이
      다. (Elfring and Hulsink, 2012) 좋은 제품이나 서비스의 사용자가 너무 많으면 혼잡

과 같은 부정적인 네트워크 영향이 생긴다.

50   Gould and Vrba, 1982.

51   Ibid. 추가 참조: Andriani and Cattani, 2016; Austin et al., 2012.

52   Ernst and Young, 2016. 혁신은 회사 주도하에 일어나기도 한다. 하지만 급변하는
      사회에서는 소비자들이 혁신의 주축이 된다.

53   Chen, 2016.

54   시도 접근법은 시장 전체에 적용할 수 있다. 세계에서 가장 발 빠른 거대 소비재 기
      업인 AB인베브AB InBev의 CEO인 카를로스 브리토Carlos Brito는 리더스온퍼포스
      팀에게 특정 시장에서 브랜드의 성장은 주로 소비자의 의견으로 결정된다고 이야기
      했다. "소비자에게 귀 기울여야 합니다. 우리보다 훨씬 더 잘 알거든요." 아난다 마
      힌드라에 따르면 이는 상황을 파악하는 직원의 능력에 달렸다고 말한다. "모든 상자
      를 꺼낼 수 있지만, 그 안에 누구를 넣을지가 중요합니다. 제가 조직적인 행동에 대
      해 얻은 교훈이에요. 그 사람이 업무를 재정의할 겁니다. 조직은 생각만큼 엄격한 체
      제로 돌아가지 않아요. 고정적이지 않죠. 늘 새로운 변화가 생길 여지가 있어요."

55   원자로처럼 실수가 용납되기 힘든 상황에서는 일상의 규칙이 존재해야 한다. 하
      지만 이런 상황에서도 특히 위기의 순간에 세렌디피티는 중요하다. 다른 문화에
      서도 마찬가지다. 서열을 가장 중시하는 문화에서는 직원들이 주도적으로 움직이
      지 않고 지시를 기다린다. '남성 중심의 사회'에서도 특정 성 역할이 정해져 있다.
      (Gesteland, 2005; Hofstede, 1984; House et al., 2004)

56   www.centreforpublicimpact.org/ the-serendipity-of-impact/

57   Hagel et al., 2012.

58   www.cnbc.com/2016/08/09/ zappos-ceo-tony-hsieh-what-i-regret-about-
      pouring-350-million-into-las-vegas.htm

59   Hallen and Eisenhardt, 2012; Westphal and Zajac, 1998.

60   Rowson et al., 2010.

61   Chanan and Miller, 2010.

62   www.centreforpublicimpact.org/ the-enabling-state-how-governments-
      can-achieve-more-by-letting-go/

63   Meyers, 2007; Pina e Cunha et al., 2010.

제9장_행운에 속지 않고 내 편으로 만드는 법

1   Durand and Vaara, 2009; Liu and de Rond, 2014.

2   Byrne, 2005; Kahneman and Miller, 1986.

3   Denrell et al., 2013; Liu and de Rond, 2014.

4   Pritchard, 2005; Pritchard and Smith, 2004; Teigen, 2005 참조

5   Barnsley et al., 1985; Gladwell, 2008.

6   Pierson et al., 2014.

7   Liu and de Rond, 2014; Pierson et al., 2014

8   Liu and de Rond, 2014 참조

9   Gould, 2002; Lynn et al., 2009; Samuelson, 1989.

10   March, 2010.

11   Denrell, 2003.

12   Madsen and Desai, 2010; Tinsley et al., 2012. 추가 참조: Liu and deRond, 2014.

13   Liu and de Rond, 2014.

14   Cornelissen and Durand, 2012; Durand and Vaara, 2009; Tsang andEllsaesser, 2011.

15   Liu and de Rond, 2014.

16   Levy, 2003.

17   Liu and de Rond, 2014.

18   Harrison and March, 1984; Liu and de Rond, 2014.

19   Liu and de Rond, 2014. 귀인 이론에 관한 글을 읽으려면 Hewstone, 1989; Weiner et al., 1971 참조

20   Camerer and Lovallo, 1999; Hogarth and Makridakis, 1981. 자기 위주 편향과 그 외 귀인 편향에 관한 글을 읽으려면 Miller and Ross, 1975 참조

21 Ayton and Fischer, 2004; Maltby et al., 2008; Tversky and Kahneman, 1974

22 Gilbert and Malone, 1995; Liu and de Rond, 2014.

23 Kahneman, 2011.

24 Goldstein and Gigerenzer, 2002.

25 Liu and de Rond, 2014 참조. 앞서 살펴봤지만 양자택일 질문이 아니다.

26 Benabou and Tirole, 2006; Gromet, Hartson, and Sherman, 2015;Liu and de
    Rond, 2014.

27 Dillon and Tinsley, 2008; Hilary and Menzly, 2006; Liu and de Rond, 2014

28 Barnett, 2008; March and March, 1977.

29 Zeitoun, Osterloh and Frey, 2014.

30 Biondo et al., 2013; Pluchino et al., 2010; Thorngate et al., 2008.

31 Liu and de Rond, 2014.

32 Liu and de Rond, 2014; Pritchard, 2006; Williamson, 1981.

33 Young et al., 2010.

34 Bebchuk and Fried, 2009; Wade, O'Reilly, and Pollock, 2006.

35 Dillon and Tinsley, 2008. 후광효과는 Rosenzweig, 2007 참조

36 Liu and de Rond, 2014. 추가 참조: Perrow, 1984.

37 Liu and de Rond, 2014. 정상사고 이론(normal accident theory: Perrow, 1984)에
    따르면 실패한 관리자는 과도하게 비난받는다.

38 Merrigan, 2019.

39 Alesina et al., 2001; Liu and de Rond, 2014.

    추가 참조: Dillon and Tinsley, 2008; Vaughan, 1997.

40 Langer, 1989; Weick and Sutcliffe, 2006.

41 Piketty, 2014.

42 세렌디피티는 복잡한 과정이므로 이 점수가 세렌디피티를 측정하는 마지막 판단 기
    준이 될 수 없다. 다만 세렌디피티 여정의 북극성으로 생각하길 바란다. 많은 연구자
    가 세렌디피티를 측정하는 데 엄청난 어려움을 토로했다. 학생들은 '너무 복잡하다'
    는 이유로 종종 세렌디피티에 대한 연구를 하지 말라는 이야기를 듣는다. 하지만 이

와 비슷하게 내가 박사 과정을 시작했을 때만 해도 비즈니스 모델은 '너무 광범위' 해 보이는 영역이었다. 이 책이 가치 있는 미래 측정법이자 운영법의 계기가 되길 바란다. 세렌디피티 개념화와 측정에 대한 의미 있는 첫 시도는 다음을 참조하길 바란다. (내가 통합을 시도한 측정법도 포함된다) Makri and Blandford, 2012; McCay-Peetand Toms, 2012; Wiseman, 2003. 미래 확장 가능한 영감을 흡수력(Zahra and George, 2002), 독창성(Koh et al., 2007), 흥미(Andre et al. 2009), 참신함(Toms, 2000)에서 얻을 수 있다. 객관적인 영역과 직관적인 영역이 모두 포함되어 있다.

43   Tjan, 2010

나오며_당신만의 세렌디피티 코드를 완성하라

1   Van Andel, 2014.

2   Busch and Barkema, 2019; de Rond et al., 2011.

3   기존 신념을 확정 짓는 정보를 기억하거나 해석하고 검색하며 선호하는 경향. (Plous, 1993) 나는 질적 연구법에서 개발된 질적 평가 기준으로 이 부분을 최소화하고자 했다.